文論序説

ひつじ研究叢書〈言語編〉

第119巻	平安期日本語の主体表現と客体表現	高山道代 著
第120巻	長崎方言からみた語音調の構造	松浦年男 著
第121巻	テキストマイニングによる言語研究	岸江信介・田畑智司 編
第122巻	話し言葉と書き言葉の接点	石黒圭・橋本行洋 編
第123巻	パースペクティブ・シフトと混合話法	山森良枝 著
第124巻	日本語の共感覚的比喩	武藤彩加 著
第125巻	日本語における漢語の変容の研究	鳴海伸一 著
第126巻	ドイツ語の様相助動詞	髙橋輝和 著
第127巻	コーパスと日本語史研究	近藤泰弘・田中牧郎・小木曽智信 編
第128巻	手続き的意味論	武内道子 著
第129巻	コミュニケーションへの言語的接近	定延利之 著
第130巻	富山県方言の文法	小西いずみ 著
第131巻	日本語の活用現象	三原健一 著
第132巻	日英語の文法化と構文化	秋元実治・青木博史・前田満 編
第133巻	発話行為から見た日本語授受表現の歴史的研究	森勇太 著
第134巻	法生活空間におけるスペイン語の用法研究	堀田英夫 編
第137巻	日韓対照研究によるハとガと無助詞	金智賢 著
第138巻	判断のモダリティに関する日中対照研究	王其莉 著
第139巻	語構成の文法的側面についての研究	斎藤倫明 著
第140巻	現代日本語の使役文	早津恵美子 著
第141巻	韓国語citaと北海道方言ラサルと日本語ラレルの研究	円山拓子 著
第142巻	日本語史叙述の方法	大木一夫・多門靖容 編
第144巻	文論序説	大木一夫著 著
第145巻	日本語歴史統語論序説	青木博史 著
第146巻	明治期における日本語文法研究史	服部隆 著
第147巻	所有表現と文法化	今村泰也 著

ひつじ研究叢書
〈言語編〉
第144巻

文論序説

大木一夫 著

ひつじ書房

緒言

題して「文論序説」という。ここでは、言語の重要な単位体のひとつである「文」について問おうと考える。つまり、「文とは何か？」ということである。この「文とは何か」という問いは、文法論のきわめて大きな問題であって、これまでも多くの議論がかわされてきている。が、それは簡単には収束しない問題であった。文法論のアポリアといってもよい。しかしながら、文とは何かという問いに十分な答えが出ないからといって、言語における文という単位体を――その名称をどのようにするかは別にすれば――認めないような文法論は、おそらくないであろうし、文を文法論の基本的な単位体として考えないということはないであろう。文を〝言語活動の基本単位〟というようなとらえ方をする場合もあるが、これも言語における何らかの基本的な単位体として考えているということには、ちがいはない。

文が言語における基本的な単位体であるということは、感覚的にいって問題はないと思われる。しかし、文が基本的な単位体であるという言い方は、どこか天下り的であり、なぜ基本的な単位体として考えてよいのかということが十分論じられてきたようには思えない。このあたりで、あらためて考えてみてもよいことなのではないか。

また、文が言語における単位体なのだとすれば、それにはその単位体としての何らかのはたらきがあるのではないか。一般に、音素なり文節なりの言語の単位体は、単位体としてそれなりのはたらきがあるといってよい。前者は語を弁別するための単位体であるし、文節は文を直接的に構成する単位体である。これらと同様に、文という単位体についても何らかのはたらきがあるのではないだろうか。それが、たとえば文とは言語活動の基本的単位である、というような見方になるのだと思われる。ただ、そのような理解についていえば、それはそれでまちがっているとは思えないが、では、それはもう少し具体的にはどういうふうに基本的単位体になっているのかと問うてみたとき、明瞭な答えはあまり期待できないように思われる。少なくとも、文法論の常識としてその答えが示されるような状況になっているとはいいがたい。

そして、もし文に何らかのはたらきがあるとして、それが明示的にわかっていないのだとしたら、文のはたらきとすべきものを、他の単位体のはたらきだとしていることもあり得るのではないか。そのような場合、その形式の記述になにかしらの不整合があったり、記述をいたずらに複雑にしていたりといったことがあるのではないかという懸念も生まれてくる。

そうであれば、それがアポリアであるとはいっても、そのような問題にとりくんでみることに、幾分かの意義はあるのではないか。

そのように考えて、ここでは――いかにも大風呂敷を広げるようではあるが――文とはいかなるものか、いかに規定されるのか、また、いかに成立するのかということを考えてみることにしたい。それにあたっては、文という単位体がいかなる単位体であって、また、いかにはたらいているのかというような点を介して考えていくことにしたい。対象は現代日本語である。いうまでもなく、このような問題は簡単には全面解決しないであろうから、この問題のごく一端を考えるにとどまるであろう。あるいは、文とは何かについて考えはじめるその戸口に立つのが精一杯であろう。「序説」と名乗る次第である。

本書は、以上のような契機で議論をすすめようと考え、次のような構成をとる。まず、序章において、なぜ文という単位体を考えなければならないのかという点から、あらためて問題提起をする。それをふまえてⅠ・Ⅱでこれまでの研究を大きくさらい、本書での考察のための視座を用意する。文という単位体は、これまでいかに考えられてきたのか、文という単位体を考えるにあたって、本書ではどのような点に着目するのか、ということである。続くⅢ〜Ⅷは、文という単位体とは何であるのか、ということの考察の本体である。そこでは言語行為という視点、また「切れる」という視点から文を考えることになる。そのうちのⅧにおいては、それらの議論をまとめ、その帰結の意義や議論の波及する範囲について若干の検討をおこなう。その次に配されるⅨ〜Ⅺでは、本書のような文の見方をするときに、再考しなければならないと思われる文法論の概念について考えてみる。具体的には、「主観性」「モダリティ」「喚体句」について考える。もちろん他にも再考を要する文法概念もあるとは思われるが、本書では、まずはこの三点に絞って検討を加える。そして、Ⅻ〜XIVにおいては、本書のような文の把握をおこなったときに問題となる具体的な文法現象について考えることにしたい。この点も、さまざまな点で考えるべき現象はあるだろうが、ここでは時間表現（テンス・アスペクト的側面）について論ずることにする。そこでは、ムードとテンスの相関と考えられてきたものは直接的にはテンスの問題ではなく、文の問題であると考えるわけであるが、従来の見方よりも、ここでの見方のほうが統一的な把握が可能であると考える。また、そのように考えたときに、時間表現に大きく関わる、いわゆる動詞基本形・動詞タ形がもつ基本的意味をどのようにとらえるべきかという問題についても述べることになる。最後に、終章において、そこまで述べきたったことから導き出される注釈的な内容を述べ、むすびに代える。内容的には、Ⅷまででまずはひとまとまりであるので、そこまでで切り上げてもよかったし、そのほうが潔い感じがしないでもないのであるが、本書における文についての把握のもつ射程を示すことも、このような把握を述べることの責務であるような気もしたので、Ⅸ以降の内容もここへまとめることにした。

いずれにしても、文とは何かという問題を考えるには、現在の私の力では、きわめて粗々ながらも、まずはともかく全体を眺めみるというような——ボトムアップというよりはトップダウン的な——分析方法をとらざるを得ない。そこには、おそらく疎漏もあるだろう。また、ここでの見方をとるべきだとしても、そこから派生する問題、すなわち、再考すべき文法概念や検討すべき文法現象は、さらにいくらもあるだろう。

これらの点で、これから述べることは、この問題の入り口も入り口であって、この問題のスタート・ラインに立ったにすぎない。このような形でまとめるにあたっては、これを「序説」といわざるを得ないのは明らかである。繰り返すことになるが、本書が「文論序説」と称する事情がここにある。それでも、まずは向後の礎石にならんことを期して、このような形にまとめることにする。おおかたの御批正を請う次第である。

目次

緒言　v

凡例　xxii

序章　文について考える　1

1　文とは何かという問題　1

2　文を考える必要性　6

働きかけの表現　6

推量判断実践文と知識表明文　9

ムードのタ　10

談話のなかにおける文　14

文、という問題　15

3　文と認められてきたもの　16

Ⅰ　文はどのように考えられてきたか　21

1　文成立論というアポリア　21

2　一回的文成立論の諸相　22

主語と述語　23

切れる　24

断定・統覚作用　27

3　一回的文成立論から多段階的文成立論へ　31

陳述論の流れ　31

階層的構文論　34

4　多段階的文成立論の必然性　37

5　多段階的文成立論の限界　40

Ⅱ　文論への視座　43

1　文論への視座を求めて　43

2　言語行為論　45

オースティンの言語行為論　46

サールの言語行為論　49

サールの発語内行為の構造分析　50

サールの発語内行為の分類　52

3　言語行為論による文論への道　60

言語過程説・表現意図論　60
表現類型論　62
文機能論・発話機能論　64
4　話しことばと書きことば　69
話しことばには文はないか　69
文脈のない文はあるか　74
話しことばから書きことばへの写像　78

Ⅲ　文成立の意味的側面　81

1　文成立について考える　81
2　文の規定・文成立論のながれ　82
3　言語行為論を視座に考える　86
4　発語内行為の構造　88
5　発語内目的と文という単位体　95
発語内目的　95
文という単位体と発語内目的の関係　97
断片的な語列が文になるとき　100
発語内目的を担う語列が文である　102
6　「切れる」ということの意味　104

Ⅳ　認識する文　105
1　「判断のある文」　105
2　これまでの「判断のある文」の研究　106
判断の表現　106
判断文と事実文　108
推量判断実践文など　109
把握と提示　112
3　〈推量判断実践文〉〈判定・評価文〉〈認識・発見文〉という分類　113
4　認識文と伝達文　118
言語行為としての認識と伝達　119
独り言と認識文　124
「ムード性」と認識文　126
5　認識文・伝達文という視点の及び得る言語現象の種々　129
現代日本語（共通語）　129
現代日本語方言　131
古代日本語　133
6　認識文を切り出す　135
Ⅴ　事態を描き出す文　137
1　文における言語行為的意味・文の類型という問題　137

2 サールの発語内行為の分類と表現型の位置 138
発語内行為の分類 138
表現型の範囲 140
意志・希望をあらわす文の位置 141
事態を描かない文 143
3 事態を描き出す文とその類型 145
断言型の二類 145
宣言型は不要 146
4 発語内行為の分類にもとづく文の類型と文の機能 148
5 文の機能の位置づけ、その一端 151
日本語モダリティ論との対比 151
ヤコブソンの言語の機能 155
6 文の機能と事態を描き出す文 157

Ⅵ 事態を描かない文 159
1 事態を描き出す文・事態を描かない文 159
2 事態を描かない文とは何か 161
3 事態を描かない文の分類 166
4 事態を描かない文はどのような行為をおこなっているか 171
事態を描かない文の位置 171
事態を描かない文の発語内目的 173

関係表示 175
受容表明と受容要求 176
事態を描かない文の文類型 179
挨拶文の位置 180
5 事態を描かない文の類型とその位置づけ 183

Ⅶ 文成立の外形的側面 187

1 文成立の外形的側面を考える 187
2 文成立にかかる形式的な側面 188
3 切れることの意味 191
「切れる」とはどういうことか 191
事態を描き出すために「切れる」 194
行為達成のために「切れる」 196
4 発語内目的が複数あるとみられる文 199
複文という問題 199
複文とは何か 200
単文を内部拡張したもの 202
単文の内部拡張にとどまらないもの 203
5 切らざるを得ないとき 205
相手の反応に委ねるとき 206
瞬間性に即応するとき 207

即時文と非即時文　209
切る／続ける　211
6　あらためて、文とは何か　211

Ⅷ　文の機能の問題圏　213
1　文が文としてもつ意味　213
2　文の機能とは何か　216
3　文の機能を認める意味　220
文成立の意味的中核点として　220
形式をもたずに表出されるある種の意味のありかとして　222
言語の機能として　223
4　文の機能の問題圏（1）　文法概念の再構築　226
モダリティ・主観性　227
喚体句　228
5　文の機能の問題圏（2）　文法形式記述の厳密化　229
接辞タ・動詞基本形　229
ダロウ　232
文の機能と用法の相関　233
6　文の機能という範疇を認めるべきである　236
7　文法概念の再構築・文法形式記述の厳密化に向けて　236

Ⅸ　主観性　239
1　「主観性」という文法概念と「不変化助動詞の本質」　239
2　「不変化助動詞の本質」の日本語文法論における位置　241
3　「不変化助動詞の本質」の論証手続き　243
4　客観的表現の論証手続きを不変化助動詞にも適用する　247
非終止形の問題　248
終止形に判断があるか　250
不変化助動詞の意味と名称　252
客観的な形式との置き換え　253
「不変化助動詞の本質」の論証の帰結　254
5　「不変化助動詞の本質」の現代的意味とその射程　255
主観的・客観的別の問題　255
文レベルの機能についての示唆　257
「不変化助動詞の本質」とは何であったのか　259
6　文法論的概念としての「主観性」の適否　260
Ⅹ　モダリティ　261
1　「モダリティ」という文法概念　261
2　表現類型にかかわるモダリティ　263
仁田義雄のモダリティ論とその立場　263

益岡隆志のモダリティ論とその立場　264
「発話・伝達のモダリティ」と「表現類型のモダリティ」　265
3　形式か意味か　268
4　表現類型にかかわるモダリティとは何であるのか　270
5　モダリティはいかに規定されるべきか　274
主観的モダリティの問題点　274
ムードとの関係によるモダリティの規定　277
文法概念・文法カテゴリの意味　280
モダリティとは何か　283
XI　喚体句　287
1　喚体句という文法概念の貢献　287
2　山田孝雄の喚体句　288
3　喚体の問題点とその発展的継承　292
喚体概念の発展的継承　292
喚体句ではない喚体的なもの　294
喚体概念の再検討　297
4　喚体形式の文の意味　299
5　喚体形式の意味の実現　302
行為としての発話と発語内目的・文の機能　302
喚体形式の意味と発語内目的　304

6　山田孝雄の喚体・述体概念の再整理とその継承　306

XII　現代日本語「た」の意味　309

1　「た」の意味という問題　309
2　ここでの視点　311
　これまでの「た」の分析の問題点　311
　文のもつ言語行為的な意味　314
3　「た」の諸用法　315
4　完了・過去用法　317
5　認識を新たにする用法　322
　事態の獲得・発見　323
　見通しの獲得　325
　想起　326
6　決定・要求　328
7　知識修正・反実仮想など　330
8　現代日本語「た」の基本的な意味　332

XIII　現代日本語動詞基本形の時間的意味　335

1　現代日本語動詞基本形の時間的意味という問題　335
2　動詞基本形のあらわす時間的意味諸説　337

テンス的意味 337
アスペクト的意味 338
基本形そのものの文法的意味 341
主観性との関係 342
時間的意味研究の問題点 343
3 動詞基本形の無色性・無標性と言語行為的意味 344
無色性と無標性 344
無色性の二種 345
言語行為的意味・文の機能 346
4 動詞基本形の諸用法 348
〈現在〉をあらわすもの 348
〈未来〉をあらわすもの 349
〈過去〉をあらわすもの 350
その他〈超時〉 351
5 無色性による時間的意味の実現 352
無色性の性質とそれによる透過性 352
無色性が関わる用法 354
6 無標性による時間的意味の実現 357
基本形との対立項 357
タ形の意味 358
テイル形の意味 359

無標性が前面に出る用法　361
7　動詞基本形という形式の意味と時間的意味の実現のしかた　364

XIV　述定の時間・装定の時間　367

1　主節と従属節の時間的意味という問題　367
2　主節時基準・発話時基準と「視点の原理」　368
主節時基準・発話時基準　368
視点の原理　370
主節時基準説・「視点の原理」への批判　372
3　あらためて問題提起　375
基準時が変わるのか　375
主節時基準ということがあるのか　377
ここでの問題意識　378
4　タ形の意味・ル形の意味　379
タ形の意味　379
ル形の意味　382
5　テンス的意味とアスペクト的意味の実現　384
テンスかアスペクトかという問い　384
形容詞的用法・アスペクト的用法・テンス的用法　386
6　述定の時間・装定の時間　389
7　主節時基準・発話時基準という考え方を見直す　391

「主節時基準」のあらわす前後関係の実現 391
従属節の発話時基準とは 393
主節時基準の功罪 394
8 形式の意味と装定における時間的意味の実現 398

終章 さしあたっての締括り 401

1 ここまで述べてきたこと 401
2 話し手の言語学と聞き手の言語学 404
3 トップダウンとボトムアップ 411
4 擱筆 414

注 415
後記 455
著者本書関連著述目録 461
事項索引 463
人名索引 469
書名論文名索引 472

凡例

一、注は本書末に一括して掲げる。

一、引用は原文通りを旨とするが、漢字字体は現行の通行字体にあらためる。なお、引用箇所につき紙幅節約のために、引用文中の改行を／であらわすことがある。また、必要に応じて、原文の意味を損なわない範囲で〔中略〕として、引用部分を省略することがある。

一、著書からの引用は、その所在頁も掲げる。

一、引用の典拠については、書誌の詳細などは注に示すが、通読の便を考慮して、本文でも必要に応じて書名・論文名を掲げ、その典拠が一定程度わかるように心がけた（ただし、その際の書名・論文名の副題は割愛にしたがった）。

一、注における引用文献の書誌の表示においては、「　」内に論文名を、『　』内に書名・雑誌名を示す。雑誌名の後の「15－9」は巻号表示で、「15巻9号」の意である。

一、引用文献は原則として雑誌論文など初出のものにより、それを示す。また、それらが収められた論文集などがある場合、参照の便を考慮して、できるかぎりそれも示すことにする。ただし、雑誌論文をもとにした著書の記述に依拠する場合は、著書のみを掲げることもある。

一、例文は、出典の示されているものは実例によるものであり、出典の示されていないものは作例、または、それに準ずるものである。

一、例文の傍線は私による。

序章
文について考える

1　文とは何かという問題

文とは何か。文という単位体は、言語にとって、あるいは文法論にとってきわめて重要な単位体であるのはいうまでもない*1。およそいかなる言語の文法的な記述においても、その名称は別としても、文に相当する単位体があらわれないということはないのではないか。「文法論は文をその最大の単位とする」といった言い方が、その当否は別として、普通に用いられてきたということも、文という単位体が言語に存在し、そして、それが重要な単位体であるということを物語っているといえる。このようなことから、文法論では多くの場合、この「文」という単位体について考えてきた。また、文という単位体がいかなる構造をもっているかということを考える作業を続けてきた。

しかし、この文という単位体を何かしらの形で規定しようとすると、必ずしも満足のいく答えが出ていないというのがおおかたの理解であろう。たとえば、仁田義雄の次のような記述をみてもそのことがわかる*2。

（1）文（sentence）への十全な規定は、語の規定に劣らず困難である。たとえば、リース（J. Ries）の

“Was ist ein Satz?”は、一四〇ほどの文規定を挙げているし、フリーズ（C. C. Fries）の“The Structure of English”は、文の定義が二百あまりあることを指摘している。また、文とは何かという問題は、文法研究の出発点であるとともに、終着点でもある。言語をどのように考えるかが、どのような〈文〉観に立つかを規定してくるであろうし、さらに、文観のいかんが、文法分析・文法記述のあり方そのものに大きな影響を与えるであろう。

（仁田義雄『日本語文法研究序説』一二四頁）

また、極端な場合、文という単位体を規定することについてほとんどあきらめ、「不可能だ」とするような言及もある。たとえば、次のようなものである＊3。

（2）［文の定義］　文あるいはセンテンスという術語も、他の文法術語と同様、あまり明確に定義できない術語である。さりとて、この術語なしには文法を語ることはできない。文を、音の外形から規定することができれば、それに越したことはない。また、ある程度、外形上の目印もないことはない。〔中略〕しかし、このような外形的特徴は文の内容的な本質の現われであって、その逆ではない。

文を考えるに当たって、他の場合と同様、さまざまの具体的な文のすべてに適用するような定義を下すことは不可能である。ここでも、ある原型を想定して、その上で文の形成を考えるという方法をとらざるをえないであろう。

（亀井孝他編『言語学大辞典　第6巻　術語編』の「文」の項）

では、文という単位体は、どのようなものかわからないかといえば、そういうわけでもなく、何が文であるかということを実際の文章なり談話なりでみていくと、その認定は人によって大きくずれるということにはならないのが普通である。たとえば次のような談話で考えてみる＊4。

（3）　F2　あのねー　（x）お西様ねー　お西様　あの　（a）あたしが　子どもの時分　お西様　いきます

にはねー　いまみたいに　広くないんですよねー　こー狭いとき　なんですよー　すこでもー
ピチャピチャグチャグチャしてんですよ　下がね　道が悪くて　そこへねー　アンペラってのを
ひく（敷く）むかしの　アンペラ　あれが　ずーっと　ひいてあんですよ

M2　アンペラっていうのは　また　丈夫なんだよ（y）あのねー　くろ…

F2　（b）その　アンペラひいて　そいでね　こー　下駄はいてね　行ったもんですよ　ねー　お酉様へ

C　アンペラってのは　どんなもんなんですか

M1　アンペラって　ゆーのはねー　砂糖のねー　あのー　く　絞ったきたねー　黒いのをねー　えいれる　今の　南京袋の　ももー　一世紀前のもんだねー

M2　今の　人は　知らねーな　袋ですよー

M1　あらっ（あれは）竹製だよ（z）竹製だ

F2　（c）南京袋をねー　もっとこう　粗くねー　粗く編んだような　竹なのかねー　あれ

M1　え　竹の類だね　ん　砂糖入れて　ん　皮の　皮　んーんー

F2　あっそうか　竹のこー　皮かなんか取ったねー　ほで　アンペラってのがねー　非常に　幅をきかしたんですよ

C　あー　そうですか

F1　よく　もー　道のその　道路の　ぬかるみやなんかへ　みんなね　それ　ひきますねー

M1　しくい（低い）ところへ　んー　敷くの

F2　あのねー　コンクリじゃないでしょー　だからねー　道が　雨が降りゃ　もー　グッジャグジャなの　もー　そのアンペラを　敷くよかしょうがないねー

「お西様への道」（昭和52年8月収録、明治35〜44年生まれの男女各2名＋国語研究所所員）

この例でいえば、（a）「あたしが子どもの時分　お西様いきますにはねー　いまみたいに広くないんですよねー」という部分、あるいは、（b）「そのアンペラひいて　そいでね　こー　下駄はいてね　行ったもんですよねー　お西様へ」、また（c）「南京袋をねー　もっとこう　粗くねー　粗く編んだような」といったところが文であって、その前後に文の切れ目があるということは、おおかたの場合、一致するだろう。もっとも、（x）「お西様ねー」（z）「竹製だ」がそれだけで一文であるかどうかといった点や、あるいは、（y）「あのねー　くろ…」というような言いさしのようなものを文と認めるかというような点では、いくつかの考え方があり得るとはいえる＊5。しかし、そのようなところを除けば、文を認定するということはかなりの場合、人による違いは生まれてこないといってよいだろう。とくに、これまで、文法論において文として扱われてきたような文においては、全く問題なく、それを文と認めることになると思われる。実際、国立国語研究所の調査によれば、話しことばの実際の例では、その談話において文を認定しようとすると、九割までは問題はないということである＊6。そういうこともあって、つまり、文とは何かということを厳密に考えなくても文というものが一定程度自明に認定でき、大概の場合、文法論的な分析を進めていくのにさほどの不都合が生ぜず、必要な分析が十分なし得るということから、文法論は――文法論にとって文という単位体がいかなるものであるかということは、きわめて重要な問題であるにもかかわらず――文とは何かということについて、必ずしも十分に考えてこなかったという疑いがある＊7。とくに近年の文法論においては、文という単位体は自明のものとして、文がいかなるものであるかということを厳密に考えたり、単位体としての文を規定しようとしている研究は少ないといってよい＊8。

ただし、山田孝雄・橋本進吉・時枝誠記らによる文法論のような、いってみれば「大文法論」の時代においては――そもそも「大文法論」と呼べるような文法論は、文法論が全体的・体系的なものになるのだと思われるが、そのために――文という単位体について相当程度考えている。また、この大文法論に起源をもつ、いわゆる陳述論と呼ばれる文法的議論も、文がいかなるものであるか考えているといってもよいだろう。陳述論は、いわば文成立論というべきものであるが、文がいかに成立するかということを考えるにあたっては、文を成り立たせる要素は何かということを検討することが中心であった。この議論は文というものがいかなるものであるかということの規定そのものを示しているものではないが、文成立を考えることによって、文の規定に近づいた、あるいは規定するための材料を検討した考察であって、そういう点から文とは何かを検討した考察だということは可能であろう。ただ、それ以降の個別化した文法論は、多くの場合、文とはいかなるものかということをあまり考えてこなかったといってよいだろう。むしろ、これらの文法論は、ある程度自明である単位体である文というものを構成する文法的要素がどのようなものであるかということ、あるいはそれらの要素がいかに組み合わされて、文が構成されるかということを課題の中心としてきたのである。いわゆる助詞・助動詞の意味研究、ヴォイス・アスペクト・テンスなどの述語を構成する要素の研究などが前者の研究であろうし、一方、格体制の研究、述語構造の研究、語順と述語構造の研究などが後者の研究であろう。これらは、比較的自明な文を対象として、その内部構造を明らかにしようとする試みであったといってよい。むろん、これらの研究の行き着く先は、文とは何かという問題を解決することになるのであろうが、やはり現実としては、そこまではたどり着かなかった、というのが実状であるというべきであろう。

2　文を考える必要性

これまで文法論がどのようなことを中心的な課題にしてきたかということをふりかえってみると、文とは何かを考え、文を規定するあるいはその規定に近づくという必要性が必ずしも高くなかったということは、たしかにいえることであって、そのなかでは、文とは何かという問いが括弧に括られていたというのはやむを得ないことではあった。しかしながら、そろそろさまざまな意味で、この文という単位体がいかなるものであるかということを考えていくことが要請されるようになってきているのではないか。このように考えさせられるような文法的な現象が現出してきていると思われるからである。

たとえば、次のようないくつかの文法論のアポリアをみると、これらの現象に踏み込んでいくにはやはり、文という単位体について検討して、文とは何であるのかということを考えざるを得ないのではないかと思われるのである。

働きかけの表現

次の例は、働きかけの表現とされるものである。

（4）　a　つまらん心配はしないで早く行け。
　　　b　やりましょう。松田さん、熊谷さん。
　　　c　助けて。

d　敬礼。解散。

e　さっさとする。／さあさあ、早く乗った　乗った！

これは仁田義雄があげる例であるが、仁田はこれらは「働きかけ」という共通の「発話・伝達のモダリティ」をもつという*9。（4a）は「働きかけ」のなかの「命令」、（4b）は同じく「誘いかけ」の例である。これらはそれぞれ命令形や意志の形式「〜う」という明示的な形があることから、形式面からみても「働きかけ」とするのには躊躇はない。ところが（4c）になると形式面から「働きかけ」とするのにやや疑問が生ずる。命令なり依頼なりの「働きかけ」を明示的にあらわす形式がみられないからである。これについて仁田は、省略されている後続部分の発話・伝達のモダリティ形式によってここに分類されるとする。すなわち、「助けてくれ」から「くれ」のようなものが省略されていると想定するのである。ただ、このようなとらえ方で（4c）を「働きかけ」と認めるとしても、（4de）のようなもの、とくに（4e）になると省略部分を想定するのは難しくなってくる。そうはいっても、（4de）が「働きかけ」をしていないとはいいにくいわけで、「働きかけ」の表現であるということは間違いない。このように「働きかけ」を明示する形式がなくとも、これらの発話・伝達のモダリティが「働きかけ」であるとするのは——命令形や「〜う」あるいは省略された部分があるというような形式の側面からではないのであるから——「働きかけ」というはたらきをしている文であるという、いわばこれらの文のもつ意味の側面からによるものであるといってよい。

さて、ここで問題となるのは「働きかけ」の意味のありかである。（4ab）のように命令形や「〜う」という形式があるものについてはよい。これらの「働きかけ」の意味は、命令形や「〜う」が受け持っていると考えることができるからである。（4c）も省略とするなら、一往これもよいとしよう（ただし「省略」というのは有意味な文法的な説明としては、さらに説明が必要となるのであるが、その点はここではおいておくことにする）。では、（4de）のようなものはどのように考えることになるのだろうか。これらは「働きかけ」をあらわす形式がないのであるから、文中のいずれかの形式に「働きかけ」の意味を押しつけるわけにはいかない。では、「働きかけ」の意味はどこにあるというべきなのか。

これに対しては、文を構成する要素には「働きかけ」の意味がないのだとすれば、状況から働きかけの意味が読みとれるというような説明があり得る。たとえば、尾上圭介は、このような「働きかけ」の形式のない文が「働きかけ」の表現となり得る論理について検討している。尾上は「そこにすわる」のような終止形で終わる文が命令文として成り立ち得る理由を次のように述べる*10。

（5）「ソコニスワル」という形は「そこにすわる」という一つの事態をあくまでただその事態として表示するだけのものである。何かを相手に求め得るような、あるいは求めざるを得ないようなあり方の言語場において、実現を求めるその事態内容をただそのまま「そこにすわる」とことばにするとき、聞き手の状況認識能力によって、それは聞き手自身に向けられた要求の内容、あるいは聞き手がそこで為すべき行為の指定内容となる。（尾上圭介「そこにすわる！」）

これは、「働きかけ」を明示する形式のない語・語列が「働きかけ」としても可能だということの指摘であり、注目すべきものであるが、しかしながら、なぜほかならぬ「働きかけ」なのかということは、「聞き手の状況認識能力」ということだけでは十分であるとは思えない。また、尾上の考え方によれば――「ここにすわる」という語列を発することが機縁にはなるとはいえ――聞き手はこの状況において「働きかけ」られていると把握することになるが、やはり実は、当該の語列によって「働きかけ」られているという感は否めない。これらの点を考えると、この把握のしかたには考慮の余地があると思われる。

つまり、「そこにすわる」や「さっさとする」には、「働きかけ」の形式がないとしても、話し手は「働きかけ」るつもりで発話をしていると思われるのであり、それ以前の文脈による「状況」のなかで「働きかけ」をしているのだというわけではない。聞き手の側であっても、そのような状況のなかでなんとなく「ああ、働きかけられているなぁ」というように「働きかけ」の意味が構成されていると思っているわけではない。むろん、それまでの状況は当然勘案するものの（状況を勘案するということについていえば、「働きかけ」の形式が明示されているものであっても同じことであろう）、やはり「敬礼」「解散」「さっさとする」といった形式あるいは語列が「働きかけ」をしていると把握するのが普通であろう。そう考えると、「状況」というようなものが「働きかけ」の意味のありかだというのは説明としては、全くあり得なくはないが、それだけでは苦しい説明であろう。かといって、「敬礼」「解散」なりの名詞や「する」「乗った」などの動詞原形・動詞タ形という形式そのものに命令の意味があるということも難しい。

こうなると、この「働きかけ」の意味を考えるには、もはや文を構成する何らかの形式の意味をみていくことだけでは解決しないということになる。

推量判断実践文と知識表明文

また、次のような二つの文は意味が違うということができそうなのであるが、文の形は全く同じである*11。

（6）a　（アノ風体カラスルト）あの男はヤクザだ。

b　（君ハ知ラナイダロウガ）あの男はヤクザだ。

しかし、（6a）は「あの男はヤクザだ」ということを推測しているものであるものであるのに対して、（6b）は「あの男はヤクザだ」というすでに知っていることがらを述べているものであって、田野村忠温が前者を推量判断実践文、後者を知識表明文と名付けるように、両者の意味は異なっている。これも文の内部構造を考えていたのでは解決できないものだと考えられる。

状況といったものでは十分な説明にならず、また、文の内部の形式を分析することでは解決できないとなると、これは、文という単位体そのものの問題であるというべきなのではないか。結局、文という単位体がいかなるものかということを考えていかなければ、解決しない問題なのではないかと思われてくるのである。

ムードのタ

さらに、（4）にもここに関わる例があったが、いわゆる「ムードのタ」と呼ばれるものも「た」という形式の問題ではないように思われる。次に掲げるものは尾上圭介によるタ形の整理である＊12。尾上はタ形全体について言及しているのであるが、ここではとくに「ムードのタ」と関わるものにかぎってあげることにする。

（7）③確言

③-1 事態の獲得

9 わかった！ なるほどそうだったのか。

10 しめた！

11 （試験前夜、教科書をバタンと閉じて）覚えた！ ねるぞぉ。

③-2 見通しの獲得

12　（詰みにつながる手筋を発見して三1角を打ちながら）よし、これで勝った！
13　（殺人計画の完成）これで間違いなくあいつは死んだ！
③−3　発見
14　あった！　あった！
15　バスが来た！
③−4　決定
16　よし、買った！
17　ええい、やめた！
④想起
18　おれには手前という強い味方があったのだ。
19　君は、たしか、たばこを吸ったね。
⑤要求
20　どいた！　どいた！
21　さっさと飯を食った！　食った！

タ形は過去・完了をあらわすことが多いが、（7）にみられるように過去・完了とはただちに認めにくいものもある。このような例、すなわち過去・完了のような客観的に認められるような意味ではなく、ある種話し手の態度に関わるようなタ形の用法を「ムードのタ」あるいは、叙想的テンスなどと呼ぶ*13。そこでの「ムード」とは、ここにあげた「発見」「決定」「想起」「要求」などの意味をあらわすことをさしていうのである。また、尾上の分類における「事態の獲得」「見通しの獲得」も、いわゆる「発見」と大きく異なるものではないと思われ、一括してかまわないと思われるので、同時にここにあげることにした。この「ムードのタ」という現象も、これまでさまざまな議論がなされてきたが、なかなか解決にいたらない問題であるといってよいだろう。

さて、ここで問題となるのは、「ムードのタ」としてとりあげられるものは、「タ」という形式の問題と考えてよいかということである*14。たしかに、いずれも「タ」がついているものであるから、「タ」の問題として扱われてきたということにもゆえがないわけではないが、次のような例をみると、これが「タ」の問題ではないことは明らかである。

（8）③-2 見通しの獲得

12′ よし、これで勝つ！

13′ これで間違いなくあいつは死ぬ！

③-3 発見

14′ あっ。ある！

15′ バスが来る！

③-4 決定

16′ よし、おれ、これ買う！

17′ ええい、もうやめる！

④想起

18′ そういえば、おれには手前という強い味方があるのだ。

19′　そういえば、君は、たしかたばこを吸うね。

⑤要求

20′　はい、そこをどく！　／　そこをどくんだ。

21′　さっさと飯を食う！　／　さっさと飯を食うんだ。

この（8）はいずれもタ形ではないが、「ムードのタ」にみられるような「見通しの獲得」「発見」「決定」「想起」「要求」の意味をあらわしている。意味的に全く同じかというと、そうはいえないところもありはするものの、ムード的な意味についていえば、それをあらわしているというのは間違いないところである。さて、このようにみると、これらの「ムードのタ」のあらわす意味は、タにかぎられたものではなく、ル形にも並行的にあらわれる意味だといってよい。これを「ムードのル」というなら、それはそれで一仕の筋はとおるが、そのような扱いをすることはおそらくないであろう（ただし、「事態の獲得」はル形ではみられないから、この例についてはタ形が関与していると考えることはできる）。これはすなわち、これらの意味はタ形の問題ではないということである。

このように考えると、ここにみられる「見通しの獲得」「発見」「決定」「想起」「要求」というのは、タ形の問題ではないと同時にル形の問題でもないということになる。つまり、これらの意味はル形・タ形という動詞の語形に帰せられる問題ではない＊15。すると、これはさきにみた「働きかけ」表現と同様の問題であることになる。すなわち、「見通しの獲得」「発見」「決定」「想起」「要求」という意味はどこが担う意味なのかということである。これも、やはり、文そのものの問題ではないだろうか。文が文であることによってもつ何らかのはたらきというようなものを考えるべきではないだろうか。つまり、このことは文というものの規定や本質に関わるような点で、文というものがいかなるものであるかということを考えることによってわかってくる問題なのではないかと思われるのである。

以上のように、文を構成する内部要素の研究が進んできたことによって、あるいは、(8)のような現象が意識されることによって、文がいかなるものであるかということを考えることが必要な状況になってきているといえるのではないかと思われるのである。

談話のなかにおける文

さらにいえば、近年は談話研究という文よりも大きい単位体の研究が進められるようになってきた。文を複数用いることによってまとまりをなす単位体を談話 discourse というが、この談話が成り立つ(一つの文でも成り立つが)ということを考えるとすれば、談話の一部となる文はどういう意義をもつ単位体なのかということが問題になるであろう。すなわち、談話というひとまとまりでコミュニケーションとしての意味があるのであれば、その談話という単位体があればコミュニケーション上は不都合はないということになる。しかし、その談話を構成する単位体として文というものがあるのだとすれば、では、その談話を構成する文とはいったい、どういう単位体なのかということが問題になるはずである。さきにもみたように、文という単位体を切り出すのは(むろん微妙なものもあるが)比較的容易であるのであるから、文という単位体があるのはおおよそ間違いないといえそうである。そして、文が集まって談話をなし、それでコミュニケーションが成立しているのだとすれば、比較的簡単に切り出すことができる、単位体として確実に認められそうな文とは何をしているものなのか。文というものが単位体だといえるのだとすれば、その単位体は何かしらのはたらきをしていると考えるのは、さほど突飛なことではないであろう。あるいは逆に、単位体として認められるということは、そのまとまりが何かしらのはたらきをしているからこそだともいえそうである。事実、語（概念語）という単位体は、きわめて大雑把にいえば、人間の認識が実世界に認めるものやことの概念に対応する単位体、すなわち、実世界総体（仮想世界も含まれよう）のなかから一つのものやこととして切り出した概念をあらわす単位体だといって大きな間違いはないと思われる。このように、言語の単位体が単位体である所以は、単位体のもつはたらきというところにあるということもできそうである。そう考えれば、文という単位体も談話のなかで何かしらのはたらきをしていると考えるべきであろう。談話のなかで文が何らかの役割を果たしているのだとすれば、それはどのような役割なのか。このようなことを考えると、談話という単位体を考えるのであれば、当然文という単位体を考えざるを得なくなると思われる。

文、という問題

以上のようにみてみると、文という単位体を考える必要性、すなわち、文が文としてもつはたらき、文という単位体がもつものがいかなるものかといったような、文という単位体の特質を考える必要性が、この際、いよいよ高くなってきたのではないかと考えられる。これまでも文についてはきわめて多くの検討があったが、多くの課題を残してきているということも事実である。ただこの問題は、そもそも、簡単に解決できるような性格の問題ではないともいえる。しかし、このような状況を考えて、あえて、文とは何かということについて考えてみることにしたいのである。

そこで、本書では、文という単位体について、次のような点について検討を加えていくことにする。

（9）　a　文の部分が担っているとはいいにくい、文そのものがもっている意味があるのではないか。そして
　　　　それは、どのようなものなのか。
　　　b　言語の単位体としての「文」とは何か、つまり、文とは何か。あるいは、いかに規定されるのか。
　　　　いかに成り立つのか。いかなるはたらきをするものなのか。

ここにみられる（9 a）の「文そのものがもっている意味」とは、それが語（群）から文に成りあがるための何らかではないかとも考えられる。そういう点で（9 a）の帰結が（9 b）の検討の一助になるのではないかと思われる。

繰り返しにはなるが、いうまでもなく本書程度のかぎられた範囲で問題が一度に解決することはないであろう。またもちろん、そのようなことを企図するものではない。ただ、「文とは何かという問題は、文法研究の出発点であるとともに、終着点でもある」（仁田義雄）ということであって、ここでいったんの帰結を得たとすれば、それは「終着点」ではなく、あらたな「出発点」のひとつにはなるであろう。あるいは、何も考えないよりは、幾分かはましともいえる。まずは、現段階で考えられるところを考えていくことにしたい。

3　文と認められてきたもの

さて、文について（9）のような点について考えていくにあたっては、まずは、これまでどのようなものが文として認められてきたのかということを、一往確認しておくことにする＊16。

次の(10)のようなものは、大概の文法論では文と認めるものであろう。

(10) a 一郎は花子を次郎に紹介したね。

b 大河原は桜がきれいだ。

これはいわゆる主語と述語がそろっているものである。もう少しいえば、「紹介する」「きれいだ」という述部の要求する必須要素(前者でいえば「~ガ(ハ)」「~ヲ」「~ニ」、後者でいえば「~ハ」「~ガ」の項)がそろっているものである。加えて、(10a)には、終助詞と呼ばれる文を終わらせることに関わるとされる形式がついており、また(10b)は、最後の部分がいわゆる終止形という文を終止させることに関わる形式になっている。このようなものは、問題なく文と認められるものである。

また、次のようなものも日本語文法論においては普通、文とするものである。

(11) a 昨日、お弁当をもって森林公園に出かけました。

b もうお昼ご飯食べましたか? ――いえ。まだ食べてません。

これらは、主語が欠けているものではあるが、(11a)はこの文が普通に発話されたときには、主語はおそらく「私」であるし、(11b)も主語は明らかに「私」である。(11b)のような場合、いくら主語が「私」であっても、「私」とはいわないのがむしろ普通であろう。このようなものは必須要素が潜在的なものである*17。

次に、(12)のようなものも、文とみなすのが常識的になっていると思われる。

(12) a 妙なる笛の音よ。

b あはれ知りたる人もがな。

これは、山田孝雄によって喚体句と命名されたものである。これは、名詞を中核とし、「妙なる」「あはれ知りたる」のような連体修飾語・終助詞がついているものであり、意味的には感嘆・感動や希望をあらわすものであるとする。山田は喚体句について、この種の句を「従来の学者の認めざりしもの」「然るに世には往々これらを不完備の句と唱ふるものあり」のように述べ、このようなものを完全な文と認めることを説いた*18。実際、(12a)は「笛の音、妙なり」の逆語順であって、意味的には主語も述語もそろっているともいえるのである。以降、山田の掲げた喚体句は文と認める方向になったといってよいだろう。

山田孝雄にしたがえば、次の(13)のようなものは「不完備句」という扱いになるものの、現在はこれも文とするのが普通であろう。

(13) a 花よ!

b うわっ。足がある幽霊!

c 火事!

d おーい。お茶。

これらは独立語文・一語文などと呼ばれる。さらに、次のような呼びかけや返事も、名詞を中核とするものとは異なるものの、一語文の仲間に入れてよいだろう。

(14) a おーい。

b おはよう。

c うん。

d なるほどぉ。

さらに、(15)のようなものを文とするということもある。

(15) a　松野呉服店
b　東京外国語大学アジア・アフリカ言語文化研究所
c　グレープフルーツ一個一五〇円

これは南不二男のあげる例で、看板や商品などの表示である。南は「こうしたものは、従来の文法研究では、おそらく文として扱われることがすくなかった」とするものである*19。このようなものを文と考えると、書籍のタイトルやレストランのメニュー（の一項目）も文ということになっていくことになり、日常的には、必ずしもそれらを文とは認識していないということにはなるかもしれないが、ただこのようなものは、基本的には（13）などの延長であるといえるものであって、むしろ、これらと（13）とを区別することのほうが難しいであろう。このようなことからすれば、やはりこのタイプも文として考えていくのが論理整合的であるとはいえるだろう。

以上のようにみると、これまで文として認められてきたものは、おおむね次のようにまとめられよう。仮に次のように括っておく。

(16) A　述語文　(i) 顕現型　(10)
　　　　　　　(ii) 非顕現型　(11)
　　B　非述語文　(i) 複合顕現型　(12)
　　　　　　　(ii) 複合非顕現型　(13 a b)
　　　　　　　(iii) 単独型　(13 c d)(15)
　　　　　　　(iv) 交話感動型　(14)

Aは述語をもった文、Bは述語をもたない文で、A（i）は主語・述語・補足語などのいわゆる必須要素が言語形式として顕在化しているものである。A（ii）は述語をもってはいるが、必須要素のうちに顕現していないものがあるタイプである。いわゆる「省略」のある述語文ということになる。それに対して、述語をもたないBは、大きく名詞型と非名詞型に分けられよう。非名詞型は伝統的な品詞でいえば感動詞を主とするものである。名詞型についていえば、まずはB（i）のような山田孝雄のいう喚体句にあたるものがあり、これは名詞を中心としてその名詞に修飾部分がついていたり、終助詞がついていたりという複合的な非述語文である＊20。それに対して、名詞一語がそのまま放り出される文で、文字通りの一語文や、南不二男の指摘するような、いわば「看板文」というべき文がある。これがB（iii）であるが、これは名詞型の非述語文において、B（i）のもう一方の極にあるものであるといえる。このB（i）とB（iii）の間には、修飾部だけがあったり、終助詞だけがあったりするという複合的ではあるが、山田孝雄においては「不完備句」となり喚体句とは認められないものが存在する。このようなものはAの述語文でいえば「必須要素」が非顕在的なものと並行的であるから、ここでは、B（ii）複合非顕現型としておくことにする。一方、さきにみたような感動詞的な要素による一語文は、呼びかけ・返事のような言語的コミュニケーションのやりとりに関わるものが代表的である。また、応答に関わるもの以外に、典型的な感動詞による感動をあらわすようなものもあるので＊21、これらを、B（iv）交話感動型としておくことにする。

これまでの文研究においては、以上のようなもの以外も文と認めている場合もあり、また、それぞれの研究によって認める範囲に出入りはあるものの、大きくいえば、以上のような言語形式を文と認めてきたといってよいであろう。本書ではおおむね従来「文」と考えられてきたこれらのものを対象に検討を進めていくことにする。

I　文はどのように考えられてきたか

1　文成立論というアポリア

文法論における単位体として文という単位体がある、ということを認めない文法論は、まずはないだろう。ところが、この文という単位体を規定しようとするとそこには高い壁が立ちはだかる。「空は青い。」「犬が走る。」は文である、というように文の例をあげることは簡単であって、外延的な示し方は可能である。しかし、網羅することは不可能であるから外延的な定義はできない。そこで、内包的な定義を試みるのだが、たとえば、「文とは主語と述語を備えるものである」というような古典的定義は、「水！」「火事！」といった一語文の前で、たちまちゆきづまる。さきにみたように、人によっては文の定義は百種、あるいは二百種以上あるといい*1、「さまざまの具体的な文のすべてに適用するような定義を下すことは不可能である」（『言語学大辞典【術語編】』の「文」の項）とするものまである。いってみれば、文の定義、あるいは文がいかに成立するのかというのは、文法論のひとつのアポリアであるといってよい。

本書では、この文という単位体ついて、文はどのようにして成り立つのか、あるいは、文が文としてもつ意味とはいかなるものかという点について考えていくことにするが、このような点を考えるにあたっては、まずは、これまで文がいかにとらえられてきたのかをふりかえっておく必要がある。また、それが難しい問題であるとはいっても、日本語文法論においては、それが重要な課題であったこともあり、それに挑んできた歴史もある。

では、日本語文法論はこの問題について、いかに考えてきたのだろうか。その考察はどのような流れをもち、そこにはどのような論理があったのだろうか。そこで、ここでは文法論における分析の態度・文の見方ということを視点として、文がいかに成立するのかという議論の展開とそこにある論理を探ることにする。その論理をみていく視点としては、「一回的文成立論」「多段階的文成立論」という見方をとることにする。

2　一回的文成立論の諸相

この「一回的文成立論」と「多段階的文成立論」とは、文の成立のとらえ方の大きな区分である。「一回的文成立論」とは、一つの決定的な要件によって文が成り立つという把握である。これに対して、「多段階的文成立論」とは、文を成り立たせるための複数の要素が徐々に加わりながら多段階的に文が成立するという把握である。文成立論、あるいは文の規定論は、大きくこの二つに分けられる。日本語文法論における文成立論の流れは、一回的文成立論から多段階的文成立論へという方向をとってきたといえる。いわば、一回的文成立論が「旧」、多段階的文成立論が「新」ということになる。

文の規定としてもっとも古典的なものは、「文とは主語と述語を備えるものである」というような、文の要素としての主語と述語がそろうことに求めるものであろう。よく知られているところでは、たとえば、大槻文彦の次のようなものがある＊2。

（1） 主語ト説明語トヲ具シタルハ、文ナリ、文ニハ、必ズ、主語ト説明語トアルヲ要ス。

（大槻文彦『広日本文典』文章篇 主語 説明語、二五二頁）

ここでいう「説明語」とは「其ノ主ノ作用、性質、ヲ説明スル語ナレバ、説明語と称ス」とされるように、いわゆる述語のことである。このような規定は西洋文法の影響を大きく受けたと思われるものであって、実際このようなやり方は欧語の文法論にもみられるものである＊3。同時に、日本語文法論においてもこのような規定、あるいは、これに類する規定は広くみられるものであるが、これは、文の成立には文における一組の主語と述語の結びつきが決定的な役割を果たすということであるから、一回的文成立論である。

ただ、この見方は、さきにも述べたように「水！」「火事！」といった一語文を文として認めた瞬間に立ちゆかなくなる。三尾砂も次のように述べる＊4。

（2） 大人の表現にも「自動車！」「雨！」「火事！」といったような、完結した思想をあらわしている一語だけの表現がある。これも文といわざるを得ない。／すると、前の、文の定義（一）とむじゅんすることになる。

（三尾砂『国語法文章論』、引用は『三尾砂著作集Ⅰ』二七－二八頁）

この「文の定義（一）」とは、文が「主語と述語より成る」ということであるが、これは、一語文には主語・述語といった構造的な把握は及ばないということを意味する。また、山田孝雄は、このような一語文のものをふまえた上で、形式面からの文の規定は難しいことを述べる＊5。

（3） かく一の語にして同時に一の文たりうることありとせば、その語と文との区別はたゞ外貌上の説明にては判明しうべきにあらざるは明らかなりとす。こゝに於いて我等はその区別の主眼点はこれら外貌上の如何に存するにあらずして、そが深く思想の内面に根柢を有するものなるべきを見るなり。

（山田孝雄『日本文法学概論』九〇一頁）

つまり、文をその内部構造によって形式的な側面から規定することは、ほとんど期待できないということである。

切れる

文の成立要件を主語と述語の結びつきという点に求める考え方は、文の成立を形式的な側面から規定しようとするものであるが、形式面からの文の規定は、主語・述語という内部構造の側面にかぎられるわけではない。たとえば、橋本進吉は文の前後には音の切れ目があるといったところに着目する。橋本は、「一つの文は、その内容（意義）から見れば、それだけで或事を言ひ表はしたもので、一つの纏まつた完いものである」というように意味的側面にも言及するのであるが、「文は言語上の形である以上は、唯思想上ばかりでなく、外形上の特徴があるべき筈である」とし、次のように形式的側面についても述べている＊6。

（4） 以上、文の外形上の特徴としては、
一、文は音の連続である。
二、文の前後には必ず音の切れ目がある。
三、文の終には特殊の音調が加はる。

（橋本進吉『国語法要説』六頁）

ここに橋本があげる外形上の三つの性質のうち、「文は音の連続である」は音声言語の場合当然のことであって、そもそも文にかぎられた性質というべきものではないが、次の「文の前後には必ず音の切れ目がある」と、最後の「文の終には特殊の音調が加はる」の二項は、音の切れ目にはさまれ、最後に特殊音調をもつひとつづきが文であるということであり、これらは文の外形的な規定とみることができる＊7。ただ、これは文についての外形的側面への言及ではあるが、おそらく単に外形の問題ではないだろう。外形的な理由のみによって「切れる／続く」ということはおよそなく、文末の特殊の音調も何かしらの意味の反映であると考えられるから、結局は、切れ目ではさまれる音連続が意味的にひとまとまりをなしているということを意味すると思われる。そういう点では、これは純粋に形式の問題ではないともいえる。ただ、「切れ目」が文成立に決定的な役割を果たすとみれば、この見方も一回的文成立論であるといってよい。

この切れ目ということに着目する考え方は、橋本以前には神保格のような見方があり、橋本以後には三尾砂の議論がある＊8。

たとえば、神保格は次のように述べ、「言ひ切りの感」という概念を述べる。

（5）「ペンとインキで手紙を書く」「弟が国から出て来た」など、この「…… 書く」の終、「……来た」の終で、「とまりの感」がある。しかし同じとまりの感といつても「汽車に乗つて出て来る人」などの例と「弟が国から出て来た」などの例と何処かちがふ所がある様に思はれる。そのちがふ所といふのは「……出て来た」などの例では、「書く」「来た」といふ風に「言ひ切る」「断定する」とでも形容すべき心持を含んで居るといふ点、而して「……出て来る人」といふ例でこの心持を含まない点に存する。この「言ひ切る」「断定する」心持といふのが大切な点である。

（神保格『言語学概論』三二一−三二二頁）

神保は、この「「言い切る」心持」を「言ひ切りの感」といい、この感は終止形で顕著であるが、それにかぎられるものではなく、教師が児童に向っていう「もっとおとなしくして」や、「あなた昨日どこへいらしって?」と尋ねるものも含まれるとする。神保はこのような「言い切りの感」があるものが文であると即断しているわけではないが、この「言い切りの感」というのは橋本進吉のいう「切れ目」の反映と考えれば、橋本の説とかなり近接しているものであるといってよいだろう。

また、三尾砂は、この切れ目という点で、何がどのように切れているのかということを述べる。

（6）a　文節がおたがいに結合し合っているはんい内が一つの文である。文節の結合のある間は一つの文がつづいているのである。文節がその前に結合する文節を持っていないとき、そこに文がはじまり、文節がその次に結合する文節を持たないとき、その文は終っているのである。

（三尾砂『国語法文章論』、『三尾砂著作集I』三四－三五頁）

b　見ろ!

火事だ!

というような一文節であっても、他の文節と結合することなく、それ自身充足し、それ自身で一つの緊張体系をなすものは、一つの文領域を持つ一文である。このようにして文節の力学的結合力のおよぶはんい内を文ということが出来るのである。

それが一語であろうと、二語であろうと、五十語、百語であろうと、文節の力学的結合力のおよぶところまでは同一の文領域にぞくするのである。（三尾砂『国語法文章論』、『三尾砂著作集I』三六頁）

この見方はきわめて注目すべきものであって、三尾砂は、統語的関係が続くかぎりの語連接が文であるとするのである。そして、この統語的に続く・切れるということの反映、とくに切れるということの反映が、さきにみた神保格の「言い切りの感」であり、また、この統語的な側面が音声的側面に反映したものが、橋本進吉の「音の切れ目」ということになると考えてよさそうである。

このような、文の終わりに統語的な切れ目があるという見方は、いいかえれば、文は統語的に独立しているものだということができる。つまり、統語的な切れ目という点から文を規定していくというのは、文が統語的に独立しているという言い方で文を規定しているのと実質的には同じということである。こういった形で文を規定している考え方には、たとえば服部四郎の文の規定がある＊9。服部は文を形の面、文法の面、意義の面から定義する＊10。

（7）　形の面から見ると、音調の型によってその末尾が特徴づけられる。

文法の面から見ると、一つの独立した統合体である。

意義の面から見ると、完結している。

（服部四郎「日本の記述言語学（2）」）

以上のように、統語的な「切れ目」が文成立に決定的な役割を果たすという見方も、この一点に文成立がかかっていることになるという見方であるから、やはり、一回的文成立論であるといってよい。

断定・統覚作用

ここまでみた一回的文成立論は、文を外形から規定するものであったが、文が形と意味をもつものである以上、意味の側面から規定しようとする考え方もある。この面からみる見方は、橋本進吉のいうような「一つの文は、その内容（意義）から見れば、それだけで或事を言ひ表はしたもので、一つの纏まつた完いものである」というところが代表的なものといえ、三尾砂が「完結した思想をあらわす」と文の内容的規定をあげて、「いろいろ説明の仕方は変っても、今日の進歩的な学者もひとしく文の条件としてみとめている」*11 とするのも、典型的にいえばこの橋本の考えということになるだろう。もっともこの考えも日本語文法に独自のものではなく欧語などにおいても同様な規定をみることができる*12。ただ、問題となるのは何であれば「纏まつた完いもの」、「完結」したものといえるのかということである。

このような点で、「ひとまとまり」「完結」の内実を求めたもの、あるいは、こういった点に関しての言及したものとしては、たとえば、松下大三郎の論がある。松下の場合、一般に文とされるものは「断句」と呼ばれる*13。

（8） 断句の定義　断句は説話の単位であつて、独立した断定を表はす所の、言語の一続きである。
断定の構成　断定は心的作用の生産物であつて事象に対する主観の観念的了解である。断定を分かつて思惟性断定、直観性断定の二つとする
（松下大三郎『標準日本文法』五四八頁）

これによれば、文（「断句」）とは「独立した断定を表はす所の、言語の一続き」であるから、「独立した断定」があるものが文であるということになる。この松下のいう「断定」は、日常のことばづかいとしての「断定」とは異なるもので、「事柄に対する主観の観念的了解」というものである。これは「火事を見て「火事だ」と了解すればその了解「火事だ」は一つの断定である」、あるいは「警鐘を聞いて「何だらう」と思ひ或は「火事かな」と思つたとすると、不完全な了解ではあるがやはり了解であるから一つの断定である」（『改撰標準日本文法』）*14 とするように、事態を了解することが「断定」なのである。この「断定」には、判定の対象と判定の二つの観念を統合する思惟性断定と、判定作用がなく直観的に了解される直観性断定の二つがあるが、いずれの

場合にも文には「断定」があるということになり、この「断定」という作用が、いってみれば「ひとまとまり」の内実ということになるのである。つまり、「断定」とは何かといえば、それは「事柄に対する主観の観念的了解」という「心的作用の生産物」ということになる。この考え方も、「断定」という一要件によって文が成立するとするもので、一回的文成立論である。

この「ひとまとまり」という側面から文成立を考えるものとして、もっともよく知られているのは、山田孝雄の議論であろう*15。山田は、この「ひとまとまり」は「統覚作用」というものによってなされると考える。

（9）惟ふに思想とは人の意識の活動にして種々の観念が、ある一点に於いて関係を有し、その点に於いて結合せられたるものならざるべからず。而してこの統合点は唯一なるべし。意識の主点は一なればなり。この故に一の思想には必ず一の統合作用存すべきなり。今これを名づけて統覚作用といふ。この統覚作用これ実に思想の生命なり。この統覚作用によりて統合せられたる思想の言語といふ形にてあらはされたるもの即ち文なりとす。この故に一の語にせよ、数多の語よりなるにせよ、ある統覚作用によりて統合せられたる思想の発表なる場合には文と認むべきものとす。

（山田孝雄『日本文法学概論』九〇一―九〇二頁）

この統覚作用というのは、「人の意識の活動にして種々の観念が、ある一点に於いて関係を有し、その点に於いて結合せられ」ることであるから、種々の観念を統合してひとまとまりにするというはたらきであるということになる。これは、まさに文が「ひとまとまり」性をもつということの議論である。そして、山田は統覚作用によって統合された思想が言語という形で表されたものが文であるとし、単文とは単一の思想を表したものであって、それは統覚作用の唯一回活動したものを指すとする。このことから、山田は文（厳密にいえば「句」）を次のように規定する＊16。

（10）一の句とは統覚作用の一回の活動によりて組織せられたる思想の言語上の発表をいふ。

（山田孝雄『日本文法学概論』九一七頁）

また、山田は統覚作用の概念の内実をかなり具体的に述べてもいる。

（11）なほこゝに注意しおくべきは、吾人がこゝにいふ統覚作用とは、意識の統合作用を汎くさせるものなれば、説明、想像、疑問、命令、禁制、欲求、感動等一切の思想を網羅するものなり。

（山田孝雄『日本文法学概論』九一七―九一八頁）

この統覚作用の内実は、「説明、想像、疑問、命令、禁制、欲求、感動」といった意識の統合作用であり、山田はこのような統覚作用によって文が成立すると考えているわけである。これは、文の成立には一つの統覚作用が決定的な役割を果たすということであるから、一回的文成立論である。

以上のように、日本語文法論における文成立論の流れは、主語＋述語という規定にせよ、「切れる」ということを問題にするにせよ、あるいは、「ひとまとまり」を問題にするにせよ、まずは一回的文成立論として、展開してきたといってよいだろう。

3　一回的文成立論から多段階的文成立論へ

陳述論の流れ

さて、右にみた山田孝雄は、「こゝに於いて用言の用言たるべき特徴は統覚の作用即ち語をかへていはゞ、陳述の力の寓せられてある点にあり」*17 などのようにいうことから、文の成立論にあたって「陳述」という用語が問題とされることになった*18。これが日本語文法論における陳述論という問題であり、この後の日本語文法論の大きな流れを形成していく。

その流れに時枝誠記の文成立論がある。時枝は「陳述」という概念を示し、それは、話し手の主体的表現に属する判断、とされる。ただ、陳述には述語的陳述だけではなく修飾的陳述も認めており、それを文成立の決定的要件とは考えていない。時枝は「文が一の統一体であるとするならば、そこには必ず、語が一の統一体であるといふこととは異なる、全く別の統一原理が存在しなければならない」として、次の三点を文の条件として掲げる*19。

(12)（一）具体的な思想の表現であること。

（二）統一性があること。

（三）完結性があること。

（時枝誠記『日本文法　口語篇』二三一頁）

まず、（一）の「具体的な思想の表現」とは「客体界と主体界の結合において成立するものである」*20 とする。時枝においては、客体的表現に与るものを詞、主体的表現に与るものを辞と呼ぶのであるから、詞と辞の結合が文の条件になるということである。「犬、猫、山、川」という語は詞であるが、これだけでは客体界の表現に終始するのであって文ということはできず、これに「だ」という辞、すなわち判断をあらわす主体的なものがつくことによって、「犬だ」という文が成り立つということになる。また、(二)の「統一性があること」とは、「纏まつた思想の表現であることを意味する」とし、そのまとまりが何によって成立するかというと、「話手の判断、願望、欲求、命令、禁止等の主体的なものの表現による」とする*21。時枝にとって主体的な表現とは辞であるから、結局、この辞(助詞・助動詞、零記号の陳述)、すなわち[図1]の入子型構造図の小さな□(あるいは■)によるということになる。つまり、この(一)(二)は、いずれも詞と辞の結合ということによって実現されることになる。しかしながら、この(一)(二)、すなわち詞と辞の結合だけでは、通常は文とされないものも文になってしまう。たとえば、「花が」であっても詞と辞の結合である。しかし、これは文とはいえない。また、「裏の小川はさらさらと流れ」のようなものも文になってしまう。そこで、さらに(三)のような「完結性があること」という条件をあげるのである。この場合、「裏の小川はさらさらと流れる」となれば文になることから、完結性は終止形によって与えられたと考える。そして、この「完結性」をもたらすものは、具体的には、終止形によって切れる、いわゆる終助詞(あるいはある種の陳述)がある、ということになる。このようにみると、時枝の文の条件は、「文をその構成要素によつて説明せず」*22とはいうものの、(三)はかなり形の面、構成要素によって説明されて

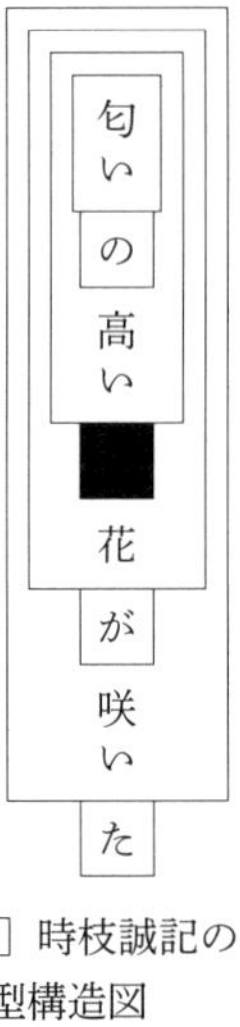

[図1] 時枝誠記の
入子型構造図
(『国語学原論』による)

いるといえる。そして、これを文末の一点で文が成立すると理解すれば、時枝誠記の議論は多段階的文成立ではなく、一回的文成立論であることになる。

これに続く渡辺実の議論においては、陳述が文成立の要件として扱われ、その陳述は文末文節が担うものとする（『国語構文論』など）＊23。そして、用言述語の終止形・イントネーションの他に第3類の助動詞と終助詞に陳述の職能を求める（［図2］参照）。これは、文成立を陳述という一点に求めるという点で、一回的文成立論を維持しているともいえるが、第3類の助動詞と終助詞は構文的に連接していることから、これを合わせて一点といえると同時に、これで二層ともいえ、ここにおいて文成立の際に複数の異なる層を認める、その前段階にたどり着いているともいえる。結局、陳述の内実を構文的に連接する第3類の助動詞と終助詞に認めるという点で、一回的文成立論の解体に道を開いたともいえる＊24。

そして、陳述論の流れは、芳賀綏の議論にいたって、一回的文成立論を放棄することになる（「陳述とは何もの？」）＊25。芳賀も陳述によって文が成立するとするが、その陳述に第一

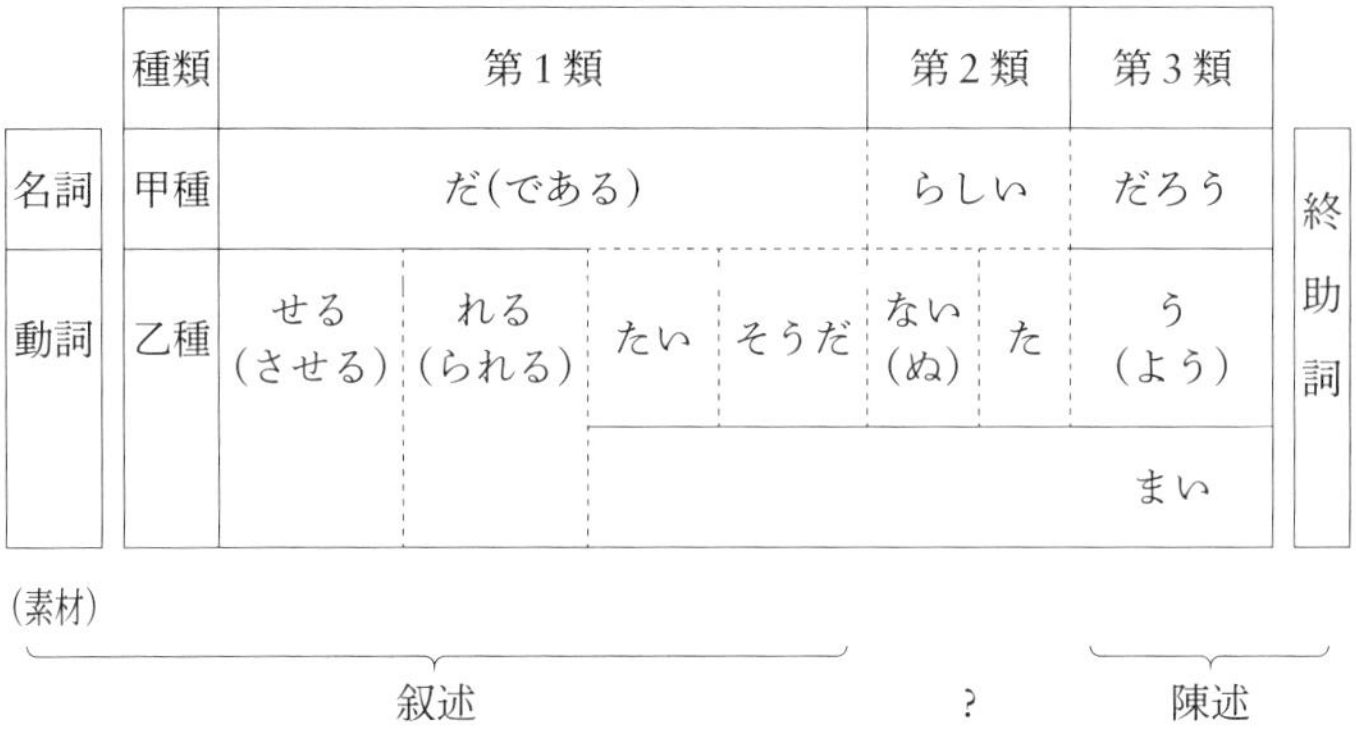

種類	第1類				第2類		第3類	
名詞 甲種	だ(である)				らしい		だろう	終助詞
動詞 乙種	せる(させる)	れる(られる)	たい	そうだ	ない(ぬ)	た	う(よう)	
							まい	

(素材)　　　　　　叙述　　　　　　？　　陳述

［図2］ 渡辺実の述語構造図
(南不二男による解釈を含む)
(『国語構文論』／『現代日本語文法の輪郭』)

種《述定》と第二種《伝達》の二種を認める。第一種の陳述、すなわち述定的陳述とは「事柄の内容についての、話手の態度【断定・推量・疑い・決意・感動・詠歎……など】の言い定め」であり、第二種の陳述、すなわち伝達的陳述とは「事柄の内容や、話手の態度を、聞手（時には話手自身）に向ってもちかけ、伝達する言語表示」「【告知・反応を求める・誘い・命令・呼びかけ・応答……など】」である。

（13）a　雨が降る。　…《断定》による統括　【第一種の陳述によって成り立った文】

　　b　雨が降るよ。…《断定》＋《告知》　【述定された文に、第二種の陳述が累加された文】

　　c　行け。　…《命令》　【第二種の陳述によって統括された文】

芳賀の議論は、（13a）のように述定的陳述だけ、（13c）のように伝達的陳述だけ、また、（13b）の述定的陳述＋伝達的陳述でも文が成立するという理解で、文中に二種の決定的要素を認め、また、その累加も認めるものである。これは文を成り立たせるための複数の要素が徐々に加わりながら文が成立するという把握であって、多段階的文成立論といってよい。そして、これは渡辺実において、かろうじて「一回」であった陳述が二つに分割されたということであり、一回的文成立論の放棄であるといえる。

このように、山田孝雄からはじまった陳述論は一回的文成立論として成立したが、渡辺実を経、芳賀綏にいたって一回的文成立論は解体され、多段階的文成立論に変容したことになる。

階層的構文論

多段階的文成立論のもうひとつの系譜として、階層的構文論にその源をもつ議論がある。日本語の文が階層性をもつということは、林四郎・北原保雄などの議論で知られているが＊26、なかでも、南不二男は階層構造を文成立に結びつける（『現代日本語の構造』『現代日本語文法の輪郭』）＊27。

南不二男は、従属節内に生起できる要素をもとに、次の［表］のようにA〜Cの三種類の従属節を認める。そして、それぞれ各節内に生起できる要素をみると、A類からC類に向かうにつれて、より文らしくなると考える。そこで、南はそれぞれA段階（描叙段階）、B段階（判断段階）、C段階（表出段階）と呼ぶ。さらに、従属節にはあらわれない終助詞の類を含んだまとまりをD段階（伝達段階）と呼ぶ。南のあげる例文にもとづき、この段階を示せば、次の（14）のようになる（南不二男『現代日本語の構造』の例文にもとづく）。

（14）［ソウダナ［タブン［キノウ 荷物ガ
［横浜ニツイ$_{A}$］タ$_{B}$］ダロウ$_{C}$］ヨ$_{D}$］
［D伝達［C表出［B判断
［A描叙］B判断］C表出］D伝達］

そして、「すべての述語文はこれらの四つの段階を

［表］ 南不二男の従属節の分類

		述語的部分以外の成分								述語的部分の要素							
		陳述副詞	〜ハ（提題）	時の修飾語	場所の修飾語	〜ガ（主格）	状態副詞	〜ニ	〜ヲ	動詞	〜（サ）セル	〜（ラ）レル	〜ナイ	〜タ・ダ	〜ウ・ヨウ	〜ダロウ	〜マイ
A類	〜ナガラ		−	−	−	−	＋	＋	＋	＋	＋	＋	−	−	−	−	−
	〜ツツ	−	−	−	−	−	＋	＋	＋	＋	＋	＋	−	−	−	−	−
B類	〜タラ	−	−	＋	＋	＋	＋	＋	＋	＋	＋	＋	＋	−	−	−	−
	〜ナラ	−	−	＋	＋	＋	＋	＋	＋	＋	＋	＋	＋	＋	−	−	−
	〜ノデ	−	（＋）	＋	＋	＋	＋	＋	＋	＋	＋	＋	＋	＋	−	−	−
C類	〜ガ	＋	＋	＋	＋	＋	＋	＋	＋	＋	＋	＋	＋	＋	＋	＋	＋
	〜カラ	＋	＋	＋	＋	＋	＋	＋	＋	＋	＋	＋	＋	＋	＋	＋	＋

簡略化したもの。＋…節内に生起する、−…生起しない。
（『現代日本語文法の輪郭』による）

経て出来るものと仮定する」とする*28。つまり、A段階からC段階に向かうにつれて、さまざまな要素を取り込み次第に文らしくなり、D段階にいたって文として成立すると考えるのである。このとらえ方は、A→B→C→Dという段階を経て文が成立するということであるから、明らかに多段階的文成立論である。日本語の文に階層性があることを指摘する論は必ずしも多段階的文成立論になるわけではないが、その階層構造を文の成立に結びつけることになると、階層論は多段階的文成立論になる。

以上の階層論は、さきにみた芳賀綏の述定・伝達の区別が融合される形で、仁田義雄や益岡隆志に代表される、いわゆる新記述派の文法論に流れ込む*29。そこでは積極的に文の成立を説くわけではないが、文は命題とモダリティからなり、それが階層的に構成されるという考え方をとる（仁田義雄『日本語のモダリティと人称』、益岡隆志『モダリティの文法』）*30。そして、その場合のモダリティは多くの場合（呼び方が異なる場合があるものの）、命題めあてのモダリティと聞き手めあてのモダリティの二種からなるとされる（［図3］参照）。具体的な例文でそれを示せば、次の（15）のようになろう。

（15）ねえ［困ったことにたぶん［この雨あと4時間も続く］だろう］ね。

日本語モダリティ論推進の中心的な論者である仁田義雄は、「発話・伝達のモダリティを帯びた単語連鎖は、文そのものであり、文以下の存在には成りえない。文は、発話・伝達のモダリティを帯びることによって、まさに文になる」*31と述べる。「発話・伝達のモダリティ」とは、文が命題とモダリティから階層的に構成されるとする場合のもっとも外

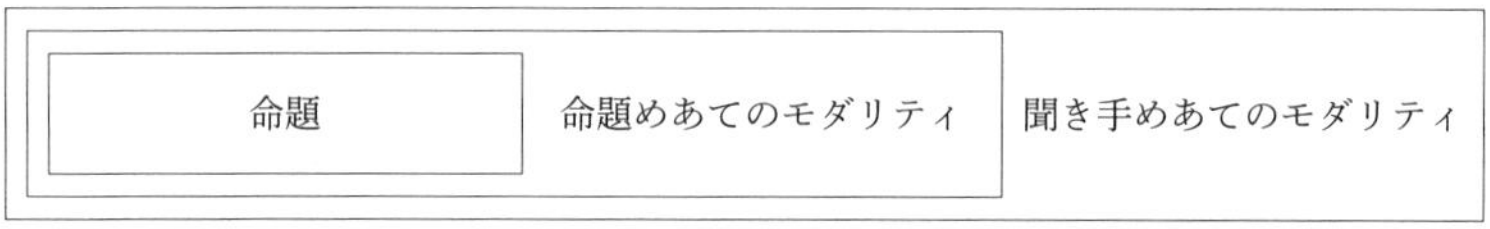

［図3］ 新記述派の階層構造

側の層（つまり［図3］では「聞き手めあてのモダリティ」）ということになるが、ここからもわかるように、ある種のモダリティが文を成立させるといった文規定をおこなっているのである。そして、他の多くの論者も大なり小なりこのような把握を承認していると考えられる。このようなとらえ方も、階層的なものに文成立をみているとと考えられることから、多段階的文成立論といってよい。そして、これが現在の日本語文法論の主流の見方といえよう。

4　多段階的文成立論の必然性

では、このような一回的文成立論から多段階的文成立論への変容はどのような契機によるのであろうか。それは、文法記述における記述原理の変化によると考えられる。一回的文成立論においては——まずは、主語＋述語論は論外としても——橋本進吉に代表されるような「切れる」という点に注目する論は、文を構成する要素に文成立をみるということはしない（「切れ目」は文の構成要素ではない）。また、山田孝雄においては、統覚作用という営みに文成立の決定的な面をみるのであるが、これも文を構成する言語要素ではない（これは松下大三郎の「判断」も同様）。統覚作用とはあくまでも作用であって、言語ではなく「思想」であるということである。つまり、文成立の契機を認めるにあたって、文を構成する言語要素（語列）に帰するという方法をとっていないということである。これに対して、渡辺実・芳賀綏は、第3類の助動詞・終助詞といった要素に文成立を求めている。いわば構成要素主義である。そしてその場合、文成立に関わっていそうな構成要素は文の階層の複数にわたっていくつもあることから、そこに多層的文成立論が成立するのである。なお、山田と渡辺の間にある時枝誠記の場合、時枝自身が「文をその構成要素によつて説明せず」といい、構成要素主義ではないようにも思えるが、結果的には、文成立の要件に形式としての終止形・終助詞を求めたともいえ、事実上、この段階で、構成要素主義に変質していたとみることもできる。また、南不二男の場合も、A〜C類従属節に生起し得る要素を文成立に結びつけるということであるから、構成要素主義であるといってよい。

文法の記述原理が構成要素主義になり、それが徹底されると、分析の精緻化に伴って、文成立に関わると思われる構成要素についての記述が進むことになる。そして、そのような要素は複数の階層にわたっていくつもあることから、それぞれを文成立の要素とみることになっていく。それは、結果的に文成立を多段階的にとらえることになる。多段階的文成立論は、文法記述の原理が構成要素主義になったところに必然的に要請されたとらえ方といえよう。

もう一点、一回的文成立論としての山田孝雄の文法論と多段階的文成立論としての諸論には、文の本質理解において差異があるように思われる。それは、〈発話することによって文が成立し、そこに構造がある〉という理解か、あるいは、〈文という構造があって、それを発するのが発話である〉という理解かということである。山田孝雄は文（句）を厳密には次のように定義する*32。

（16）統覚作用によりて統合せられたる思想が、言語といふ形式によりて表現せられたるものをいふ。

（山田孝雄『日本文法学概論』九〇二頁）

また、文について、語との差異という点から、次のようにも述べる。

（17）a　語といふは思想の発表の材料として見ての名目にして、文といふは思想の発表その事としての名目

なり。（山田孝雄『日本文法学概論』二〇頁）

b　それが文と認めらるるか否かは、人間の思想の発表がその裏面に目的として存在するか否かといふことによりて決定せらる。（山田孝雄『日本文法学概論』二一頁）

c　文としての場合に於いてはその材料たる語の性質個数などといふことは当面の問題となるべきものにあらず（山田孝雄『日本文法学概論』二一頁）

d　一の語又は語の数多の集合体が、文とするを得る所以のものはその内面に存する思想の力たるなり。（山田孝雄『日本文法学概論』九〇一頁）

この（16）（17）とさきの（9）をあわせみると、山田は、まずは統覚作用によってまとめられた「思想」があって、それが、何らかの目的のために言語という形式で発表されたものが文であるという理解である。これは発話することによって文が成り立つということであって、（17 c）のように、その材料たる語の性質個数は問題にならないということは、結果的に構造があり得るという理解である。いわば、〈発話することによって文が成立し、そこに構造がある〉という理解である。つまり、言語的に文という構造があって、それを使って発話するという理解ではない。この山田のような文理解においては、当然のことながら文の構成要素（語列）に文成立を求めることはない。逆に、〈文という構造があって、それを発するのが発話である〉という理解では、つまり、文という構造を前提とすれば、その構成要素に成立の決定的要素を求めたくなる。そうなると多段階的文成立論へ傾くというのは、やはり必定である。

5　多段階的文成立論の限界

ただし、構成要素についての分析の精緻化がおこなわれるということは、その分析範囲が述語文（述体句）にかぎられるということを意味する。「火事！」といった一語文のような非述語文（独立語文）は、もはや分析できない。結局は、構成要素主義にもとづく多段階的文成立論は述語文をとらえることはできるにしても、非述語文に適用することは難しい。ここに多段階的文成立論の限界があるのである。非述語文も含めて考えようとするならば、非構成要素主義、あるいは一回的文成立論に回帰せざるを得ないのではないか。

また、ある言語単位体が成立するにあたっては、そこに、その構成要素の総和を超えたものが認められることがあるということも知られる。これは構成要素主義の方法ではとらえられない。具体的には、語という単位体の成立において、たとえば「庭石」という語は「にわ」＋「いし」という二つの語構成要素の結びつきからなるが、その意味は単に「庭の石」という意味ではない。庭にある石であれば何でも「庭石」といえるわけではなく、雑然と落ちている小石を「庭石」とはいわない。「庭石」とは「庭の状景を趣あるようにするために据え置いた石」の意味で、「庭石」という語が成立するにあたっては、「にわ」「いし」という語がもっている以上の意味が付与されている＊33。このような現象は、序章にも示したように、文という単位体にもみられることなのである。

以上のことを考えると、あらためて、文成立を考えるにあたって、非構成要素主義、あるいは一回的文成立論をふたたび考えてみてもよいのではないだろうか。つまり、山田孝雄的な立場に立ち返るということである。さらに、この一回的文成立論の見直しという点では、現在そのような方向性をとることを考えるという動向があるといってよい。山岡政紀・小針浩樹の論などがそのようなものである*34。

以上のような、日本語文法論における文成立論は、非構成要素主義の一回的文成立論が「旧」だとすると、時枝誠記・渡辺実を経、芳賀綏・南不二男にいたって、「新」としての構成要素主義の多段階的文成立論へいたったといえる。さらに、その構成要素主義の多段階的文成立論は、あらためて「旧」であったところの非構成要素主義・一回的文成立論へ向かいつつあるのではないか。これは、いわば「旧」から「新」、そして、また「旧」への交替ということになるが、学史的にいえば、ルーマニア生まれの言語学者E・コセリウは、言語学史の流れを〈理論と記述〉vs〈比較と歴史〉の交替・循環として描いていることが思い起こされる（[図4]、『一般言語学入門』）*35。コセリウの示すように新旧の循環的交替として再び「新」が、さらにこの先おとずれるかどうかはさだかではないが、このような「新」と「旧」との交替を考えてみることは、全く的外れのことではないように思われる。ここで文について考えるにあたっても、一回的文成立論に立ち返って考えていくことにしたい。

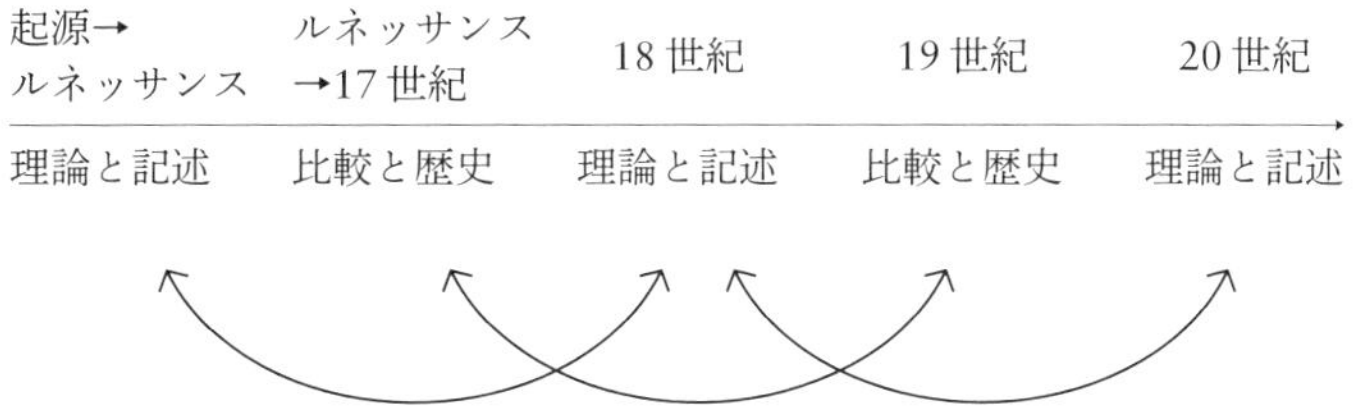

[図4]　コセリウの言語学史の流れ
（『一般言語学入門』）

Ⅱ

文論への視座

1　文論への視座を求めて

すでに序章に述べたように、文とは何か、文はいかに規定されるか、あるいは、どのような要件によって文に成りあがるか、というのが本書の問いであるが、それを考えていくためにはどのような方向性をとったらよいであろうか。従来のこの議論は、文が一回的に成立するという把握から、多段階的に成立するという把握に展開したことはⅠでみた。しかし、多段階的に成立するという把握には限界もあった。そこで、あらためて文は一回的に成立するという見方に立ち戻るという方向性を得たが、では、その点を考えるあたってはどのような視点から考えればよいだろうか。そこで、まずは以下の検討の方向性、あるいは、検討のための視座について固めておくことにする。

少し具体的な例で考えてみる。たとえば、「ここにすわる」という語列は、また、「水」という語は、次のような談話のなかで、文として成り立つことになる。

（1）　a　ねぇ。ちょっと、寄ってってよ。ねっ。見せたいものがあるんだよ。いいじゃない。ちょっとなんだからさ。なあ。そんなに急がなくったっていいじゃない。まあ、ここにかけてよ。えっ、急ぐの？　まあ、いいから、いいから。ここにすわる！

b　A「これお湯？　それとも水？」――　B「水。」

これらの語列なり語からなる文はどのようなはたらきをしているのだろうか。（1a）の、この「ここにすわる」という発話は、聞き手にここに座ることを頼んでいる文になっているといってよいだろう。むろん、話し手の立場がより強いものであれば、命令しているといってもよいかもしれないが、少なくとも聞き手に座ることを求めているということは間違いない。（1b）の「水。」は、聞き手であるAさんに、ここにある水のようなものがお湯か水かを問われて、それに答えたというものであるから、問いに対する答えを示すことになっているものである。この談話のなかで、「ここにすわる」という語列、あるいは「水」という語は、単なることがらやものの名前が示されているのではなく、依頼・命令や回答といったようなはたらきをもったものになっているといってよい。

このことはいいかえれば、言語を発することによって依頼あるいは命令、そして回答といった行為がなされたともいえる。そして、このはたらきと文の成立ということが深く関わっているように思われる（山田孝雄の文成立の決め手である「統覚作用」の内実を想起されたい）。このようにみるとき、ここでのある種の「はたらき」ということを考えるには、言語を発することによっておこなっている行為という観点からの分析が有効な面をもつのではないかと考えられる。そして、この言語を発することがすなわち一定の行為であるということについての分析といえば、それは言語行為論ということになるであろう。つまり、この言語行為論が文とは何か、文はいかに規定されるか、あるいは、どのような要件によって文に成りあがるかということを考えるための視座になると思われるのである。そこで、以下では、まず言語行為論とは何かということを確認することにする。その上で、言語行為論（とそれに近似する議論）を視座にして文について考えた議論にはどのようなものがあるのか、また、その議論がもつ問題点について検討する。さらに、文について考えていく前提となるための、いくつかの点についても考えをめぐらせておくことにしたい。

2　言語行為論

では、ここで問題とする言語行為論とはどのようなものであろうか。

言語行為論 speech act（theory）とは、言語を発することは何らかの行為をおこなうことであるという考え方である。言語を発するということは人間が意図的に人体を操っておこなうことであるから、それが何らかの行為であるというのはいうまでもない。しかし、言語を発するということは単に人間が意図的に人体を操っておこなうということにとどまらず、それ以上に、その言語の内容と相まって、他人に命令するという行為になったり（「そこに座れ！」）、約束するという行為になったり（「5時までには必ず帰るよ。」）、挨拶するという行為になったり（「こんにちは。」）しているといえる。言語行為論とは、このような面での言語による行為について考えるものである。このような議論は哲学の世界から起った議論で、イギリスの哲学者J・L・オースティン（『言語と行為』）にはじまり、アメリカの哲学者J・R・サール（『言語行為』『表現と意味』）がそれを引き継ぎ理論化を進め、さらに、カナダの哲学者D・ヴァンダーヴェーケン（『意味と発話行為』）などがそれらをふまえて議論を進めているものである。そして、この議論は哲学の世界にとどまらず、言語研究の世界にも流れ込み、語用論

pragmatics の分野で議論されてきている＊1。

オースティンの言語行為論

この言語行為という考え方を広く知らしめたのは、オックスフォード大学のJ・L・オースティン（John Langshaw Austin, 一九一一－一九六〇）という哲学者である。このオースティンが、一九五五年にハーヴァード大学でおこなった連続講義が後に、『言語と行為』（*How to do things with words*, 一九六二）という形でまとめられ、これが言語行為論展開の起点になった＊2。それまでの言語哲学においては、平叙文とは事実を記述する文であると考え、その文の真理値すなわち真偽を問題にしてきたのであるが、オースティンは、平叙文であっても真理値を問題にすることはできず、単に何か言うことではなく、それを発することが行為そのものになる文があることを指摘したのである。それは、たとえば次のような文であり、このような文を遂行文と呼んだ。

（2）　a　I name this ship *Queen Elizabeth*.（ただし、船首に瓶をたたきつけながら言われた場合）

　　　b　I give and bequeath watch to my brother.（ただし、遺言状の中に記された場合）

　　　c　I bet you six pence it will rain tomorrow.

この（2a）は船に「クイーン・エリザベス号」と命名する際の文である。この文を発することで、この船に名前がつくのであるから、この文を発話することが命名という行為になっている。（2b）はこの文を発することによって遺言という行為がなされているとみることができる。（2c）は、この発話で、「賭け」という行為がなされたといえる。つまり、このような発話は、言語によって行為をおこなっているということである。もっとも、オースティン自身は、事実を記述するような文、すなわち事実確認的な発話と右のような遂行的な発話のいずれについても、そう発話することが行為であると考え、両者の本質的な区別は放棄することになったが、このような文の分析を起点にして、言語行為論（発話行為論）という分野が生まれることになった。そして、これは哲学の問題でもあったが、この考え方は哲学のなかにとどまるものではなく、言語研究の分野にも広まることになった。

また、オースティンは、言語行為の基本的な側面を次のように下位区分している。

（3）①発語行為　locutionary act
②発語内行為　illocutionary act
③発語媒介行為　perlocutionary act

この（3）のうち、①の発語行為とは何らかの言語を発する行為を指す。②の発語内行為とは言語を発することによっておこなわれる行為を指す。これは、いわば発話をしながらおこなわれる行為であって、一般に命令・約束・依頼・質問・報告などの行為がおこなわれることになる。そして、その場合には命令・約束・依頼・質問・報告などの発語内の力 illocutionary force が生じることになる。さきの（1）でいえば、（1a）は命令という発語内行為がおこなわれ、（1b）では報告という発語内行為がおこなわれている。そして、それぞれ命令・報告という発語内の力が生じているということになる。ここで問題になるのはこのレベルの行為である。そして、③の発語媒介行為とは、発話の結果生み出される行為を指す。オースティンのあげる「彼女を撃て」という例でいえば、「彼女を撃て 'Shoot her!'」と言語を発する行為が①の発語行為である。この発語行為は、彼女を撃つということを命令する、あるいは促す行為であるといえるが、これが②の発語内行為である。その結果、この発話を聞いた聞き手は彼女を撃つことを実行するという行為をおこなったりするが、これが③の発語媒介行為である。

③は発話の結果生ずる効果であって、聞き手にもたらされる感情・思考・行動などの影響だということになる。

さらに、オースティンは発言した時点でその動作をおこなったことになる動詞（遂行動詞）を掲げ、遂行動詞の分類にしたがって発語内行為を次の五種に分類している。

（4） a　判定宣告型 Verdictives
acquit（無罪とする）、interpret as（と解釈する）、rule（規定する）、take it（みなす）、grade（等級をつける）、analyse（分析する）

b　権限行使型 Exercitives
degrade（罷免する）、excommunicate（破門する）、name（命名する）、order（命ずる）、grant（許可する）

c　行為拘束型 Commissives
promise（約束する）、undertake（引き受ける）、intend（意図する）、plan（計画する）、vow（誓う）

d　態度表明型 Behabitives
apologize（陳謝する）、thank（感謝する）、congratulate（祝辞を述べる）、approve（賛同する）、welcome（歓迎する）

e　言明解説型 Expositives
affirm（肯定する）、deny（否定する）、remark（指摘する）、inform（伝える）、tell（告げる）、ask（たずねる）、report（報告する）

この（4）がその分類と代表的例である。（4a）判定宣告型は典型的には陪審員や審判員による判定の行使で何らかの判定を伝えるもの、（4b）権限行使型は権力・権利・影響力の行使で何ごとかがしかじかであるべきという決定であるもの、（4c）行為拘束型は話し手が一定の行為をおこなうように拘束されるもの、（4d）態度表明型は他の人々に対する反応や態度を表明するもの、（4e）言明解説型は解説行為をおこなうものである。

サールの言語行為論

このような形でオースティンは言語行為論という分野を開拓したといえるが、これを引き継いで展開させたのが、オースティンの弟子であるアメリカの哲学者J・R・サール（John Rogers Searle，一九三二―）である。サールは『言語行為』（*Speech acts*，一九六九）において発語内行為の構造を考え、また、『表現と意味』（*Expression and meaning*，一九七九）において発語内行為の分類、字義通りではない発話について検討を加えている。とくに、発語内行為の分類についての議論はオースティンの議論の批判ともいえるものである。サールは、オースティンの発語内行為の分類がもつ欠点、すなわち分類の原理が存在しないこと、そのためにカテゴリ間の重複がきわめて大きいことなどの問題点を指摘し、さらにこの問題についての代案を提示することになった。なお、サールの考え方は、D・ヴァンダーヴェーケンに引き継がれた。ヴァンダーヴェーケンは、サールの基本的考えを引き継ぎ、より論理的に体系立てようとした。また、行為のより細かな分類も試みている*3。ここでは、後に文について考えていくための基本的な観点になると思われる、サールの発語内行為の構造の分析と発語内行為の分類についてみていく。

さて、サールの発語内行為の検討として重要なものは、発語内行為の構造の検討であろう（『言語行為』）＊4。サールは「約束」という発語内行為を例にして、「約束」という行為が首尾よく、かつ、欠陥をもつことなく遂行されるための必要にして十分な条件がいかなるものかということを考察している（「完璧であり、かつ顕在的な約束のみを扱い、省略的表現（elliptical turns of phrases）、ほのめかし（hints）、隠喩（metaphors）などによってなされた約束」は取り扱わないとする）。サールは「話し手Sが聞き手Hがいるときに文Tを発話することにする。このとき、SがTを字義通りに発話しつつ、かつ欠陥なくHに対してPという約束するならば、そして、その場合に限って次の1から9の条件が成立する」として、九つの条件を示す。それは次のようなものである。

（5）
1　正常入出力条件（Normal input and output conditions）が成立している。
2　Sは、Tという発言において、命題Pを表現する。
3　Pと表現することによって、Sは、S自身について将来の行為Aを述定している。
4　Hは、SがAをしないよりはする方を好むであろう。また、Sは、HがSがAをしないよりはする方を好むと思っている。
5　事態の通常の推移において、SがAをするということは、SにとってもHにとっても自明のことではない。
6　SはAを行なうことを意図している。
7　Sは、Tという発言によって自分がAを行なうという義務を負うことになるということを意図している。

8　Sは、Tという発言によってSがAを行なう義務を負うことになるという認知（K）をHの中に生じさせることを意図する（i-1）。Sは、i-1の認知（recogniticn）によってKを生じさせることを意図し、さらに、i-1の認知が、Tの意味をHが知っていることによってなされるように意図している。

9　SおよびHによって使用されている方言（dialect）の意味論的規則は、Tが正しくかつ誠実に発せられるとき、かつそのときに限って、条件1～8が成立するという規則である。

これは哲学者らしい厳密ないいまわしであるが、およそ次のようなことをあらわしている。すなわち、このうちの1は、話し手と聞き手が正常に発話し、正常に理解できるという条件である。これは約束にかぎったことではなく、基本的にすべての発話についての条件である。2・3は文が約束内容Pを表示し、またその表示内容は将来の行為を表示することになるということである（「約束」とは将来における事態実現である）。つまりこれらは、文Tのもつ命題内容Pの種類を規定する条件であって、命題内容条件（propositional content condition）と呼ばれる。これは、発せられた発話の命題内容が発語内行為に合致するという条件といってもよいだろう。また、4・5はSが約束をしたほうがよいと考え、聞き手にとってもそれがよいと考えているということ、そして、自然に約束という行為がおこなわれるわけではないという、「約束」という行為を適切におこなうために事前に備わっていなければならない条件である。これは「約束」ということの本質的特徴ではないが、この条件がそろわないと「約束」という行為をおこなうことにはならないことになる。これを事前条件（preparatory condition）という。次の6は話し手がその行為、すなわち「約束」という行為をおこなうことを意図しているという条件である。これを誠実性条件（sincerity condition）という。その次の7は当該行為の本質的特徴で、「Tという発言によって自分がAを行なう義務を負うことになる」という「約束」の内実を示す条件で、行為の目的を規定する条件でもある。これを本質条件（essential condition）という。そして、8は話し手が聞き手も理解できるTという発話でKという（約束の）内容を聞き手に認知させようと意図しているということ、9はTを正しく発すれば、使用言語の意味論的規則が1～8を満たすことになるということである（8・9も1と同様に「約束」にかぎったことではない）。以上が、サールの示す発語内行為の構造であるが、結局、A正常入出力条件＋α（文に表示される内容がきちんと発せられ、きちんと理解される）、B命題内容条件（文に表示される内容が発語内行為に合致する）、C事前条件（行為を遂行するための状況が整っている）、D誠実性条件（実行しようとする意図をもつ）、E本質条件（発話の目的やその目的を果たす実行がある）が整うことによって発語内行為が首尾よく遂行されることになる、という見方である。

この考え方は、サールの言語行為の理論の展開のなかでも多少の変更を加えられながら維持され、また、サールの議論を引き継ぐD・ヴァンダーヴェーケンによっても言及されていく＊5。そういう点で重要な観点であり、また、実際に言語行為論にしたがって文の分析を進めていこうとするにあたって、必要になっていく観点のひとつであると考えられる。

サールの発語内行為の分類

もうひとつ、サールの発語内行為の検討として重要なものは発語内行為の分類である。このサールの発語内行為の分類の議論はオースティンの考え方をふまえて、論理的・組織的に構築したものであって、オースティンの議論の批判的継承と考えられる（『表現と意味』）＊6。サールは、発語内行為を区別するのに示差的な（意味のある）12の諸特徴をあげ、発語内行為を分類するための指標を示す。

（6）1 行為の（タイプの）目標（ないし目的）の相違
2 言葉と世界の間の適合の方向の相違
3 表現される心理状態の相違
4 発語内の目標が提示される際の力もしくは強さの相違
5 発話の発語内の力に関係する限りでの話し手と聞き手の地位もしくは立場の相違
6 話し手と聞き手の利害に発話が関係するその仕方の相違
7 ディスコースの他の部分に対する関係の相違
8 発語内の力を示す言語装置（illocutionary force indicating device）によって決定される命題内容の相違
9 常に言語行為でなければならない行為と、言語行為として遂行されうるにせよ必ずしも言語行為でなければならないわけではない行為の間の相違
10 その遂行のために言語外的な制度を必要とする行為とそれを必要としない行為の間の相違
11 対応する発語内行為動詞が遂行的用法を持つ行為とそうではない行為の間の相違
12 発語内行為を遂行する際のスタイルの相違

そのなかでも、とくに1〜3の三点が重要なものになっている。1の「行為の（タイプの）目標（ないし目的）」とは、その発話の目的ということになるだろう。サールは、「命令」の目的は「聞き手に何かを行わせよう」ということだとする。また「約束」であれば「何かをする義務の話し手による引き受け」であるとする。このよう

に、発語内行為のもつ目的ということの違いで発語内行為が分類できるとするわけである。そして、この発語内行為の目的を発語内目的 illocutionary point と呼んでいる。また、2の「言葉と世界の間の適合の方向の相違」とは、その発話が、言葉を世界に合致させるという目標をもっているか、あるいは逆に世界を言葉に合致させるという目標をもっているかということである。前者は《言葉を世界へ》(word-to-world)であって、言語を世界の側に一致させるというものである。つまり世界の側が先に存在し(世界の側が固定されており)、それにことばを合わせるというものである。これはすなわち言語によって世界を描く、いってみれば発話することで事態を描き出すのが目的である発話ということになる。それに対して、後者は《世界を言葉へ》(world-to-word)というもので、世界を言語の側に一致させるものである。これはさきのものとは逆に、ことばの側が先に存在し(ことばの側が固定されている、すなわちことばの内容の心的状態が先にあって)、それに世界を合わせようとするものである。これは、発話する内容に世界を合わせようとするものだということになる。そして、3の「表現される心理状態の相違」とは発話をする際に表現される心理状態である。サールは p と言明したり state、説明したり explain、断言したり assert する場合には、p と信じているという心理状態を表現しているとする。また、A ということを命令したり order、依頼したり request する場合には、聞き手に A をしてほしいという欲求 desire, want や願望 wish を表現しているとする。この表現される心理状態とは、さきの条件でいえば誠実性条件にあたるものである。この1~3うち、1の行為の目的と3の表現される心理状態は多種多様のものが考えられそうなのであるが、サールはかぎられたものにまとめようとする。1でいえば、依頼と指令 command は、いずれも「聞き手に何かを行わせようとする試み」であるため、発語内目的は同じであるとする。また、3でいえば、依頼・命令・指令・祈願 prayer・懇願すること pleading・請うこと begging・嘆願 entreaty を欲求という心理状態のもとにひとまとめにする。この結果、種々の発語内行為がいくつかのかぎられたものにまとめられることになり、分類が可能になるということである。

以下の4~12のついての説明はここでは省略にしたがうが、このような発語内行為を分類するための指標を検討した後、サールは発語内行為の基礎的カテゴリとして、発語内行為の目的によって次の五つのカテゴリを示す。

(7) ①断言型 assertives
②指令型 directives
③行為拘束型 comissives
④表現型 expressives
⑤宣言型 declarations

まず、(7)の最初の①断言型の目的は「何かが事実であること、表現されている命題が真であることに話し手を(さまざまな程度で)コミットさせることである」とする。適合方向は《言葉を世界へ》であり、表現されている心理状態は(Pと)信じていることである。このクラスを表示する動詞としては、「示唆する suggest、断言する、主張する insist、言明する state、自慢する boast、不平を言う complain、推論する deduce、結論する conclude」などがあげられている。次の②指令型の目的は「話し手が当の行為によって聞き手に何かを行わせようと試みるという事実のうちにある」ということである。適合方向は《世界を言葉へ》であり、誠実性条件は欲求や願望である。このクラスを表示する動詞としては、「頼む ask、命令する order、指令する command、依頼する request、請う beg、懇願する plead、祈願する pray、嘆願する entreat、促す invite、許可する permit、忠告する advise」などがあげられている。また、③行為拘束型の目的は、「行為の未来における経過に(さまざまな程度で）話し手をコミットさせる」というもので、適合方向は《世界を言葉へ》であり、誠実性条件は意図することである。このクラスを表示する動詞を、サールは具体的にあげていない。ただ、この行為拘束型の定義はオースティンのものでよいとしており、若干の動詞の問題を述べているだけであるので、ここでは、オースティンが掲げているものとする例をあげておくことにする。それは、「約束する promise、誓う vow、誓約する pledge、盟約する covenant、契約する contract、保証する guarantee、受け入れる embrace、宣誓する swear」などである。④表現型の目的は「命題内容において特定される事態に関する、誠実性条件で特定されるような心理状態を表現することである」とする。これはさまざまな心理状態があり得るということである。この表現型には適合方向が存在しない。すなわち、表現型の行為を遂行するとき、話し手は、世界を言葉と合致させようとも言葉を世界と合致させようともしておらず、表現された命題が真であることはむしろ前提されていると考える。このクラスを表示する動詞としては、「感謝する thank、祝う congratulate、詫びる apologize、共に悲しむ condole、慨嘆する deplore、歓迎する welcome」があげられることから、サールのいう「心理状態」とはこのようなものを指すのだと考えられる。そして最後の⑤宣言型は、オースティンが遂行文としてきたもので、定義的特徴として「そのメンバーの一つが成功裏に遂行されるならば命題内容と現実との対応がもたらされるということ、成功したその遂行が命題内容と世界との対応を保証するということである」とする。たとえば、「私はあなたを破門する。I excommunicate you.」という発話は、このように発話することが「破門する」という行為そのものになるものである。これは、適合方向は《言葉を世界へ》と《世界を言葉へ》の両方である。このクラスを表示する動詞としては「任命する appoint、破門する excommunicate、宣戦布告する declare war」などがあげられる＊7。

この分類の重要な点は、この分類がきわめて論理的なものであるということである。サールは、オースティンの発語内目的の分類に対して分類の原理が存在せず、カテゴリ間の重複が大きいということを述べているが、(6)2の「言葉と世界の間の適合の方向の相違」でいえば、論理的には《言葉を世界へ》、《世界を言葉へ》、「適合方向が存在しない」、《言葉を世界へ》と《世界を言葉へ》の両方のいずれしかない。《言葉を世界へ》は①断言型、《世界を言葉へ》は②指令型と③行為拘束型、「適合方向が存在しない」は④表現型、《言葉を世界へ》と《世界を言葉へ》は⑤宣言型であるから、サールの分類は、おおむね「言葉と世界の間の適合の方向の相違」の論理的な分類に沿っておこなわれているのである。もちろん、《世界を言葉へ》に②指令型と③行為拘束型とがあるのは、一対一対応になっていない部分であるが、サールは「行為拘束型と指令型に関しては、適合方向が同じなので、これら二つが実際に同じカテゴリーのメンバーであることが示されえたならば、いっそうエレガントな分類法が得られたことだろう」＊8 としている。実際は、②指令型と③行為拘束型とを区別することが必要だと考えたわけであるが、これを論理的な分類であると評することは可能であろう。

以上のサールの発語内目的の分類をまとめておくと、［表1］のようになる。

右にみた議論は、一往は哲学の議論であったともいえる。しかし、日常言語学派とも呼ばれるオースティン・サールの考えは、言語学的言語研究にも関わる内容である。ただ、これまでの言語学的言語研究は、言語記号というモノとしての言語を扱ってきたともいえ、そこでは、言語に関わる行為という側面はあまり扱われてこなかった。それに批判を加えたのが時枝誠記の言語過程説であって、それは行為としての言語がある、言語とは行為そのものであるという理解なのであった＊9。ただ、いずれにしても、言語を発すること、あるいは文を発話することが行為である、というのがあたりまえのことであるとするなら、その側面を考えてみるのも言語の分析に

［表1］　発語内目的の分類

	行為の目的	適合方向	心理状態	表示する動詞
①断言型 assertives	何かが事実であること、表現されている命題が真であることに話し手を（さまざまな程度で）コミットさせること	《言葉を世界へ》	（Pと）信じていること	断言する、主張する、言明する、自慢する、不平を言う、推論する…
②指令型 directives	話し手が当の行為によって聞き手に何かを行わせようと試みるという事実のうちにある	《世界を言葉へ》	欲求や願望	頼む、命令する、指令する、依頼する、請う、忠告する…
③行為拘束型 comissives	行為の未来における経過に（さまざまな程度で）話し手をコミットさせる	《世界を言葉へ》	意図すること	約束する、誓う、誓約する、盟約する、契約する、保証する、受け入れる…
④表現型 expressives	命題内容において特定される事態に関する、誠実性条件で特定されるような心理状態を表現する	存在しない	さまざま（命題内容に関する）	感謝する、祝う、詫びる、共に悲しむ、慨嘆する、歓迎する…
⑤宣言型 declarations	そのメンバーの一つが成功裡に遂行されるならば命題内容と現実との対応がもたらされるということ、成功したその遂行が命題内容と世界との対応を保証する	《言葉を世界へ》と《世界を言葉へ》の両方	存在しない	任命する、破門する、宣戦布告する…

とっては必要なのではないかと思われるのである（ただし、時枝のように言語とは、すなわち過程であり、行為であるという見方はとらない）。

そして、言語を発することによっておこなっている行為という観点からの分析ということで、行為の側面が問題となるのだとすれば、そこでは言語行為における目的ということが問題になるだろう。一般的にいってある行為には、その行為によって何か達成しようというもの、すなわち行為の目的というものがあると考えられる＊10。そのことからすれば、言語による行為においても、言語を発することで達成しようとする何か、すなわち目的があるのだといってよいだろう。これは、いわば発話するという行為の目的があるということである。あるいは、人間が言語を発する際には、何らかの意図をもっており——そこでの意図は意識的であるとはかぎらないが——その意図を満たすために発話という行為をおこなうのだと考えられる。むろん、言語を発することによっておこなえることは慣習として決まっているのであるから、言語を発することによって満たすことができる意図というものにはかぎりがあるが、そのかぎりあるなかから達成できるものを選択し言語を発するのだといえる。これは、人間はある意図を満たすために言語記号を用いるのだということである。つまり、言語形式を発するということは、何らかの目的・意図を達成するための行為なのだといってもよい。このような見方によることになれば、言語による行為を言語記号を用いる発話主体の行為とその目的・意図からとらえていくことが重要になろう。そして、この目的を考えるということは、言語行為論においては、発語内目的 illocutionary point（発語内行為の目的）というところを考えることになるのだが、そこに文という単位体が関わっているのだと思われるのである。以上のようなことから、ここでは言語行為論を視座として文について考えていくことにするが、言語行為に関わって全面的に議論を展開するのではなく、とくに、ここでみたようなこの言語記号を用いる発話主体の目的・意図といった視点から、文というものを考えていくことにしたい。

また、本書では、このような言語行為という側面を考えながら、文とは何であるか、あるいは、それに関わる文法的な現象について考察を加えることにするが、言語行為という側面を考えるとはいえ、発話するという行為がいかに成功するのか、というような側面にまでは踏み込む余裕はない。つまり、発話という行為を積み重ねていかにコミュニケーションをするのか、というところにまではいたりつかないということである。それは、これまでの言語学の限界を引き継ぐということではあるが、それは本書の課題を大きく超えたところにある問題である。

3　言語行為論による文論への道

それではこのような言語行為論、あるいは言語行為論的側面に着目する文についての議論には、これまでどのようなものがあるだろうか。

言語過程説・表現意図論

言語が行為であるという側面からの見方として、さきにもふれたが、時枝誠記の言語過程説をとりあげる場合がある*11。実際に、時枝は「言語過程説に従へば、言語は、言語主体の音声または文字による思想の表現及び理解の過程そのものであり、それは人間の行為或は生活の一に属すべきものである。従つて、言語、言語活動言語生活、言語行為などといふ名称は、それぞれ強調する点に幾分の相違はあるが、皆、同義語と考へて差し支えないものである」と述べており、言語が言語活動という行為であるというのは時枝のとらえ方であるといえる(「国語史研究の一構想」、また『国語学原論』も参照)*12。そして、時枝はその言語観をもとに文について議論してはいるものの、しかしながら、それはさきにみたような言語行為論とは一線を画すものであって、ここでの文に対する問いへの視座にはなりにくい。

一方、言語が行為であるということを積極的に主張するわけではないが、結果的にさきにみた言語行為論、と

- ⓪コミュニケーションの成立そのものに関する表現意図
  - ⓪・1　コミュニケーション発始の表現（よびかけ）
  - ⓪・2　コミュニケーション終止の表現（わかれ）
- ①〜④　コミュニケーションの内容に関する表現意図
  - ①詠嘆表現
    - ①・1　未分化的表現
    - ①・2　やや分化した表現
  - ②判叙表現
    - ②・0　未分化的表現（反唱）
    - ②・1　判断既定の表現
    - ②・2　判断未定の表現
  - ③要求表現
    - ③・0　未分化的表現（疑問兆候）
    - ③・1　質問的表現
    - ③・2　命令的表現
  - ④応答表現
    - ④・1　未分化的表現
    - ④・2　やや分化した表現

［図1］『話しことばの文型』における表現意図の分類

くに発語内行為の分類という側面に近い議論がなされている。それは、国立国語研究所『話しことばの文型』における、あるいは宮地裕の「表現意図」の論である＊13。この「表現意図」というのは「言語主体が文全体にこめるところの、いわゆる命令・質問・叙述・応答などの内容」というものであって、［図1］がその「表現意図」の分類である＊14。この表現意図の分類の説明にあたっては文末形式を中心とした文法的形式があげられており、それが分類に関わっていないわけではないが、基本的には文の意味による意味的な分類である。たとえば、③要求表現では「〜シテクダサイ」「〜シマショウ」「〜シテクレヨ」などがあげられると同時に、「ミズ！」のようなものもあげられている。したがって、同じ形式でも違うものに分類され得るということもあるはずで、また、たとえば命令表現における命令形のような有標的な文法形式がなくても、表現意図という意味的な側面をもとに――つまり、「ミズ！」のような文でも――命令表現として認めるという分類がおこなわれている。このような表現意図とは、さきにみた言語行為論でいう発語内目的にきわめて近似した概念で

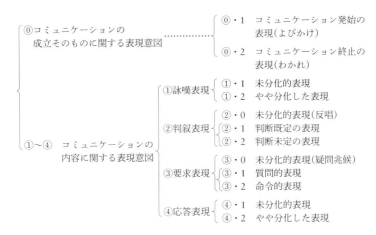

あるといってよさそうである。つまり、言語行為と声高にいうわけではないし、純粋に行為としての記述ではないが、かなり言語行為論、発語内行為の分類に近づいたものだと考えられる。もちろん、この議論はオースティンやサールの考え方とは独立的に進められたものである。また、このような側面からの文についての研究を尾上圭介は「語列——言語場交渉論」ととらえ、「ある文形式が話し手と聞き手の間でどのように表現行為を担いうるかという観点からの文の性質の検討、類型化」であるとし、文とは何かを考える研究の一翼を担うものとして扱っている＊15。この『話しことばの文型』、宮地裕の議論は、すでにこの段階で語用論的な分析がおこなわれていたということもできるわけで、注目すべき研究であるといえるが、表現意図の分類はかなり経験的なものであって、なぜそのように分類できるのか、網羅的な分類だといえるのかというような点で、さらに考えるべき点もある。そして、このような問題点とともに、形式優先の文法研究の時代において、この議論は必ずしも積極的に後継・展開されたわけではなかったのであった（これには、「表現意図」というような言い方が、それを専門的な術語として認識させにくかったというような側面もあるかもしれない）。

表現類型論

また、通常はモダリティ論として位置づけられる仁田義雄の議論も実は言語行為論的側面をもつ（『日本語のモダリティと人称』）＊16。仁田義雄は発話・伝達のモダリティを［図2］のように分類する。これまでにも述べたように、仁田義雄の発話・伝達のモダリティは、必ずしも文法形式にこだわるものではなく、たとえば、「さつさとする。」「敬礼。解散。」のような働きかけの形式がないものも、発話・伝達のモダリティとしては「働きかけ」に分類するのであった。また、この分類は発語内行為の分類にも近似する（この点は、Xにおいて後述す

発話・伝達のモダリティ
- ①働きかけ
  - ①′ 命令（こちらへ来い）
  - ①″ 誘いかけ（一緒に食べましょう）
- ②表出
  - ②′ 意志・希望（今年こそ頑張ろう／水が飲みたい）
  - ②″ 願望（明日天気になあれ）
- ③述べ立て
  - ③′ 現象描写文（子供が運動場で遊んでいる）
  - ③″ 判断文（彼は評議員に選ばれた）
- ④問いかけ
  - ④′ 判断の問いかけ（彼は大学生ですか）
  - ④″ 情意・意向の問いかけ（水が飲みたいの／こちらから電話しましょうか）

［図2］ 仁田義雄の発話・伝達のモダリティ
（『日本語のモダリティと人称』）

る）。実は、仁田の発話・伝達のモダリティという議論は、仁田の議論の史的展開をみると「文類型」「表現類型」という概念として出発している＊17。この「文類型」「表現類型」とは「文が全体として担っている意味の類型的あり方」という概念で、人称制限をもとに論を進めているものであり、文類型として表出型・訴え型・演述型の三種を認めている。これは陳述論の流れを受け、K・ビューラー、その影響を受けた佐久間鼎などによる言語機能論を背景にもつものと思われると同時に、オースティン『言語と行為』、サール *Speech act* を参考文献に掲げており、また、「文法記述の対象たる文は、言語行為といった、言語が自らの担っている機能を実現化するところの、単位的存在である」と述べてもいるものである。そのような基盤をもつ仁田の議論が言語行為論に近い側面をもつというのは、当然ということもできるであろう。しかしながら、仁田の議論は言語行為論には向かわず、文法カテゴリ的なモダリティ論として展開していくことになったのであった＊18。

これらに対して、文を考えるにあたって言語行為論についてより積極的にとりあげたものとしては、山岡政紀の議論があげられる（『日本語の述語と文機能』『発話機能論』）＊19。山岡は、発話がもつ機能としての発話機能、文が文としてもつ機能としての文機能という概念を設定し、それに枠組みを与えるに際して、サールの言語行為論を援用している。山岡のいう文機能とは、命題内容の種々の条件によって決定される文の機能であって、たとえば、「私は図書館に行ってきます」という文は、①述語語彙＝意志動詞、②述語形態＝無標、③述語時制＝非過去、④主語人称＝一人称という命題内容条件が満たされることによって、つまり、命題内の要素が、述語動詞においては「行ってくる」という意志動詞であり、述語形態は終止形という無標の形態であり、述語の時制はル形（動詞原形・終止形）という非過去時制であり（過去時制ならタ形）、主語人称が「私」という一人称であるということによって、〈意志表出〉という文機能が発動されていると考える。また、発話機能とは「話者がある発話を行う際に、その発話が聴者に対して果たす対人的機能を概念化したもの」と規定されるもので、文機能に発話の文脈や発話参与者（話者・聴者）の人間関係などの語用論的条件を加味したものである。「（私はあなたのところに）明日また来るよ」というのは、文機能としては「私は図書館に行ってきます」と命題内容条件は同じであるから〈意志表出〉ということになるが、これに文脈や発話参与者（話者・聴者）の人間関係が加わると、「恋人の嬉しい《約束》」、あるいは「借金取りの恐ろしい《脅迫》」などの発話機能になってくる（文機能は〈 〉内に、発話機能は《 》内に示される）。この文機能・発話機能はそれぞれ［表2・3］のような枠組みをもつ。これはいずれも一見してわかるように、サールの発語内行為の分類に準拠した枠組みである。［表2］の文機能でいえば、遂行とはサールの宣言型 declarations であるし、表出とは表現型 expressives、命令とは指令

［表2］　山岡政紀の文機能の分類

日本語の文機能の類型とそれぞれの命題内容条件の概略一覧

文機能の類型			命題内容条件の概略				
上位4		下位8	主語	述語語彙	-tei-	時制辞	M
遂行			［Ⅰ］^{Ag}	遂行動詞	×	-ru	×
表出		感情表出	［Ⅰ］^{Ex}	感情形容詞、動詞＋ -ta-	—	-i	×
				感情表出動詞	×	-ru	×
				感情変化動詞	×	-ta	×
		意志表出	［Ⅰ］^{Ag}	意志動詞	×	-ru/-ana-i	×
					○	-yoo/-mai	—
命令			［Ⅱ］^{Ag}	意志動詞	○	-ro/-runa	—
演述	描写	事象描写	無制限	意志動詞、事象動詞、感情描写動詞、ほか	×	無制限	○
		状態描写	無制限	状態動詞以外の動詞	◎	無制限	○
				状態動詞、属性形容詞、描写形容詞、ほか	×		○
	叙述	関係叙述	主題	名詞＋判定詞、関係形容詞	—	無制限	○
				関係動詞	×	-ru	○
		属性叙述	主題	属性形容詞、名詞＋判定詞	—	無制限	○
				属性動詞、可能動詞、価値動詞、所要動詞	×	-ru	○
				意志動詞、事象動詞	○		○

※-tei-の項目は、接続を義務づける(◎)、許す(○)、拒否する(×)、不可能(—)。
Mの項目は、モダリティ付加辞の接続を許す(○)、拒否する(×)、不可能(—)。
※［　］＝主語の意味属性を表す。ローマ数字は人称意味。添え字は意味格の略称。
(『日本語の述語と文機能』)

型directives、演述とは断言型assertivesに相当する。［表3］の発話機能でいえば、宣言とは宣言型、表出とは表現型、指動(『発話機能論』では策動)とは指令型、演述とは断言型である。このように山岡はサール言語行為論の枠組みにそって、その一部を修正しながら*20、文機能・発話機能という概念を提示している。文が文としてもつ機能があることとの積極的な提示という点、また、その機能をもつための文の構成要素を検討してい

［表 3］　山岡政紀の発話機能の分類

発話機能の類型		分類される発話機能の例	命題内容の意味特徴	
上位 4	下位 8		人称意味	時制意味
宣言		命名、行事進行、判決、採用、解雇、絶交、賭け	第 1 人称	現在
表出	感情表出	話者の知覚や情緒の表出	第 1 人称	現在
	意志表出	話者の行為への意志の表出	第 1 人称	未来
	話者拘束	約束、宣誓、確約、契約		
指動	聴者拘束	命令、禁止、要求	第 2 人称	未来
	働きかけ	依頼、忠告、助言、勧誘、問いかけ、確認		
演述	主張	主張、予言、推量	なし	なし
	報告	報告、告知、告白、教授		

（『日本語の述語と文機能』）

るという点で、注目すべき議論といってよいだろう。

ただし、では文とは何か、文は何によって文に成りあがるのかといった側面については、積極的に検討を進めているわけではなく、また、いくつかの大きな問題もある。ひとつは山岡の文機能・発話機能の分類のあり方である。山岡の分類は文機能・発話機能のいずれにおいても大きくいえば四種であるが、この四種のあり方、また、その四種のもとにある下位分類には問題があると思われる。もちろん、サールの五分類をとらず四種とするのは、適合方向を視点に考えれば論理的には四種になり、指令型と行為拘束型の二つは適合方向としては余剰をもつことになるわけであるから、手続きとしてはあり得るともいえる。ただし、演述がさらに二種に分けられるという点、下位八種が立てられるという点は、分類の原理がアド・ホック ad hoc なのではないか、という疑念が浮かびあがる。この分類は述語の種類を基準とするというもので、〈演述〉の文機能でいえば、平叙文的なもののうち動詞文的なもの（佐久間鼎のいう物語文。たとえば「愚痴を云った。」）を〈描写〉、名詞文・形容詞文的なもの（同じく品定め文。たとえば「トマトは赤い。」「アナグマは夜行性だ。」）を〈叙述〉と分けるのは、発語内行為に基盤をもつ分類としては、やはり疑問があるといわざるを得ないだろう。後に述べるように、発語内行為がおこなわれることでその発話・文がある種の機能を果たすということはできるわけであって、それを文機能なり発話機能なりの機能という見方でとらえるということは可能であろう。しかし、述語による分類という、いわば言語の形式的な側面からのものが、発語内行為の分類、あるいはその反映としての機能の分類となるというのには飛躍がある。これは、発語内行為やその反映としての文機能の分類としては、原理を欠くものになっているといわざるを得ない。このことは大きな問題であるといえ、オースティンの分類に対するサールの批判は、そこに原理を欠くということであったことからすると、山岡の分類はなぜほかならぬその分類項目を立てなければならないのかということに答えるための十分な論理・原理をもっているとはいえないと考えられる。

山岡はサールの議論を「依然として「行為」の理論であって「言語」の理論になっていない」と批判し、「言語学者は言語の機能を研究しなければならない」*21 というが、言語研究が行為の理論であることにはさほどの不都合もなく、言語学者が言語による行為の研究をしてもいっこうに差し支えないだろう。むしろ、言語学なり哲学なりの既成の分担分野に拘泥した結果、分析の論理が歪んでしまうことのほうがより問題なのではないか。

また、山岡の表出の理解には疑問をもたざるを得ない。この表出は、サールの表現型 expressives（邦訳のしかたによっては表出）に対応するものと思われる。サールの表現型 expressives は、適合方向が存在しないものであり、山岡の定義もそれに沿っていると思われる。しかしながら、山岡の示す文機能〈表出〉をもつ文とは、「私は胸が痛む。」「僕も行こう。」のようなものが含まれる。このようなものは「私は胸が痛む。」でいえば、世界のなかに存在する言語主体としての「私」の胸が痛いという世界のありさまを描いているものであって、明らかに適合方向として《言葉を世界へ》をもつ。また、「僕も行こう。」であれば、「僕が行く」という言語で示される事態を、今後の世界で実現しようといっているものであるから、適合方向として《世界を言葉へ》をもっている。つまり、これらは適合方向があるのである。つまり、「私は胸が痛む。」「僕も行こう。」を表出・表現型expressivesとして括るのは、サールのとらえ方に反するのはいうまでもなく、山岡自身の規定したところにも合致していないと思われるのである。この適合方向をもたない表現型expressivesとは、感謝とか謝罪の挨拶表現（「こんにちは。」「すみません。」）などが含まれるものであると思われる（この点について、後のVIにおいてやや詳しく述べる）。

もう一点、山岡の想定する文機能の位置づけにも疑問がある。山岡は文機能について、「聴者を前提とせず、発話の素材である文が話者から発話されることとそれ自体における機能」とする。つまり、それは文脈をもたない「文」についての機能ということになると思われる。それに「文脈や発話参与者（話者・聴者）の人間関係などの語用論的条件」が加わって発話機能が生まれるとするわけであるが、では、文脈をもたない「文」がもつ機能とは何であろうか。文脈をもたず何かしらの発話がおこなわれるということがあるだろうか。この点は、実はもう少し検討を加えなければならない問題である。他の「文脈をもたない文」ということを掲げる議論とともに、後に若干考えてみることにしたい。しかし、それにしてもそのようなレベルの機能を考えることの意味ははっきりしない――直接文脈をもつ文を考えればよいのではないか――といわざるを得ない。

以上のように、山岡の議論はサールの言語行為論に依拠した文についての議論であり、文が文としてもつ機能を指摘するという点で注目すべきところは大きいものの、ここに示したような問題もあり、必ずしも十分なものとはいえないように思われる。本書では、あらためて言語行為論、とくにサールの議論の枠組みを点検しながら、この言語行為論を視座に文について考えていくことにしたい。

4 話しことばと書きことば

話しことばには文はないか

ところで、さきに「文法論における単位体として文という単位体がある、ということを認めない文法論は、まずはないだろう」と述べた（I参照）。しかし、文という単位体に懐疑的な考え方がないわけではない。これは、話しことばを対象とする議論のなかでとりざたされるところである。たとえば、丸山岳彦は次のように述べる＊22。

（8） ここで仮に、文を「文法的に適格な構造を持ち、かつ意味的な完結性を備えた単位」と定義するとしたら、発話の中から文の範囲を認定するということ自体、誤った考え方であるといわざるを得ない。発話生成という行動によって具現した実在的な構築物である「発話」と、ある種の理念的・理想的な構築物である「文」とは、そもそも概念として相容れないものであるからである。話し言葉を研究対象として扱う場合、文と発話という両者が本質的に乖離した存在であるということについて、我々は常に自覚する必要がある。

（「『日本語話し言葉コーパス』の節単位情報」八四頁）

つまり、話しことばにおいては、「文法的に適格な構造を持ち、かつ意味的な完結性を備えた単位」を常にとりだすことができるわけではないから、このような単位体を認定することはできないとし、「文」と発話とは「本質的に乖離した存在」であると考えるのである。これはいいかえれば、発話は、たとえば「構造的な適格性にさまざまな破綻をきたしながらも、逡巡しつつ発話を継続・展開し、自らの発話を文末表現で何とか完結」（八三頁）させるようなもの、「比較的短く、かつ統語的・意味的なまとまりを持つ単位を次々と産出し、それらに関連性を持たせながらつなぎ合わせていく」（八九頁）もので、また、「発話生成とは、発話開始時から時間とともに動的に展開される一回的・個別的な行動であり、発話開始時において、発話終了時までの言語形式が厳密に決められているわけではない」（八三頁）というものであるから、そのような文を認定することはできないという考え方である。また、従来の言語研究は「実際の話し言葉に現れる種々の現象をノイズとして切り捨て」てきているわけで、実際の話しことばを考えたときには、「文」という概念は通用しないと考えるのである。そこで、話しことばの分析のため、より具体的には、国立国語研究所「日本語話し言葉コーパス」（Corpus of Spontaneous Japanese：略称 CSJ）における情報付与のための基本概念として、「節」「節境界」という概念を示している。

たしかに、話しことばは、動的な行動であって、事前に言語形式使用を細かく計画したりはしない、というのはそのとおりであろうし、話しことばに「文法的に適格な構造を持ち、かつ意味的な完結性を備えた単位」を常には認めることができないというのも、そのとおりである。しかし、である。丸山があげる話しことばの「構造的な適格性にさまざまな破綻をきたしながらも、逡巡しつつ発話を継続・展開し、自らの発話表現を文末表現で何とか完結」したものとは、次のようなものである*23。

（9）　その、泊まった部屋っていうのが、（なー）何畳ぐらいかな（けっ）、何畳ぐらいになるのかな、（ん）もう、（んー）、八畳、八畳は狭いですかね、（なん）何だろうとにかく凄く広くて、（えとー）、船旅なのに、普通船旅とかって、二等とかでしか行ったことがないからあたしにとっては衝撃だったんですが、もうとにかく部屋にベッドが二つあってソファーもあって、でクロゼットとかも全部付いててバルコニーが付いてて、でしかも何か（その）、（ま）お風呂とかバストイレも（べ）しっかり（ん）、部屋のなかにあるみたいな、感じ、でした

ここにはもちろん、（　）内に示されるフィラーのようなものもあり、「八畳、八畳は狭いですかね」のような言い直しもあり、それが話しことばの特徴であるともいえるわけであるが、しかしながら、それをとりのぞいた次のようなものは文というべきものであろう。

（10）その泊まった部屋っていうのが、何畳ぐらいになるのかな、八畳は狭いですかね、何だろう、とにかく凄く広くて、船旅なのに、普通船旅とかって、二等とかでしか行ったことがないから、あたしにとっては衝撃だったんですが、もうとにかく部屋にベッドが二つあって、ソファーもあって、で、クロゼットとかも全部付いてて、バルコニーが付いてて、で、しかも、お風呂とかバストイレも、しっかり部屋のなかにあるみたいな感じでした。

この（10）はこれでひとまとまりになっているし、仮にこれが文でないとすればこれを何であるといったらよいであろうか。そして、この（10）が文であるのだとすれば、（9）であっても文であるのではないか。つまり、フィラーや言い直しなどの逡巡の反映や構造的な破綻などがあっても、（9）はやはり文であるということである。たしかに、（9）にはフィラーや言い直しなどがあることは間違いない。また、書きことばであるならば、それらを排除してより「整った」表現にすることも可能ではあろう。しかし、結局の差異はそれだけのことであって、この（9）でひとまとまりになっているということに変わりはない。もちろん、書きことばの場合では、さらにこのうちのどこかで切って、これを複数の文にすることはできるし、推敲も加えて、さらに「整った」表

現にするということもあり得ようが、それはまた別の話であって、そのことで、（9）は文ではないとはいえないであろう。

実際、「日本語話し言葉コーパス」は次のような節境界概念を提示しているが、ここには文を認めるということにきわめて近い概念が示されているといってよい＊24。

（11）絶対境界　文末、文末候補、と文末
強境界　並列節ガ、並列節ケレドモ、並列節ケレド、並列節ケドモ、並列節ケド、並列節シ
弱境界　条件節タラ、条件節レバ、理由節カラ、理由節ノデ、タリ節、テ節、テハ節、テモ節、テカラ節、トカ節、ノニ節、連用節、引用節、トイウ節、間接疑問節、並列節デ、並列節ナリ、フィラー文、感動詞、接続詞

ここに示された「絶対境界」とは、次の（12a）のようなものであるから、ほぼ文の切れ目ということになるし、強境界に示されたものも、終止形や終助詞終止といったものにこだわらないとすれば、やはり（12b）などのように、文の境界になり得るものであろう。

（12）a　国際政治家の多くの方々は〈今現在国際社会は国家という枠組み基礎にして〈テ節〉出来上がっているが／並列節ガ／：：　引用節構造　この国家という壁はいずれなくなり〈連用節〉越えられるであろう［文末］：：　引用節構造　しかし〈接続詞〉どうしても越えられないものが二つある［文末］：：
b　ただ、戸田先生の直弟子としての使命感は、交際するようになってから、私なりに感じるようになりましたけれども。（池田香峯子『香峯子抄』、国立国語研究所『現代日本語書き言葉均衡コーパス』による）

つまり、このようなとらえ方は、「文法的に適格な構造を持ち、かつ意味的な完結性を備えた単位」という言い

方で「文」は認めないにしても、実質これまで、普通に文と考えられてきたものを認めないというものではない。あくまでも、「文法的に適格な構造を持ち、かつ意味的な完結性を備えた単位」という言い方で「文」を認めないのであって、実は、文的な単位体を認めているのである。結局、文という単位体に、「文法的に適格な構造を持ち、かつ意味的な完結性を備えた単位」という要件を求めることが問題なのである。そもそもこれは、実は一語文を文と認めた瞬間に認められなくなる規定であるから、いわば山田孝雄の段階ですでにそのようにとらえることはできなくなっているのである。そして、丸山岳彦の考え方も実際は上述のような「文」の定義は「仮に「定義するとしたら」」、それは認められないというのにすぎず、上述のような節単位の認め方をみると、文に相当する単位体を全く考えないというわけではないことがわかる。もちろん、文という単位体は、終止形とか終助詞とか、ガ・ケレドモ・ケドといった形式だけによって規定することはできないわけであるから、節単位の認め方がそのまま文の認め方になるわけではないし、当然ながら、このコーパスの構築が文という単位体を認めることを優先する研究であるわけではないものの、文的な単位体、あるいはそれに近いものを想定しているといってよいだろう。

また、話しことばの研究においても郡史郎や丸山直子らのように、やはり、文という単位体を問題にしている研究もあることを考えると（郡史郎「イントネーション」、丸山直子「話しことばにおける文」など）*25、話しことばだから文という単位体とは無縁であるというのは、妥当な見方とはいいにくいであろう。

いうまでもないことであるが、話しことばと書きことばに差異があるということは否定できないし、否定するつもりもない（その差異を考えるということも有益なことである）。音声を利用しその場では消えてしまう一方で文脈は保証されている話しことばと、文字を利用し固着が可能である一方で文脈の保証がない書きことばとでは、表現方略による差異があらわれるのは当然である。とくに意識的にコントロールしやすい書きことばにおいては、文脈の保証がない点を補償する方略を求めることになる。そもそも、話そうが書こうが初期的には使用する言語形式がはじめから厳密に決められているわけではない。それが書きことばにおいては、話しことばであれば文脈や状況があるために省略が可能な要素も盛り込んでいく必要があるとか、即座の伝達が求められなければ推敲を加え、よりわかりやすくしたり、フィラー的なものをとりのぞくなどのようなことができるということで、差異が生まれてくるのである。が、そこにある差異は、媒体・場面の性格にしたがって必要なものと不必要なものをより分けることによって生まれたヴァリエーションであるにすぎず、本質的なところまで大きく異なるというのは考えすぎであろう。

文脈のない文はあるか

さらに、「文法的に適格な構造を持ち、かつ意味的な完結性を備えた単位」という点に関わる議論として、「文とは抽象的に取り出すことができるレベルにおける単位」であって「述語を有した記号的まとまり」であるという見方がある。沖裕子はこのように「文」を認定し、談話が文から構成されるということに懐疑的な立場をとる(『日本語談話論』)*26。たとえば、「ねずみ!」という発話は、カードに書かれている絵をあてるゲームで、「これは?」と問われたときの「ねずみ!」と、ネズミを発見し驚いて「ねずみ!」というのでは意味が異なっているが、この違いは言語文脈情報を参照してはじめて理解できるものであって、これを「文」という抽象的単位の意味として認めることはできないとする。そして、このような一語文と呼ばれてきたものは談話に認められる意味と考え、これらの「ねずみ!」は「一語談話」と呼ぶべきだとする(ただし、「痛い!」は「一語談話」であるにしても、ここから格要素が省略されている「痛い！」という文が抽象できるとして文と認めている)。そして、談話は文章とは大きく異なるもので、文章においては文を単位と認め得るのに対して、談話においては、句音調から規定される「句」によって構成されるとする＊27。この「句」が談話の単位体として妥当であるのかどうかはここでは問わないが、これにしたがえば、「文」とは述語があって文脈から独立してもその意味が理解できる抽象的な単位体であるということになる。

この「文」とは文脈をもたない抽象的な単位体であるという把握は、さきにみた山岡政紀の文機能の概念にも関わるところである(『日本語の述語と文機能』)＊28。山岡のいう文機能は「聴者を前提とせず、発話の素材である文が話者から発話されることとそれ自体における機能」(六二頁)というものであったが、これは「聴者を前提」としないわけであるから、当然文脈からも独立しているものである。このため、この文機能は①述語語彙・②述語形態・③述語時制・④主語人称といった命題内容の種々の条件、つまり、文を構成する要素的特徴の束によって決定されるものであった。ただ、実際の言語使用においてはこれに文脈や発話に関与する人どうしの関係などが必ず存在することから、山岡はそれらの点も加えた発話機能という概念を導入することになるわけであるが、発話機能との関係からいえば、文機能とは実際の言語使用の問題ではなく、そこから文脈が切り離された抽象的なレベルの問題ということになる。これに即して「文」というものの性格をいうとすれば、山岡の「文」も文脈のない抽象的なものということになろう。

それでは、このようなレベルにかぎって「文」という単位体を認めていく意義はどのようなところにあるのであろうか。あるいは、山岡のいいかたでいえば、文脈から独立した「文」に文機能を認める意義は何であるのか。さらにいえば、そのような形で「文」という単位体を認めることが可能なのだろうか。

たとえば、次のようなものは、一往、文ということができるものである。

（13）明日、太郎はここに座る。

この（13）は「座る」という述語をもち、「座る」という述語の主体「太郎」、「座る」場所である「ここ」という述語にとって必要な要素はきちんと示されている。加えて、「明日」という状況語まで備えており、上述のような立場であっても、これを文と認めないということはないであろう。では、この文はどのような意味をもっている文なのか。あるいは、山岡のいいかたでいえばどのような文機能をもっていることになるのか。実は、この（13）は文脈を想定しないとその意味を決定することはできない。明日催される会議において「太郎」がどの席に座ることになっているのかということの確認という文脈においては、予定についての言明であって、山岡文機能では〈描写〉ということになるであろう。しかし、「太郎」に向かっての発言で、明日の会議では「太郎」にはここに座ってほしいということを求めている発言であれば、これは依頼であって、山岡文機能では〈命令〉ということになる。しかし、山岡文機能は「聴者を前提とせず、発話の素材である文が話者から発話されることそれ自体における機能」というものであるから、この（13）は〈描写〉〈命令〉のいずれとも決められないはずである（命題内容としては「太郎」が三人称相当なのか、二人称相当なのかという違いがあるが、それは文脈によって決まることである）。あるいは、この状況はさきに沖裕子が示した「ねずみ！」と全く同じことであって、この文の意味は言語文脈情報を参照してはじめて理解できるものなのである。つまり、文脈から独立して考えることはできないのである。結局は、「明日、太郎という人物がここに座る」ということが、文脈から独立してこの語列であらわされているというようないいかたはできるにせよ、文脈から独立しているかぎり、それが平叙文なのか命令文なのかということは決定できないのであって、そのようなものについて、それが「文」であると積極的に主張するような見方には、疑問を呈せざるを得ないと思われる。従来の文法論において、述語のある文らしい文を省略のない形でとりあげて、それを文と認め、それをもとに議論してきたとしても、そこでは明示はしないもののその語列が適切に使える文脈を想定していたと考えるべきなのである。むしろ、文が文法論的議論のなかできちんと理解されるように省略のない形で提示されてきたということであろう。

以上のことから考えると、文脈をもって運用されたものが文なのではないかと考えるのがよいように思われる。山田孝雄の次のような考えは、そのことを述べているといってよいだろう＊29。

（14）　a　犬　川　／といふ語が、たゞ「犬」「川」といふ観念をあらわすものに見られてあるか、若くは之を以てある思想をあらはす目的の為に用ゐられてあるかによりて一の語とも見られ一の文とも見らる。

（山田孝雄『日本文法学概論』二一頁）

b　語といふは思想の発表の材料として見ての名目にして、文といふは思想の発表その事としての名目なり。

（山田孝雄『日本文法学概論』二〇頁）

犬が思いもよらず突進してきたときに「犬」といい、川に近づいて落ちそうになっているときに「川」というのは文脈をもって実際にある目的のために発せられている場合であるから、これらを文であるとするのである。これは、すなわち文脈をもって運用されたものが文であるということである＊30。

「文」とは文脈から独立しても成り立つものだとする立場は、従来の文を最大の単位体とする言語研究を引き継ぐ立場であって、文を厳密にとらえるためには一定の必要のあった立場ではあるとはいえようが、文の狭いとらえ方に拘泥すると、つかめるものもつかめないということになるのではないかという懸念がある。文とは形態論―統語論と談話・文章論の接点にある単位体なのであって、文脈をふまえた形で理解していかなければならないもののように思われる。

話しことばから書きことばへの写像

本書においては、以下、文はいかに規定されるか、あるいは、どのような要件によって文に成りあがるか、という点について、ここまでにみてきたように、文脈をもった発話のなかにおける運用されたものとしての文を、言語行為論、とくに発語内行為・発語内目的という観点から考えていくことにしたいが、この発語内行為・発語内目的とは、直接的には発話 utterance という話しことばの問題である。では、書きことばについてはどうなるだろうか。もちろん、ここでの議論も、発話されたものということが基本ではあるが、これまでの文法論においては——それは明示的に示されることはあまり多くないが——書きことば口語体というべきものを対象にしているといえる*31。それは、書きことば口語体が話しことばと大きく乖離するものではないという立場で対象とされてきたわけであり——もちろん、話しことばとの差異は十分考えなければならないことであるが——ここでもその線に沿って考えるところである。したがって、話しことばを問題とする言語行為論・発語内行為・発語内目的の考え方はどのようになるのかということが問題になる。

結論的にいえば、書きことばについては、基本的には話しことばの枠組みを書きことばに写像したものを考えることにしたい。すなわち、話しことばから書きことばへの写像とは、発語内行為を書記内行為というべきものに読みかえるということになる。そして、そこには書記内目的があり、各種の条件が整うことが必要になる。つまり、A正常入出力条件＋α＝書記として表示される内容がきちんとしており、きちんと理解される、B命題内容条件＝表示される内容が書記内行為に合致する、C事前条件＝書記行為を遂行するための状況が整っている、

D誠実性条件＝実行しようとする意図をもつ、E本質条件＝書記の目的・実行がある、という条件が整うことによって遂行されるということになる。もっとも、受容者（読み手）が眼前にいるとはかぎらないので、行為の遂行が書記時において即時的に成立するとはかぎらない（受容者に受容されるまでに時間がかかる可能性がある）といった差異はあることは念頭におく必要はあろうが、基本的には、ここで考えていく範囲においては、話しことばから書きことばへの写像という把握で、書きことばを考えていくことができると考えられる。そこで、本書では基本的に話しことばを想定した議論を進め、用語も発語内行為・発語内目的のみを用いていくが、書きことばの場合においては発語内行為から書記内行為への写像という読みかえによって理解してほしい。

Ⅲ　文成立の意味的側面

1　文成立について考える

すでに述べたように、言語における文という単位体は、それを最初から全く認めないような文法論はないように思われるほど、重要な単位体である。しかし、その一方で、その規定には――これまで多くの定義がなされ、同時にそれらが必ずしも多くの同意を得ることができないでいるということから考えて――きわめて困難を伴うものである。これもⅠでみたように、文という単位体についての規定は、文法現象を体系的に示そうとした山田孝雄・橋本進吉・時枝誠記に代表される「大文法」においては、取り組まざるを得なかった問題であったが、文の内部構造について考えるというような、より狭められた議論においては、誰もがおおよそ文と認めるようなものを対象にすることにすれば、さほど考える必要はなかった。そういう点では、文の規定、あるいは文はいかに成立するのかという議論は、当面おいておくことも可能な議論でもある。しかしながら、この問題は文法論におけるきわめて重要な問題であるということは間違いのないところであろうし、やはり、序章でもみたように、この点についての検討がそろそろ必要になってきているのではないか。もとよりここで述べる程度の議論では、全面的な解決はのぞみ得ないとはいえ、わずかであっても手掛かりをつかむことができるのだとすれば、このあたりで、検討してみることも無意味ではないと思われる。そこで、以下では文がいかに成立するかということについて若干の考察を進めてみることにしたい。

2 文の規定・文成立論のながれ

日本語文法論において文はいかに規定されてきたのかという点は、Iにおいて検討したが、ここでは——繰り返しになる側面もあるが——念のため、その流れをあらためてふりかえっておくことにしたい。ただし、ここでは、いわゆる「大文法」とその周辺にかぎらざるを得ない。

文というものが言語形式に関わる問題である以上、形式的な側面から規定が試みられるのは自然なことであった。もっとも代表的なものは、日本語文法にかぎらないことであるが、大槻文彦『広日本文典』などに示されるような主語と述語がそろうことで文となるという考え方である。しかし、文を形の上から規定することには強い懐疑の念がもたれている。

この点において、山田孝雄は、一語文のようなものも文と認めるべきことを述べ、「一の語にして同時に一の文たりうることありとせば、その語と文との区別はたゞ外貌上の説明にては判明しうべきにあらざるは明らかなりとす。こゝに於いて我等はその区別の主眼点はこれら外貌上の如何に存するにあらずして、そが深く思想の内面に根柢を有するものなるべきを見るなり」と述べる*1。このように一語文を認めるかぎり、山田の述べるように、文を形式面から規定することは期待できないといってよい＊2。

形式面からのアプローチに問題があるとすれば、意味的な側面から考えるということになるだろう。この点で、山田孝雄はヴントの心理学を援用した「統覚作用」に文の成立を求めている＊3。

（1） 惟ふに思想とは人の意識の活動にして種々の観念が、ある一点に於いて関係を有し、その点に於いて結合せられたるものならざるべからず。而してこの統合点は唯一なるべし。意識の主点は一なればなり。この故に一の思想には必ず一の統合作用存すべきなり。今これを名づけて統覚作用といふ。この統覚作用これ実に思想の生命なり。この統覚作用によりて統合せられたる思想の言語といふ形にてあらはされたるもの即ち文なりとす。この故に一の語にせよ、数多の語よりなるにせよ、ある統覚作用によりて統合せられたる思想の発表なる場合には文と認むべきものとす。

（山田孝雄『日本文法学概論』九〇一－九〇二頁）

このことから、山田は文（厳密にいえば「句」）を次のように規定する＊4。

（2） 一の句とは統覚作用の一回の活動によりて組織せられたる思想の言語上の発表をいふ。

（山田孝雄『日本文法学概論』九一七頁）

このように、山田孝雄は「統覚作用」によって文が成立するとするのであるが、これは、言語形式のあり方とは全く独立して文が成立するということを説いたもの――むろん、統覚作用の内容によって、実現される文の形式に制限が加えられるということは考えているとは思われるが――であるということができる。よく知られるように、山田孝雄は陳述という概念を示し、その陳述が用言にあるものだということを述べ、文成立と用言の関係性を述べる。ただ、このことは、用言という形式が陳述を果たすことによって文が成立するということを述べることにはなるが、喚体句には陳述を認めていないと思われることから考えて、「用言＝陳述＝文の成立」という関係性はすべての文に成り立つわけではないことである。したがって、文の規定そのものを陳述から考えているわけではないと考えるべきである。また、山田孝雄は、一往、文を「外部の方面」からもみているが、「独立した一個体」とするにとどまっており、結局は文を構成する形式要素には還元していない（『日本文法学要論』）＊5。以上のようにみると、山田孝雄の文規定には形式の側面はみられないといってよく、あくまでも意味の側から文を規定したものといってよい＊6。

ところが、山田以後の研究は、この流れを必ずしも受け継がなかった＊7。時枝誠記の議論は結果的に「切れる」ということ、あるいは終止形に文成立を求めることになる。時枝誠記は文の性質として（一）具体的な思想の表現であること、（二）統一性があること、（三）完結性があることの三点をあげる（『日本文法 口語篇』）＊8。（一）の具体的な思想の表現とは「客体界と主体界の結合において成立するもの」であるが、時枝文法においては、客体的な表現に与るものを詞、主体的表現に与るものを辞と呼ぶのであるから、詞と辞の結合が文の条件になる。（二）の統一性があることとは、「纏まった思想の表現」であることであるが、そのまとまりは「話手の判断、願望、欲求、命令、禁止等の主体的なものの表現による」とする。この主体的な表現とは辞であるから、この（一）（二）は、いずれも詞と辞の結合によって実現されることになる。しかし、詞と辞の結合だけでは「裏の小川はさらさらと流れ」のような通常は文とされないものも文になってしまうことになるため、（三）の完結性があることが必要になる。そして、この完結性は終止形、あるいは完結性を与える助詞によって与えられると考えるのである。時枝自身は「以上は、文をその構成要素によつて説明せず、文成立の基本的条件を吟味することによつて、言語研究の一の対象である統一体としての文の性質を明かにしたのである」とはいうものの＊9、結果的には、助詞助動詞、終止形という形式面に文成立を求めたことになっているというべきであろう。

また、渡辺実の議論は、時枝の文法論の精緻化という面が強いものと考えられる（『国語構文論』）＊10。渡辺は「文とは要するに、陳述のための、陳述による、陳述の表現である」とするように＊11、陳述によって文が成立すると考える。陳述とは「統叙によってととのえられた叙述内容、または無統叙の素材的要素に対して、言語主体が、その素材、あるいは対象・聞手と自分自身との間に、何らかの関係を構成する関係構成的職能」であって＊12、これは一語文も視野に入れた検討であるから、必ずしも言語形式の問題にならない可能性はあった。しかし、渡辺の文法論においては、文とは、形態的独立体であり、かつ意義的完結体、職能的統一体であると考えることや、構文的職能をもつものが単語であるとすることから、一定の形式が文成立に関わることにならざるを得ない。加えて「文末においては叙述の完了の後に必ず陳述が露呈すること、また言語表現は時間に沿った線状的形態をとること、などの理由によって、文を形態意義職能的に記述観察し解釈する時、文を「素材的要素（叙述内容）＋陳述」という線状的な職能的結合の姿で理解し、陳述を必ず文末には現れるものとして捉えることは、陳述と叙述との立体関係を認めた上でなお、もっとも自然でありまた有効でもあると考える」として＊13、文末の形式に陳述を託す。つまり、用言述語の終止形・イントネーションの他に、統叙との連続的な側面はあるとしながらも第3類の助動詞（いわゆる不変化助動詞「だろう、う、よう、まい」）と終助詞に陳述の職能を求めるのである。このように、渡辺の議論は時枝の辞の構文論的な精緻化ということであって、時枝と同様に、助詞・助動詞、終止形という形式面に文成立を求めたのは、自然のなりゆきであったというべきであろう。

その後、このような文把握の流れは、金田一春彦の不変化助動詞の理解、芳賀綏の述定的陳述・伝達的陳述の区別などの考えを取り込みながら、「文＝命題＋モダリティ」というとらえ方につながっていく＊14。それが、仁田義雄・益岡隆志に代表される現在のモダリティ論である（仁田義雄『日本語のモダリティと人称』、益岡隆志『モダリティの文法』）＊15。これらは、おそらく北原保雄などの文の構文的構造の分析も取り込んだものであって＊16、文が階層的構造をもつという把握もおこなう。そのため、「モダリティ」そのものの分析や文の階層性といった点の分析に重点があり、文の規定・成立といった点について必ずしも積極的に言及しているわけではないものの、仁田義雄は文がいかなるものであるかということに言及する＊17。そこでは、文の成立にはモダリティのうちでも「発話・伝達のモダリティ」が重要であるとし、「発話・伝達のモダリティを帯びることによって文に成る。発話・伝達のモダリティは、文の存在様式である」のように述べる＊18。これは「発話・伝達のモダリティ」が文を文たらしめるものであるという考え方である。ただし、仁田は「文の表している意味は、言語の有しているそういった機能を実現するにふさわしい構造的なあり方をしているはずである」、「文の表現形式が今あるような構造的なあり方を取っているのは、担い・伝えるべき意味内容のためにである」という立場をとるとすることから考えて＊19、この考え方も形式面を含んだ把握という位置づけをすべきものであろう＊20。

3　言語行為論を視座に考える

以上のような文に対する把握の流れは、文成立の意味的な側面のより精緻化の過程とみることも可能ではあろう。しかし、それは文成立にかかる意味を考えるにしても、文を構成する要素、すなわち、ある種の文法形式を問題とすることで進んできたということである（Ｉで述べた構成要素主義）。名詞一語文のようなものを文として認めるかぎり、形式の面から文を定義することはできないということからすれば、山田孝雄以来、文成立の中心点を意味的側面に求めるという方向での検討は、大きく進んだとはいえないとみることになりそうである。

もっとも、山田においては統覚作用の概念が未分化であったために、統覚作用と形式の関係を問うところまで検討が進まず、結果的に意味的な面からしか文成立を規定し得なかったという可能性がないわけではないし、また、山田孝雄の述体句を対象にする「陳述」という概念が注目され、後の議論の中心になったという歴史的事情のために、文成立の意味的側面を検討する契機がおとずれなかったということもあるだろう。

ただ、文の意味的成立の検討が必ずしも進んでいないということは、ある程度たしかなことであると思われる。そこで、まずはこの点についての検討を進めていくことにする。むろん、ここでの検討だけで、一度には解決はしないだろう。しかし、まずは、この点から考えはじめておくことが大切なことのように思われる。ここでの議論を含めて――もっともここでの議論は捨て石かもしれないが――多くの人がおこなうさまざまな検討を基盤として、今後、より妥当な考え方が生み出されていくと思われるからである。

なお、右のような文を構成する形式から文成立を検討した諸論が示した成果は、文成立の意味的側面を考えるにあたってきわめて示唆に富んだものである。したがって、ここで文成立の意味的側面からの議論においても、これらから大きな裨益を被っているということは、いうまでもない。

それでは、意味の側面で文を成り立たせるものとは何であるのか。山田孝雄に沿っていえば、文を成立させるものとしての「統覚作用」ということになるであろうが、それはどのようなものなのか、どのように把握すればよいのか、ここでは、それを考えたい。さきにも述べたように、この問題は言語形式の問題ではないことから、山田は心理学を援用することで考えを進めた。では、ここではどうするか。ここでは、Ⅱで検討したような言語を発することが何らかの行為であるという議論である言語行為論を視座に考えることにしたい。

4　発語内行為の構造

言語行為という視点から文を考えるにあたっては、言語行為の中核とされる発語内行為の構造についてあらためて確認しておくことにしたい。言語行為論はイギリスの哲学者J・L・オースティン（John Langshaw Austin）からはじまる（『言語と行為』）＊21。オースティンは言語を使用する行為を、①発語行為 locutionary act、②発語内行為 illocutionary act、③発語媒介行為 perlocutionary act の三つに分ける。①の発語行為とは何らかの言語を発する行為を指す。②の発語内行為とは言語を発することによっておこなわれる行為を指す。これは、いわば発話をしながらおこなわれる行為であって、一般に命令・約束・依頼・質問・報告などの行為がおこなわれることになる。そして、その場合には命令・約束・依頼・質問・報告などの発語内の力 illocutionary force が生じることになる。③の発語媒介行為とは、発話の結果生み出される行為を指す。この三種の行為のなかで、言語行為論としてもっとも重要なものは、②発語内行為である。それは言語を発するという行為の内実に関わるものだからである。実際、オースティンの関心の中心もこの②であった。

この発語内行為について、その構造を検討したのは、アメリカの哲学者J・R・サール（John Rogers Searle）であった。サールは発語内行為が首尾よく、かつ欠陥をもつことなく遂行されるための必要十分条件について、「約束」という発語内行為を中心に検討した（『言語行為』）＊22。その条件として、A正常入出力条件（normal input and output conditions)、Ｂ命題内容条件（propositional content condition）、Ｃ事前条件（preparatory condition）、Ｄ誠実性条件（sincerity condition）、Ｅ本質条件（essential condition）をあげる。これらをサールの検討した「約束」の発語内行為に即して説明すると次のようになろう。Ａは、話し手と聞き手が正常に発言し正常に理解できるということである（これは「約束」にかぎらない）。Ｂは、発せられた発話がその発語内行為に合致する内容をもつという条件である。約束においては、話し手自身の行為が述定されなければならず、その内容は過去のものであってはならないといったことである。Ｃは、発語内行為が円滑に遂行されるために前提となる話し手・聞き手の知識・能力や状況についての条件である。約束の場合、遂行される内容が聞き手ののぞむ何ごとか、聞き手が自分のためになると考える何ごとかであることが必要である（サールは、「約束」は聞き手を味方にしておこなう誓約だとする。聞き手と敵対しながらする誓約として「威嚇」をあげる）。そして、こういった条件は約束という行為の本質的特徴ではないが、適切に約束するための不可欠な条件であると位置づけられている。Ｄは、話し手はその行為をおこなうことを意図しているということである。行為の遂行を意図しない不誠実な発話は――たとえば、約束であれば実行するつもりなく約束するという不誠実な約束は――その発語内行為が適切に遂行されたとはいえない、ということからこの条件が設定されていると考えられる。そしてＥは、その行為の本質的特徴であり、約束についていえば、その行為によって、ある行為を遂行する義務を負うことになるということである。このようなＡ～Ｅの条件を満たすことが発語内行為が遂行されるための必要十分条件であるとし、さらに「依頼」「主張・陳述・肯定」「質問」「感謝」「助言」「警告」について、このＢ～Ｅをそれぞれ示している。

また、サールは発語内行為を区別するのに示差的な12の特徴をあげている（『表現と意味』）＊23。ここでは、サールがそこで重要だとするもの、また、サールの上述の条件に関わると考えられるものにかぎって掲げる。

（3）　1　行為の（タイプの）目標（ないし目的）の相違

2　言葉と世界の間の適合の方向の相違

3　表現される心理状態の相違

4　発語内の目標が提示される際の力もしくは強さの相違

5　発話の発語内の力に関係する限りでの話し手と聞き手の地位もしくは立場の相違

6　話し手と聞き手の利害に発話が関係するその仕方の相違

8　発語内の力を示す言語装置によって決定される命題内容の相違

12　発語内行為を遂行する際のスタイルの相違

1は、かなり内容が絞られているようにも思えるが、サール『言語行為』のE本質条件に対応するとする。そして、この行為の目的は、2によって断言型・指令型・行為拘束型・表現型・宣言型の五つに分類される。2の「言葉と世界の間の適合の方向の相違」とは、その発話が、言葉を世界に合致させる目的をもっているか、あるいは逆に世界を言葉に合致させる目的をもっているかということである。前者は《言葉を世界へ》（word-to-world）であって、言語を世界の側に一致させるというものである。これはすなわち言語によって世界を描くこと、すなわち発話することで事態を描き出すのが目的である発話ということになる。それに対して、後者は《世界を言葉へ》（world-to-word）というもので、世界を言語の側に一致させるものである。これは、発話する内容に世界を合わせようとするものだということになる（この点は後に5で詳述する）。また、3は、サール『言語行為』のD誠実性条件であるとする。ここでは、その内容が若干広がっている（後述するヴァンダーヴェーケンのe参照)。さらに5・6はC事前条件の一部に対応するとされる。そして、8はB命題内容条件に対応するものとされる。

また、サール『言語行為』『表現と意味』の分析を受けたD・ヴァンダーヴェーケン(Daniel Vanderveken)も発語内の力の構成要素を六つ示している(『意味と発話行為』など)*24。それらは、a 発語内目的(illocutionary point)、b 達成の様式(mode of achievement)、c 命題内容条件(propositional content conditions)、d 予備条件(preparatory conditions)、e 誠実条件(sincerity conditions)、f 強さの度合い(degree of strength)の六つである。aは話し手の意図する、発話することによって達成しようとする目的である。この目的は「合致の方向」という基準で五つに分類される(サール『表現と意味』をほぼ受け継ぐ)。bは発語内行為を遂行するために、発語内目的がどのように遂行されなければならないかという条件である。たとえば、「指令command」においては、話し手はより断固たる態度で、聞き手をしのぐ権限のある地位になりればならないといったことで、サールのEの一部といえる。cはサールのBを引き継ぐもので、この命題内容条件は「基本文の節の文法形式に課せられる統語的制約によって表現される」と述べることから考えても*25、言語形式・言語の表現内容に関わるものだといってよい。dの予備条件preparatory conditionsはサールのCを引き継ぐものである(d予備条件・C事前条件はいずれもpreparatory conditionsの訳で、邦訳者による訳語のあて方の違いによって、「予備条件」「事前条件」という違いが生まれていると思われる)。eの誠実条件sincerity conditionsは、サールのDを引き継ぐものであるが、サール『表現と意味』を受けて若干内実が広がっており、たとえば、「要請」という発語内の力をもつ場合は「願望」という心的状態を、「感謝」という発語内の力をもつ場合は「感謝の気持ちgratitude」という心的状態をもつとする。そして、fであるが、誠実条件の構成要素である心的状態は、発語

［表1］　発語内目的・発語内の力の構成要素と対応関係

<table>
<tr><th colspan="3">J.R.サール
『言語行為』</th><th colspan="2">J.R.サール
『表現と意味』</th><th colspan="3">D.ヴァンダーヴェーケン
『意味と発話行為』</th></tr>
<tr><td>A</td><td>正常入出力条件</td><td>normal input and output conditions</td><td colspan="2"></td><td colspan="3"></td></tr>
<tr><td>B</td><td>命題内容条件</td><td>propositional content condition</td><td>8</td><td>言語装置</td><td>c</td><td>命題内容条件</td><td>propositional content conditions</td></tr>
<tr><td rowspan="2">C</td><td rowspan="2">事前条件</td><td rowspan="2">preparatory condition</td><td>5</td><td>地位・立場</td><td rowspan="2">d</td><td rowspan="2">予備条件</td><td rowspan="2">preparatory conditions</td></tr>
<tr><td>6</td><td>利害</td></tr>
<tr><td rowspan="2">D</td><td rowspan="2">誠実性条件</td><td rowspan="2">sincerity condition</td><td>3</td><td>心理状態</td><td>e</td><td>誠実条件</td><td>sincerity conditions</td></tr>
<tr><td rowspan="2">4</td><td rowspan="2">目標提示の強さ</td><td>f</td><td>強さの度合い</td><td>degree of strength</td></tr>
<tr><td rowspan="4">E</td><td rowspan="4">本質条件</td><td rowspan="4">essential condition</td><td rowspan="3">a</td><td rowspan="3">発語内目的</td><td rowspan="3">illocutionary point</td></tr>
<tr><td>1</td><td>行為の目的</td></tr>
<tr><td>2</td><td>適合方向</td></tr>
<tr><td>12</td><td>スタイル</td><td>b</td><td>達成の様式</td><td>mode of achievement</td></tr>
</table>

内の力によって異なる強さで実現されると考え、その強さを、f強さの度合いとする。たとえば、「嘆願」する場合の強さの度合いは「要請」する場合よりも強く、「証言」する場合の強さの度合いは、「推測」する場合のそれよりも強いということになる。このヴァンダーヴェーケンの発語内の力の構成要素は、サールを受け継ぎ、部分的に分化させたものといってよい。以上の、サールとヴァンダーヴェーケンの述べる発語内行為、あるいは発語内の力の構成要素の対応関係をまとめると［表1］のようになる。

以上の発語内行為の構成要素・示差的特徴をふまえて、発語行為がおこなわれる過程を考えてみると、おおむね［表2］のようになるだろう（以下の（　）内の記号・番号は、上述したサールとヴァンダーヴェーケンの示した構成要素・示差的特徴を示す）。まずは表現されるべき心理状態（D・3・e）があり、その心理状態を表現するために発語内目的（E・1・a）をもつことになる（それは（2・a）

［表2］ 発語内行為がおこなわれる過程と構成要素

		J. R. サール『表現と意味』		J. R. サール『言語行為』	D. ヴァンダーヴェーケン『意味と発話行為』
［1］	テレビのチャンネルを変えたい、という欲求をもつ。	3	表現される心理状態	D 誠実性条件	e 誠実条件
［2］	聞き手にテレビのチャンネルを変えさせようとする。	1(2)	行為の(タイプの)目標(ないし目的)(言葉と世界の間の適合方向)	E 本質条件	a 発語内目的 b 達成の様式
［3］	依頼(チャンネルを変える程度)であるので強く提示する必要はない。	4	発語内の目標が提示される際の力もしくは強さ		f 強さの度合い
［4］	上の［2］と［3］に合致するような言語形式を選択する	8	発語内の力を示す言語装置によって決定される命題内容	B 命題内容条件	c 命題内容条件
［5］	選択された形式を発する。「チャンネル変えて。」	発語行為・発語内行為の実行			

の観点で分類できる)*26。また、どのような強さで提示するか(4・f)ということも関わっているので、その目的と強さに合致するように言語形式を用い、組み立てる(B・8・c)。

これを具体的にみてみると、たとえば、テレビのチャンネルを変えてほしいのでリモコンを手近にもっている人に頼むような場合は次のようになるだろう。すなわち、［1］「テレビのチャンネルを変えたい」という心理状態である「欲求」(D・3・e)がまずある。チャンネルを変えるためのリモコンは近くにはないので、［2］リモコンが手近にある人(聞き手)に「チャンネルを変えさせようとする」という目的、すなわち発語内目的(E・1・a)をもつ。これは指令型の発語内目的であって、適合方向の観点からすれば、《世界を言葉へ》である(2・a)。また、［3］テレビのチャンネルを変えるという依頼であって、比較的簡単なことであるから、強く提示する必要はない（4・f）と考えられる。そこで、［4］この発語内目的（D・3・e）と強さ（4・f）に合致するような言語形式を用い、組み立てる。それで、［5］「チャンネル変えて」と発話して（B・8・c）、依頼というべき発語内行為をおこなうのである。

このようにみると、言語を発することそのものに関わるものは、事前条件・予備条件を除いたものということになる。また、サール『表現と意味』の12の特徴でいえば、1・(2)・3・4・8が発語内行為をなすための構成要素といってよい。つまり、心理状態、心理状態から生み出される発語内目的、心理状態の強さの反映である強さ、そして言語装置である。これらが、言語を発することそのものに関わる構成要素といってよいものだろう。それに対して、それ以外のもの、たとえば「話し手と聞き手の地位、もしくは立場の相違」（5）は、さきにあげた事前条件・予備条件であって、発語内行為の構成要素ではなく、その行為が効力をもつための条件である。たとえば、厳格な祖父にはテレビのチャンネルを変えてほしいとは頼めないというようなものが、地位・立場という問題であるが、上のような1・(2)・3・4・8の条件が整い、その上で発話すれば、依頼するという行為自体はおこなわれることになるわけである。むろん、頼んでも怒られてチャンネルを変えてもらえないということになるかもしれず、発語内行為としては成功しないかもしれないが、依頼という発語内行為自体は実行されるのである。つまり、この地位・立場という問題は、行為が効力をもつための条件であって、構成的な要素とは区別されるべきだと思われる。要するに、心理状態すなわち意図から発語内目的が生まれ、その目的を達成すべく、それに見合った言語形式を発する行為がおこなわれる。これが発語内行為の流れである。そして、状況に応じて行為が効果をあげることになる（発語媒介行為）。

5　発語内目的と文という単位体

発語内目的

このように発語内行為の構造を考えると、言語形式を発すること（発語行為）の背後には、その言語を発する目的・意図およびそれに向けた心的状態があるということになる。そして、この目的・意図に関わるものが、ここであげられている発語内目的・心理状態（誠実性条件）である。これについては、サール（『表現と意味』）、ヴァンダーヴェーケンが整理をしている。ここでは、サール『表現と意味』にしたがって示す（再掲、［表3］）。

この発語内目的 illocutionary point は、「言葉と世界の間の適合の方向の相違」および「心理状態」によって五つに分類される。この分類について、あらためて繰り返せば次のようなものであった。まず、最初の①断言型の目的は「何かが事実であること、表現されている命題が真であることに話し手を（さまざまな程度で）コミットさせることである」とする。適合方向は《言葉を世界へ》であり、表現されている心理状態は（Pと）信じていることである。次の②指令型の目的は「話し手が当の行為によって聞き手に何かを行わせようと試みるという事実のうちにある」ということである。適合方向は《世界を言葉へ》であり、誠実性条件は欲求や願望である。③行為拘束型の目的は、「行為の未来における経過に（さまざまな程度で）話し手をコミットさせる」というもので、適合方向は《世界を言葉へ》であり、誠実性条件は意図することである。このクラスを表示する動詞を、サールは具体的にあげていない。ただ、この行為拘束型の定義はオースティンのものでよいとすることから、［表3］ではオースティンのあげるものを示している。④表現型の目的は「命題内容において特定される事態に関する、

［表 3］ 発語内目的の分類

	行為の目的	適合方向	心理状態	表示する動詞
①断言型 assertives	何かが事実であること、表現されている命題が真であることに話し手を(さまざまな程度で)コミットさせること	《言葉を世界へ》	(P と)信じていること	断言する、主張する、言明する、自慢する、不平を言う、推論する…
②指令型 directives	話し手が当の行為によって聞き手に何かを行わせようと試みるという事実のうちにある	《世界を言葉へ》	欲求や願望	頼む、命令する、指令する、依頼する、請う、忠告する…
③行為拘束型 comissives	行為の未来における経過に(さまざまな程度で)話し手をコミットさせる	《世界を言葉へ》	意図すること	約束する、誓う、誓約する、盟約する、契約する、保証する、受け入れる…
④表現型 expressives	命題内容において特定される事態に関する、誠実性条件で特定されるような心理状態を表現する	存在しない	さまざま(命題内容に関する)	感謝する、祝う、詫びる、共に悲しむ、慨嘆する、歓迎する…
⑤宣言型 declarations	そのメンバーの一つが成功裡に遂行されるならば命題内容と現実との対応がもたらされるということ、成功したその遂行が命題内容と世界との対応を保証する	《言葉を世界へ》と《世界を言葉へ》の両方	存在しない	任命する、破門する、宣戦布告する…

誠実性条件で特定されるような心理状態を表現することである」とする。これはさまざまな心理状態があり得るということである。この表現型には適合方向が存在しない。すなわち、表現型の行為を遂行するとき、話し手は、世界を言葉と合致させようとも言葉を世界と合致させようともしていない。この類を表示する動詞として「感謝する thank、祝う congratulate、詫びる apologize、歓迎する welcome」などがあげられることから、サールのいう「心理状態」とはこのようなもの（「感謝」「祝意」など）を指すのだと考えられる。そして、最後の⑤宣言型は、オースティン以来遂行文とされてきた

ものでたとえば「私はあなたを破門する。I excommunicate you.」という発話は、このように発話することが「破門する」という行為そのものになるものである。これは、適合方向は《言葉を世界へ》と《世界を言葉へ》の両方である（ただし、この類を分けることは本書では不要と考える。後述V）。

文という単位体と発話内目的の関係

さて、ここで言語そのものの問題に立ち戻ると、この発語内目的は、どのような言語形式・単位体と関わることになるのであろうか。むろん、この発語内目的にあわせて言語形式を選択するということを考えれば、mood形式のような文法形式に関わるものであるということも考えられる。しかし、名詞一語文のような形式にあらわれる文法的な構成要素をもたないような言語形式においても、この発語内目的の内容に関わる意味があらわれている。

（4）a　あっ。UFO！　／　ゆっ幽霊！
　　b　（はい。）ハンカチ。（といってハンカチを渡す。）
　　c　み、みずぅ。（砂漠で必死に水を求める）
　　d　おーい。お茶。　／　おーい。けい子！　ビール！

（4ab）は、それぞれ発見・伝達というような意味をもち、上述の断言型の目的をもつものである。（4c）は希求の意味をもち行為拘束型の、（4d）は命令の意味をもち指令型の目的をもつものである。つまり、名詞一語文のあらわす発見・伝達・希求・命令といった意味は、この発語内目的の反映したもの、すなわち言語行為的意味であると考えられる。

また、この発語内目的は「発話・伝達のモダリティ」（仁田義雄）、「表現類型のモダリティ」（益岡隆志）と呼ばれる「モダリティ」の内実と考えることができる（この点はXなどで後述）。たとえば、仁田義雄は発話・伝達のモダリティのうちの「働きかけ」をもつ文を次のように掲げる＊27。

（5） a つまらん心配はしないで早く行け。
　　b やりましょう。松田さん、熊谷さん。
　　c 敬礼。解散。
　　d さっさとする。／さあさあ、早く乗った 乗った！

つまり、（5ab）のような命令形や意志をあらわす「う」のような形式があるものだけではなく、働きかけをあらわす言語形式をもたない（5cd）のようなものも、「働きかけ」のモダリティをもつものとされる。これは、さきの発語内目的の類型からいえば指令型にあてはまるものであって、この指令型の発語内目的および心理状態が反映したものであると考えられる。このような意味も実は言語行為的意味であると考えるべきであろう。

このような点を逆から考えれば、このような発語内目的あるいは心理状態が反映された形式を文と呼ぶことになるのではないか。ここでみた名詞一語文は、序章でもみたように、まぎれもなく文だと考えてよいと思われるが＊28、この名詞一語文は、一語の名詞の他には何も形式がないものである。それにもかかわらず、文であるといえるのは、ここでみた言語行為論的意味をもつことによって、すなわち、このような発語内目的を担っていることによってではないか。つまり、名詞一語であっても、このような発語内目的をあらわす意味を担っていれば、それが文なのである。

また、発話・伝達のモダリティ、あるいは表現類型のモダリティは、文を伝達・表現的に特徴づけるものであるばかりでなく、仁田義雄は「発話・伝達のモダリティを帯びることによって文に成る。発話・伝達のモダリティは、文の存在様式である」とする*29。益岡隆志も「文が文として十全に機能するには不可避的に、何らかの表現上、伝達上の機能を帯びなければならない」とし*30、その表現・伝達機能をあらわすモダリティを表現類型のモダリティとする。いずれの理解においても、この「モダリティ」は文を成り立たせる鍵である。この「モダリティ」の内実が発語内目的あるいはそれに伴う心的状態であるとすれば、やはり、この発語内目的をあらわす意味を担っているものが文と呼ばれるべきものだといえるだろう。

さらに次のような、談話を考えてみる。

（6）①先日は、どうもありがとうございました。②それで、来週の週末に、鈴木先生の講演会があるんです。③平家物語についてのお話をされるようです。④是非、おいでになってください。⑤では、失礼します。

これは、①～⑤の五つの文からなると考えてよいと思うが、①⑤は表現型の発語内目的を担っているものだと考えられる。①は感謝でこれは典型的な表現型である。⑤は挨拶をしているものになるが、これは、表現型にあげられるような、祝う「おめでとうございます」、詫びる「すみません」、歓迎する「いらっしゃい」などと並ぶものであって、かつ《言葉を世界へ》《世界を言葉へ》のいずれでもないことからも表現型だと考えてよい。また、②③は、言明というべきものであって、断言型であるといってよいだろう。④は依頼という発語内行為をおこなうものであるから、指令型であるといってよい。このように、文という単位体に対して、発語内目的が対応しているのである。やはり、発語内目的を担っているものが文という単位体だと考えられる。

さらに、次のような語列が文になるのも、発語内目的を担う場合である。

（7）a　水
　　b　きれいな鳥
　　c　私の家のテレビの
　　d　結論をそんなに
　　e　花子がスーパーで野菜を買う

このうち（7a〜d）は、これだけをみるとすれば、文として成り立っているかどうかは疑わしいものである。しかしながら、（4）の一語文からもわかるように、（7a）は、のどが渇いて水がほしいときに「水！」といい、「これはお湯、それとも水？」という問いに答えて「水。」といい、さらには、水がこぼれそうになっているのを見て「水！」というのは、いずれも文であるということが可能であろう。（7b）も川縁で眼前にきれいな鳥を見つけたときの発話であるとするならば、文であるということができるであろう。このような場合、（7ab）のいずれもが、このまとまりで発語内目的を担っていると考えられる。すなわち、（7ab）が文であるといえる場合、（7a）では、のどが渇いて水がほしいときの「水！」、「これはお湯、それとも水？」という問いの答えの「水。」、こぼれそうな水を見ての「水！」は、それぞれ指令型、断言型、断言型の発語内目的を担っており、また（7b）は断言型の発語内目的を担っている。次の、（7c）は、これだけでは文になり得ないようにも思え、より語数の少ない（7ab）以上にまとまりに欠けるように思われる。しかしながら、この語列でも文になれないわけではない。たとえば、電気店へ友達と出かけ、ふと脇を見ると、自分の家のテレビと同じリモコンがおいてある。それを友達と確認しながら、「あっ。あのリモコンは！」――「私の家のテレビの！」となったときには、この「私の家のテレビの」は、文と考えざるを得ないものになるといってよい。この場合も、この語列でやはり断言型の発語内目的を担っている。同様に（７ｄ）も会議で議論している最中に、ひとりの参加者が明らかに拙速ともいえる結論を出そうとした状況で、別の参加者が「結論をそんなに」という場合、この語列で文になっているといえるだろう。この場合の「結論をそんなに」というのは、そんなに急いで結論を出さないでください、といった意味であって、やはり、発語内目的を担っているといってよいだろう。この場合の発語内目的は指令型である。

一方、（７ｅ）のような語列は、常識的に考えて不足している要素もないように思われるので、これだけで文として成り立っていると考えてよいもののように思えるが、この語列は文の一部という可能性も捨てきれない。この語列に、さらに語列が加わって「花子がスーパーで野菜を買うのは珍しいね。」ということになるのだとすれば、「花子がスーパーで野菜を買う」だけで文とはいいにくい。それは、この場合の「花子がスーパーで野菜を買う」という語列はこれだけで発語内目的を担っているとはいえず、「花子がスーパーで野菜を買うのは珍しいね」という語列になってはじめて、発語内目的を担っているといえるからである。このことからも、発語内目的を担う単位体が文であり、発語内目的が反映されている語列が文であるということになるであろう（なお、一般に「花子がスーパーで野菜を買う」が文だと把握されるのは、すぐさま断言型の発語内目的がある場合を想定できるからであると思われる）。このように、発語内目的を担っている語列が文であると考えられるのである。

したがって、言いさしのような言語断片であっても、そこに発語内目的が反映されれば、それは文と呼んで差し支えないものと思われる（ただし、発語内目的を反映しているかどうかということは、話し手と聞き手で異なる可能性がある。ここでは話し手の側から考えている）。

発語内目的を担う語列が文である

加えて、ヴァンダーヴェーケンは、次のように述べる＊31。

（8）もし話し手が一つの文を用いて、かつ、字義通りに話していたならば、一つの発話の文脈においてその単独の文（single sentence）によって表現される発語内行為のタイプは、話し手がその文脈において遂行するつもりであったであろうと想定される主な発語内行為であるとして反事実仮想的（*counterfactually*）に定義され得る。

（D・ヴァンダーヴェーケン『発話行為理論の原理』七一頁）

これは、一つの文によって一つの発語内行為が遂行されるということを述べているものと考えられるので、文が発語内行為の中核である発語内目的を担う単位体であると述べていると考えることもできるであろう＊32。さらにいえば、これまでの言語行為論において問題になってきた単位体は基本的に文であるといってよい。オースティンの例（遂行文）でも、サールの例でも、文を例としてあげて、発語内行為の説明をしている。このことは、発語内行為を担う単位体として文を考えなければならないということではないか。

つまり、以上のように発語内行為の構成要素を考えたとき、この発語内目的、すなわち言語を発する目的にあわせてこれに必要な言語形式、とくに語を選択していき、ひとまとまりのものとして構築されたものが文であって、したがって、この発語内目的を担っている語列が文ということになる。このことを、文の側からいえば、文という単位体が発語内目的をあらわすわけであって、文が発語内目的を反映した——それもかぎられた種類の——機能をもっているということになる。そうなると、発語内目的をもとにした文の類型を考えることができるともいえる（この点は後述。Ⅴ・Ⅵなど）。なお、ここでの議論は普通考えられるように語用論といってもよいが、あるいは、文法論と考えるべきものであるかもしれない。

ただし、言語を発する行為のなかには、その目的が必ずしも意識的であるとはいえないものもある。とくに、発見や感嘆を口にするような場合、事前に何らかの目的があって発話をするというわけではない。しかし、そのようなものでも、言語をもってある事態を描き出し、発見的・感嘆的意味を表出したのであって、そのような「目的」で言語が発せられたともいえる。したがって、これらの場合についても、広い意味で目的があるとみてよいであろう。

また、「文」という単位体一つだけで、たとえば、依頼といった行為が成功するとはかぎらない。依頼をする際にはいくつもの文を重ねてそれ全体として依頼という行為が達成されることも多い。しかし、そのような場合であっても、依頼の発語内目的をもった中心的な文があると考えられそうではあるし、それに近接する文によってなされる伝達などの発語内行為は、その依頼のための前提を確立するための行為ともいえ、やはり、文が発語内行為を担う単位体なのではないかと考えてよいものと思われる。また、命令文による命令の発語内行為においては、命令をしているのは言語形式としての命令形という理解もできそうであるが、（５ｄｅ）のように命令形のない文でも命令ができるところをみると、文という単位体が命令という発語内行為を担っており、命令形はその意味を明瞭にするために整えられた形式・指標と考えるべきであろう。

6 「切れる」ということの意味

このように、一つの発語内目的を担っている語列が文という単位体である、という帰結にいたった。以上の検討で、このような地点にたどり着いたわけであるが、実は、さらに考えておかなければならないことがある。それは複文という問題である。一つの文が発語内行為を担っているというのはおおむねよいとしても、複文の場合、それが担う発語内行為が一つであるようにはみえない場合がある。たとえば、「お客さんが来たから、お茶を入れて」という一文は複数の発語内目的があるといえそうである。これは「お客さんが来た。だから、お茶を入れて」と二文に切ることもでき、これはそれぞれ一つの発語内目的を担っている。すると実は、一つの発語内目的を担っている語列とは、山田孝雄が（2）で規定しているような「句」であるということになる。このような句を運用したものが文であると、山田はするのであった。ここでみた例の場合、前者のように一文とするか、後者のように二文とするかは、「切れる」（言語主体が「切る」というべきか）ということに関わってくる問題である。そしてこの問題は——さきに一語文をとりあげて述べたことと矛盾するように思われるかもしれないが——形式面の問題である。橋本進吉が、「文の前後には必ず音の切れ目がある」とするような「切れる」ということがいかなることであるかの検討はやはり重要なことであると思われる＊33。この点で、「切れる」ということを文法的な側面から述べているということで注目しなければならないのは、三尾砂であって、そのような面からの検討も必要となる＊34。しかし、それについては、もう少し意味的な側面から文を考えた後に、検討を加えることにしたい。

認識する文

1 「判断のある文」

（1） a （アノ風体カラスルト） あの男はヤクザだ。
b （君ハ知ラナイダロウガ）あの男はヤクザだ。

この二つの文は、「あの男はヤクザだ」という同じ形をした文である。しかし、これらには大きな違いがある。このような点についての議論を大きく進めたのは田野村忠温である。田野村は、この二つの文について、（1a）は「その文を発すること自体が判断という精神の営みに即応するような場合」、（1b）は「話者が知識としてもっている情報が表明されているにすぎない」もので、「発話の時点で判断がくだされるわけではない」と、その違いを述べている（「文における判断をめぐって」）＊1。すなわち、このような文の違いは、いわば「判断のある文」かどうかということである。そして、この「判断のある文」であるかどうか、という視点は文法研究上、さまざまなところで必要になるものだと思われる。さらには、文とは何か、文はいかにして文に成りあがるかということを考えるにあたっても、重要なものだと思われる。そこで、「判断のある文」とはどのようなものかを検討した上で、この概念がどういう点で有用なのかということについて論ずることにしたい。なお、ここに述べることは、これまでに指摘がなかったわけではない。しかし、この「判断のある文」という考え方は重要であるにもかかわらず、十分検討されてこなかったと思われる。とくに、「判断のある文」として括るべき範囲やこのような分類がもつ意義についてはさらに検討の余地があると思われる。そこで、ここでは「判断のある文」という文の範囲とその性格についてあらためて検討した上で、この概念が、今まで考えられている以上に広い範囲で有用だということについて述べることにしたい。

ただし、文における「判断」という用語はさまざまであり、文が成立することに判断が即応する（主語と述語が結びつくことが判断である）といったとらえ方がなされたり、主題のある文を判断文と呼んで、このような文と判断という用語を結びつける場合もあるが、ここでいう「判断」は、そのようには用いない。田野村の用いるような意味で「判断」の語を用いることにする。

2　これまでの「判断のある文」の研究

判断の表現

これまで、文が実際に判断をおこなったことに即応するか否かという視点からの分析は必ずしも多くない。このような分析としてまずとりあげるべきなのは、金田一春彦の研究である（「不変化助動詞の本質」）＊2。金田一は、不変化助動詞が主観的表現をなすものであり、終止形以外の活用形を備えた助動詞は動詞・形容詞と同じように客観的表現をなすものであるということを論ずる。このことを述べるために、「動詞・形容詞の意義の中には、判断とか断定とかいう要素は存在しない」ことを論証し、動詞・形容詞は事態を客観的に表現しているとするのであるが、その際、次のように述べる。問題とするのは、動詞「咲き」の部分である。

(2) 梅は咲き桜は咲かず。

ここに判断の意味が宿っているかどうか。これは「判断」という語の意味をどのように考えるかによってちがって来るが、今、慣用の意味にとる。そして、(2)を判断の文として用いる場面を考えればこんな場合であろう。庭が広いので、ひとつ花樹でも植えようと、梅の苗木と桜の苗木を買って来た。この冬ふと見ると、梅にはつぼみがたくさんついているが桜にはいっこうそれらしいものは見えぬ。この時、

梅は咲き桜は咲かず。…(a)

と言ったとする。それは、まさしく判断の表現である。

金田一はこのように判断をする文をとりあげている。同時に次のようにも述べる。

が、実際にはこういうことは、限られた場合である。すなわち、この文は、ほかに、見聞した事態を報告する場合にも、あるいは、知っていることを解説する場合にも用いられる。

そして、金田一はこの「判断」については、「話し手の判断を表わす部分は、いわゆるラングの外に隠れてしまう」とし、このことから動詞や形容詞は事態を客観的に表現しているものだとする。これは動詞・形容詞が客観的表現をなすものであるということを論証するために述べたものであるが、ここから、金田一が判断に即応する文があり、同時に同じ形の文が報告や解説に使われることがある、ということを述べているということがわかる。

金田一は、さらに「だ」についても客観的表現をなすものだとする。その際にも、「「ぼくは日本人だ」が、判

断の結果発言せられることは、よほど特別の場合である」とし、父母の素性を知らぬ子供が成長してから、医学の本で日本人の体質的特徴を知って、自分の体質と引き比べて思い当たったような場合なら「判断の結果」といえるとする。一方、見知らぬ相手に国籍を訊問されてこう言う場合には、「判断の気持」はないとする。これも、判断のある文とない文があるということを述べているものだといえる。ただし、金田一の議論は、主観的表現をなすか、あるいは客観的表現をなすかということが議論の中心であったため、このような意味での判断があるかないかということには、これ以上言及していない。

判断文と事実文

また、このような問題に関わる研究としては、田中望の研究があげられる（「日常言語における〝説明〟について」）＊3。田中は「のだ」の意味・用法が「説明」であるとする説を受けて、その「説明」がいったいどのようなものであるのかということを検討していくなかで、判断があるかないかということに関わる言及をおこなっている。具体的には、次のような「水温が0度以下になった」という文が異なる意味機能をもつことを指摘する。

（2）　a　水温が0度以下になった。薄氷がはりはじめた。

　　　b　水温が0度以下になった。薄氷がはりはじめたのだ。

この（2a）は、温度計を水のなかに入れてみた場合の報告として考えることができるのに対して、（2b）はそのような状況では使うことができず、話し手が「水温が0度以下になった」という判断を引き出した場合のみであるとする。そしてそれは「水温が0度以下になったらしい」とほぼ同義の文であるとする。以上のような違いから、この（2a）のような文を「事実文」と呼び、（2b）のような文を「判断文」と呼んで区別している。

さらに、この「事実文」については、「断定文のうちで、その文の表わす情報が発話者の感覚を通して直接得られたものであり、同様の方法で聞き手にも得られるものであるか、その情報が発話者に属していると一般に認められているものである場合」だとする。この田中の考え方によれば、「判断文」は判断のある文であると考えてよいだろう。一方の「事実文」は、若干考慮の余地があるが＊4、おおよそ判断のない文とみてよいだろう。

推量判断実践文など

そして、この「判断のある文」ということについてもっとも注目すべき意見を述べているのは、田野村忠温である＊5。田野村は、「判断」という用語を日常的・慣用的な意味に沿って規定し、人間の精神的な作用で「かくかくしかじかである、かくかくしかじかであろうと判定をくだすこと」とする。その上で、さきにみた（1）のような例文をとりあげ、平叙文といわれる文であっても必ずしも判断をあらわすとはかぎらないことを述べる。さきの（1a）は「この文の話者はいままさに判断——この場合、推量的判断——をくだした、もしくは、くだしつつあるといえる」ものだととらえる。これは、「その文を発すること自体が判断という精神の営みに即応するような場合」であるとし、このような文は〈推量判断の実践〉という機能を果たしているとする。そしてこのような機能を果たしている文を〈推量判断実践文〉と呼ぶ。（1a）のようなものは、厳密に考えたときには、この文を発する以前に判断がくだされている場合があるとしても、「文に表わされた内容は発話の時点においても話者の知識として定着してはいない」ということで、〈推量判断実践文〉ということになる。この〈推量判断実践文〉は「きっと」「おそらく」「多分」「もしかしたら」を加えることによって確認することができるとする。

一方、（1b）は「話者が知識としてもっている情報が表明されている」、「発話の時点で判断がくだされるわけではない」ものだとする。これは〈知識の表明〉という機能を果たしているとし、このような文を〈知識表明文〉と呼ぶ。ただし、田野村は〈推量判断実践文〉と〈知識表明文〉だけでは平叙文の用法を尽くすことはできず、他に〈判定・評価文〉〈認識・発見文〉のような文類型が認められるとする。〈判定・評価文〉とは、次の（3）のようなもので、評価や判定をあらわす文である。

（3） a （「見てもいい？」を受けて）いや、だめだ。
b 気楽な人だよ。
c みんなよくやってくれた。

このような文は「発話の時点において判定や評価が行なわれている」ものの、「きっと」「多分」のような語が加えられないことから、推量ではなく、話者の明確な意見が述べられているものであるので、〈判定・評価文〉という類型とされている。なお、田野村はこれを単に〈判断実践文〉と呼ぶことも考えているが、〈推量判断実践文〉とはっきり区別するために〈判定・評価文〉とするとしている。また、〈認識・発見文〉とは次のようなもので、発見や認識したばかりの眼前の事態をそのまま表現する文である。

（4） a あ、からすが飛んでる。
b この部屋、ガス臭いぞ。
c あ、ぶつかる。
d またおまえは文句をいう。
e ああ、（ワタシハ）疲れた。

（4c）は事態が発話の時点において実現しているわけではないが、実現の兆候を発見しての発話であって、

（4ab）などと同様だとする。なお、田野村はこの四種でも平叙文のすべてを尽くさない可能性があるとも述べている。

以上のように、田野村は文における「判断」ということを検討しているが、この点はさらに文の発言機能という考え方に及んでいる＊6。次はいずれも「京都だ」という発言である。

（5）a　今度の出張先はどこですか？　——京都だ。

b　お寺が一番多いのはどこだろう？　——うーん、きっと京都だ。

c　滋賀の西はどこだったかなあ。そうだ、京都だ。

このうち（5a）は話し手が「自分の知っていることがらを単に表明している」もの、（5b）は話し手が「確実な知識を持ち合わせておらず、発言の時点において推量しつつ述べている」もの、（5c）は「想起したことがらが表現されている」ものだとする。これらは順に「知識表明文」「推量判断実践文」「想起文」と呼ばれるが＊7、これらがあらわす「知識表明」「推量判断実践」「想起」は「平叙文（あるいは、名詞を述語とする平叙文に限定すべきかも知れない）の用法」であるとし、これらを「平叙文の発言機能」と呼んでいる。

以上のように、文が〈推量判断の実践〉〈知識の表明〉の機能を果たす、という考え方をみると、田野村の考え方は、「判断のある文」であるか否かということを積極的に論じたものだということができるであろう。また同時に、〈推量判断実践文〉〈知識表明文〉あるいは〈判定・評価文〉〈認識・発見文〉〈〈想起文〉〉という名称、あるいは「文の発言機能」という用語からもわかるように、文にそのような機能があるということを論じたという点も見逃すわけにはいかない重要な点であるといえる。このように、田野村の考え方はきわめて重要な視点を含んだ画期的な論であった。

このような田野村の議論が、「のだ」の意味・用法を考えるなかから生まれてきたこともあって、「のだ」の研究においては、この判断の有無という視点が取り入れられたものがある。たとえば、野田春美は「把握」と「提示」という用語で、判断の有無の視点を取り入れている（『「の（だ）」の機能』）＊8。野田は「のだ」を大きくスコープの「のだ」とムードの「のだ」に分け、そのうちの後者のムードの「のだ」を対事的ムードの「のだ」と対人的ムードの「のだ」に分ける。次の（6a）が対事的ムードの「のだ」、（6b）が対人的ムードの「のだ」である。

（6）a　山田さんが来ないなあ。きっと用事があるんだ。

b　僕、明日は来ないよ。用事があるんだ。

（6a）は「話し手が発話時において、それまで認識しなかった事態Qを把握する場合に用いられ、必ずしも聞き手を必要としない」ものだとする（Q＝「用事がある」。（6b）も同様）。それに対して（6b）は「話し手がすでに認識していた事態Qを聞き手に提示する場合に用いられ、必ず聞き手を必要とする」ものだとする。このように（6a）と（6b）の差異は「把握」か「提示」かということであるが、前者はいわば「判断のある文」であり、後者は「判断のある文」ではないといってもよいであろう。これは、おそらく、田野村の〈推量判断実践文〉〈知識表明文〉の別を引き継いでいるものと思われる。ただし、この「把握」「提示」は「のだ」の用法として扱われており、田野村の考えるような文一般もしくは平叙文一般の問題としては考えられていないようである＊9。

現代日本語（共通語）においては、文における判断の有無はおおよそ以上のようにとらえられてきているといえる。

3 〈推量判断実践文〉〈判定・評価文〉〈認識・発見文〉という分類

以上のように、文に判断があるかどうかということに関する議論においては、田野村忠温の論考はきわめて優れた着想をもったものであると評すべきである。しかしながら、この議論にはやや錯綜している面があり、同時に田野村自身「将来の研究方向の模索」という面があると述べるように、さらに検討すべき余地があると考えられる。田野村のいう平叙文の下位分類としての〈知識表明文〉はきわめて明快であって、問題もないと思われるのであるが、他方、〈推量判断実践文〉〈判定・評価文〉〈認識・発見文〉という括り方には、さらに考えておくべき点があるように思われるのである。

あらためて、〈推量判断実践文〉〈判定・評価文〉〈認識・発見文〉がいかなるものかを確認しておくことにする。まず、〈推量判断実践文〉であるが、これは判断をあらわす文である。ただし、この場合の「判断」とは「かくかくしかじかである、かくかくしかじかであろうと判定をくだすこと」という慣用的な意味である。この「判断」のなかでも推量的な判断をくだしている文を〈推量判断実践文〉とする。これは、次のような文であるとする。

（7） 推量判断実践文

a 話者は文に表された事柄を確実に知っているわけではなく、発話の時点において推量しつつ述べるもの。

b　推量的判断という心的な営みとその文を発話する行為とが明確に分離しがたい様相の中にある。

次に〈判定・評価文〉であるが、判定や評価をあらわす文であって、次のような文である。

（8）判定・評価文

a　「きっと」「多分」等の語を加えられない。

b　発話の時点で判定や評価が行なわれている。

c　話者の明確な意見が述べられている。

そして、〈認識・発見文〉であるが、これは次のような文であるとする。

（9）認識・発見文

a　発見したばかりの眼前の事態をそのまま表現する。

b　認識したばかりのことがらを表現する。

以上のようにとらえるとき、さきの（1a）（3）（4）のような例が、それぞれ〈推量判断実践文〉〈判定・評価文〉〈認識・発見文〉に分類されるのであった。たしかに、このような分類は一往は可能であると考えられる。

しかし、実はこのような分類をしようとするとその境界はきわめて曖昧なものになるといわざるを得ない。たとえば次のような場合はどうか。

テレビの天気予報では、今夜まもなく台風が上陸すると伝えていた。カーテンを閉めているし、夜で暗いので外は見えないが、しばらくすると、家の外では強い風が吹き出したようで、ビュービューと音がしはじめた。そこで、次のようにいうとき、これらは三者のうちのいずれになるだろうか。

（10）　a　おっ、台風が来た。
　　　b　おっ、これは台風だ。

これらは、いずれも台風が来たということを発見して眼前の事態をそのまま述べている文だということは可能であろう。また常識的にいって、このような状況を台風が来たことの認識と呼んでかまわないと思われる。こうみるとこれらは〈認識・発見文〉だということになる。しかし、この場合、台風が来たということが直接わかったわけではない。天気予報を聞いて、その上で、外で風がビュービューいっているように聞こえるのだから、これは確実に台風だという話者の明確な意見だということも可能であろう。実際に「おっ、多分台風が来た」ともいいにくい。そうなれば、〈判定・評価文〉である。しかし、天気予報は必ずあたるというわけではないし、もしかすると台風はまだ来ていないのかもしれない。暴風域に入ったかどうかははっきりはしない。まだ、台風の前哨的な風雨かもしれない。この状況では本当に確実だという判断はできないという理解にでもなれば、〈推量判断実践文〉ということになるであろう。つまり、このような場合、〈推量判断実践文〉〈判定・評価文〉〈認識・発見文〉のいずれであるかを決めるのは難しいのではないか。

また、〈推量判断実践文〉と〈判定・評価文〉についていえば、〈推量判断実践文〉は推量的な判断をおこなったものであり、〈判定・評価文〉は断定的な判断をおこなったものと考えられるが、では、どこからが推量的で、どこからが断定的ということになるのか。「今日は絶対雨が降る」といったところで、これから起こることであるかぎり、どうしても推量的な側面がつきまとう。また、すでに起こったことでも、「今、ここを横切ったのはネズミだ」といっても、今はすでに横切ったものが見えなくなってしまえば、やはり推量的である。「（よくよく考えてみるに）今、ここを横切ったのは多分ネズミだった」というのも、タ形であるにもかかわらず、推量的であることを免れ得ない。

そして、次のようなものはどうか。

(11) a (きれいな鳥を見つけて) わぁー、きれいな鳥だ。

b (白い鳥を見つけて) わぁー、白い鳥だ。

(11a) は、おそらく〈認識・発見文〉でよいと思われるが、(11b) と比べたとき、〈判定・評価文〉という可能性があるのではないかと疑われる。見つけたその鳥がきれいであるかどうかというところは話者によって異なるということもあり得、そうであるとすれば単なる発見ではないともいえるからである。一方、その鳥の色が白いかどうかということはより客観的であって、これが何らかの判定や評価、あるいは意見であるとはいいにくい。つまり、(11b) は明らかに〈認識・発見文〉であって、〈判定・評価〉らしさはほとんどない。これに比べると、(11a) は「話者の明確な意見」ということもできそうである。そうなると〈判定・評価文〉という可能性が浮かびあがってくるのである。やはり、これらの境界はかなり曖昧であると思われる。

さらに、さきにみたように田野村は金田一の判断の議論について論じているが、ここにも問題があるといえそうである。田野村は金田一の「梅は咲き桜は咲かず」を「判断」とはみなさず、事態の認識として、「あ、からすが飛んでる」と同様に扱っている。すなわち〈認識・発見文〉であるということになる。ただ、これは、自身で梅・桜を植えており、それに対しての言及であるわけであるから、全く同様な状況でも、「梅」についてはどうか、また「桜」についてはどうか、という「判断」をおこなった、ということがいえなくもないと思われる。咲いているか咲いていないかということに関しては眼前に見える非推量的なものであることから、この文は〈判定・評価文〉という可能性も捨てきれないのである。この場合の話者の心的状況を考えれば、話者は咲いている梅と咲いていない桜を発見したということでもあるが、また、梅について「咲き」、桜について「咲かず」と判断したのだともいえそうである。話者の心的状況として、この二つは常に明瞭に区別されるわけではない――むしろ分化してないというのが本当のところか――と思われる。そうなると、やはり、〈認識・発見文〉か〈判定・評価文〉ということを截然と分けるというのはかなり難しいことであるといってよさそうである。

〈推量判断実践文〉〈判定・評価文〉〈認識・発見文〉を区別しようとすれば、典型的なものは区別することは可能であると思われるから、このような三つの名称を与えるということは、当然あり得ることであると思うが、これらの境界はきわめて曖昧なものだという認識をしておくことが必要だと考える。

むしろ、重要なのは、これらのものは、認識を新しくしたという点では共通であって、話者の知識を示しただけで認識を新しくしたわけではない〈知識表明文〉と、この三つとが新しい認識の有無で対立しているというところだと考える。実際、さきにみた金田一春彦の「判断」の有無の検討は、田野村の議論のなかでは〈認識・発見文〉と〈知識表明文〉の別ということになると思われるが、〈判定・評価文〉の可能性も捨てきれなかった。しかし、それが〈認識・発見文〉であっても、また〈判定・評価文〉であったとしても、金田一の議論にとって問題にはならない。金田一がおこなった主観・客観を切り分けるのに重要な役割を果たすといえるのは、田野村のいうようなかぎられた意味での「判断」の有無ではなく、〈推量判断実践文〉〈判定・評価文〉〈認識・発見文〉のような認識を新たにするような文なのか、すでに話者がもっている知識を伝達する文なのかというところだからである。むろん、田野村のあげた平叙文の四種の下位分類は意義のあることであるが、より重要なのは、実は認識を新たにするような文なのか、すでに話者がもっている知識を伝達する文なのかということではないかと考えられるのである。

以上のようにみると、田野村忠温が平叙文を分類した四種、すなわち〈推量判断実践文〉〈判定・評価文〉〈認識・発見文〉〈知識表明文〉は、〈推量判断実践文〉〈判定・評価文〉〈認識・発見文〉と〈知識表明文〉の間に大きな線が引かれることになる＊10。

4 認識文と伝達文

さて、これまでみてきた〈推量判断実践文〉〈判定・評価文〉〈認識・発見文〉／〈知識表明文〉の検討において重要なことは、認識を新たにするような文なのか否かということであった。このような視点で、文の類型にあらためて名前をつけておくことにしたい。認識を新たにするような文についていえば、田野村のいうような「判断」をおこなうということは、認識を新たにすることのうちに含まれるといってよいだろうから、このような文を認識文と呼んでおくことにする。すなわち、その文を発することで認識を新たにする文、認識を新たにしたことをあらわす文、あるいは認識をした内容を言語で象る文、つまり新しい認識に即応する文が認識文である。これには田野村の〈推量判断実践文〉〈判定・評価文〉〈認識・発見文〉が含まれることになる。そして新たな認識のない文、つまり、すでに話者がもっている知識をあらわす文であるが、ここではこれを伝達文と呼ぶことにする。すなわち、話者のもっている知識・情報を聞き手に伝達する文が伝達文である。このような文は、これは田野村忠温のように〈知識表明文〉と呼んでもよいともいえる。たしかにこのような文は話者がすでにもっている知識や情報を表明する文である。しかし、知識・情報の表明とは、ただ単に知識・情報をもっているということを示すということだけではなく、その知識・情報を聞き手をめあてとして伝達するという文であると考えるべきであろう。そのようなことを考えると、伝達文と呼んでおくほうがよいように思われる。

なお、認識文は新たな認識に即応するということが重要であるが、この認識文がその認識内容について伝達するということもあることは注意すべきである。このような伝達するはたらきをもつ文であっても、新たな認識に即応している文であれば、認識文とすることにし、伝達文とはしない。

言語行為としての認識と伝達

このような、認識文と伝達文は、言語を用いておこなう行為という側面からみたときにも、やはり、かなり異なるものだと考えられる。言語を用いて、あるいは言語を発することによって行為をおこなっているということは、言語行為（発話行為）ということであるが、この視点からみると、認識文というのは文を発することによって認識という行為をしている文であるということであり、伝達文は文を発することで伝達という行為をしている文ということである。

この言語行為にどのようなものがあり得るかということの分類については、すでにみてきたように、言語行為論の創始者J・L・オースティンやその後継者J・R・サールのものがよく知られている*11。このサールの分類はきわめて論理的なものであり、とりあげられることの多いものである（『表現と意味』）*12。サールは言語行為（厳密には発語内行為）を、発語内行為の目的によって大きく五つに分類する。すなわち、①何かが事実であること、表現された命題が真であることに話し手をコミットさせる断言型assertives、②話し手が聞き手に何かを行わせようと試みる指令型directives、③話し手を行為の未来における経過にコミットさせる行為拘束型

commissives、④話し手のある種の心理状態を表現する表現型expressives、⑤遂行文と呼ばれるような宣言型declarationsに分ける。それぞれ、①「言明するstate、示唆するsuggest、推論するdeduce、不平を言うcomplain」②「頼むask、命令するorder、依頼するrequest」③「約束するpromise、誓うvow」④「感謝するthank、祝うcongratulate、詫びるapologize」⑤「宣言するdeclare」などの動詞が、それぞれの分類の範例となるが、この分類でいえば、言語による認識・伝達はいずれも①の断言型に属することになるであろう。

しかしながら、このような発語内行為の分類の大きな枠組みを考えたときにも、この言語による認識と伝達という行為は、区別されるべきものであると考えられる。

その際、注目すべきはサールの分類における②指令型と③行為拘束型の区別である。サールの分類は、大きな基準として、「言葉と世界の間の適合の方向の相違」というものをあげている。オースティンの分類には分類の原理が存在しないと批判するサールにとっては、これがとりわけ重要な分類の原理になるものであるのだが、この「言葉と世界の間の適合の方向の相違」とは、その発話が、言葉を世界に合致させるという目的をもっているか、あるいは逆に世界を言葉に合致させるという目的をもっているかということである。前者は《言葉を世界へ》(word-to-world)であって、言語を世界の側に一致させるというものである。これはすなわち言語によって世界を描く、いってみれば発話することで事態を描き出すのが目的である発話である。上の五分類でいえば①断言型がそれである。「言明するstate、推論するdeduce」などはいずれも、ある事態を描くという行為である。それに対して、後者は《世界を言葉へ》(world-to-word)というもので、世界を言語の側に一致させるものである。これは、すなわち事態を自分自身の内面にあることば(言語)で示すような意向に一致させる、いってみれば話し手の意向を表出するのが目的である発話である*13。上の五分類でいえば②指令型および③行為拘束型がそれである。なお、サールの分類の④表現型・⑤宣言型も、「言葉と世界の間の適合の方向」によって分類されたものである。《言葉を世界へ》と《世界を言葉へ》を同時に満たすものが⑤宣言型であり、《言葉を世界へ》《世界を言葉へ》のいずれでもないものが④表現型である。もし、この分類が「言葉と世界の間の適合の方向の相違」だけにもとづくものであるのであれば、五種類にはならず、四種類になるはずである。しかし、サールは《世界を言葉へ》については下位分類をもうけ②指令型および③行為拘束型を認めているのである。サールは「これら二つが実際に同じカテゴリーのメンバーであることが示されえたならば、いっそうエレガントな分類法が得られたことだろう」と述べる。しかし「残念ながらそうすることはできない」とし、実際には、「約束の目標は何かをすることに話し手をコミットさせることだが、依頼の目標は聞き手に何かさせようと試みることだからである」とする。つまり、②指令型は聞き手に対する行為であるのに対して、③行為拘束型は話し手自身の内面の行為であると考え、二つに区分するのである。

ただし、③行為拘束型はその規定にもあらわれているように自分自身への要求として扱われているようにも思われる。そのため、「約束する」「誓う」などが範例の動詞としてあげられるが、《世界を言葉へ》ということは、必ずしも聞き手や話し手を拘束するとはかぎらない。サールは②指令型については「聞き手に何かを行わせようと試みる」とし、その「試みの程度はさまざまであり」「試みるということがその一つの値として含まれる」ものだとするのであって、相手の拘束そのものまでを必要としてはいないようである。これと同様にいえば、③行為拘束型も話し手自身が何かしようと試みるといったことになるはずであって、そこにさまざまな試みの程度のさまざまなものが含まれると考えるべきであろう。「約束する」「誓う」などはその「程度」が強いものとなると思われる。そうであれば、《世界を言葉へ》合わせようというのは「事態が自分の意向に一致してほしい」ということの表出行為であるというべきである。これは、結局は自分自身の意向の表出ということである。また、サール自身も②の誠実性条件、すなわちその発話時の心理的状態として「欲求want, desire・願望wish」をあげ、また③では「意図することintention」をあげている。このように、②③は話し手自身の意向という情意の表出(②相手に~してほしい、③自分自身が~したい/しよう)であることになる。つまり、②指令型は聞き手に対して要望・要求を表出する行為であり、③行為拘束型は話し手自身の意志を表出する行為ということになる。それはすなわち、②指令型は聞き手に対する行為であるのに対して、③行為拘束型は話し手自身の内面の行為であると考えてよいだろう。むろん③の場合もそれを聞き手に伝達するということはあるだろうが、言語にあらわす以上、伝達の機能はもつ可能性はあるわけであるから、伝達のほかに意向の表出があるとすれば、その側面をもとに分けるというのが妥当であろう。

このように相手に対する行為か、自分の内面の表出かという点で、《世界を言葉へ》(word-to-word)という言葉と世界の間の適合の方向を二つに分けているのであれば、もう一方の《言葉を世界へ》(word-to-world)の側も、相手に対する行為か自分の内面の表出かという点で、二つに分けるべきであろう。サールの分類では《言葉を世界へ》に対応する発語内目的の類型は①断言型ということになるが、これが二つに分けられることになる。そして、その二つというのが、言語によって伝達するということと、言語によって認識するということになると思われる。言語によって伝達をおこなう文すなわち伝達文、認識をおこなう認識文のいずれも、世界を描き出す文であるということは間違いなく、断言型に属すると考えてよいだろう。さらにいえば、この①断言型は「何かが事実であること、表現された命題が真であることに話し手をコミットさせる」というもので、命題が真であることをあらわす文といえば、それはいわゆる平叙文ということになるが、伝達文・認識文はいわゆる平叙文の分類でもあった*14。このように認識文も伝達文も断言型ということになるが、言語で世界を描くことが相手に対する行為になるということは、言語によって世界を描きそれを伝達する行為であるといってよいであろう。これはすなわち伝達文である。一方、言語で世界を描くことが自分の内面の表出になるということは、言語によって世界を描くことによって、それを認識する行為だといってよいだろう。これは認識文である。つまり、《世界を言葉へ》を下位区分したのと同じ原理で《言葉を世界へ》を下位区分するとすれば、伝達（型）と認識（型）の二つに分けるのが妥当であるということになるのである。

サールは、《世界を言葉へ》と《言葉を世界へ》との違いが大きいことをG・E・M・アンスコムによる次のような例をあげて強調する*15。ある男がスーパーマーケットに行く。彼は「豆、バター、ベーコン、パン」ということばが書かれた買い物リストを妻に与えられ、これらの品を選んでいる。このとき、男は探偵によって尾行されており、探偵は男が選んだものを書き留めている。彼らが店から出るとき、二人は同一のリストをもっている。しかし、このリストの機能は全く異なったものであるとする。男のリストは《世界を言葉へ》合致させるものであって、探偵のリストは《言葉を世界へ》合致させるものであるからである。この違いは次のような「誤り」を考えればよくわかるとする。すなわち、探偵の場合、男が買ったものを間違ってメモしたことに気づけば、メモを直せばよいが、男が間違って買ったことに気がついても、メモを直してもしかたがない。これは、言葉と世界の間の適合の方向の違いの大きさを明証する例であるが、このサールの例にならっていえば、認識というのは、探偵が男の買い物を見てメモすることである。一方、伝達というのは、探偵が男が何を買っていたか、依頼者に報告することである。ここから考えれば、認識と伝達という行為も大きく異なるということがみてとれるであろう。さらにいえば、メモすることは探偵ひとりでできるが、報告は依頼者がいなければできないといったことにも留意すべきである。

このようにみるとき、伝達と認識という行為は相当程度異なるのであり、言語行為という視点からも、伝達文と認識文という区分が重要であると考えられるのである。このことを考えると、単に平叙文として括られ、その違いがほとんど意識されてこなかった、認識（判断）と伝達とを切り離そうとした田野村忠温の考察はきわめて重要なものであったということをあらためて銘記しておく必要があると思われる。

独り言と認識文

認識文と伝達文、この二つの文の違いは、独り言という言語現象にも関わることでもある。独り言という言語現象は聞き手なしの発話といってよい。つまり、独り言というのは基本的には伝達を意図しない発話である。ところで、認識文とは言語によって認識をおこなったことを表出する文であり、そのことを伝達しようとしない場合もある文である。したがって、必ずしも聞き手を必要としない文である。また、独り言において、話し手の新たな認識を表出するということはあり得ることである。つまり、独り言において、認識文を使うことは可能である。あるいは認識文はあらわれ得るといえる。一方、伝達文は言語によって伝達をおこなう文であって、必ず聞き手（伝達の相手）が必要になる文であるということである。さらに、伝達文で発話する内容は、話し手にとってはすでにわかっていることであるから、それを独り言として発することにはほとんど意味がないと考えられる。つまり、このような独り言においては、伝達文は使えない、あるいは独り言においては伝達文はあらわれない（用いられない）ということになる。実際、次のような文を独り言でいうことは可能であろう。いずれも、認識文である*16。

（12）　a　多分、あの男はヤクザだ。
　　　　b　ああ、気楽な人だよ。
　　　　c　あ、ぶつかる。

一方、次のような文が伝達文であるとすれば、独り言としては不自然であろう。

（13）君は知らないだろうが、あの男はヤクザだ。

このように、やはり認識文という括りをもうけ、伝達文から区別することが重要ではないかと考えられるのである。

なお、この独り言については、森山卓郎の考察がある（『「独り言」をめぐって』）＊17。森山は独り言では用いられない文と独り言の性格について論じている。森山は独り言では用いられない文をいくつかの種類に分けてあげるが、そのうちの伝聞形式の文と内的思考活動そのものの文のいくつかは伝達文であるといってよい。

（14）　a　彼が結婚するそうだ。
　　　　b　彼らは有罪だと信じる。

（14 a）は伝聞の例であるが、伝聞ということは「彼が結婚する」ということは以前に聞いて知っていてそのことを伝えるということである＊18。つまり、伝聞としての表現は伝達文であるといってよい。また、（14 b）は、森山もいうように「話し手自身にとって自明な精神活動の報告そのものであり、それは他者に伝達する場合にしか意味をなさない」ものであって、これも伝達文であるといってよいだろう。

さらに、森山は独り言が成立するには、すなわち思考の言語においては、「思考の展開」が必要だとする。森山は、独り言の性格として「ある時間において意識に上っていることがらと、言語的に一つのまとまった独り言

（心内文）を形成し終わった次の時間に意識に上っていることがらとは、情報的に異なったものになっている」ということがあるとし、このことを「思考の展開」と呼んでいる。この「思考の展開」というのは、いいかえれば、独り言をいうことによって、それ以前の情報とは異なった情報が意識の上に生み出されるということである。つまり、「思考の展開」というのは、新たな認識——全く新しい認識であることもあり、また以前は知っていたが現在は曖昧になっていたことをあらためて認識し直すということもあるかと思われるが——がなされるということであろう。そして、独り言は、この新しい認識に即応する発話ということになるかと思われる。この新しい認識に相応する文が認識文である。したがって、独り言では認識文があらわれるということになる。一方、伝達文には、新たな認識はないわけであるから「思考の展開」はなく、したがって、独り言では用いられないということになるのである。

「ムード性」と認識文

また、認識文と伝達文の区別はいわゆる「ムード性」の問題にも関わるといえる。

たとえば、過去・完了をあらわす「た」について考えてみる。この「た」については、「叙想的テンス」「ムードのタ」（ここでは一括してこう呼ぶことにする）と呼ばれるような、ある種のムード的な意味を伴った用法が指摘されている。このような「ムードのタ」をどのように扱うかということについてはさまざまな議論があるが*19、ここでは、このような「ムードのタ」と認識文との関わりについてみておくことにしたい。

以下の（15）は、これまでの研究では用法名としてはさまざまな言い方をされてきたが、いずれも過去・完了といったテンス・アスペクト的な意味からはみ出す部分のあるものであって、「ムードのタ」と考えてさほど不都合はないものであろう（序章参照）。

（15）a　あ、こんな所に（財布が）あった。

b　そうだ、明日は彼との約束があった。

c　わかった。なるほどそうだったのか。

d　（詰みにつながる手筋を発見して三1角を打ちながら）よし、これで勝った。

e　（殺人計画の完成）これで間違いなくあいつは死んだ！

このような「ムードのタ」が使われている文に共通することは、いずれも認識文であるということである＊20。このムード的な意味を「た」の意味とみなすということも考えられなくはないが、（15a）を「発見」、（15b）を「想起」と呼び、また（15c）を「事態の獲得」（15de）を「見通しの獲得」と呼ぶのだとすれば、その「発見」「想起」「獲得」の意味する「認識を新たにする」という意味要素は、やはり、認識文の機能だと考えるべきだと思われる＊21。

一方、（16）のような過去・完了をあらわすとされるものは、認識文の例もあるが、典型的には伝達文である。

（16）a　私はこの間の日曜日、太白山に登りました。

b　うちの子の風邪はもう治りました。

このように、「た」の「ムード性」の有無という問題は（むろんすべてではないが）、認識文と伝達文の違いという問題になっていくと思われる。つまり、これまでは認識文での「た」において「ムード性」が問題とされてきたということである。

加えて、「のだ」の用法としての「把握・提示」も、この認識文・伝達文に相応する。さきにもみたように、野田春美は「のだ」を対事的ムードの「のだ」と対人的ムードの「のだ」に分ける。そして、前者は「話し手が発話時において、それまで認識しなかった事態Qを把握する場合に用いられ、必ずしも聞き手を必要としない」ものだとし、後者は「話し手がすでに認識していた事態Qを聞き手に提示する場合に用いられ、必ず聞き手を必要とする」ものだとした。(17ab)が対事的ムードの「のだ」、(17c)が対人的ムードの「のだ」である。

(17) a 山田さんが来ないなあ。きっと用事があるんだ。
b ふうん、雨が降ってきたんだ。
c 僕、明日は来ないよ。用事があるんだ。

対事的ムードすなわち把握をする「のだ」はここでいう認識文でのものであり、対人的ムードすなわち提示する「のだ」は伝達文でのものである。このように、認識文と伝達文の別は「ムード性」の問題に関わっているといえるだろう。ただし、田野村忠温もいうように、あるいはここまでみてきたことからもわかるように、「把握」なり「提示」なりの意味(田野村の言い方でいえば、〈推量判断実践〉〈認識・発見〉なり、〈知識表明〉なりの意味)は、文の(機能の)問題であって、「のだ」の意味ではないということは注意を要すべきであろう＊22。

このように認識文という分類を認め、平叙文を大きく認識文と伝達文に分けるということは、言語行為的な側面からみても、文法的な意味の側面からみてもきわめて重要なことであるといえることは間違いないと思われるのである。

5　認識文・伝達文という視点の及び得る言語現象の種々

このような認識文という概念、あるいは認識文・伝達文という区分の必要性を考えるために、これらの概念・区分が及び得る言語現象の種々について、これまでの研究を参照しながら、若干の整理をおこなっておくことにしたい。

これまでの研究において、判断の有無や「把握と提示」「思考と伝達」といった点からの指摘がある言語現象は、この問題に関わるといってよい。すでにみてきた「のだ」は、判断の有無・「把握と提示」に関わるものであったし、独り言は「思考と伝達」に関わるものであった。また、タ形の問題についてもすでにふれた。

現代日本語（共通語）

この他、現代日本語（共通語）でとりあげておくべきものは、ル形の問題があるであろう*23。動態動詞のル形はテンス的意味は〈未来〉になることが知られているが、次のような眼前描写のル形は〈現在〉になるものもある。

(18)　a　あ、麦わら帽子が飛ぶ！

　　　b　ほう、よく廻るねえ。

このようなものは、実は認識文で用いられるル形であるために〈現在〉が読みとられるものだと考えられる。つまり、認識文における認識が発話時とほぼ同時であることが、〈現在〉というテンス的意味の把握に関わっているのだと思われる。このことをごく大雑把にいえば、伝達文における動作動詞ル形のテンス的意味は普通〈未来〉になり、認識文においては〈現在〉になり得るということである。この場合のテンス的意味はル形の問題ではなく、認識文か伝達文かという文の問題なのである。

また、いわゆる感嘆文の類も問題になると考えられるものである。感嘆文は山田孝雄の喚体句の検討以来、とくにその構造面において体言を中心とした句という側面、すなわち名詞句性が問題にされることが多いが*24、構造的には名詞を中心にした一元的構造をもった文が、必ずしも「喚」的意味をもつとはかぎらないということもあり*25、感嘆文としての独自の形式特徴は必ずしも多いとはいえないことから考えると、やはり、その意味的側面を十分に検討する必要があると思われる。意味的な側面からみると、感嘆文における感嘆とは、新たな認識をおこなうことによって、それまでの心情とは大きな懸隔のある認識内容を得ることになり、そのことで心情が劇的に動くことだと考えられる。つまり感嘆するには、新たな認識が必要だということである。また、感嘆文は安達太郎も指摘するように「感嘆の気持ちは発話時に生じたもの」であり、「感嘆の気持ちを、誰に伝えるということも意図せず表出する」という文であるといえるが（「現代日本語の感嘆文をめぐって」）*26、このことは、感嘆に結びつくような新たな認識を発話時におこなっているということであり、また、伝達を意図していないということでもある。このことからみれば、感嘆文は認識文の一部ではないかと考えられるのである。むろん、認識文であっても感嘆文ではないものも多いのであるから、感嘆文それ自身の特質を検討していくということは必要であるが、認識文の一部分であるということは、感嘆文の分析にとって重要なことかと思われる。

そして、「だろう」の推量用法と、いわゆる「確認要求」用法のなかで念押し的な意味をもつものも、この問題に関わってくる。

（19）　a　田中さんは明日は来るだろう。

b　はさみ、どこだっけ？　――ほらっ、そこに、あるだろっ！

（19a）は典型的な推量用法であるが、これは認識文だといってよい。一方の（19b）は、「確認要求」用法であって、念押し的なものである。これは話し手がもっている情報を伝達しているものであるといえ、伝達文だと考えられる。「確認要求」用法といわれるものでも、話し手の側が知らないことを相手に確認する場合のものであれば、それは認識文のものであるが（「君、昨日徹夜しただろ？」のような例。なお、これは用法名としては「確認」用法というべきであろう）、（19b）のような話し手が知っていることを伝達するものは伝達文におけるものだといってよい。このように「だろう」の用法の違いと考えられるもののなかに、この認識文・伝達文の違いが関わっているものがあると考えてよいだろう。

現代日本語方言

現代日本語においては共通語にかぎらず、方言研究においても「把握と提示」が問題になる現象が指摘されている。このような現象も認識文・伝達文の問題といってよいかと思われる。それは、共通語の「のだ」に類似する形式の検討のなかで指摘されてきている。たとえば、井上優によれば、富山県井波方言においては、実情を表す形式として「ガヤ」「ガイ」があるが、その後に何もつかない文末用法にかぎっていえば、「ガヤ」は実情理解で、「ガイ」は実情説明で用いられるとする（「富山県井波方言の「ガヤ」について」）＊27。

（20）　a　（友人が車を運転しているのを見て）

ア、アイツ、運転スルガヤ（×ガイ）　（あ、あいつ運転するんだ。）

b　A　チョッコ　飲ミニ　行カンケ？　（ちょっと飲みに行かない？）

B　ソンガ、今日アンマ　時間ナイガイ（×ガヤ）。（それが、今日はあまり時間がないんだよ。）

（20a）のような実情理解を表す「ガヤ」は認識文で用いられる形式、（20b）のような実情説明を表す「ガイ」は伝達文で用いられる形式であると考えてよさそうである。これに類するものでいえば、いずれも最文末におかれたものについてであるが、松丸真大が指摘する京都市方言の「ネン」（「京都市方言における「ノヤ」「ネン」の異同」）、田附敏尚が指摘する青森県五所川原方言の「ンズ」（「青森県五所川原市方言の文末形式「ンズ」」）は伝達文で用いられる形式であるといえそうである。（21ab）が京都方言の「ネン」、（21cd）が五所川原方言の「ンズ」である＊28。

（21）a　（友人が車を運転しているのを見て）

ア、アイツ運転｛×スンネン／スルンヤ｝。　（あっ、あいつ運転するんだ。）

b　ヘーエ、伊達｛×勝ッテン／勝ッタンヤ｝。　（へーえ、伊達が勝ったんだ。）

c　（コンピュータが動かない。原因を探っているうちに。）

ア、ワカッタ。コンセントガ抜ケテタンダ（×ンズ）

d　コメンナサイ、ガラスヲ割ッタノハ僕ナンズ。（告白）

また、種子島方言の「ケル、ケラー」も認識文と関わりの深い形式であるといえそうである。小林隆によれば、種子島方言の「ケル、ケラー」は「話し手の発話時現在における、外的視点性の立場に立った、話題のことがらへの認識の成立を表示する」形式であるとする（「種子島方言の終助詞「ケル」」）＊29。

（22）a　ヤッパリ　釣レンジャッタケル。

b　（いつもすましていて笑ったことなどない女性が会話の途中で急に笑い出した。そのときに、）

ワーモ　ワラーワ　スッケラー。（お前も笑うんだなあ。〈考えても見なかった〉）

この「ケル、ケラー」も何らかの新しい認識が成立したことをあらわす形式であるから、認識文で用いられるものと考えられる。ただし、ここでの方言についてのものは、すべて先行研究の指摘によるものであって、必ずしもここでの視点と同一の視点から分析したものではないため、ここではせいぜい可能性を指摘するにとどまるものの、このように現代日本語方言においても、認識文・伝達文という違いが関わっている現象があることが推測されるのである。

古代日本語

さらにこのことは、古代日本語においても問題になると考えられる*30。たとえば、いわゆる詠嘆の「けり」と呼ばれるものである。さきに感嘆文に言及したが、このような点を含めて考えれば、次のような詠嘆の「けり」と呼ばれてきたものは認識文で用いられた「けり」であるといってよい*31。

(23)　a　秋の夜も名のみなりけり　逢ふといへば事ぞともなく明けぬるものを
（『古今和歌集』巻十三恋歌三　六三五）

b　雪ふりて年の暮れぬる時にこそつゐにもみぢぬ松も見えけれ
（『古今和歌集』巻六冬歌　三四〇）

また、同時に体言止め・連体形終止・擬喚述法といったものも関わってくるだろう。これらの形式は、山田孝雄の喚体句の考察に代表されるように感動的な意味との関わりが指摘されてきているものであって、実際感動的な意味をもつ場合も多いのであるが、これらの形式は必ずしも感動的な意味をもつわけではない*32。この点にも認識文と伝達文の違いが関わっていると考えられる。すなわち、さきに感嘆文の感動の意味構造について若干ふれたが、その点を考えると感動的な意味をもつものは認識文でのものであるということになりそうである。そして、感動的意味をもたないものは伝達文でのものであると考えられる。詳細は別稿に譲るが、次の（24ａｂ）は連体終止であるものの感動的意味のない例である。この場合の文の種類をみてみると、伝達文であるといえる。

（24）ａ　もる人のあるとは聞けど相坂のせきもとどめぬ我が涙哉　（『後撰和歌集』巻十三恋五　九八四）

ｂ　故六条院の踏歌の朝に、女方にて遊びせられける、いとおもしろかりきと、右大臣の語られし。（『源氏物語』竹河五－九二）

（24ａ）は聞き知ったことの内容を示しているもの、（24ｂ）は冷泉院の回想した内容が示されたものであり、いずれも伝達文である。このように、体言止め・連体形終止・擬喚述法と感動性ということにも、認識文・伝達文の問題が関わるのである。

さらに、いわゆる「む」系助動詞の推量用法と婉曲用法ということも関わってくると思われる。

（25）ａ　わが身はただ一ところの御もてなしに人には劣らねど、あまり年つもりなば、その御心ばへもつひにおとろへなむ　（『源氏物語』若菜下四－一六九）

ｂ　さぶらふ人々、御後見たち、御兄の兵部卿の親王など、かく心細くておはしまさむよりは、内裏住みせさせたまひて、御心も慰むべくなど思しなりて、参らせたてまつりたまへり。（『源氏物語』桐壺一－一一九）

（25ａ）のような推量用法（「衰えてしまうだろう」）とされるものは推量的な認識をあらわすものであることからいって、このようなものは認識文で用いられているものであるといえる。一方、（25ｂ）のような婉曲用法

(「心細くいらっしゃるよりは」) は連体修飾などの位置にみられるものであって*33、文末には位置せず、コトガラを示すことにのみ関わる部分にあらわれるといえる。したがって、「主観性」という側面には直接関係しないものである (「む」は事態が不確実であることをあらわすと考えられる)。「む」系の形式が伝達文の主節述語で用いられるのかということは今後検討する必要はあるが、少なくとも、推量用法は認識文で用いられることによって推量の意味をもつということはいえるであろう。

以上、現代日本語 (共通語)、現代日本語 (方言)、古代日本語のそれぞれについて、認識文・伝達文の違いが問題になりそうな現象をみてきた。むろん他にも、こういった現象があるかもしれないし、また、ここであげたものも再考の余地はあるかもしれないが、認識文・伝達文の違いというのはかなり広い範囲の現象に関わりそうだということはいえるのではないだろうか。

6 認識文を切り出す

ここでは、いわゆる平叙文、演述文などとされる文を、認識文と伝達文の大きく二つに分けるべきことの重要性を述べた。判断の有無といった視点から二つに分けられることの指摘はこれまでにもなかったわけではないが、必ずしも適切な分類結果になっていなかったと思われる。また、特定の語形の用法として把握と提示というようなとらえ方もあったが、その論にとって当面問題になる語形にかぎった言及であって、必ずしも、文の問題として積極的にとらえられてきたわけではなかった (田野村は文の発言機能というが、それ以上の追求はしていないというべきだろう）。この問題は、これまで述べてきたように言語行為・言語の機能といった点やさまざまな語形の用法に関わる問題であるということを考えれば、やはり、文という単位体の問題であって、かつ文の機能の問題であるというべきであろう。

また、この文の機能・分類に関わる現象についても若干みてきたが、かなり広い範囲に関わる問題だといえそうである。個々の問題については、さらに検討すべき余地も多いといえようが、以上のことを考えると、認識文というものを切り出しておくことは重要なことであると考えられるのである。

V

事態を描き出す文

1　文における言語行為的意味・文の類型という問題

本書は文とは何か、いかに規定されるのか、また、文はいかにして文に成りあがるのか、ということを考えようとするものであるが、この点に関して、まずはⅢにおいて意味的な側面から考察を加えた。そこにおいては、発語内目的を担う単位体が文である、あるいは逆にいえば、語なり語列なりが文に成りあがるのは、この発語内目的をもつことによってであるという帰結にいたった。このように発語内目的を担う単位体を文と考えると、文の内部に形式としてその意味を担う要素がなくても、文は常に発語内行為的意味（以下、言語行為的意味）をもつということになる。また、サールは発語内目的の類型を考えるが、発語内目的を担う単位体が文であるとすれば、その類型は文の類型といってもよい。ここでは、これらの点についてさらに考えてみることにしたい。すなわち、言語行為的意味と文の類型ということをやや詳しく考えてみることにする。さきにみたように、サールによる発語内行為／発語内目的の分類は五種類であった。もしそれでよいのだとすれば、言語行為的意味にもとづく文の類型も五種類になるはずであるが、それでよいだろうか。また、その類型のそれぞれの位置づけはどのようなものになるのだろうか、たとえば、その類型はすべてを並列的に位置づけてよいものだろうか。この文の類型という点を含めて、発語内目的を担う単位体が文であるという言語行為論的な帰結から導き出されるところの文についての枠組みを考えていくことにしたい。

2 サールの発語内行為の分類と表現型の位置

発語内行為の分類

繰り返しになるが、あらためてサールの発語内行為／発語内目的の分類について確認しておくことにする(『表現と意味』)＊1。発語内行為 illocutionary act とは、たとえば、陳述する、命令する、依頼する…といったように、ある発話によっておこなわれる行為のことである。また、この発語内行為を遂行するにあたって生ずる力（陳述・命令・依頼などの力）を発語内の力 illocutionary force と呼んだ。そして、この発語内行為の構造を考えると、言語形式を発することの背後には、その言語を発する目的・意図およびそれに向けた心的状態があり、それが発語内行為の中核になるものであった。この目的・意図が発語内目的 illocutionary point である。この発語内目的は「言葉と世界の間の適合の方向の相違」および「心理状態」によって五つに分類される。それが、次の五つであった。

（1） ①断言型 assertives
②指令型 directives

③行為拘束型 comissives
④表現型 expressives
⑤宣言型 declarations

①断言型の適合方向は《言葉を世界へ》であり、表現されている心理状態は（Pと）信じていることである。「何かが事実であること、表現されている命題が真であることに話し手を（さまざまな程度で）コミットさせること」という目的をもつとする。②指令型の適合方向は《世界を言葉へ》であり、心理状態は欲求や願望である。目的は「話し手が当の行為によって聞き手に何かを行わせようと試みるという事実のうちにある」というものである。③行為拘束型の適合方向も《世界を言葉へ》であり、心理状態は意図することである。目的は、「行為の未来における経過に（さまざまな程度で）話し手をコミットさせる」というものである。④表現型には適合方向が存在せず、さまざまな心理状況があり得るものである。目的は「命題内容において特定される事態に関する、誠実性条件で特定されるような心理状態を表現することである」とされるものであるが、この類は「感謝する thank、祝う congratulate、詫びる apologize、歓迎する welcome」などの動詞で表示されるとされ、心理状態は「感謝」「祝意」などであると考えられる。最後の⑤宣言型は適合方向が《言葉を世界へ》と《世界を言葉へ》の両方であるもので、たとえば「私はあなたを破門する。I excommunicate you.」という発話は、このように発話することが「破門する」という行為そのものになるものである。

そして本書では、このような発語内目的を担う単位体が文であるという帰結にいたったのであるから、このサールの分類をそのまま受けとめれば、文は（1）のような五つの類型をもつということになるわけである。しかし、このサールの分類の理解には――おそらく、サールが分類へ言及する、その述べ方に若干の問題があることに起因するものと思われるが――注意すべき点があるし、また、分類そのものについてもあらためて考えておくべき点があるように思われるのである。そこで、次にサールの分類に対する注意点をみておくことにする。

表現型の範囲

サールの分類での注意すべき点として問題となるのは、④表現型 expressives の理解である。この表現型は、言葉と世界の間の適合方向でいえば《言葉を世界へ》と《世界を言葉へ》のいずれでもないものである。この表現型の行為の遂行について、サールは足を踏んだことを詫びる場合を例にあげ、聞き手の足を踏んだことを詫びる場合、つまり、「あなたの足を踏んだことをお詫びします。I apologize for stepping your toe.」のようにいう場合、話し手は聞き手の足が踏まれたことを主張するわけでも、聞き手の足が踏まれるようにしようとしているわけでもないとする。これは表現型の適合方向が《言葉を世界へ》《世界を言葉へ》のいずれでもないことを述べたものである。また、サールは英語の I apologize for stepping your toe. について、that 節がとれず動名詞による名詞化を必要とすることを指摘するが、これは、このタイプが命題をもたないという構文的事実を述べており、結局、命題をもたないということは、《言葉を世界へ》《世界を言葉へ》のいずれでもないということを意味することを述べていると考えられる（逆にいえば、《言葉を世界へ》《世界を言葉へ》のいずれかであれば、命題もしくはその一部をもつということになる）＊2。そして、表現型の範例として「感謝する thank、祝う congratulate、詫びる apologize、歓迎する welcome」などをあげることを考えれば、命題部分をもって事実を叙述する文とはいえない「すいません」「ありがとう」「おめでとう」などのような挨拶に関するものがここに属することになると思われる。つまり、これは事態を描くことを必要としない類型であるといってよいだろう。

また、この表現型には、右のように命題部分をもたない挨拶に関するものがここに属することになると同時に、加えて、「おーい」などの呼びかけや「はい」「いいえ」などの呼びかけ・応答や、さらに、「ああ」「ええっ!」といった反応なども含めるべきであると考える。つまり、事態を描くことはもちろん、事態の一部を描くことにもならない要素がここに入ってくることになるということである。それは、これらはいずれも、適合方向が《言葉を世界へ》でも、《世界を言葉へ》でもないからである。また、いずれも、この発話がおこなわれる際に現出している事態に対する話し手の何らかの心理状態をもつといってよいと思われるからである。むろん、呼びかけ・応答・反応などの心理状態というのは、「すいません」「ありがとう」「おめでとう」の心理状態である「感謝」「謝罪」「祝福」といったような比較的はっきりしているものと同様なものとはいえないが、事態に対する何かしらの心理状態の表出ということはいえるのではないかと思われる。したがって、このような呼びかけ・応答・反応をあらわすようなものも、ここに繰り込んで考えることになるものであろう。

意志・希望をあらわす文の位置

ところで、この表現型について若干注意しておきたいのは、これが場合によっては「表出型」「感情表出型」(ヴァンダーヴェーケンの翻訳として「感情表現」)などと訳されることもあってか*3、話し手の意志・希望をあらわすようなタイプがここに繰り込まれることがあるということである(たとえば、山岡政紀『日本語の述語と文機能』など。山岡はexpressivesを「表出」と訳す)*4。「表出」という用語は、日本語文法論では意志・希望をあらわすものが属する類型とされることがあり、仁田義雄の発話・伝達のモダリティにおいては話し手の意思・希望・願望をあらわすものとしての「表出」、益岡隆志の表現類型のモダリティにおいては表現時における話し手の内面の感情・感覚や意志を情報として聞き手に伝えるものとしての「情意表出型」という類がもうけられており、「今年こそがんばろう」（意志）、「ワインぐらい飲みたいわ」（希望）のようなものが含まれている＊5。そういう点で「表出」といういいかたは意志・希望をあらわすものが含まれそうにも思われる。しかしながら、意志・希望をあらわすものは「今年、私ががんばるトイウコト」「私がワインを飲むトイウコト」という命題をもち、《世界》を描いていることは間違いない。あるいは、《世界を言葉へ》という適合方向を明らかにもっている。そういう点で、表現型に意志・希望をあらわすものを繰り込むのは問題があると考えられる。

結論的にいえば、意志・希望の類は③行為拘束型に属することになると考えられるのであるが、右のような問題が生ずるということについては、サールの行為拘束型 comissives についての説明にも一因がありそうである。サールはこの行為拘束型についてはオースティンの規定でよいとする。そして、その範例には「約束する promise、誓う vow、誓約する pledge、契約する contact」などが掲げられ、いかにも話し手自身を拘束するようなものがあげられるのである。実際、オースティンも「約束する」「引き受ける」が典型的なものだとするので、その線で考えれば、話し手が自身を拘束するタイプとなりそうである。しかし、サールは行為拘束型について、「行為の未来における経過に（さまざまな程度で）話し手をコミットさせる」と規定し、「話し手が必ずしも自分自身にそれをさせようと試みる必要はない」＊6とも述べている。このことは話し手が必ずしも自身を拘束するところまでは必要ないということを意味するものだと考えられる。また、もし話し手自身を拘束するということまでを必要だととらえるなら、そのとらえ方は同じ《世界を言葉へ》という適合方向をもつ指令型 directives との均衡を欠くことになるといわざるを得ない。すでにⅣでも若干述べたが、サールは、②指令型について、「相手に何かを行わせようと試みる」ものとし、その「試みの程度はさまざまであり」「試みるということがその一つの値として含まれる」ものだとする。これは、聞き手に何かをおこなってほしいということを表出することを意味するにとどまるのであって、相手を拘束することまで含んだものであるとはいえないと思われる。そうであるとすれば、③行為拘束型も「話し手自身が何かおこなおうと試みる」という程度にとどまるものであって、当然「試みの程度はさまざま」であるはずである。もし行為拘束型が話し手自身を拘束するものなのだとすれば、②指令型directivesとの均衡を欠いて狭すぎる説明になってしまうのではないか。サールがあげる「約束する」「誓う」などはそれが行為拘束型に含まれるというのは間違いないにしても、それは、その「程度」がきわめて強いものであって、意志をあらわすというような自身に対する拘束力の程度が比較的弱いものが含まれていてもよいと考えるべきだろう。このように理解すれば、行為拘束型とは「事態が自分の意向に一致してほしい」ということの表出行為、すなわち自分自身の意向の表出ということであるというべきである。ただ、そのことをサールは直接示しているわけではなく、そのために意志や希望をあらわすタイプの引き当て先が揺れるという現象が起きているのだと思われる。

事態を描かない文

さて、以上のように表現型をとらえると、この表現型は適合方向が《言葉を世界へ》でも、《世界を言葉へ》でもないということから、これは事態を描写せず、事態内容をもたないことがあるタイプであるといってよいだろう。これに対して、《言葉を世界へ》、あるいは《世界を言葉へ》というタイプは必ず事態（場合によっては事態の一部分しかあらわさないかもしれないが、少なくとも事態の一端）をあらわすことになるものといってよい。そういう点で表現型は、他の類型とは大きく一線を画すことになる。

この点については、言語行為論に近い形で文の類型を考えている国立国語研究所（宮地裕）の「表現意図」の議論においても、「コミュニケーションの成立そのものに関する表現」と「コミュニケーションの内容に関する表現」の区分がなされる（『話しことばの文型（1）』）*7。このうち「コミュニケーションの内容」が関わる文は、基本的に事態を描写しその事態の内容を示そうとすることになるはずである。一方、「コミュニケーションの成立」ということには、必ずしも事態を描写したり、事態内容をもったりすることは必要ない。つまり、事態を描かなくてもよいのである。実際、「コミュニケーションの成立に関する文」の項では、「オイ！」「コンチハ！」「ジャ！」「サヨナラ」などがあげられており、この両者は話し手の意図のあり方としては大きく異なるものということになる。ただし、「コミュニケーションの内容に関する」側にも応答のような「ウン」「イエ」、詠嘆のような「ホー」「フーン」のような未分化表現が含まれるので、単純に事態を描かないものが「コミュニケーションの成立に関する」側にだけ属するわけではないが、両者が大きく異なるということはいえるであろう。そこで、ここではこの表現型と他の類型を大きく区分することにする。

以上をふまえて、事態を描かなくてよい④表現型の文を（Ⅰ）「交話型」と呼ぶことにする。これに対して、事態を描く、つまり事態を描写しその事態の内容を表示しようとするもの、いいかえれば《言葉を世界へ》または《世界を言葉へ》の適合方向をもつ文を（Ⅱ）「内容表現型」と呼び、（Ⅰ）と大きく区別することにする。（Ⅰ）には事態内容を描写しているとはいえない呼びかけや挨拶が含まれるが、感動詞などだけによる未分化の感情表出も、同様に事態内容を描写しているとはいえないので（Ⅰ）になる。そして、この交話型と内容表現型との別は、（Ⅰ）事態を描かない文と（Ⅱ）事態を描き出す文という別といってもよいだろう。

3　事態を描き出す文とその類型

このように、発語内行為／発語内目的にもとづく文の類型は、大きく（Ⅰ）事態を描かない文と（Ⅱ）事態を描き出す文との二つに分けられるが、次に、このうちの（Ⅱ）事態を描き出す文にはどのような類型があるかということについて考えてみる。サールによる発語内行為／発語内目的の分類したがえば、①②③⑤の四種類になることになるが、すでにⅣにおいて、①断言型を二つに分割すべきであるという帰結にいたっていることから、サールの分類そのままというわけにはいかないと思われる。

断言型の二類

すでにⅣで述べた①断言型について確認しておく。この断言型は、適合方向は《言葉を世界へ》であるが、このなかを二つに分けるべきではないかと考えた。さきにみたように《世界を言葉へ》の場合には、聞き手によって実現されることをのぞむものである②指令型と、話し手の意向で、話し手が自身が実現をのぞむものである③行為拘束型の下位類型があった。前者は自分以外の他者、すなわち聞き手によって実現されることを意図するのであるから、聞き手への行為であって、本質的に伝達することが必要になるものである。一方、③は自分自身へ向かうものであって（現実的に多くの場合は聞き手が存在する場合が多いとは思うが）聞き手が必ずしも必要ではない。つまり、本質的に伝達を必要とするか否かで二分されているのである。このような、下位区分はおそらく《言葉を世界へ》にとっても必要なものである。この《言葉を世界へ》とは、ことばによって事態を描こうとするものであるが、これも本質的に伝達を必要とするか否かで二分できる。つまり、事態を描きそれを相手に伝達することが目的である場合と、事態の認識そのものをことばで描くことによっておこなうという目的である場合とである。すなわち、事態を伝達することを目的とするか、事態を認識することを目的とするかということである。したがって、①断言型にも伝達的なものと認識的なものというような下位類型を認めることになる。それが伝達文と認識文である。

宣言型は不要

次に考えておくべきなのは⑤宣言型である。これは、言語行為論という分野が切り開かれることになった際に注目された遂行文がここに属することになるのであるが、端的にいえば、この⑤宣言型は文の類型として立てる必要性はない。これは言葉と世界の間の適合方向でいえば《言葉を世界へ》と《世界を言葉へ》の両方ということになるのであるが、これは、話し手が自分の言語行為の遂行によって事態のありさまを発生させようというものであるから、事態のありさまをことばによって発生させることのできる権限のある人の意向によるものであるといってよい。あるいは、そのような権限のある人が聞き手に向かって何かをおこなわせようとするものであるといってよい。

（2）　a　（会議の議長）会議を開きます。

　　　b　（会社の上司）君には大阪への出張を命じる。

（2 a）は権限のある人の意向を表出するもの、（2 b）は権限のある人が聞き手に向かって何かをおこなわせようとするものである。つまりこれは、自らの意向や要求を表出するものであって、それが言語の発話に関わる内容であり、なおかつ事態が変化するというきわめて限定的で特殊なタイプである。このようにみれば、⑤宣言型は実は③行為拘束型あるいは②指令型の一部であると考えられるのである。言葉と世界の関係という論理からいえば、たしかにその枠組みのなかに立てられるべきものであろうが、発語内目的の点からいえば、発話者の意向、あるいは要求をあらわすという目的で十分であって、同時に世界を描写する意図があるということまで盛り込む必要はないと考えられる。

言語行為論はその成立にあたり遂行文として《言葉を世界へ》と《世界を言葉へ》の両方の合致に相当するものを扱っていた。そして、その影響でこれが別にされていると思われる。つまりこの類型を立てるのは、言語行為論の展開における歴史的経緯を引きずっているものだと考えられる。しかしながら、すでに言語行為論の創始者のオースティン（『言語と行為』）の段階で、「陳述することが、たとえば警告したり、宣告したりすることとまったく同様に、発語内行為を遂行することであるということは確実である」＊8、あるいは、「（a）発言を行なうことが何ごとかを行なうことであるということ、と、／（b）その発言が真偽いずれかであること、／との間には必然的な対立は一切ない」＊9　というように、事実を記述するような事実確認的な発話と遂行的な発話のいずれについてもそう発話することが行為であると考え、両者の本質的な区別は放棄することになったのであった。それを考えると、この宣言型を類型として認めることは必要ないものであると考えられるのである。そこで、本書ではこの類型を立てることはしないことにする。

以上のように考えてくると、事態を描き出す文は、断言型として認識文・伝達文の二種、指令型、行為拘束型のあわせて四種を認めればよいことになろう。

4　発語内行為の分類にもとづく文の類型と文の機能

以上の点から、発話内目的の類型、すなわち文の類型をまとめ直せば、次のような類型が認められることになる。まず④は事態を描写することが必ずしも必要ではなく、事態に対してのコメントともいうべきものであり、感謝・謝罪などをあらわすものであるので、まず、先に括り出す。ここにはさきにみたように、おそらく「おーい」などの呼びかけや「はい、いいえ」などの呼びかけ・反応なども含まれる。これを（Ⅰ）交話型と呼ぶことにした。事態を描かない文である。それ以外は事態を描く、すなわち、事態の内容あるいはその一部を描き出そうとするものであるので、（Ⅱ）内容表現型とする。これが事態を描き出す文である。そして、この内容表現型に①〜③が属することになる。①は事態を描くものであるので事態描写系と呼び、本質的に伝達を必要とするか否かで二分する。必ずしも必要ないものを〈1〉事態認識、本質的に必要なものを〈2〉事態伝達と呼ぶ。前者は話し手が新たに事態を認識したことを表出するもの、後者は話し手が保っている知識を聞き手に伝えるものである。③②は話し手の情意をあらわすものであるので情意表出系のもとにまとめる。そして③の行為拘束型は話し手の意向をあらわすものと考える。③は伝達を必ずしも必要としないもの、②は話し手の要求をあらわすもので伝達を必要とするものである。それぞれ〈3〉意向表出、〈4〉要求表出と呼ぶことにする。また⑤はすでにみたように余剰といえるので扱わない。これをまとめると次のようになる。また、この分類は発話内目的の類型であると同時に文の類型でもあるので、〈1〉〜〈4〉については、それぞれ文の類型としての名称も与えておくことにする。とりあえず、〈1〉は認識文、〈2〉は伝達文、〈3〉は意向文、〈4〉要求文と呼んでおくことにする（（Ⅰ）の詳細についてはあらためて考える。Ⅵ参照）。

（3）（Ⅰ）交話型　　　　　　　　　　　　　挨拶、呼びかけ、反応など

（Ⅱ）内容表現型

（a）事態描写系

〈1〉事態認識　話し手が新たに事態を認識したことを表出する　…認識文

〈2〉事態伝達　話し手が保っている知識を聞き手に伝える　…伝達文

（b）情意表出系

〈3〉意向表出　話し手の意向を表出する　…意向文

〈4〉要求表出　話し手の要求を表出する　…要求文

なお、文の分類として、平叙文・疑問文・命令文・感嘆文の四種を立てることがよくおこなわれるが、発話内目的の類型による文の類型からいえば、Ⅳでも述べたように感嘆文は〈1〉事態認識に含まれよう。いうまでもなく平叙文は〈1〉事態認識・〈2〉事態伝達、命令文は〈4〉要求表出である。問題は疑問文である。これはたとえば後述する仁田義雄の発話・伝達のモダリティによる文の分類にも、益岡の表現類型のモダリティにもみられる類型といってよい*10。ただ、疑問文は種々のものがあり、疑問文の形をしていても内実として疑問文ではないものもある。また、疑いがあって尋ねるという典型的な疑問文も、サールのいう「強さ」、すなわち発語内行為を区別するのに示差的な諸特徴（サール『表現と意味』）のうちの「4 発語内の目標が提示される際の力もしくは強さの相違」の問題だと考えられる。疑うということにはある種、認識するということが関わると思われるが、その認識の確度の強いものが断定、不確実だが認識したものが推量、認識が不安定なものが疑問と考え

れば、疑問文とは事態認識であって、そこでの「強さ」の問題になるものなのではないかと考えられる*11。サールの判断型の規定の「何かが事実であること、表現されている命題が真であることに話し手を（さまざまな程度で）コミットさせること」における「さまざまな程度で」とは、このことの反映とみてよいのではないか。したがって、上述の類型をさらに分けるという必要はないように思われる。この点の詳細は今後の考察に委ねる必要があるが、ここでは疑問型という類型を立てることはおこなわないことにする。

さて、（3）にまとめた文の類型は発語内行為、あるいは発語内目的にもとづく文の分類であるから、それぞれの類型に属する文は、事態認識・事態伝達・意向表出・要求表出という言語行為的意味をもつといってよい。そして、この言語行為的意味によって、文が文として成り立つといってもよい。もちろん、これは言語行為的意味であるから、これらの意味は文の部分的などこかに担われているわけではない。したがって、（4）が「働きかけ」の意味をもつということは〈4〉要求表出という言語行為的意味のあらわれであって、文内のどこかに要求をあらわす形式がなくても（もちろん、あってもよいが）、要求表出をすることになるのである。

（4）a　つまらん心配はしないで早く行け。

　　b　やりましょう。松田さん、熊谷さん。

　　c　助けて。

　　d　敬礼。解散。

　　e　さっさとする。／さあさあ、早く乗った 乗った！

また、言語を発するということはこの上記の行為を遂行するために、あるいは、上記の発語内目的によって発するということであるが、目的というのはそれを用いる人の立場からみた言い方である。それを言語がいかにはたらいているかという側からみれば、あるいは、文がいかなるはたらきをしているかという側からみれば、文には上述のような機能があるということにもなる。つまり、この見方に沿えば、文には事態認識・事態伝達・意向表出・要求表出という文そのものとしてもつ、すなわち、文が全体として担っている機能があるということになる。そして、その機能を担うことによって、文は文に成りあがるということになる。いわば、この機能は文を文として成り立たせるための要件のうちの意味的中核といってもよい。このような文が文としてもつ機能を、本書では文の機能と呼ぶことにする。あるいは、この文の機能とは、文のもつ言語行為的意味といってもよいだろう。

なお、このような文の機能（あるいは言語行為的意味）は、言語行為論が言語学においては語用論で扱われることから、語用論的なものというとらえ方もできようが、数にかぎりがあり、文という文法的な単位体の成立に関わるものであるから、文法的なものといってもよいように思われる。もっとも、これまでみたように文とは常に何らかの文脈が必要なものであって、そのなかで文の機能も決まっていくことになり、また、そもそも文とは文法論と談話論・文章論の接点の単位体であるということを考えれば、文の機能・言語行為的意味とは文法―談話的機能・意味というべきかもしれない。

5　文の機能の位置づけ、その一端

日本語モダリティ論との対比

さて、ここまでにみたような文の機能、あるいは言語行為的意味は、どのようなところに位置づけられるものであろうか。これまでのいくつかの議論と対比してみることにする。

発語内行為／発語内目的にもとづく文の機能の類型は、文の類型であるということになるが、このような文の機能的な側面からの文の分類としてとりあげるべきものは、日本語モダリティ論、そのなかでも仁田義雄の発話・伝達のモダリティ、益岡隆志の表現類型のモダリティであろう＊12。すでにみたように、仁田・益岡は両者とも日本語の文を大きく、客観的な事態・出来事をあらわす部分と話し手の主観のあらわれた部分の二つの部分に分ける。前者を仁田は「言表事態」、益岡は「命題」と呼ぶ。後者を仁田は「言表態度」、益岡は「モダリティ」と呼び、仁田は「言表態度」のなかを「丁寧さ」と「モダリティ」に分けている。問題になるのは、話し手の主観のあらわれた部分の「モダリティ」である。

仁田義雄は、「言表態度」のなかのモダリティを「〈モダリティ〉とは、現実との関わりにおける、発話時の話し手の立場からした、言表事態に対する把握のし方、および、それらについての話し手の発話・伝達的態度のあり方の表し分けに関わる文法的表現である」と規定する（『日本語のモダリティと人称』）。そしてそのモダリティは大きく「言表事態めあてのモダリティ」と「発話・伝達のモダリティ」の二種に分けられ、前者は発話時における話し手の言表事態の把握の仕方の表し分けに関わるもの（判断のタイプ）、後者は文をめぐっての発話時における話し手の発話・伝達的態度のあり方に関わるものであるととらえる。この「発話・伝達のモダリティ」とは文をめぐっての発話時における話し手の発話・伝達的態度のあり方に関わるものであるが、これは文の存在様式でもあるとする。言語活動は、話し手の判断・感情・要求などを聞き手に発話伝達することから成り立つ活動で、その言語活動の基本単位は文であることから、文は発話伝達機能を帯びてしか存在し得ず、逆に、文が言語活動において機能するためには発話・伝達のモダリティが必須となってくると考える。この発話・伝達のモダ

- 発話・伝達のモダリティ
  - ①働きかけ
    - ①′ 命令（こちらへ来い）
    - ①″ 誘いかけ（一緒に食べましょう）
  - ②表出
    - ②′ 意志・希望（今年こそ頑張ろう／水が飲みたい）
    - ②″ 願望（明日天気になあれ）
  - ③述べ立て
    - ③′ 現象描写文（子供が運動場で遊んでいる）
    - ③″ 判断文（彼は評議員に選ばれた）
  - ④問いかけ
    - ④′ 判断の問いかけ（彼は大学生ですか）
    - ④″ 情意・意向の問いかけ（水が飲みたいの／こちらから電話しましょうか）

［図］　仁田義雄の発話・伝達のモダリティ
（『日本語のモダリティと人称』）

リティはテンスの分化と聞き手の在不在という視点から、四つのタイプに下位区分されている（［図］参照）。テンスの分化のないものとして、話し手が聞き手に自らの要求の実現を訴えかける「働きかけ」、話し手の意志・希望・願望を発する「表出」がある。テンスの分化があるものとしては、話し手が聞き手に情報を求める「問いかけ」、話し手のとらえた世界を言語表現化して述べたり、話し手の解説判断などを述べる「述べ立て」がある。それぞれの場合の前者は聞き手が不可欠なのに対して、後者はなくともかまわない。さらに、これら四つのタイプの発話・伝達のモダリティはそれぞれ二種に下位分類される。すなわち、「働きかけ」は「命令」と「誘いかけ」に、「表出」は「意志・希望」と「願望」に、「述べ立て」は「現象描写文」と「判断文」に、「問いかけ」は「判断の問いかけ」と「情意・意向の問いかけ」に分けられる。そして、この四分類はそのまま文のタイプの分類となると考えられている。

　また、益岡隆志の「表現類型のモダリティ」は、益岡自身がその分類は仁田の発話・伝達のモダリティの類型化を基礎としていると述べるように、仁田の発話・伝達のモダリティに対応するものと考えられる(『モダリティの文法』)。表現・伝達の観点から文を見たとき、文は話し手の感情を表すとか聞き手の行動を促す等の様々な機能を果たしているといえるが、この表現・伝達の機能の面から文を類型的に特徴づけるモダリティが「表現類型のモダリティ」である。これは五つに類型化され「演述型」「情意表出型」「訴え型」「疑問型」「感嘆型」と呼ばれ、文の性質上の分類に相応する。「演述型」は話し手の知識を聞き手に情報として提供するはたらきをもつ。「情意表出型」は表現時における話し手の内面の感情・感覚や意志を情報として聞き手に伝えるはたらきをもつ。「訴え型」は聞き手の行為を要求する機能をもつもので、命令・依頼系のものと勧誘系のものに分けられる。「疑問型」は聞き手に情報の提供を要求するものである。「感嘆型」は表現主体の感動や驚きの気持ちをあらわすもので、詠嘆系と驚嘆系に分けられる(これは仁田義雄の分類にはないものであって、益岡の分類で追加されたものであろう)。この表現類型のモダリティはすべての文に関係し、判断系のモダリティに影響を与えるもので、モダリティ全体のなかでも非常に重要な位置を占めると考えられている*13。

さて、ここで言語行為的意味、あるいは文の機能の議論に戻ると、さきの言語行為的意味・文の機能がこのモダリティ論における発話・伝達のモダリティ・表現類型のモダリティと大きく重なるということができる。たとえば、(3)の(a)事態描写系は事態のありさまを描くということから、仁田の「述べ立て」、益岡の「演述型」に相当する。(3)の(b)情意表出系の〈3〉意向表出は、仁田の「表出」、益岡の「情意表出型」にあたる。(b)情意表出系の〈4〉要求表出は聞き手に行為を実行させようとするということから、それぞれ「働きかけ」のなかの「命令」と「訴え型」にあたるといえる。(a)事態描写系のうちの〈1〉事態認識は益岡隆志の「感嘆型」がその一部になるだろう。ただし、仁田・益岡の双方にある疑問・質問のタイプはサールのとらえ方にしたがうと発語内目的の問題ではないと思われ、したがってタイプとしての対応はみられないことになる。以上のようにみれば、サールの発語内目的、ここでの文機能と仁田の発話・伝達のモダリティ、益岡の表現類型のモダリティは、その分類のしかたに出入りはあるものの、かなり近い枠組みをもつものと考えてよいだろう。ただし、発話・伝達のモダリティや表現類型のモダリティは「話し手の発話・伝達的態度のあり方の表し分け」(仁田)、あるいは、話し手の感情を表すとか聞き手の行動を促す等の表現・伝達の機能の面から文を類型的に特徴づけるもの(益岡)といったものとして扱われるものであって、「命題」に対する主観的なものという位置づけである。そういう点で、分類の枠組みは重なるものの、どのように意味づけするのかという点では異なっているといえる。そして、実はこのような枠組みについては、これをモダリティととらえるのは問題が多いと考えられる。この点については、あらためて検討を加えることにする(Xで後述)。

ヤコブソンの言語の機能

ところで、行為をする側の発話の目的という点を、目的が達成されたところからみるとすれば、それは言語の果たした機能とみることになり、ここではそれを文の機能と考えるわけであるが、より広い視点から言語の機能として考えることも可能であろう。そこで、この類型を言語機能の分類としてよく知られるR・ヤコブソンの言語機能の六分類と比べてみることにする。ヤコブソンは言語の機能として、次のような六種の機能を認める。すなわち、関説的 referential、心情的 emotive、動能的 conative、交話的 phatic、メタ言語的 metalingual、詩的 poetic の六種である(「言語学と詩学」)*14。この関説的機能とは外界の内容事柄を伝える機能、心情的機能とは送り手、すなわち話し手の感情をあらわす機能、動能的機能とは受け手、すなわち聞き手に行動を起こすよう

［表］　言語行為論における言語行為、一般言語学における言語の機能分類との対応

	表現類型M	J.R.サール	R.ヤコブソン	K.ビューラー
〈1〉事態認識	演述（疑問・感嘆）	断言 assertives	（認識的 cognitive）	演述 Darstellung
〈2〉事態伝達	演述		関説的 referential	
〈3〉意向表出	情意表出	行為拘束 commissives	心情的 emotive	表出 Ausdruck
〈4〉要求表出	訴え	指令 directives	動能的 conative	訴え Appell
（I）交話型		表現 expressives	交話的 phatic	
		宣言 declaratives		

M…モダリティ

働きかける機能、交話的機能とは人との間で接触をはかる機能、メタ言語的機能とは、ことばをことばで説明する機能、詩的機能とは言語表現そのもので遊ぶ機能、あるいは言語使用そのものが発揮する美的機能というものである。これをさきの（3）と比べてみると、ヤコブソンのreferentialは〈2〉、emotiveは〈3〉、conativeは〈4〉、そしてphaticは（I）の交話型ということになる。また、ヤコブソンはreferentialな機能についてはcognitiveともいいかえているが、referentialとcognitiveは別に考えるべきかもしれないもので、前者はここでの〈2〉に近いものであり、後者は〈1〉に近いものであると考えられるのではないか。なお、metalingualおよびpoeticは引き当てる先はないが、これはさきに引き当てた他の機能と同列のレベルにはないものと思われるものである。したがって、ここでの文の機能の類型とヤコブソンの言語機能の類型とは、ほぼ対応しているとみられる。この点からも、この発話内行為／発語内目的にもとづく文の機能の類型は、かなり妥当なものであるといえそうである＊15。

　言語機能の分類という点では、K・ビューラーの演述Darstellung、表出Ausdruck、訴えAppellの三分類もよく知られるところであるので＊16、これも含めてまとめると、［表］のようになる。以上のよう

にみると、文の機能の類型とは言語の機能の類型であるともいえそうである*17。

6　文の機能と事態を描き出す文

以上、発語内目的を担う単位体が文であるという言語行為論的な帰結をもとに文の類型と文の機能という点について検討を加えてきた。ここで述べたことを簡潔にまとめると次のようになろう。

（i）発語内目的を担う単位体が文であるとすれば、発語内目的の類型は文の類型ということになるが、その類型は大きく二類に分けられる。

（ii）その二類とは（Ⅰ）交話型と（Ⅱ）内容表現型である。前者は事態を描かない文、後者は事態を描き出す文といってもよい。

（iii）事態を描き出す文、すなわち（Ⅱ）内容表現型は二系四種に整理される。すなわち、（a）事態描写系として〈1〉事態認識と〈2〉事態伝達、（b）情意表出系として〈3〉意向表出と〈4〉要求表出の四種である。これは文の類型でもあるから、文の類型名としていえば、それぞれ〈1〉認識文、〈2〉伝達文、〈3〉意向文、〈4〉要求文ということになる。

（iv）以上を分けるのは、当然のことながら言語行為的意味、あるいはそれを結果面、もしくは文という単位体の側からみたものである文の機能による。

（v）文の機能・言語行為的な意味とは、文が全体として担っている、文を文として成り立たせるための中核的な機能的意味である。

いわば、この文の機能、あるいは言語行為的意味によって語・語列がより高次の質的単位体である文に成りあがるのであって、この機能的意味ゆえに文が機能的統一体となり得るのだといってよいだろう*18。そして、このような帰結は、近接する表現類型にかかわるモダリティ、あるいは言語の機能という側面からも支持され得るものだと考えられるのである。

事態を描かない文

1　事態を描き出す文・事態を描かない文

一般に、文というものは事態を描き出す場合が多い。たとえば、次の（1）は、「あの犬が猫を追いかけている」という事態を描き出している文である。

（1）　あの犬は猫を追いかけている。

（2）　早く休みなさい。

この（1）は事実を描いている文であるから、「事態を描き出す」という言い方にふさわしいものであるが、次の（2）のような命令をするような文であっても――未だ起っていないということで事態のあり方は異なるとはいえ――やはり「早く休む」という事態は描いている。このように、多くの文は事態を描いているといって差し支えない。

ところが、事態を描き出しているとはいえない文がある。

（3）　a　あっ！　あんなところに財布が落ちている。

b　はい。わかりました。

この（3）のような「あっ！」「はい。」という文においては、「あっ」も「はい」も何かしらの出来事を描写しているものとはいえない。あるいは、事態の一片さえも描き出していないといってよい。いわば事態を描かない文というべきものである。このような文は、未展開文あるいは独立語文・一語文などと呼ばれる文の一部である。このような未展開文・独立語文・一語文などは、仁田義雄が述べるように、文成立を考えるための契機として重要なものである＊1。

（4）　未展開文への考察は、未展開文が文として一つの極にある存在であることによって、かえって、文の成立について考えさせるものを含んでいる。　（仁田義雄「未展開文をめぐって」）

しかし、このようなものは文としては周辺的なものであるためか、あまり検討がなされてきていない。それでも、名詞一語文のようなものについての検討はいくらかあるが＊2、これは後に述べるように事態を描き出す文であって、事態を描かない文の検討はほとんどないといってよい＊3。

そこで、ここでは、（3）の「あっ！」「はい。」のような事態を描かない文にはどのようなものがあるのか、またそれらはどのように分類できるのかを検討し、その上で、それらの文の、文としての成立の契機について考え、事態を描かない文の位置づけを明らかにしていきたい。

2　事態を描かない文とは何か

では、事態を描かない文とはどのようなものであろうか。

まず、複数の語からなる述語文は、事態を描き出すものであるから、いうまでもなく事態を描かない文ではない。

（5）　a　明日もいいお天気でしょう。
　　　b　あっちへ行け。

この（5）のような複数の語からなる文は、少なくとも「明日、よい天気である」という事態、また「（おまえが）あっちへ行く」という事態を描き出していることから、事態を描かない文ではない。

事態を描かない文とは、未展開文とか、非述語文である独立語文あるいは一語文と呼ばれる文に属するものである。ただし、未展開・独立語文・一語文とされるものであっても、なかには事態を描かない文とはいいにくいものもある。

（6）　a　（電話機が壊れている）両津「弱ったな。」
　　　b　部長「やるんだ！　これは命令だ！」両津「まいったな！」
　　　c　（キャビヤがくる。小暮、食べる）「うん！　うまい。」
　　　d　両津「あっ、やばい。部長だ。」
（以上、仁田義雄の例文による）

これらについて、仁田義雄は未展開文ととらえ、「概念詞未展開文」のうちの用言型に分類する＊4。語の認定にはさまざまな意見もあろうが、とりあえず傍線部を一語とみるとすれば、これらは動詞一語文・形容詞一語文というべきものである。これらの文は、たしかに未展開的であるが、(6ab)では、「発話者が弱る」という事態、「発話者がまいる」という事態が描かれているといってよく、潜在的ではあるものの事実上主語はあり、「弱ったな」「まいったな」の部分が述語をなす述語文である。(6cd)もそれぞれ「うまい」「やばい」は「キャビヤがうまい」「この状況はやばい」ということをあらわしている文で、やはり事態が描かれている。つまり、これらの文は、顕在的ではないにしても、原理的には主語があるといえるものであり、また、動詞一語・形容詞一語は事態のアリサマの部分(どうするか・どのようであるか)を描くといえ、未展開的だとはいっても、述語文である。つまり、事態の中核としてのモノ、すなわち主語相当のものは顕在的ではないが、事態のアリサマ部分は描かれるのであって、これらは、事態の一端を描き出しているといえる。したがって、事態を描かない文とはいえないだろう。

また、未展開・独立語文・一語文とされるもののなかには、名詞一語文がある。

(7) a 両津「あっ、やばい。部長だ。」

b 通行人「強盗だァ! つかまえてくれ!」

c 「あっ、兄ちゃん。」「あら! 電話。」

(以上、仁田義雄による)

d 「東京外国語大学アジア・アフリカ研究所」「松野呉服店」「非常口」「控室」「準備中」「火気厳禁」

(看板・表示など。南不二男による)

この(7)のようなもののうち、(7ab)は述語文ではないかと思われる。むろん「あっ。部長!」「強盗!」のようなものにきわめて近接的ではあるとはいえ、「だ」のような述語を構成する要素があるものである。つまり、(6)のような動詞・形容詞一語文と同様に、「名詞+だ」のような形をした未展開的な述語文であると考えるべきであろう。したがって、（7ab）も事態を描かない文とはいいにくい（さらにいえば、「名詞一語文」としないほうがよい）。

一方、（7cd）のようなものは、非述語文であると考えてよいが、やはり事態を描かない文とはいえないだろう。（7cd）は「兄ちゃん」、「電話が鳴っていること」、あるいは「東京外国語大学アジア・アフリカ研究所」「非常口」の存在をあらわしたり、その場所が「準備中」であったり、「火気厳禁」であったりをあらわすもので、事態を構成する中核的なモノ（コト）を描くことによって成り立っているものである。これらは事態の一片を切り取って描いているものである。仁田義雄はこれらを、「概念詞未展開文」のなかに体言型として位置づけるが＊5、「概念詞未展開文」は、事態の一片を切り取って描いていることは間違いないので、やはり事態を描かない文とはいえない。

なお、（7cd）のようなものは、山田孝雄が提唱した喚体の概念を検討するなかで、尾上圭介・石神照雄・仁科明らによって扱われてきた。尾上は、山田の喚体概念を拡張して継承すべきことを論ずるなかでこのような文にふれ、また、このような文を精細に分類している（「一語文の用法」など）＊6。石神も山田の喚体概念の発展的継承を提案するなかで、このような文を論じている（「一語文と喚体」など）＊7。仁科は、尾上の議論を受けてこのような文の性格を論じている（「人と物と流れる時と」）＊8。このような名詞一語文の議論はそれらに譲ることとするが、もとより、このような文は事態の断片を描いているものであるから、ここでは扱わないのがよいだろう。

では、どのような非述語文（独立語文・一語文）であれば事態を描かない文といえるのだろうか。

次のようなものが、事態を描かない文といってよいものであろう。

（8）　a　「あっ。」「このへやの時間をもどしとくのわすれてた!!」
（ドラえもん8―三一）

b　「じゃあ将来は、おばあさまのあとをついで温泉旅館のおかみになるのね？」「はい。だから、おばあちゃんに不安がられてます。」
（恋のギュービッド一五〇）

c　「おーい　悟空　もうちょっと重いオモリに変えてみるか」「ああ　いいけど…　どれぐらいの重さにすんだ？」
（ドラゴンボール36―一二三）

d　「のびちゃん!!」「あの声は、カミナリの落ちる前ぶれ。でも…。もうこわがらなくていいんだっけ。」
（ドラえもん8―八八）

（8a）は、知らないうちに時間が経って夜になってしまったことに対しての驚きの反応として発せられた「あっ」である。（8b）は温泉旅館のおかみになるかどうかに対する答えとしての「はい」、（8c）は悟空に対する呼びかけとしての「おーい」である。いずれも独立語文・一語文といってよいものである。そして、「あっ」「はい」「おーい」のいずれの語も、直接には事態の全体はいうまでもなく、その一端すらも描いていない。（8a）が問題とする事態は、いつのまにか時間が経って夜になってしまったことであるが、そのことを「あっ」という語形は全く描いていない。（8b）の「はい」は、たしかに温泉旅館のおかみになるということと無関係ではないとはいえ、そのこととの関係をあらわしているにすぎず、この「はい」という形式で、直接「温泉旅館のおかみになる」ということを描いているとはいえない。つまり、温泉旅館のおかみになるという事態を描き出しているものではない。（8c）も同様に、この「おーい」が何かの事態を描き出しているものとはいえない。このようなものは、事態を描かない文の典型的なものだといえるだろう。

ここにみえる「あっ」「はい」「おーい」の語は、品詞的には感動詞とされるものである。「あっ」のような感嘆的なものだけなく、「はい」「おーい」なども多く感動詞として括られることからすれば、これらはいずれも感動詞一語文といってよい＊9。つまり、感動詞一語文は事態を描かない文となるということになる。この感動詞は独立語という文の成分になるものであるが、この「独立」とは、主語にもならず、修飾・接続もしないものであって、述語の描き出す事態とは独立的であるということであるし、時枝誠記も感動詞について「感情の志向対象である事柄の表現を伴はずに、ただ主体的な感情だけが表現される」というが（『日本文法 口語篇』）＊10、これもやはり事柄を描かない、すなわち事態を描いていないという理解である。仁田義雄はこのようなものを「感嘆詞未展開文」とするが、これについて「事態そのものの内実・有り様が一端でも語られているわけではない」とする＊11。これらのことからも感動詞一語文は事態を描いていないと考えてよいだろう。

加えて、（8d）も一語文と考えてよいのではないか。これは接続詞一語によるものである。これは、次の「もうこわがらなくていいんだっけ」につながっているようにも思われ、また切れていると考えても、いいさし的ではある。また、かなり広く独立語文を認める南不二男もこのようなものは掲げていない＊12。しかし、「でも」だけで、相当程度独立しているともいえるし（実際「。」を打つ場合もある）、次の（9）のような例では、次につながっているとはいいにくい。

（9）「いいじゃないの グレートサイヤマンで出場すればわかんないんだし」

「だ…だけど…」

「バラされたいの？」

（ドラゴンボール36―七六）

これらを一文と考えれば、このような接続詞一語文も事態を描かない文ということになる。（8d）の「でも」は、「あの声は、カミナリの落ちる前触れ」と「もうこわがらなくていいんだ」との、（9）の「だけど」は「グレートサイヤマンで出場すればわからない」（グレートサイヤマンとして天下一武道会に出場する）ということと自分自身の考えとの関係を示しているものであって、いわば事態どうしの関係を示しているにすぎないものである。事態どうしの関係ということになれば、事態と無関係ではないとはいえ、事態そのものを描いているとはいえない。やはり、事態を描かない文である*13。

以上のような、感動詞一語文、接続詞一語文が事態、さらには事態の断片すら描いていない文であって、事態を描かないというべきものであろう。そして、これらは未展開文、あるいは非述語文である独立語文・一語文のなかでも、さらに周辺的なものといえるものであろう。

3　事態を描かない文の分類

それでは、このような事態を描かない文は、どのように分類することができるだろうか。右でみたように、感動詞による一語文と接続詞による一語文では、その性質は大きく異なるといってよい。

（10）　a　「くろうしてたべるおやつは、一だんとおいしいだろう。」「しかし……、ぼくはぎもんを感じるな。たかがおやつをたべるために、こんなにくろうするなんて、わりがあわないや。」

（ドラえもん8－一八八）

b　「じゃあ……　こ　この願いはどうかな　せめて　あのふたりのカラダの中にとりつけられている爆破装置を　取りのぞいてやってくれないか!?」

（ドラゴンボール35－一三九）

c　愛ちんの大好物を、スーパーで見つけました。しかし。問題が。コレ、同居人Bが、だいだいだいだいだいだ〜〜〜いっきらいなんです。
（Yahooブログ、生活と文化）

この（10）のようなものが、接続詞一語文であるが、これらの文は、事態と事態の関係を述べるものといえ、次にあげるような感動詞による一語文とは別の枠組みに入れておくのがよいだろう。まずは、接続詞一語文を、事態を描かない文のうちの一つの枠として取り分けておくことにする（接続系・接続文）。

では、他方の感動詞による一語文はどのように分類することができるだろうか。感動詞という品詞のなかには、かなり異なるものが分類されることが知られている。感動詞とは大枠としては、構文的に独立語をなすものということになるが、その内実はかなり異なる。そのために、感動詞のほかに応答詞などの別名称・別枠組を考える場合もある＊14。ここでは、これまでの感動詞の分類をふまえて分類を進めることにしたい。

これまでの感動詞の分類を考えると、感動詞一語文は少なくとも大きく三種類に分類できる。橋本進吉は、感動・応答・呼掛けの三種を区別するが、これにしたがう議論は多い（『国文法体系論』）＊15。そこで、この分類をふまえて、感動詞による一語文について具体的な例をみてみることにする（感動応答系）。

（11）a　「あ！　おいしい！　うちのコックよりずっとおいしいわ！」
（ドラゴンボール36―一〇九）

b　「まあっ、ひどいけが!!　すぐに入りなさいな、手あてしてあげるから。」
（ドラえもん45―一〇六）

c　「ひゃー、ややこしい!!　なにがどうなってるのか、さっぱりわかんない。」
（ドラえもん45―一九）

d　「あれ…。石けんがないじゃないか　ママ。」
（ドラえもん8―一八六）

e　な、なるほどぉ。たった一歳ちがいなのに、おっこちゃんの言うこと、いちいち勉強になります。
（恋のギューピッド二〇一）

（11a）は料理のおいしいことに気づいたもので、発見をあらわすもの、（11b）は、けががひどいことを知っての驚き、（11c）も事態がややこしいことになっていることへの驚きといってよいだろう。（11d）は石けんがないことに気づき、なぜないのか疑問に思っていることをあらわしているもの、（11e）は相手の発言について理解・納得したことをあらわしているものである。このようなものは、すべてが感動・感嘆的な意味であるとはいえないが、いずれのものもある種の認識をして、心が動いていることを表示しているものであるから、ここでは便宜的に感嘆、あるいは感嘆文と呼んでおくことにする。

また、応答と呼ぶべきものがある。次の（12）の例である。

（12）a 「こ…こりゃあ やっぱり かんぜんに こわれているようだね」「あたらしいパンチマシンを用意しよう」「はい」（ドラゴンボール36－一六三）

b しかし、大蔵はきみの気持ちをわかってるのか？」「いいえ。ぜんぜん気がついていないと思います。」（恋のギューピッド二五一）

c 「のびちゃん、でんわよ。」「おい、よんでるよ。」「あ、はあい。だれからだろう。」（ドラえもん8－一〇八）

d 「なにやってんだろ？」「さあ？」（ドラえもん45－三六）

（12a）は、「あたらしいパンチマシンを用意しよう」という依頼に応えて「はい」といっているもの、（12b）は「大蔵はきみの気持ちをわかってるのか」という問いに対して否定的な答えをしているものである。（12c）は電話がかかってきて、呼ばれているところで、それに対する返事である。（12d）は、外で何をやっているのかという問いに対して、はっきりわからないことを示したものである。いずれも対者の何らかの働きかけに対して応じた文である。いわば応答文ということになる。

そして、呼びかけである。

(13) a 「おい。ドラえもん…。どうしたんだ。しっかりして!!」（ドラえもん45―一三）

b 「ねーえ、ドラえも〜ん。」「え？ めずらしいプラモ？」「二十二世紀にはいろんなのあるでしょ。」（ドラえもん45―五二）

c 「ほら！ 時計をみて。」「ああっ、すごい早さでまわってる。」（ドラえもん8―二五）

d 「おいおい、伊蔵。お見合いは明日だろう？ いまさら『しません。』は無責任だろう。」（恋のギュービッド一三六）

(13a) は、気を失っているドラえもんにのび太が呼びかけているところ、(13b) は、のび太がドラえもんに二十二世紀のプラモデルを出してほしいというために、ドラえもんに呼びかけているものである。いずれも相手に対して呼びかけているものである。(13c) は、時計をみるように注意を喚起するもの、(13d) もやはり相手に注意を促すものである。いずれも対者に呼びかけ、対者の注意を引こうとするものであり、呼びかけ文というべきものである。

ところで、以上のようなものとは若干異なるものもある。

(14) a 「またきてね バイバーイ!!」（ドラゴンボール36―四〇）

b 「おーい つぎのバッター」「8番からだろ？ …キ キミじゃないのか？」「す すみません」（ドラゴンボール36―二九）

c 「るすかしら？ しずちゃーん、こんちは！ こんちは！」（ドラえもん45―一四八）

d 「あ、おはようございますー。」

「おはよう……ございま……す。」

いっしょうけんめい起きあがる二人に、大人たちがほっとしたように、

「ずいぶん眠そうだな。そんなんでふかしたての芋をつかんだら、やけどしちまうぞ。」

（恋のギューピッド 一〇八）

（14a）は、別れにあたって発しているもの、（14b）は謝り、（14c）は友達のしずかちゃんの家にたずねていったところで発しているもの、（14d）は、目覚めたところでのことばである。これらは挨拶というべきものであって、（11）のような感嘆の文とは明らかに異なるものである。が、（12）の応答、（13）の呼びかけとは通じる面があるものである。たとえば、（14b）は「キミじゃないのか」という問いかけに対するある種の応答であるし、（14c）は対者である「しずちゃん」へのある種の呼びかけといってもよい。（14d）は呼びかけであり、かつ同時に応答でもあるように思われる。このような挨拶文を応答に分類するか、呼びかけに分類するか、あるいは、さらに別の手だてをとるかということは、後に、事態を描かない文の位置づけについて考えてから、あらためて考えることにする。

以上のような分類を、ここでいったんまとめておくと次のようになるであろう。

（ア） 感動応答系

［1］ 感嘆文

［2］ 応答文

［3］ 呼びかけ文

［4］ 挨拶文
（イ） 接続系
［5］ 接続文
むろん、細かく分析すれば、さらに細分化することもでき、それらを組織化して下位分類することも考えられるのではあるが、後に述べるこのような文の位置づけのことも考えて、まずは、ここまでとしておくことにする＊16。

4 事態を描かない文はどのような行為をおこなっているか

事態を描かない文の位置

では、ここまでみてきたような事態を描かない文は、文全体のなかにどのように位置づけられるだろうか。この点について、ここで考える視点は言語行為からの視点である。文とは言語行為・言語活動の基本的単位体であるという、ここまでみてきた考え方にしたがえば＊17、事態を描かない文も、その文を発することによって何らかの行為をおこなっていることになる。そうすると、未展開的な事態を描かない文も、文である以上、言語行為という視点から考える必要があるはずである。そこで、ここでは言語行為の視点、なかでも、いかなる発語内目的をもつかという点から考えてみることにしたい。

さて、言語行為に関する議論は、イギリスの哲学者J・L・オースティンにはじまり、アメリカの哲学者J・

R・サールに引き継がれた＊18。そして、サールは言語行為のうちの発語内行為の分類を検討しているが、その考え方をもとにして、右で検討した発語内目的による文の類型を示せば、次のようになる（V参照）。

（15）（Ⅰ）交話型　　挨拶、呼びかけ、反応など
（Ⅱ）内容表現型
（a）事態描写系
〈1〉事態認識　話し手が新たに事態を認識したことを表出する　…認識文
〈2〉事態伝達　話し手の保っている知識を聞き手に伝える　…伝達文
（b）情意表出系
〈3〉意向表出　話し手の意向を表出する　…意向文
〈4〉要求表出　話し手の要求を表出する　…要求文

この（15）の文の類型でいえば、（Ⅱ）の内容表現型は、Vでも検討したように、事態を描き出す文であるということになる。さきにみたような未展開的な文であっても、仁田義雄が「概念詞未展開文」とするような事態を描く文は、この（Ⅱ）に属することになる。これに対して、（Ⅰ）の交話型が、ここで述べる事態を描かない文だということになる。

そうなると、ここで事態を描かない文として数えあげた、感嘆文・応答文・呼びかけ文はこの枠の（Ⅰ）の交話型に繰り込むべきものと思われる。また、挨拶文も応答文・呼びかけと近接性があるものであった。やはり、ここに属するものであろう。これらに対して、接続系の文は以上のものと必ずしも近接的であるとはいえないようにも思われる。ただ、事態を描き出すものとはいえないことを考えると、まずはここに所属させるしか道はな

いだろう。以上のように、さきにみた事態を描かない文は、（15）の文の類型からすると、（Ⅱ）の内容表現型に対する（Ⅰ）の交話型に位置づけられるものだということになる。

事態を描かない文の発語内目的

さて、事態を描かない文も、その文を発することによって何らかの行為をおこなっているのだとすれば、それはどのような行為なのか、つまり、事態を描かない文はどのような行為をおこなう文なのか、ということである。これは、このような文の発語内目的とはどのようなものかということを考えることであり、さらにいえば、事態を描かない文が、言語行為的な類型として、どのような性格をもった文なのか、ということを考えることでもある。

ただし、このような文の発語内目的は、「目的」とはいうものの、発話時において必ずしも意識的なものとはいえない（実は、それはこのような文にかぎったことではないのであるが）。たとえば（11）のようなものは、発話時にある種の意図を意識的にもって、あるいは、ある目的を意図的に遂行しようとして発話しているとはいえない。しかし、このようなものであっても意図的（意志的）であると考えられなくもない。たとえば、G・E・M・アンスコムによれば、意志的行為とは「何故？」という問いが受け入れられるような振舞をいうとする（『インテンション』）＊19。一方、その人がそのような振舞に気づいていなかった場合や、あるいはうつらうつらしているときに時々目がはっと覚めるような反射的な身体動作は、そのような問いが受け入れられるようなものではないとする。このような考え方は河野哲也も支持している（『意識は実在しない』）＊20。河野は自宅を出て通勤するような行為は、ある時点で明確に出勤しようという決意をしたわけではないとはいえ、通勤が意図的な行為ではないということはなく、習慣的な行為は意図的に身につけたものであるかぎり意図的であり続けるとする。具体的には、出勤の決意がいつおこなわれたかはっきりしないような自動車での通勤も「どうして車を運転しているのですか」と問われれば、「この先にある私の職場に通うためです」と答えることができる。つまり「何故？」が受け入れられる振舞なのである。これはすなわち意図的であるということである。それに対して、その自動車が知らぬ間に騒音を出して近所の人に迷惑をかけていた場合、「どうしてそんな騒音を出すのですか」という問いに「なんですって、私の車がそんな大きな騒音を立てていたのですか」という場合、「何故？」という問いは受け入れられないのであるから、この迷惑な振舞は意図的ではなかったとする。

ここでみるような事態を描かない文を発することは、かなりの場合において、ある意図を意識的にもって発話しようとしているものとはいえないだろう。しかし、ぎりぎり「何故？」という問いが受け入れられるような振舞であるように思われる。たとえば、次の（16）のようにいったとき、あらためて「「まあっ」といったのは何故？」という問いは、「あまりにもひどいけがをしていて驚いたからです」と答えることができるだろう。つまり、これは意図的な行為であるといってよいだろう。

（16）「まあっ、ひどいけが!!　すぐに入りなさいな、手あてしてあげるから。」（＝11b）

むろん、意図的であるかどうかという議論は多様な側面があって簡単には収束しないであろうし、また、意図があることがすなわち目的があることになるというとらえ方も、また議論があるであろうが＊21、このように考えると、まずは、広い意味で「意図」ないしは「目的」をもっていると考えることは許されよう。

では、あらためて問う。事態を描かない文は、それを発することでどのような行為をおこなっているものであろうか。また、このような文の発語内目的とはどのようなものであるのだろうか。

まず、接続詞による一語文はどのような発語内目的をもっているといえばよいだろうか。

（17）「のびちゃん!!」「あの声は、カミナリの落ちる前ぶれ。でも…。もうこわがらなくていいんだっけ。」（＝8d）

たとえば、この「でも…」という一文は、ママの怒る声がしたが、それはいつもはカミナリの落ちる前触れである、ということと、今日はこわがらなくていい、ということを接続しているものであるといってよいだろう。つまり、二つの事態、すなわち「ママの怒る声はカミナリの落ちる前触れである」という事態と「今日はこわがらなくていい」という事態の関係を表示しているものである。事態と事態の関係を表示する文だということになろう。なお、接続詞自体は、「犬あるいは猫を飼っている人は…」のように、モノとモノとを関係づける場合もあって、必ずしも事態と事態との関係を示すだけではないが（この場合は、文ではない）、ここで考えるような接続詞一語文は事態と事態の関係、といってよいだろう。また、事態の一方には、言語形式で示された顕示的な事態にかぎらず、話し手の立場・状況なども含まれるだろう。次の（18）の「だ…だけど」は、「天下一武道会にグレートサイヤマンとして出場すること」と「天下一武道会には出場しないつもりである」という話し手の立場・状況との関係が表示されている。

（18）「いいじゃないの　グレートサイヤマンで出場すればわかんないんだし」
「だ…だけど…」

「バラされたいの?」（＝9）

このように、接続系の文は事態と事態の関係表示をおこなっている文だといってよいであろう。

では、感動詞による一語文はどのような発語内目的をもっているのだろうか。あるいは、どのような類型の文と考えればよいだろうか。さきに感動詞一語文を感嘆文・応答文・呼びかけ文・挨拶文のように分類したが、それぞれにかなり異なった側面があるということからすれば、それぞれについて分けて考える必要があるだろう。なかでも感嘆文は、次の（19）のように必ずしも感嘆するという行為をおこなっているとはいいにくいものもあり、その内実はさまざまであった。

（19）「あれ…。石けんがないじゃないか　ママ。」（＝11d）

ただ、そうはいうものの、感動詞一語文とは、いずれも話し手あるいは聞き手の「受容」が問題になる文であるといえそうである。

（20）a「あっ。」「このへやの時間をもどしとくのわすれてた!!」（＝8a）
b「じゃあ将来は、おばあさまのあとをついで温泉旅館のおかみになるのね？」
「はい。だから、おばあちゃんに不安がられてます。」（＝8b）
c「おーい　悟空　もうちょっと重いオモリに変えてみるか」「ああ　いいけど…　どれくらいの重さにすんだ？」（＝8c）

この（20）は、さきに（8）としてあげた例であるが、まずは、（20b）の応答文からみてみると、この（20b）は温泉旅館のおかみになるかどうかという問いを受容して、それに対して反応したものである。これは対者の発言に対しての受容を表明したものといえる。ここでの「受容」とは相手の発言を肯定することにかぎったものではなく、何らかの形で相手の発言を受けとめるということである。そして、その受容とともに肯定的な態度を示したものということができよう。いわば、このような文は、対者の発言に対する話し手の受容表明をおこなっているものということになる。これは、次の（21）のような否定あるいは不定的な態度をあらわす応答であっても、対者の発言に対しての受容を表明していることは間違いない。

（21）　a　しかし、大蔵はきみの気持ちをわかってるのか？」「いいえ。ぜんぜん気がついていないと思います。」（＝12b）

b　「なにやってんだろ？」「さあ？」（＝12d）

このように、対者に対する受容の表明が応答文である。

また、（20a）のような感嘆文も話し手の「受容」が問題になる文である。この（20a）は、いつのまにか時間が経って夜になってしまったことに対しての驚きの反応として発せられた「あっ」であったが、これは、自分の感覚に反して、はやくも夜になってしまったということを受容した際に発せられたものであった。これは世界で起った事態に対する話し手の受容を表示したものだといえるのではないか。つまり、感嘆文とは世界で起った出来事を話し手が受容した途端に、それに対して発せられるものである。必ずしも感嘆的な意味をあらわしているとはいいにくい（19）のようなものであっても、世界で起った事態、すなわち『石けんがない』という事態に対して、それを受容して反応したものである。つまり、感嘆文とは世界で起った事態に対する受容の表示なのである。これらの応答文と感嘆文は、受容表明をおこなっている文として一括りにすることもできる。ここではこれらを受容表明系と呼ぶことにする。

これに対して、呼びかけ文は聞き手、すなわち対者の受容を求めようとするものであるから、受容要求といってよい。（20c）は悟空に対して「おーい」ということによって悟空の注意を引き、「もうちょっと重いおもりに変えてみる」のがよいという話し手の考えの受容につなげようとしているものである。つまり、対者に対して自らの発話や行動などの受容を求めようとするものである。このようなものは、応答文・感嘆文のような受容表明系に対して、受容要求系と呼ぶことができるものである。

ところで、(15)に示したように、事態を描き出す文、すなわち(Ⅱ)内容表現型は大きく(a)事態描写系と(b)情意表出系に分けられる。これは、事態の存在を描き出すか、あるいは、話し手が事態の存在を求めるかというところで線が引かれているものといえる。これは、いわば「表明―要求(意向)」という点で区分されているものである。実は、この「表明―要求(意向)」という区分は、事態を描かない文にもあるものであって、ここでみた受容表明系が「表明」、受容要求系が「要求(意向)」ということになる。つまり、(Ⅰ)も(Ⅱ)も大きく「表明―要求(意向)」という区分をするのがよいということになる。

このようにみてくると、受容表明系は対者に対する受容表明(=応答文)と世界(事態)に対する受容表明(=感嘆文)に分けられることになるのであるが、もう一方の受容要求系には、対者に対する受容要求(=呼びかけ文)のみがあった。では、受容要求系には世界(事態)に対する受容要求はないだろうか。ちょっと考えると、対者ではない世界に向かって受容を求めようとする文などは存在しないように思われる。しかし、考えようによっては、世界に向かって受容を求めようとする文がないわけではない。それは金水敏のあげる〈呪文・まじない〉の類である(「感動詞」)*22。金水は感動詞を分類するなかで、感動詞を大きく四類に分けるが、そのうちの第Ⅰ類(行為相当)のなかに、「こんにちは」「ごめんなさい」のような〈あいさつ〉と「アーメン」「ちちんぷいぷい」のような〈呪文・まじない〉をあげる。この〈呪文・まじない〉とは、話し手自身の願いを何らかの形で実現することを祈るものであると考えてよいと思うが、これは、対者ではない世界(神様などを対者と認めなければ）に向かって話し手のあり方についての受容を求めようとする文である。

（22） a そこで、わざと目をつぶって、『ルキウゲ・ルキウゲ・エントラーレ！』って呪文を唱えるの。すると、予想もしないところへ、瞬間移動できちゃう！」（恋のギューピッド三七）

b チョコちゃんはそう言うと、魔法の呪文を唱えた。

「ルキウゲ・ルキウゲ・エントラーレ！」（恋のギューピッド二七二）

この（22）の「ルキウゲ・ルキウゲ・エントラーレ！」は呪文と考えてよい。（22a）のようにこの呪文は唱えると瞬間移動ができるものということなのであるが、実際、（22b）のように唱えることで瞬間移動をしようとしているわけである。誰か対者があるわけではないから、世界に向かって話し手の意向の受容を求めようとするものといえる。つまり、この〈呪文・まじない〉のようなものが世界に対する受容要求ということになるのではないか。

事態を描かない文の文類型

以上のような事態を描かない文がいかなる言語行為的な文類型なのか、あるいはいかなる発語内目的をもつのかということをふりかえってみると、事態を描かない文は大きく話し手・聞き手の受容を問題にする（ア）感動応答系と、事態と事態の関係を表示する（イ）接続系の二つに分けられたのであるが、前者はさらに受容表明と受容要求の二つに分けられることから、事態を描かない文全体は、大きく、受容表明系・受容要求系・関係表示系の三系に分けることができる。また、受容表明系・受容要求系の二系は、それぞれさらに二つに分けられる。そして、それらがいかなる行為をするものかということについてまとめると、次のようになるであろう。また、その文類型に名称を与えておくことにする＊23。

(23)（Ⅰ）交話型

（a）受容表明系

〈1〉事態受容表明　話し手が事態に対する受容をおこなったことを示す　…感嘆文

〈2〉対者受容表明　話し手が対者に対する受容をおこなったことを示す　…応答文

（b）受容要求系

〈3〉事態受容要求　話し手が事態に受容を求める　…呪文文

〈4〉対者受容要求　話し手が対者に受容を求める　…呼びかけ文

（c）関係表示系

〈5〉関係表示　事態と事態の関係を表示する　…接続文

挨拶文の位置

さて、このような認め方をすると、さきに挨拶文として分類したものがどのようになるのかということが問題になってくるであろう。この枠組みに挨拶文のための類型を付け加えることも考えられるのであるが、実は、挨拶文も（a）受容表明あるいは（b）受容要求として括ることができ、また、その下位分類の（a）〈2〉、あるいは（b）〈4〉に属するものと考えることができそうである。

(24)　a 「いいわよ　作ってあげるわ　2時間ぐらい待ってて」「すいません　どうもありがとうございます」

（ドラゴンボール36―三七）

b 「るすかしら？　しずちゃーん、こんちは！　こんちは！」（＝14 c）

c 「あ、おはようございますー。」

「おはよう……ございま……す。」

いっしょうけんめい起きあがる二人に、大人たちがほっとしたように、

「ずいぶん眠そうだな。そんなんでふかしたての芋をつかんだら、やけどしちまうぞ。」（＝14 d）

（24 a）はブルマさんが変身スーツを作ってあげるといったことに対するお礼であるが、これは、「作ってあげるわ」という相手の発言・態度を受容して発したものである。内実としては応答文とは必ずしも同じであるとはいえないが、対者の発言に対して、話し手が受容表明をおこなっているといってよいだろう。つまり、（a）〈2〉に属するものである。一方、（24 b）は友達の家にたずねていったところで発しているものであって、おとずれるという行為を受容してもらうための発話である。つまり、対者に対して自らの行動の受容を求めようとするものであって、（b）〈4〉に属するものである。このように、（23）の類型を立てておけば、挨拶文もこの枠組みのなかにおさまるものと思われる。なお、（24 c）のようなものは、受容要求のようでもあるが、受容表明であるようにも思われるものである。つまり、（24 c）のようなもの、あるいは出会いの挨拶は、対者への呼びかけのようでもあるが、同時に話し手がそこに存在することを相手に受け入れてもらうためにおこなっているともいえる。つまり、受容要求と受容表明が同時におこなわれているものがあるのではないかと思われる。つまり（a）〈2〉と（b）〈4〉のいずれにも同時に属するものであるということである。ここで思い起こされるのはサールの発語内目的の分類で、そのなかには、「言葉と世界の間の適合の方向」が《言葉を世界へ》と《世界を言葉へ》の両方という分類があった。宣言型と呼ばれるものがそれなのであるが、このように二つの側面をもっ

た発話というものがあり得るわけである。さきに宣言型を文類型として立てることは不要だと考えたが（Ⅴ参照）、事実としては、二つの側面をもった発話は存在するわけであって、事態を描き出す文のなかにそのようなものがあるとすれば、事態を描かない文のなかにもそのようなものがあっても不思議ではない。このようにみると、この（24c）は（23）のなかで受容表明と受容要求を同時におこなっているものと考えるのがよく、さきにみたように、（24a）のようなものは受容表明、（24b）のようなものは受容要求であることを考えれば、あらためて挨拶文のための枠組みを用意するまでもないのではないかと考える。

なお、次のような感動詞の一類型が立てられることがある。動作をおこなうときのかけ声、あるいは、動作をおこなうと同時に発せられる感動詞一語文である*24。

（25） a　でもごはんとなれば、二人とも「どっこいしょ」と立ち上がって…パクパクパク…あっという間に食べました　（Yahooブログ）

b　おっこがよたよたっと引かれたほうに歩いていくと、峰子さんの腕にどんとつき当たった。

「おっと。」

峰子さんが、おっこの体を受け止めた。

「乙子ちゃん、だいじょうぶ？」　（恋のギュービッド一三九–一四〇）

これらは動作が伴うために、上述のような感動詞と区別されることもあるが、これらについても（23）のような分類の枠組みで分類できるものと思われる。（25a）のようなもの、すなわち動作をおこなうときのかけ声は、呼びかけられる相手が対者ではなく（このようなものは対者がなくても使用可能である）、対者に相当するものが自分自身の体だとみれば、受容要求の一類であり、〈4〉に括れることになるのではないか（〈4〉はある種、かけ声的といってもよい)。また、(25b)のようなものは、行為を受けるにあたっての発話であるから、行為の際のかけ声に近い側面はあるものの、受容表明であって〈2〉と考えておけばよいであろう。

5 事態を描かない文の類型とその位置づけ

ここまで事態を描かない文について検討を進めてきた。現段階では素描といわざるを得ないものの、まずは、事態を描かない文にどのようなものがあり、どのように位置づけられるのかということを述べてきた。また、この事態を描かない文を発話するのはいかなる行為であるといえるのか、それについてもおおよそ把握した。それらの点をまとめると次のようになるだろう。

(i) 事態を描かない文の位置は、文類型でいえば、(Ⅱ)内容表現型に対する(Ⅰ)交話型ということになる。

(ii) 事態を描かない文の分類(=文類型)・発語内目的は、文の類型名とともに示せば、次のようになる。すなわち、(Ⅰ)交話型は三系五種に分類される(それを(Ⅱ)内容表現型とともに示す)。なお、(Ⅰ)と(Ⅱ)では共通の側面をもつともいえ、(a)は表明(示す)、(b)は要求・意向(求める)という行為である。また、いずれも〈2〉〈4〉は対者的であり、対者を必要とする文である。一方、〈1〉〈3〉は必ずしも対者的でなくともよく、独り言の可能な文である。

(Ⅰ) 交話型

(a) 受容表明系

〈1〉 事態受容表明　話し手が事態に対する受容をおこなったことを示す　…感嘆文
〈2〉 対者受容表明　話し手が対者に対する受容をおこなったことを示す　…応答文
（b） 受容要求系
〈3〉 事態受容要求　話し手が事態に受容を求める　…呪文文
〈4〉 対者受容要求　話し手が対者に受容を求める　…呼びかけ文
（c） 関係表示系
〈5〉 関係表示　事態と事態の関係を表示する　…接続文

（Ⅱ） 内容表現型
（a） 事態描写系
〈1〉 事態認識　話し手が新たに事態を認識したことを示す　…認識文
〈2〉 事態伝達　話し手の保っている知識を聞き手に伝える　…伝達文
（b） 情意表出系
〈3〉 意向表出　話し手の意向を表出する　…意向文
〈4〉 要求表出　話し手の要求を表出する　…要求文

そして、さきに述べたように（Ⅴ参照）、（Ⅱ）の内容表現型の文が、事態認識・事態伝達・意向表出・要求表出といった発語内目的を担うことによって文たり得ているのだとすれば、（Ⅰ）の交話型も事態受容表明・対者受容表明・事態受容要求・対者受容要求・関係表示といった発語内目的を担うことによって、文たり得るといってよいのではないか。つまり、感動詞・接続詞一語が文として成り立っているのは、このような発語内目的を担っていることによるということである。あるいは、事態受容表明・対者受容表明・対者受容要求などの意味は、事態を描かない文のもつ言語行為的意味、あるいは文の機能といってよいということでもある。ここに、事態を描かない文の成立の契機があるといってよいだろう。

資料　例文の引用は次の文献による。また、大学共同利用機関法人人間文化研究機構国立国語研究所・文部科学省科学研究費特定領域研究「日本語コーパス」プロジェクト『現代日本語書き言葉均衡コーパス』(BCCWJ：Balanced Corpus of Contemporary Written Japanese）のデータを「少納言」による検索によって利用した。なお、出典のないものは作例である。

藤子・F・不二雄『ドラえもん』第8巻・第45巻（小学館）→「ドラえもん」
鳥山明『ドラゴンボール』第35巻・第36巻（集英社）→「ドラゴンボール」
石崎洋司・令丈ヒロ子『恋のギューピッド大作戦「黒魔女さんが通る」×「若おかみは小学生」』（講談社）→「恋のギューピッド」

Ⅶ 文成立の外形的側面

1 文成立の外形的側面を考える

文の成立について、さきに「一つの発語内目的を担っている語列が文という単位体である」と述べた（Ⅲ参照）。発語内目的とは、行為としての言語における発話者の意図する、発話することによって達成しようとする目的、すなわち発話者の発話意図の中核というべきものであるが、文成立をこのような面との関わりで述べることは、文成立の意味的側面に言及したということになる＊1。その一方で、文というものは言語形式としての単位体でもあるわけであって、形式の側面から考えておかなくてもよいのか、という疑問はぬぐいきれない。やはり、文成立を考えるにあたっては、その形式に関わる側面、外形的な側面についても、考えておく必要があるのではないか。そこで、ここでは、文成立における形式に関わる側面について、考えをめぐらしてみる。その際、キーワードとなるのは「切る」「切れる」「続ける」ということである。また、Ⅲで保留にした「お客さんがきたから、お茶を入れて」のような、いわゆる複文についてどのように考えるべきか、ここでのキーワードをふまえて検討する。

2　文成立にかかる形式的な側面

文という単位体の形式的な側面を考えるといっても、すでにみたように「主語＋述語」が文である、というような構成要素的な面から考えることはできない。一語文を文と認めた瞬間に――一語文には内部構造がないのだから――もはや内部の構成要素からは考えることができないのである。この点について、山田孝雄は次のように述べていた＊2。

（1）　かく一の語にして同時に一の文たりうることありとせば、その語と文との区別はたゞ外貌上の説明にては判明しうべきにあらざるは明らかなりとす。こゝに於いて我等はその区別の主眼点はこれら外貌上の如何に存するにあらずして、そが深く思想の内面に根柢を有するものなるべきを見るなり。

（山田孝雄『日本文法学概論』九〇一頁）

また、三尾砂も「自動車！」「雨！」「火事！」のような一語文を示し、「主語と述語より成る」という「教科書的定義」にはあわないことを述べている（『国語法文章論』）＊3。

このような言及にしたがうと形式面からは考えにくそうにも思われるが、必ずしもそうとはいえない。内部構成要素的な面からは考えることができないとしても、形式的な面から考えるということができないわけではない。内部要素的ではない面から文の形について述べている考え方としては、橋本進吉のとらえ方がよく知られている。橋本進吉は文の外形上の特徴として、次のような三点をあげる＊4。

（2）　一、文は音の連続である。

二、文の前後には必ず音の切れ目がある。
三、文の終には特殊の音調が加はる。

（橋本進吉『国語法要説』六頁）

このうちの三のイントネーションの問題を除けば、はじめの二つは「音の切れ目」というところに着目したものである。文は音の連続であり、文の終わりには音の切れ目がくるということである。

この、文の終わりに「音の切れ目」がある、という点はたしかにそのとおりではある。音声的な切れ目があるということは、それによって他のかたまりから音声的に切り離されていて独立しているということであろう。ただ、その際の音声的な側面というものは、必ずしも切れ目の本質ではないように思われる。文が音声的に切れるというのは、その箇所に純音声的に切れる必然性があるわけではないだろう。むろん、言語音を生み出すための肺気流にはかぎりがあり、無限に音声を発し続けることはできないから、当然どこかでは切らなければならない。しかし、音声的な側面だけを考えるなら、発話の音声連続において文の終わりに相当する箇所で切れ目を入れなければならないという必然性はおそらくない。結局、音声的に切れ目があるというのも、何かしらの音声以外の側面についての問題が関わっていると考えざるを得ないように思われる。

では、この「切れる」というのは、何がどのように切れていると考えたらよいのだろうか。神保格なども、文について述べるにあたって「終止法」「終止形」に伴うものとして「言ひ切りの感」があると述べ、このような言い方で切れることに言及してもいるが＊5、この点については、三尾砂の次のようなとらえ方が、重要である＊6。

（3）　文節がおたがいに結合し合っているはんい内が一つの文である。文節の結合のある間は一つの文がつづいているのである。文節がその前に結合する文節を持っていないとき、そこに文がはじまり、文節がその次に結合する文節を持たないとき、その文は終っているのである。

（三尾砂『国語法文章論』、『三尾砂著作集Ⅰ』三四―三五頁）

三尾のこの（3）にしたがえば、文と文の間にはこのような文法的な関係の切れ目、統語的な切れ目があるということである。このような関係の切れ目が、文の「（音の）切れ目」ということになりそうである。この結合する、結合しないについて、三尾砂のあげる具体的な例でいえば次のようになる＊7。

（4）　よく見ろ！　あれは火事だ！

という場合には、「よく」「見ろ」の二つの文節はたがいに要求し合って結合しているが、しかも「あれは」にも「火事だ！」にも結合しない。それを要求もしないし、要求されもしない。また、「あれは」「火事だ！」の二つの文節はたがいに結合しているが、「よく」にも「見ろ」にも結合しない。

（三尾砂『国語法文章論』、『三尾砂著作集Ⅰ』三五頁）

さきの（3）での文節の結合とは、この（4）によれば述語と項の関係（補充の関係）、修飾・被修飾の関係などのような文法的な関係、いわゆる「係り受け」のことであろう。このようにとらえると、「よく見ろ」で一文、「あれは火事だ」で一文ということになる。そして、「よく見ろ」の終わりで「切れ目」があることになり、また「あれは火事だ」の終わりで「切れ目」があることになる。つまり、それらの位置に統語的結合関係の切れ目があるということで、この切れ目が来ることによって一つの文は終わりになる。あるいは、統語的関係が続く以上、文は切れることなく続くことになる。三尾は次の（5）のようにいう＊8。

（5）　見ろ！
　　　火事だ！

というような一文節であっても、他の文節と結合することなく、それ自身充足し、それ自身で一つの緊張体系をなすものは、一つの文領域を持つ一文である。このようにして文節の力学的結合力のおよぶはんい内を文ということが出来るのである。

それが一語であろうと、二語であろうと、五十語、百語であろうと、文節の力学的結合力のおよぶところまでは同一の文領域にぞくするのである。（三尾砂『国語法文章論』、『三尾砂著作集Ⅰ』三六頁）

このように三尾砂は、統語的関係が続くかぎりの語連接が文であるとするのである。この統語的に続く、切れるということにおいて、切れるということの反映が、神保格のいうような「言ひ切りの感」であろうし、また、この統語的な側面が音声的側面に反映したものが、橋本進吉の「音の切れ目」ということになるであろう。

つまり、文とは切れることによって成り立っているのである。やや定義的にいえば、外形的には統語的な関係が続く範囲が文ということになる。そして、これが文の形式的な側面だといってよいだろう。

3　切れることの意味

「切れる」とはどういうことか

文成立の外形的側面は、以上のようにとらえられるのであって、文成立の外形的側面についての検討は、一往は、ここまでで終わってもよい。

ただ、統語的な関係が続く範囲が文であり、それが切れるところで文が終わる、ということ、あるいは、文が

「切れる」ことによって成り立っているということとは、どういうことなのかという点は、やはり気になる点である。三尾砂のいうように「文節がおたがいに結合し合っている」範囲、すなわち、統語的関係が続かなくなるまでが文であるとするとき、その結合力はなぜ文の終わり相当の部分で及ばなくなるのか。また、なぜそこで統語的な関係が絶たれるのか。そういったことを考えておく必要があるように思われる。そこで、以下でさらに「切れる」ということの意味を考えてみることにする。

この点について、具体的な例でみてみる。まずは、「文節がおたがいに結合し合っている」範囲、あるいは、統語的関係が続く範囲とはどのようなものか、あらためて確認する。たとえば、次のような会話であれば―で区切ったところが、「文節がおたがいに結合し合っている」範囲、統語的関係が続く範囲が終わったところといってよい。

(6)　図書館の人：はい ― みどり図書館です ―
カリナ　：(a) あのう ―(b) そちらまで どうやって 行きますか ―
図書館の人：(c) 本田駅から 12番の バスに 乗って 図書館前で 降りて ください ―(d) 3つ目です ―
カリナ　：3つ目ですね ―
図書館の人：(e) ええ ―(f) 降りると 前に 公園が あります ―(g) 図書館は その 公園の 中の 白い 建物です ―
カリナ　：わかりました ― それから 本を 借りる とき 何か 要りますか ―
図書館の人：外国の 方ですか ―

カリナ　：（h）はい―

図書館の人：じゃ　外国人登録証を　持って　来て　ください―

カリナ　：はい―どうも　ありがとう　ございました―

（7）

山田　：（a）ミラーさん―転勤　おめでとう　ございます―

ミラー　：（b）ありがとう―（c）ありがとう　ございます―

木村　：（d）ミラーさんが　東京へ　行ったら　寂しく　なりますね―（e）東京へ　行っても　大阪の　ことを　忘れないで　くださいね―

ミラー　：もちろん―木村さん―暇が　あったら　ぜひ　東京へ　遊びに　来て　ください―

サントス：ミラーさんも　大阪へ　来たら　電話を　ください―（f）一杯　飲みましょう―

ミラー　：ええ―ぜひ―皆さん―ほんとうに　いろいろ　お世話になりました―

佐藤　：体に　気を　つけて　頑張って　ください―

ミラー　：はい―（g）頑張ります―皆さんも　どうぞ　お元気で―

（以上、『みんなの日本語　初級Ⅰ本冊』スリーエーネットワークにより、一部改変）

このなかの「文節がおたがいに結合し合っている」範囲、統語的関係が続く範囲をいくつかみてみると、たとえば（6b）「そちらまで　どうやって　行きますか」であれば、「そちらまで」は「行きますか」という動詞述語に対する項であって、いわゆる補充の関係である。「どうやって」は「行きますか」という動詞述語の状況的な修飾部分であって、修飾被修飾の関係である。また、（6g）「図書館は　その　公園の　中の　白い　建物です」であれば、「図書館は」は述語「白い建物です」の必要としている項であり、「その公園の中の」「白い」は「建物」を修飾しているものである。このように述語と項という補充の関係、修飾被修飾の関係をもつものは、「文節がおたがいに結合し合っている」といえる。つまり、いわゆる「係り受け」のある範囲が、「文節がおたがいに結合し合っている」範囲であって、「係り受け」のなくなったところが「切れる（た）」ところである。これはさきにもみたところである。また、（6a）「あのう」、（6h）「はい」、（7b）「ありがとう」なども、他の文節と関係をもたない。これは独立語とされるものであるが、補充の関係、修飾被修飾の関係のないものが独立語なのであるから、この場合も、これら一語で統語的な関係が「切れる」ものである。

では、このような範囲で「切れる」ということは、どういうことを意味するのだろうか。

このことを考えるにあたって、発話するということは何らかの行為をおこなうことである、という見方である言語行為的な視点から考えることが、やはり必要になるように思われる。言語を発する、あるいは発話をする、文を発するというのは、発語内行為をおこなうためにであった。さらにいえば発語内目的を達成するような行為をおこなうためにであった。実は、「切れる」ということも、この発語内目的と関わりがあると考えられる。すなわち、「切れる」（行為主体からみれば「切る」）ということは、それをもって言語行為の遂行になる／なったということなのではないかと考えられる。つまり、「切る」ということは、それで言語行為が一区切りしたということなのではないかということなのである。

事態を描き出すために「切れる」

この言語行為的な視点からみるとき、この「切れる」ということは、まずは、言語行為を遂行するにあたっては事態を描く必要がある、という点と深く関係するといえる。すなわち、言語行為を遂行するには多くの場合、世界を描く必要がある。それはⅤでの「事態を描き出す文」、つまり「内容表現型」ということになるが、その場合、世界と言葉の対応ということが問題になった＊9。そこでの発語内目的の類型でいえば、たとえば、事態認識（「こんなところに財布があった！」）・事態伝達（「昨日、太白山に登った」）であれば言語を世界に合わせる必要がある（word-to-world）。これは、言語によって世界を描き出すものであった。また、意向表出（「水が飲みたい」）・要求表出（「そこに座れ！」）であれば世界を言語に合わせることになる（world-to-word）。これは、話し手の意向に世界を合わせるようにするということであるが、結局は、自分の求める世界を描き出すことによって、この行為は遂行されるものである。結局、内容表現型のタイプの文は、言語によって世界を描き出さなければならない。言語によって世界を描くには事態を描くか、事態の中核としてのモノを描くかのいずれかであるが、一つの事態を描くにあたっては、一つの述語とそれに関わる項という補充の関係とその述語・項を修飾するという修飾被修飾の関係、すなわち「係り受け」の関係をもっていればよい。また、モノを描くには、モノそのものを示す名詞（「火事！」「みっ水ぅ」）、それに加えてモノをあらわす名詞を修飾する部分（「あっ！ 形が変なＵＦＯ！」）を発話すればよい。つまり、補充の関係・修飾被修飾の関係という、狭い意味での「係り受け」によってまとめられている範囲は、これで一つの言語行為のための事態を描く単位になっているのである。そして、その事態を描くことによって言語行為がおこなわれるというのであれば、「係り受け」のある範囲は、一つの言語行為に対応しているということになるといえるだろう。

　また、言語行為を遂行するには、事態や対者（聞き手）の受容に関わる契機としての言語形式を発することによっておこなわれる場合もある。それは独立語による文（事態を描かない文。交話型。「はい」「こんにちは」など。VI参照）であり、発せられる独立語が受容に関わる契機としての言語形式となっているといえる。この独立語はそれを一つ発することで、受容に関わる契機としての言語形式を発することになるのであるから、この点でも、言語によって一つの言語行為をおこなう際に描かれるべきものが、「係り受け」のある範囲内（この場合は一語であるが）にあるのである。つまり、言語行為とは、言語で世界を描くか、世界の受容の契機になる言語要素を示すことによっておこなわれるが、その世界を描く語列（・語）のまとまり、あるいは受容の契機を示す語によるまとまり（一語ではあるが）というものは、「係り受け」という統語的な関係がなくなって「切れる」ことによって生まれるまとまりなのである。

行為達成のために「切れる」

さらに、一つの言語行為完遂と「切れる」ことの関係性について考えるもう一つの視点は、行為の終結による断止という点である。言語行為をおこない、発語内目的を達成するのが言語を発する目的なのだとすれば、その行為が遂行されれば目的は達成されるため、もはやその行為を続ける必要性はないということになる。そこで、一つの言語行為完遂と「切れる」ことが対応すると考えられるのである。（6c）「本田駅から12番のバスに乗って図書館前で降りてください」が、これでひとまとまりだというのは、この単位で要求表出という行為が遂行されたからである。「本田駅から12番のバスに乗って図書館前で降りてください」と発することで、図書館に着くためにどのようなことをするべきかという要求行為をおこなったわけである。続く発話である「3つ目です」というのは、図書館前というバス停がどこにあるかという事態伝達という別の行為であって、「本田駅から〜降りてください」と言い切ることによって、すでに要求行為は完遂している。つまり、「本田駅から12番のバスに乗って図書館前で降りてください」までがひとまとまりであって、このまとまりで一つの行為を遂行しきっているということである。一つの行為が完結したわけであるから、その行為はもはや続かない。切れるのである。同様に、続く（6d）「3つ目です」もこれで事態伝達という行為を遂行したわけであって、やはり、ひとまとまりになって一つの行為をおこない、その終結後で切れているのである。また、（6d）の次の図書館の人の発話が、（6e）「ええ」、（6f）「降りると前に公園があります」、（6g）「図書館はその公園の中の白い建物です」の三つに「切れる」のは、順にカリナの発言に対する対者受容表明という行為、公園がどこにあるかという事態伝達という行為、図書館がどのような建物であるかという事態伝達という行為の三つの独立した行為がおこなわれており、そのまとまりを発しきることでそれぞれの行為が終結しているからである。さらにいくつかの例をあげれば、（7d）「ミラーさんが東京へ行ったら寂しくなりますね」は事態認識、（7f）「一杯飲みましょう」は要求表出、（7g）「頑張ります」は意向表出、（7c）「ありがとうございます」は、対者受容表明という行為に対応し、その一つの行為を遂行しきることによって、切れているのである。あるいは、行為を遂行し得たので、切ったと考えてもよい。これらのひとつひとつの行為は、それぞれが独立した行為であるのだから、それに対応した言語形式のまとまりは、他のまとまりと結合しあう必要はないということになる。ということは、統語的な関係を続ける必要はない。一つの行為が遂行されれば、そこで「切れる」のである。

逆にいえば、目的とする行為が遂行されてしまえば、発話を続ける必要はないともいえる。たとえば、離れたところにあるテレビのリモコンを取ってほしいときに、「そのテレビのリモコン、取ってもらえる？」と発話するつもりになったとする。この「そのテレビのリモコン、取ってもらえる」という発話予定語列が、その段階では要求表出という行為に対応しているわけであるが、「そのテレビのリモコン」といった瞬間にリモコンを手渡されれば、そこで、発話を終了するということは当然あり得ることであろう。むしろ、そこで終了するほうが普通かもしれない。それは、結果的に「そのテレビのリモコン」という語列で要求表出という発語内目的が達成された、あるいは、要求表出という行為を遂行し得たので、そこで切ってしまったわけである。この場合の「切る」という面は、その文が〈言いさし文〉になるとはいえ*10、文の成立と即応するわけで、この点からみても、発語内目的が達せられるということ、つまり、一つの発語内行為・言語行為の終結、あるいは、一つの言語行為完遂と「切る」「切れる」ということが対応しているということができるであろう*11。

と同時に、発語内目的によっては、行為遂行を達成する、あるいは行為遂行に成功するためには、行為を続けることが難しい場合もある。次のような要求表出をおこなう場合、相手に要求をしておきながら断止することなく続けることは、相手に求めるという要求という行為を達成することにつながりにくい。

(6) c 本田駅から12番のバスに乗って図書館前で降りてください

(7) e 東京へ行っても大阪のことを忘れないでくださいね

このようなものは、行為を相手に求める以上、あるいは相手に何らかの行為を起こさせるためには、いったんは相手に反応することを委ねる必要がある。もちろん、いったん断止した後に、(6d)「3つ目です」のようにさらに事態伝達のような補足的な行為をおこなうというようなことはあり得ようが、要求表出をおこなって要求するという行為を成功に導くには、相手の反応のために自身は譲る必要があるのである。少なくとも相手に反応を委ねたことを表示するために切る必要があるのだと思われる。つまり、行為達成のためにはいったんは断止しなければならないのである。このような点も、行為の達成と「切れる」ことが関わるところであるといえる(このようなタイプは他にもある。詳細は後述)。

以上、言語行為のための事態描写、および言語行為達成による／のための終結という視点からみてきたが、いずれにしても「切れる」ことは、一つの言語行為完遂のあらわれであるということになる。「切れる」ということは、文の外形的な側面ではあったが、この背後には発語内目的という意味的な側面があるということである。そして、狭い意味での「係り受け」によってまとめられている範囲は、一つの発語内目的に対応しているということになる。これはすなわち一つの発語内目的をもつ語・語列は、次の異なる発語内目的をもつ語・語列とは結合関係をもたず、それで「切れる」。そしてそれが一文をなす、ということである。「切れる」というのは、結局、一つの発語内目的をもつ語・語列を単位として、なのである。

4　発語内目的が複数あるとみられる文

複文という問題

以上に述べてきたことは、外形的には、統語的な関係が続く範囲が文であり、「切れる」ことによって文が終わるということであって、この「切れる」ということは、言語行為、それも一つの発語内目的が達成されるということを背景にもっているということであった。このことと、1の冒頭に掲げた「一つの発語内目的を担う語列・語が文である」という、Ⅲ以来の考え方とは軌を一にするものであるが、それに反して、複数の発語内目的があるように思われるにもかかわらず、複数の文とは考えないようなものがある。それが、いわゆる複文と呼ばれる文である。

（8）　a　一生懸命富士山に登ったあの夏の思い出は、ずっと心に残るだろう。
　　b　お客さんが来たから、お茶を入れてください。
　　c　妻は病院に行って、娘は遊びに行った。

これらは、普通一文と考えるものであるが、「一生懸命富士山に登った」「お客さんが来た」「妻は病院に行って」「娘は遊びに行った」という部分に事態伝達の発語内目的が、「あの夏の思い出は、ずっと心に残るだろう」の部分に事態認識の発語内目的が、そして、「お茶を入れてください」という部分に要求表出の発語内目的があるように思われる。これらが、これでそれぞれ一文なのだとすれば、一文のなかに複数の発語内目的があるということになる。

では、このようなものは、どのように考えることになるのだろうか。

複文とは何か

この点を考えるにあたっては、単文と複文の関係を確認しておく必要がある。この複文について、野田尚史は複文とは単文の一部が拡張して、それが節になったものだとし、単文と複文が連続的であると考える（「単文・複文とテキスト」）＊12）。野田はまず単文における拡張のしかたとして、限定と並列をあげ、それが格成分（項）・述語それぞれに対しておこなわれるところを示す。

（9）　a　山田が出発日を決めた。
　　b　山田が出発日を勝手に決めた。
　　c　山田が旅行の出発日を決めた。

d　山田が出発日を調整し、決めた。

e　山田が行き先と出発日を決めた。

（9b）～（9e）は、単文（9a）を拡張したものであるが、（9b）は述語（「決めた」）の限定による拡張、（9c）は格成分（「出発日を」）の限定による拡張、（9d）は述語の並列による拡張、（9e）は格成分の並列による拡張である。そして、この述語と格成分のそれぞれに対する限定・並列というのは、次の（10b）～（10e）のような複文においても、限定・並列がたまたま節によるものになっただけであって、これらと全く同じであると考える。

（10）a　山田が出発日を決めた。

b　山田が出発日をだれにも相談しないで決めた。

c　山田がみんなに都合がいい出発日を決めた。

d　田中が行き先を決め、山田が出発日を決めた。

e　山田がイタリアに行くことと出発日を決めた。

（10b）が述語の限定による拡張（＝連用節）であり、（10c）が格成分の限定による拡張（＝連体節）、（10d）が述語の並列による拡張（＝並列節）、（10e）が格成分の並列による拡張である*13。このようにみると、単文と複文は大きく異なるものではないということになる。そして、（11）のようなものを考えると、一般に（11a）は単文、（11b）は複文とされるが、前者は「毎朝の1時間の散歩」が節ではないため単文とされ、後者は「毎日1時間散歩するの」が節になっているので複文とされるのであって、（12）のように、単文と複文は本質的には別のものであるわけではないとする*14。

（11）a 毎朝の1時間の散歩が私の健康の秘訣です。

b 毎朝1時間散歩するのが私の健康の秘訣です。

（12）このように単文と複文は本質的に別のものであるわけではないので、文を単文と複文にわけるのはむずかしい場合がある。もっとはっきりいえば、単文と複文の分類にはそれほど大きな意味はないといってもいい。単文と複文の関係については、もっとも基本的な単文らしい単文から、複文らしい複文までさまざまな段階があり、連続していると考えるのがよいだろう。（野田尚史「単文・複文とテキスト」七－八頁）

このように、野田尚史は単文と複文の連続性を示すのである。

単文を内部拡張したもの

この考え方にしたがえば、複文といっても単文をもとに拡張したものであって、拡張するにあたっては、その拡張に関わる要素は何らかの統語的な関係をもつから、やはり、文とは外形的に統語的関係が続く範囲、ということでよいことになる。さきにみた（8）も、（8a）は「一生懸命富士山に登った」は「思い出」に対する限定による拡張、（8b）「お客さんが来たから」は「お茶を入れてください」という部分に対する限定による拡張であって、修飾被修飾の関係である。

このことから考えると、限定による拡張や、格成分の並列による拡張についていえば、限定による拡張は単文の内部の要素を詳しくするものであり、また、並列による拡張も、格成分の並列によるものは、結局は述語の項を拡充したものであって、狭い意味での「係り受け」をもちながら、単文の内部を拡張したものととらえることができる。そして、これらは単文の内部的な拡張であるから、一つの発語内目的を担うものとみてよいだろう。

（8a）の「一生懸命富士山に登ったあの夏の思い出は、ずっと心に残るだろう」は、「あの夏の思い出は、ずっと心に残るだろう」という単文の「あの夏の思い出」の部分が「一生懸命富士山に登った」という限定によって拡張されたものであるから、基本的には事態認識の発語内目的が一つあるものと考えて差し支えない。（8b）の「お客さんが来たから、お茶を入れてください」「お客さんにお茶を入れてください」も、単純な拡張とはいいにくいものの、次の「お客さんのためにお茶を入れてください」との差はあまりない。これらは、普通単文とみなされるものであるので、「お客さんが来たから、お茶を入れてください」も一つの発語内目的をもつものだということも可能であろう。さらにいえば、単文の限定による拡張であるから、「お客さんが来たから、お茶を入れてください」の範囲で、狭い意味の「係り受け」は存在するといってもよさそうである。そうなれば、この範囲で一つの発語内目的をもつといってもよいだろう。さまざまな飾りがついているものの、要求表出という発語内目的一つをもっていると考えることになる。そして、（8a）・（8b）の「一生懸命富士山に登った」「お客さんが来た」の部分は、その部分だけで発語内目的を担うのではなく、単に世界を描き出す、すなわち事態の「描写」しているにすぎない部分と考えるのである。

単文の内部拡張にとどまらないもの

それに対して、（8c）の「妻は病院に行って、娘は遊びに行った」は、「妻は病院に行って」と「娘は遊びに行った」は述部の並列による拡張で、いわゆる重文、あるいは述語の等位節とされるものであって、並列的な述語を複数もつことになる文である。この場合は、補充の関係・修飾被修飾の関係とは異なるものの、並列的な統語的関係をもつとすれば、「妻は病院に行って、娘は遊びに行った」というまとまりの範囲で、統語的な関係をもつということになる。外形的には、統語的な関係が続く範囲であるので、これで一文ということになる。そうなると、外形的に統語的な関係が続く範囲というのは、さきにみたような補充の関係・修飾被修飾の関係に加えて、述語の並列的関係、いいかえれば、接続形式によって並列関係をなす接続的な関係も加えることになるだろう。

ただし、述語の並列的関係、接続的な関係というのは、限定による拡張や、格成分の並列による拡張とは一線を画すものであって、（8a）・（8b）と全く同じに考えるのは難しい。このような述語の並列的な拡張は、結局は主文の並列ということであって、単文の内部を拡張したものではない。限定による拡張は単文の内部の要素を詳しくするものであり、また、並列による拡張であっても、格成分の並列による拡張は、結局は述語の項が拡充されているだけであって、狭い意味での「係り受け」をもちながら、単文の内部を拡張したものととらえることができる。これに対して、述語の並列による拡張は、もはや狭い意味での「係り受け」をもっておらず、並列的な述語を増やすといういわば単文の外部への拡張なのである。つまり、（8c）「妻は病院に行って、娘は遊びに行った」でいえば、「妻は病院に行った」の外部へ「娘は遊びに行った」を継ぎ足したものであって、「娘は遊びに行った」の部分は、「妻は病院に行って」の部分とは狭い意味での「係り受け」の関係はもっておらず*15、単文（一文）の内部的拡張とはいえない。そして、「妻は病院に行った」と「娘は遊びに行った」とは、もはや一つの事態ではなく、複数の事態であるということになる。そうなると、そこには複数の発語内目的があるということになるのではないか。しかし、外形的には並列・接続関係という比較的弱い統語関係はもつ。結局、これは、複数の発語内目的をもつものではあるが、何らかの事情で切らなかったもの、弱い統語的関係を続けたものと考えることになるだろう*16。つまり、（8c）「妻は病院に行って、娘は遊びに行った」は、「妻は病院に行った。娘は遊びに行った」のように簡単に分割でき、それぞれが一つの発語内目的に対応する部分なのであり、そこで「切る」こともできたが、結果としては続けた、というものになるであろう。こういう場合が、一文でありながら、発語内目的を複数もつ文ということになる。

5 切らざるを得ないとき

以上のように考えると、一つの発語内目的を担う語列・語はそれで文となり得る、ということであって、述語の並列によって拡張されたもの、あるいは単文の内部拡張にとどまらないものは、複数の発語内目的があっても、弱い統語的関係で続くかぎり、それは一つの文ということになる。

ただ、そのようなものは、(13 a) のように「続ける」こともできるが——「雨が降った」で発語内目的を担っているのであるから——それを (13 b) のように容易に「切る」こともできるわけである*17。

(13) a 雨が降ったが、地面はあまりぬれていなかった。

b 雨が降った。が、地面はあまりぬれていなかった。

切っても続けてもよい、という場合において、切るか続けるかというのは、さまざまな要素の絡み合いで決まることのように思われるが、場合によっては、切らざるを得ないときというものがあるように思われる。

この切らざるを得ない箇所ということは、実は、さきに少し述べている。ここではその点をやや詳しくみておくことにする。この、切らざるを得ない箇所としてあげられるのは、次のような箇所である。

①相手の反応に委ねる内容をもつ言語行為の後
②瞬間性に即応した言語行為の後

相手の反応に委ねるとき

このうちの①相手の反応に委ねる内容をもつ言語行為の後というのは、たとえば、要求表出という行為の後である。

（14）a　もう遅いから、早く寝なさい。
b　そこに座って。

（14a）・（14b）は要求表出という発語内目的をもつものであるが、要求表出をおこなう場合、相手に要求をしておきながら断止することなく続けることは、相手に求めるという要求という行為を遂行することにつながりにくい。要求する以上、相手の返事を待つとか、あるいは行為の実行を待つとか、少なくとも相手の何らかの反応を待たなければ、要求という行為は実現しづらい。このように、要求表出というのは、相手に反応を委ねるものであって、断止することなく続けるということは起りにくいといえる。また、この点は要求表出にかぎったことではない。呼びかけて受容を求めるような文も同様であろう。

（15）a　あのう…　（＝6a）
b　ミラーさん。　（＝7a）

（15）のような呼びかけ文も同様に断止することなく続けるということは起りにくいだろう。これらは、話し手が対者に何らかの意味で受容を求めるものである。つまり、対者受容要求というものであって（Ⅵ参照）、これも相手に反応を委ねるものである。したがって、この発話後、切らざるを得ないであろう。要求表出・対者受容要求とは結局は話し手が対者に反応することを委ねる行為であって、その行為達成のために話し手はいったんは切らざるを得ないのである。

加えて、このタイプに類するものとしては、相手の行為を求めたり、相手の反応にいったんは委ねる必要がある内容をもつ言語形式が用いられる場合もある。

（16）a　そちらまでどうやって行きますか。（＝6b）

b　ミラーさんが東京へ行ったら寂しくなりますね。（＝7d）

これらは、発語内目的としては、それぞれ事態伝達、事態認識であって、発語内目的そのものとしては相手に何かを委ねるというタイプではないが、（16a）「そちらまでどうやって行きますか」という発話は、結果的に相手に答えを求めるものになるもので、全く断止なく続けるわけにはいかない。典型的には発話のターンすら譲らなければならないだろう。また、（16b）「ミラーさんが東京へ行ったら寂しくなりますね」のように末尾に「ね」のような、相手に対する同意・確認的な意味をもつ要素があるものも*18、ターンを譲るというところまではいかないまでも、やはり、全く断止なく続けるわけにはいかない*19。これらの場合も、相手の反応に委ねる内容をもつ発話であるため、行為達成のために話し手はいったんは切らざるを得ないのである。

瞬間性に即応するとき

また、②瞬間性に即応した言語行為の後というのは、たとえば、事態認識の類の行為の後がそうである。

（17）a　わかった！　なるほどそうだったのか。

b　あっ。麦わら帽子が飛ぶ！

c　ミラーさんが東京へ行ったら寂しくなりますね。　（＝7d）

事態認識という発語内目的をもつ語列を発する場合は、その場面において認識的な変化が生じている。そして、その変化は瞬間的なことが多い。これに即応するためには、行為としての発話を打ち切り、行為として成立させる必要がある。その認識の変化に即応したものとして「わかった」「麦わら帽子が飛ぶ」などの語列が発せられるわけである。そのためには、いつまでも発話を断止なくだらだらと続けて行為の完結・達成がはっきりしないというようなことは避けることになるはずである。短い時間に起きた認識的な変化を表出するわけであるから、その時間に合わせて行為も終結させるのである。つまり、事態認識という行為を遂行するためには、瞬間的に変化する認知状況に対応して、瞬間的に言い終わることが必要なのである。また、これに類するものとして、（18）のようなものもある。

（18）　a　まあっ！　ひどいけが。

b　はい。だからおばあちゃんに不安がられてます。

（18a）は事態受容表明、（18b）は対者受容表明であって（Ⅵ参照）、ある事態や相手を受容したという認識の変化に即応するものであるから、やはり、だらだら続けることは行為達成にとって好ましくなく、瞬間的に言い終わることが必要だといえる。結局、これらは、瞬間的な認識の変化に即応して、行為を終結させなければならないものというべきだろう。

このような場合以外は、おそらく発語内目的が達成されたところで切るか、あるいは、接続形式を用いながら続けていくかは、話者の任意であろう。とくに、事態伝達の発語内目的をもつ場合は、相手に向かって言語を発するということそのものが、結果的に何らかの事態を伝達することになるわけであるから、発話をし続ければその目的を連続的に達成することが可能である。要求表出などのように相手の反応に委ねるということは、一往ないわけであるから、接続形式を用い弱い統語関係を保ち続ければ原理的にはいつまでも続けられるのである。もっとも、切ることによって生まれる何らかの表現効果もあるわけであるから、実際は適度なところで切ることになるとは思われるが。

即時文と非即時文

以上のことを裏付けるような観察・理解としてあげられるのは、岩崎勝一・大野剛が掲げる「即時文・非即時文」という概念である（「「即時文」・「非即時文」」など）＊20。「即時文」とは、「話者がコミュニケーションの現場において瞬時に（つまり「即時的」に）発する文」である。それに対する「非即時文」とは「話者が自分の瞬時的な心情変化を即時に発したり、話の現場や現在話している内容に即座に反応するのではなく、発話に至るまでに比較的ゆっくりした過程を踏む」文である。岩崎・大野は、次のようなものを「即時文」とする。

(19) a 相手に行動を要求する。「一生懸命食べな」
b 相手に情報を要求する。「えお一人だったんですか？」
c 相手に同意を要求する。「でもあの後すごい余震があったでしょう」
d 相手の話に即座に反応を与える。「あ（h）大変ですね」
e 自分の感情や感覚などを表明する。「あつ：」（熱い）

また、「即時文」の性格として、次のような四点を示す。

（20）（ⅰ）即時文は、話者が自分の中に生じた感覚、感情、思考、意見などを即座に表出するものである。これらの感情、思考などの表出には、話の現場、発話内容、話の流れなどへ反応して起こるものと、周囲とは直接無関係に、話し手の中で自然発生的に起こる場合とがある。

（ⅱ）原則として短く、速めに一息で流暢に発せられる。

（ⅲ）文法的には完結しており、述部が終止形あるいはほかの言い切りの形を取ることが多い。

（ⅳ）決まり文句的な表現が多い。

一方、非即時文の性格を次のように示す。

（21）非即時文は、話者が、回想、提案、問題定義、解決案の提示のような複雑な情報を相手に伝える時に発せられるもので、いくつかの節（clause）によって構成されることが多い。

この「即時文」とは、ここでの見方でいえば、要求表出の発語内目的をもつ文（19a）、相手に反応を委ねる内容をもつ文（19b・c）、すなわち、①相手の反応に委ねる内容をもつ言語行為であるか、あるいは、事態認識の発語内目的をもつ文（19d・e）、すなわち、②瞬間性に即応した言語行為なのである。これらの「即時文」の性格として、岩崎・大野が（20）のように「（ⅱ）原則として短く、速めに一息で流暢に発せられる」「（ⅲ）文法的には完結しており、述部が終止形あるいはほかの言い切りの形を取ることが多い」とするのは、結局は上でみた、切らざるを得ないということの反映なのではないかと考えられる。

一方の「非即時文」の性格として、「いくつかの節（clause）によって構成されることが多い」とされ、また、このような節がつながっていくことは「節連鎖」と呼ばれるが、「非即時文」とは典型的には事態伝達の文であって、さきにもみたように、この事態伝達の文は、原理的には切らずに続けられるものなのであった。

このようにみると、複文における「切る・続ける」の問題とは、次のようにまとめられるであろう。すなわち、ある語列（語）が一つの発語内目的を担えば、そこで「切る」（切って文にする、文に切る）ことができる。そして、①相手の反応に委ねる内容をもつ言語行為の後、②瞬間性に即応した言語行為の後でなければ、接続形式を使いながら、さらに別の発語内目的を担う語列を「続ける」ことができる、ということである。そして、このような見方をとると、文とは、「一つの発語内目的をもつ語・語列、あるいは、一つの発語内目的をもつ語・語列を（続けられる場合において）接続形式で連接させたもの」ということになる。

6　あらためて、文とは何か

さて、あらためて文とは何か、ということに戻ると、少なくとも、文として成り立つ語列・語は最低一つの発語内目的を担っていた。しかしながら、複数の発語内目的をもつ語列が一文であるということもある。したがって、「その語列・語が一つの発語内目的を担う」というのは、文成立の必要条件である。そして、これが文成立の意味的側面である。しかしそれだけでは、ある種の文、すなわち重文の場合にはあてはまらない。重文の場合でも満たす文成立の条件とは「語列として統語的関係をもつ」である。これは文成立の外形的側面といってよいだろう（とはいっても、この条件は背後に一つの発語内目的を担うという面があるのであるが）。結局、以上をまとめると、「その語列・語が一つ以上の発語内目的を担い、統語的関係をもつ範囲」、あるいは、「一つの発語内目的をもつ語・語列、あるいは、一つの発語内目的をもつ語・語列を（続けられる場合において）接続形式で連接させたものであり、統語的関係が切れることによって成り立つもの」というのが文であるということになるのである。外形的な点だけをいえば、「切れる」というのが、文成立にとって重要といえる。あるいは、文を成立させるために「文に切る」のである。この「切れる」／「切る」というのは、ある意味あまりにもあたりまえの結論ともいえるが、逆にいえば、文を規定するためには、こういう形で外形的な側面について言及しなければならないということでもある。

ところで、ここまで考えてきた文とは書きことばの単位体であって、話しことばでは考えにくいとする向きもある＊21。しかし、おそらく、話しことばの文もこのようにみて問題ないように思われる。話しことばには、倒置・挿入・フィラー・言いさし、言い間違いなどの書きことばには少ない要素があるが、いずれも話しことばの即場的な側面から生まれるものである。そのようなものは、コミュニケーション上――それにはたらきがないわけではないが――なければなくてよいものである。いってみれば、「余剰」である。事前に練り上げ、修正が可能なのであれば、この（書きことばにとっての）「余剰」的な要素は排除できる。書きことばとは、そのような「余剰」を排除したものである。逆に、話しことばは即場的であるから、その場で理解できるものが「余剰」となる。そして、その場でわかる項は示さないなどのように、話しことばにとっての「余剰」は、当然切り捨てるのである。書きことば・話しことばのいずれもが、その性格に応じた「余剰」になるところを排して生み出されているにすぎないのだから（だからこそ、話しことばをもとに書きことばが書けるのである）、話しことばと書きことばで、単位体的なものの本質が異なるというのは、考えすぎのように思われる。

Ⅷ

文の機能の問題圏

1　文が文としてもつ意味

ここまで、文とは何か、いかに規定されるのか、また、文はいかにして文に成りあがるのか、ということを考えてきた。それにあたっては、文が文としてもつはたらき、文という単位体そのものがもっている意味といったような、文という単位体の特質に注目することにした。おそらく、その意味が語（群）から文に成りあがるための何らかではないかという見通しのもとに、次のような問題について考えてきたのであった。

（1）　a　文の部分が担っているとはいいにくい、文そのものがもっている意味があるのではないか。そしてそれは、どのようなものなのか。

　　b　言語の単位体としての「文」とは何か、つまり、文とは何か。あるいは、いかに規定されるのか。いかに成り立つのか。いかなるはたらきをするものなのか。

以下では、この（1）の問いに対する帰結について、ここまで考えてきた範囲で、まとめてみることにしたい。その上で、その帰結のもつ意味についても確認しておくことにしたい。

さて、このような問題について考える事情は、たとえば次のようなところにあった。すなわち、次の（2）の各文は「命令」とでもいうべき意味をもった文である。

（2）a　つまらん心配はしないで早く行け。
b　さっさとする。
c　そこに座るんだ。
d　さあさあ。早く乗った乗った！
e　助けて。
f　来週の月曜日は体操着をもってくること。
g　おーい。もっと冷えたビール！
h　敬礼。解散。

しかしながら、（2a）を除いては、「命令」の意味をあらわす形式はない。もし、（2a）のように文末に「命令」をあらわす要素（動詞命令形）があるのだとするなら、それぞれの文末は、（2b）動詞基本形、（2c）ノダ形、（2d）タ形、（2e）テ形、（2f）〜コト、（2gh）名詞ということになるが、これらはいずれも命令をあらわす形式とはいいにくい。では、このようなものにおいて、命令はどこが担っているといったらよいのであろうか。これは、次の（3）の場合も同様である。（3）の二文目はいずれも発話時に近接して事態を把握したことをあらわす文であるが、この事態の把握という意味、事態認識とでもいう意味はそれをあらわす形式は当該文のなかには存在しない。

（3）a　あっ。麦わら帽子が飛ぶ！

b　あっ。こんなところにあったんだ。

c　そうそう。明日は太郎の誕生日だった。

d　まあ！　速く走ること！

e　うわっ。足がある幽霊！

f　あっ。変な形のＵＦＯ！

g　あっ。ＵＦＯ！

一往、この（３）についても文末をみてみると、それぞれ（３ａ）動詞基本形、（３ｂ）ノダ形、（３ｃ）タ形、（３ｄ）〜コト、（３ｅｆｇ）名詞であって、これらはさきの（２）の場合とほとんど一緒である。やはり、文を構成する要素（語・形態素）のどこかに事態認識という意味を担わせているとはいえない。では、このような事態認識という意味はどこが担っているのだろうか。

このように命令なり、事態把握なりの意味をあらわす要素がないのだとすれば、これらの意味は文の部分的などこかに担われているものとはいえないことになる。しかしながら、文としては命令（要求表出）なり事態認識なりのはたらきをしていることは間違いない。そうなると、この命令（要求表出）・事態認識という意味は、文そのものが担っている意味（文が全体として担っている）と考えるべきなのではないか、ということになる。

2　文の機能とは何か

では、そのような意味にはどのようなものがあるのだろうか。このような見方で考えるとすると、これらの意味は、文を構成する要素のなかにそれをあらわす形式が必ずしも存在しないのであるから、形式を利用して、これらの意味がどのようなものであるのかを導き出すことはできない。ではどうするのか。この文のもつ意味を考えるにあたっては、言語行為という側面から考えるのがよいと考えられる。言語を発するにあたっては、言語を発することそれ自体が目的であることは少ない。言語を発することによって何かをしようとしているのである。その何をしようとしているのかということを考えるのが言語行為という視点である。このような視点から言語を分析する言語行為論は、そもそも哲学の分野において盛んになったものである。ここでは、とくにJ・R・サールの発語内目的についての考え方によることになる。サールは発語内行為、あるいは発語内目的 illocutionary point（言語を発することでどのような行為をおこなうのかということ、あるいは、どのような行為をおこなおうとするのか、その目的）を五つに分ける。それは、事実を描き出す①断言型 assertives、話し手が聞き手に何かをさせようとする②指令型 directives、話し手の意向をあらわす③行為拘束型 comissives、挨拶などの④表現型 expressives、そして話すことによってある種の出来事が成立することになる⑤宣言型 declarations の五つである。ただし、サールの示した五分類には若干問題もあり、端的にいえば⑤は余分、②と③とを別のものとして区別するなら、①も二つに分けられるべきである。また、④は①〜③とはかなりレベルが異なる。それは世界を描かなくてもよいからである。したがって、①〜③と④は大きく分けるべきである。以上をふまえて、発語内目的の分類を示すと、次のようになる。

（4）（Ⅰ）交話型　　　　応答文・呼びかけ文・接続文など

（Ⅱ）内容表現型

（a）事態描写系

〈1〉事態認識　話し手が新たに事態を認識したことを表出する　…認識文

〈2〉事態伝達　話し手が保っている知識を聞き手に伝える　…伝達文

（b）情意表出系

〈3〉意向表出　話し手の意向を表出する　…意向文

〈4〉要求表出　話し手の要求を表出する　…要求文

つまり、発語内目的は事態認識・事態伝達・意向表出・要求表出などに分類されることになるが、この事態認識・事態伝達・意向表出・要求表出などが、さきにみた文そのものの担っている意味であると考えられるのである。あるいは、言語を発するにあたってはこのような発語内目的があるということであるから、このような意味は言語を発することで必ず伴う意味、言語行為的意味であるともいえる。そして、この発語内目的を担う単位体が文であって、語なり語列なりが文に成りあがるのは、この発語内目的をもつことによってであるという帰結にいたった。また、発語内目的を担う単位体が文であるとすれば、（4）の類型は文の類型といってもよい。

この考え方をもとにすると、さきにみた（2）の文が命令（要求表出）をあらわすのは、みな聞き手に何かさせようとする行為、すなわち〈4〉要求表出という発語内行為をおこなう文であるからである。（3）が事態認識をあらわすのは、（3）の文を発することによって事態認識という発語内行為をおこなうからである。結局、さきにみた文が文としてもつ（2）命令（要求表出）、（3）事態認識という意味は、この言語行為的意味ということになる。

ところで、この言語を発するということは、右の発語内目的によって発するということであるが、目的というのはそれを用いる人の立場からみた言い方であって、それを文がいかなるはたらきをしているかという側からみれば、文には上述のような機能があるということにもなる。つまり、文には事態認識・事態伝達・意向表出・要求表出といった文そのものとしてもつ、すなわち、文が全体として担っている機能があるということになる。そして、その機能を担うことによって、文は文に成りあがるということになる。いわば、この機能は文を文として成り立たせるための要件のうちの意味的中核といってもよい。このような文が文としてもつ意味は、「そこに座るんだ」の場合の、〈聞き手が指示されている場所に座る〉ことというような、文の構成要素から生み出される意味とは異なることから、本書では文の機能と呼ぶことにしたのであった。あらためてまとめると、文の機能とは、文が全体として担っている文を文として成り立たせるための中核的な機能的意味であって、それは言語行為的な意味でもある、ということになる。そして、この文の機能・言語行為的意味という機能的意味ゆえに文が機能的統一体となり得るのだといってよいだろう。

なお、さきの（4）は（I）の交話型の下位分類は省かれているので、次にその分類をあげておく。

（5）（I）交話型

（a）受容表明系

〈1〉事態受容表明　話し手が事態に対する受容をおこなったことを示す　…感嘆文

〈2〉対者受容表明　話し手が対者に対する受容をおこなったことを示す　…応答文

（b）受容要求系

〈3〉事態受容要求　話し手が事態に受容を求める　…呪文文

〈4〉対者受容要求　話し手が対者に受容を求める　…呼びかけ文

（c）関係表示系

〈5〉関係表示　事態と事態の関係を表示する　…接続文

ここまでふりかえったのは、まずは（1a）についての答えであるが、それが文を成り立たせるものであると も考えたことになる。そして、これは（1b）言語の単位体としての「文」とは何かということに関しての意味的側面であった。が、文というのは外形をもつわけであるから、当然のことながら、文の外形的側面も問題になる。それは、「切れる」「切る」という現象であった。ただし、この現象は純粋に外形的な問題ではなく、この言語行為的意味、あるいは文の機能を支えるものであった。それをふまえると、文とは、「その語列・語が一つ以上の発語内目的を担い、統語的関係をもつ範囲」、あるいは、「一つの発語内目的をもつ語・語列、あるいは、一つの発語内目的をもつ語・語列を（続けられる場合において）接続形式で連接させたものであり、統語的関係が切れることによって成り立つもの」ということになる。そしてそれは、言語行為の基本的な単位体としてはたらくものであるということにもなるのである。

3　文の機能を認める意味

このように文の機能、あるいは言語行為的意味という点と、「切れる」「切る」という点が問題になってきたが、あらためて、この前者、文の機能あるいは言語行為的意味という範疇を認めることの意味についてまとめておくことにする。

文成立の意味的中核点として

まず、第一にあげるべきことは、文成立の意味的な中核点ということである。ここでの議論は文とは何か、文とはいかに成立するのかということを問題にしてきたのであるから、この点がまずあげられるのは当然なわけであるが、もう一度、従来の議論の流れのなかに位置づけてみる。

文がいかに成立するのかという疑問は、文という言語の単位体についての議論である文法論においてはきわめて重要な問いであり、日本語文法研究史における陳述論という議論においては中心的なテーマであった。この議論の出発点には、山田孝雄の「陳述」「統覚作用」概念があり、山田文法においては文の成立についても論じられていた。山田においては統覚作用が文を成立させるということであって、それは一回的に文は成立するという議論であった。しかしながら、陳述論はあるところで屈折し、種々の主観的なものが多層的に加わりながら多段階的に文が成立するという議論に変質した。実際の屈折点はより前であるとはいえるが、決定的な方向性を与えたのは、芳賀綏の「述定的陳述」と「伝達的陳述」であった。そして、その流れを受けて、日本語文法における文成立は階層構造に依存する多段階的な理解になっていき（たとえば、南不二男のＡＢＣＤ階層説）、現在では階層的モダリティ論のなかに流入した。

しかし、文が多段階的に成立するというのは、典型的には種々の文法的カテゴリをもち得る動詞述語文にいえることなのであって、さほどの文法的カテゴリをもたない名詞述語文のようなものが存在することや、さらにいえば名詞一語文にいたっては、多段階的把握は全くできないことを考えると、多段階的文成立論は問題があるといわざるを得ない。そこで一回的な文成立論が要請されることになるが、その点で、ここでのように文の機能を認めることにすれば、語列が文に成りあがるための機能が文の機能であると考えることができることになり、また、この文の機能を担うこと、すなわち言語行為的意味をもつことによって文になるという見方をとれば、あらためて山田孝雄的な一回的文成立論を展開することが可能となる。その場合、この文の機能とは文成立のための中核点となることになる。このように文の機能というカテゴリを認めることは、文の成立という文法論の重要な問題を考えるための鍵になるといってよいだろう。

そして、言語の単位体という問題でいえば、たとえば、語（単語）という言語単位体のもつ意味は、必ずしも語を構成する語構成要素の意味の総和からなるわけではないということは、よく知られたことであった（たとえば「庭石」「綱引き」などを想起されたい）。これは、より小さい単位体を構成要素として、より上位の言語単位体が成り立つ際に起ることであるといえるが、このようなことは語列が文に成りあがる際にもみられるものであることになる。すなわち、文という言語単位体の成立にあたっても、必ずしも文を構成する語群の意味の総和がその文の意味になるわけではなく、必ずしも文の構成要素の意味には帰せないものとしての文の機能、あるいは言語行為的意味が文にみられ、これが語列に加わることによって文になっているということであって、このことは語構成要素群がまとまって語に成りあがる場合と平行的なのである（これは、言語における質的統一体としての単位体の成立ということである）。このことからも、この文の機能を切り出しておくことには大きな意味があるといってよいだろう。

形式をもたずに表出されるある種の意味のありかとして

このような文の機能を認める意味として、次にあげられるものは、形式をもたずに表出されるある種の意味のありかとしてこのような文の機能を位置づけることができるということである。たとえば、さきの（2）（3）の要求表出なり、事態認識なりの意味である。文を構成する要素（語・形態素）のどこかにこのような意味はなく、しかし、文全体としてはそのような意味をあらわしていることは間違いないわけであるから、このような意味のありかとして文の機能を認めるということには意味があるといってよいと思われる。

これに関していえば、仁田義雄はモダリティのありかについて、モダリティ概念をまとめた一九九〇年代初頭ごろの考え方を、後にあらためている（「モダリティのありかを求めて」）＊1。仁田は「単語連鎖を文たらしめるにあたって、重要な役割を果たしているのが、言表態度（モダリティ）的な意味の存在である」とする。これは仁田の考え方では、「発話・伝達のモダリティ」ということになり、この点ではモダリティをまとめたころの考え方とかかわるわけではない。しかし、モダリティの議論の成熟が進み、21世紀に入る直前になって「モダリティの在りかは、文の意味構造にある。言語形式は表示者ではあるが、モダリティの在る所ではない。モダリティは、まずもって、文の意味構造のある位置・ある箇所に存在する」とすることになった。この発言に対しては、田野村忠温が「〝文の意味構造〟とか〝文の意味構造のある位置・ある箇所〟といった正体の明らかでない概念が登場している」と疑問を呈している（「現代語のモダリティ」）＊2。この田野村の指摘は正鵠を射ていると思われるが、結局、（2）にみられるような要求的意味がどこに存在するのかという問いに対しては、文中のどこかの形式であるとは答えられないことが、このような仁田の発言を生んだと推測されるのである。そもそも「モダリティ」とは何かという問題もあるのではあるが、文の機能を認めることが、このような文にみられる意味が何であるか、それがどこにあるというべきなのか、という問いへの答えの一端にはなっているであろう。

形式をもたずに表出されるある種の意味ということでは、「火事！」「犬！」のような名詞一語文も問題になる。名詞一語文は一語の名詞がただ談話のなかに放り出されるものであるが、そのような単純な形式であっても、種々の意味をもつことが指摘されている。たとえば、尾上圭介は七類一七種をあげる（［図］参照。「一語文の用法」）＊3。これで過不足がないかということは別にしても、A存在承認とB存在希求は、いってみれば、（4）のⅡ（a）かⅡ（b）かということである。尾上はこのA類・B類をそれぞれ、『「それがある」こと、「それを求める」ことを、「それ」の名を叫ぶことによって表現してしまう発話』とするが、これはまさに、ここでの事態を描くのか、意向を表出するのかの差異である＊4。ここでの文の機能を認めることが、一語文のもつ意味の正体、意味のありかということへの回答になるように思われる。

ただし、そのように考えることにするとき、これまでの「モダリティ」なり、山田孝雄の「喚体句」なりの文法概念については、あらためて考え直す必要が出てくることになるのであるが（後述）。

言語の機能として

以上は、文法論のなかで文の機能を認めることの意味について述べてきたが、さらに視野を広げ、言語はいか

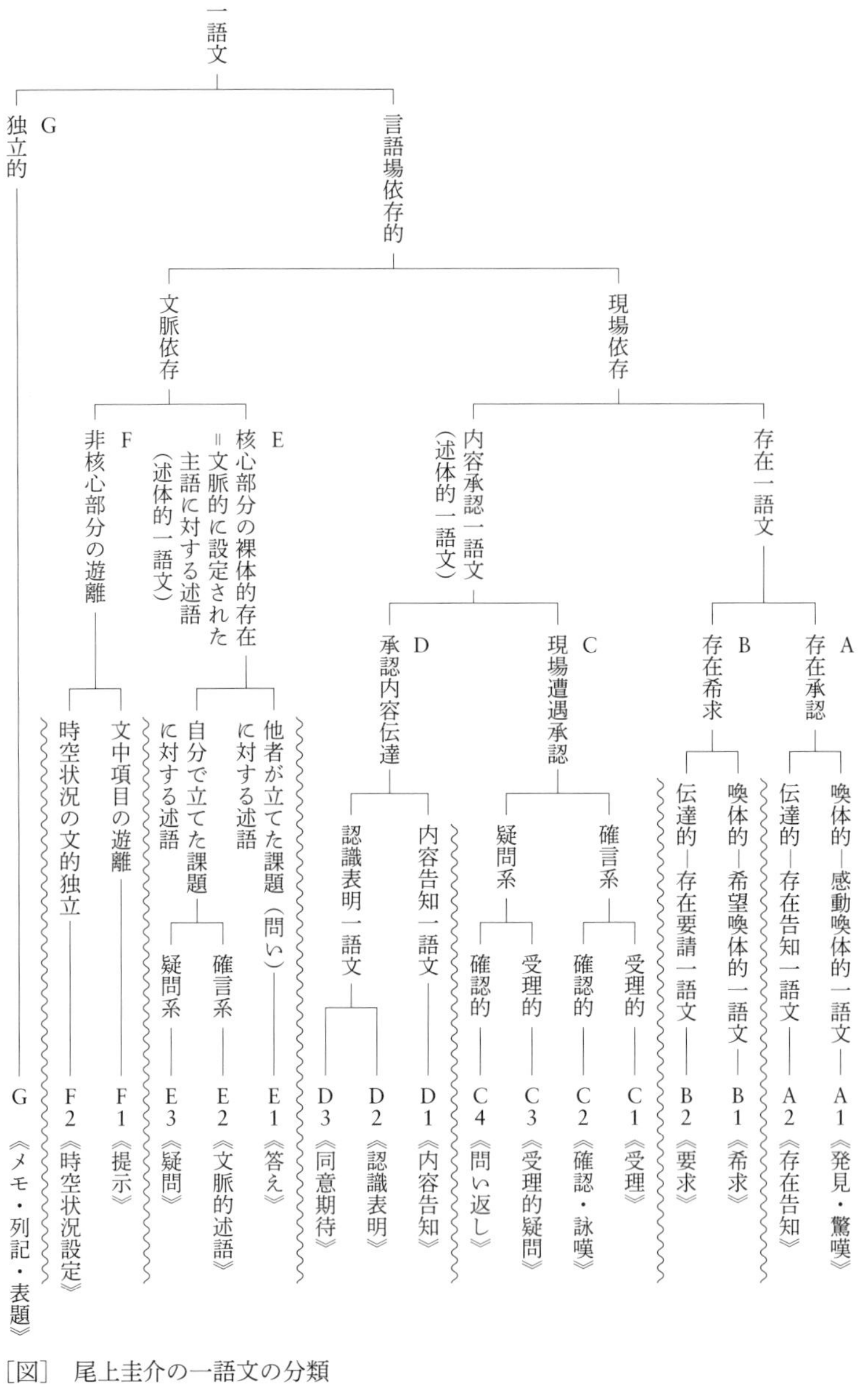

［図］　尾上圭介の一語文の分類
（「一語文の用法」）

なる機能をもっているのかという見方との関わりを述べておく。言語の機能という視点でよく知られるのは、R・ヤコブソンの議論である。ヤコブソンは次の六つの機能を認める（「言語学と詩学」）*5。

（6）①　referential　：関説的（告示的 denotative、認知的 cognitive）〈ことがらを伝えるはたらき〉
②　emotive　：心情的（表現的 expressive）〈送り手の態度をあらわすはたらき〉
③　conative　：動能的　〈受け手に働きかけるはたらき〉
④　phatic　：交話的　〈受け手と送り手の接触に関わるはたらき〉
⑤　metalingual　：メタ言語的　〈ことばをことばで説明するはたらき〉
⑥　poetic　：詩的　〈技巧的に表現するはたらき〉

これは、K・ビューラーの言語機能の三分類に交話的、メタ言語的、詩的の三機能を追加したものである。繰り返しになるが、ここでの言語行為的意味としての文の機能は、行為としてみれば言語を用いるという行為、言語による行為のもつ目的ということになるわけであるが、その行為は言語形式を発することによってなされることであるから、それを言語の側からみれば、言語形式（ここでは文）が一定の機能を担っているということでもある。そういう点で、ここでの文の機能とヤコブソンの言語の機能はいずれも言語の機能の記述であるといえ、両者は対比可能であろう。（4）の文の機能とヤコブソンの言語の機能を対比してみると、［表］のようになるだろう。ヤコブソンは「ことがらを伝えるはたらき」として関説的 referential を認めるが、同時に告示的 denotative、認識的 cognitive ともいう。具体的に示されているわけではないが、その用語を考えるに、告示的 denotative とは事態の表示、認識的 cognitive とは事態を認識把握するということであれば、認識的は〈1〉事態認識に重なるといえるかもしれない。［表］はそれを生かしたものである。これをみると、ヤコブソンの言語機能は、⑤メタ

［表］　言語行為論における言語行為、一般言語学における言語の機能分類との対応

	表現類型 M	J. R. サール	R. ヤコブソン	K. ビューラー
〈1〉事態認識	演述（疑問・感嘆）	断言 assertives	（認識的 cognitive）	演述 Darstellung
〈2〉事態伝達	演述		関説的 referential	
〈3〉意向表出	情意表出	行為拘束 commissives	心情的 emotive	表出 Ausdruck
〈4〉要求表出	訴え	指令 directives	動能的 conative	訴え Appell
（I）交話型		表現 expressives	交話的 phatic	
		宣言 declaratives		

M…モダリティ

言語的 metalingual、⑥詩的 poetic を除けば、ほぼ言語行為もしくは、文の機能と重なる＊6。つまり、文の機能とは、すなわち言語の機能（の一端）であって、言語が発せられそれが何らかのはたらきをするにあたっては、それは文の形をとるということになるということであろう。仁田義雄が、「文は、言語活動の基本的単位である」とするのは＊7、このことの反映であると思われる。

4　文の機能の問題圏（1）　文法概念の再構築

以上のようにみてくると、文の機能という範疇についてはこれを認めておくのがよいと思われるのであるが、この文の機能という問題は、さらにさまざまなところに関わっていくと思われる。そのひとつが文法概念の再構築ということである。すでにみてきたところでもわかるとおり、これまでの文法論で用いられてきている概念について、あらためて考え直す必要があるものがあるのではないかと思われるのである。

そのひとつは、現在の文法論でも頻用される「モダリティ」という概念である。モダリティとは「話し手の発話時における心的態度をあらわすもの」、あるいは「主観的な判断・態度を表す要素」＊8といった概念として、日本語文法論のなかで扱われているが、そのように考えることには問題があろう。もちろん、主観的表現ということが全く的を射ていないわけではないが、さきの表をみてもわかるように、仁田義雄の「発話・伝達のモダリティ」、益岡隆志の「表現類型のモダリティ」のいわゆる表現類型にかかわるモダリティは、文の機能、あるいは言語行為的意味に重なるのであって、少なくとも、「発話・伝達のモダリティ」「表現類型のモダリティ」を単に主観的表現といって済ませるわけにはいかないように思われる。もちろん、仁田・益岡のいずれもこのようなモダリティに「文の存在様式」「表現・伝達の機能の面から文を類型的に特徴づける」ものといった意味づけを与えてはいるが、それで十分であるとはいえないであろう。そして、それは同時に「モダリティ」とは何かということについて、あらためて考え直してみることが必要になるということを意味することになると思われる。

またそうなると、そもそもモダリティの規定に用いられる文法概念としての主観的意味・主観的表現・主観性とは何であるのかということも問題になりそうであるし、主観的表現を何でも「モダリティ」と呼ぶことに関しても考え直していく必要がありそうだということになる＊9。おそらく、モダリティ概念を無用に拡散させることは避け、モダリティ概念は「mood的意味」という位置で絞って考えることが、対照研究・類型論的研究に求められるように思われることを考えると、「発話・伝達のモダリティ」「表現類型のモダリティ」をモダリティと呼ばないほうが整合的になると考えられる。混沌としているモダリティ概念を整理するためにも、このカテゴリをモダリティ概念から分離したほうがよいと思われ、その行き先として、文の機能という枠組みがそれを吸収することが可能であるといえる。

　以上のように、現行のモダリティ論、あるいは主観性といった概念を整理していくなかで、文の機能という概念は、一定の有効性をもつと考えられるのである。

喚体句

また、さきに検討したように、この文の機能を認めることが、名詞一語文のもつ意味の正体やその意味のありかということへの回答につながるとすると、名詞一語文とは非述語文であるから、非述語文の議論にも関わっていくことになると思われる。非述語文の議論としてもっとも問題になるのは山田孝雄の喚体句の概念であろう。喚体句とは「妙なる笛の音よ。」「老いず死なずの薬もがな。」のような名詞を中核として、そこに修飾句がつく非述語文である。文の機能を認めることによって、この喚体句の成立や意味に関して、あるいは、そもそも喚体句という概念をどう考えるかという喚体句の再検討に議論が及んでいくことになると思われる。後に詳しく検討するが山田孝雄の喚体句の概念には問題もある。しかし、この喚体句の概念が非述語文の存在や成立ということを考えるために大きな貢献をしてきたことを考えると、ここにいたっては、この概念もあらためて検討し直していくことができるのではないかと考えられる。

　やはり、喚体句という概念を再構築していくにあたっても、文の機能という概念は一定の有効性をもつように思われるのである。

5　文の機能の問題圏（2）　文法形式記述の厳密化

従来ある形式の意味だと把握されてきたもののなかに、文の機能に関わる意味が含まれていることがあると考えられる。そのような場合、文の機能をとりのぞいて考えることによって、その形式の意味がより厳密に、また多くの場合、その形式のもつ諸用法が統一的に把握できるようになるということがあるのではないか。つまり、文の機能を認めることによって、ある種の文法形式の記述を厳密化することができるように思われるのである。

接辞タ・動詞基本形

その典型は接辞タの意味である。タは典型的には〈過去〉をあらわす接辞としてはたらくが、場合によっては〈過去〉をあらわすとはいえない場合があることが知られている。そのようなものは「ムードのタ」などと呼ばれて、〈過去〉をあらわすタとは分けて考えるのが普通である。そのような例を尾上圭介による整理で掲げると次の（7）のようになる*10。

（7）③-2　見通しの獲得

12　（詰みにつながる手筋を発見して三1角を打ちながら）よし、これで勝った！

13　（殺人計画の完成）これで間違いな

（8）③-2　見通しの獲得

12′　よし、これで勝つ！

13′　これで間違いなくあいつは死ぬ！

くあいつは死んだ！

③-3 発見

14 あった！ あった！

15 バスが来た！

③-4 決定

16 よし、買った！

17 ええい、やめた！

④想起

18 おれには手前という強い味方があったのだ。

19 君は、たしか、たばこを吸ったね。

⑤要求

20 どいた！ どいた！

21 さっさと飯を食った！ 食った！

---

③-3 発見

14′ あっ。ある！

15′ バスが来る！

③-4 決定

16′ よし、おれ、これ買う！

17′ ええい、もうやめる！

④想起

18′ そういえば、おれには手前という強い味方があるぞ。

19′ そういえば、君は、たしかたばこを吸うね。

⑤要求

20′ はい、そこをどく！

21′ さっさと飯を食う！

たしかに、（7）の③-2〜⑤のタ形は〈過去〉の意味をあらわしていないだけではなく、ある種の主観的意味をあらわしているようにも思える。③-2・③-4・⑤はこれからのことであって、明らかに〈過去〉ではない。しかしながら、③-2「見通しの獲得」なり、③-4「決定」、⑤「要求」の意味は、タの意味とは考えにくいのではないか。それは、（8）のように動詞基本形でも全く同様に「見通しの獲得」「決定」「要求」をあらわせるからである。さらにいえば、動詞基本形だけではなく、（９）のようにノダの形でも可能である。

（９）③-2 見通しの獲得

③-3 発見

③-4 決定

④想起

⑤要求

13″ これであいつは死ぬんだ。

14″ あっ、こんなところにあるんだ！

16″ おれ、これ買うんだ！

17″ もう、ピアノはやめるんだ。

18″ そういえば、味方があるんだ。

19″ そういえば、君、たばこを吸うんだ。

20″ そこをどくんだ。

21″ さっさと飯を食うんだ。

以上のようにみると、いわゆる「ムードのタ」の「ムード性」は、タという形式の意味ではないと考えたほうがよいように思われる。これは文の機能、あるいは言語行為的意味であって、③-2・③-3・④は（４）の〈１〉事態認識、③-4は〈３〉意向表出、⑤は〈４〉要求表出なのである。結局は、これは言語行為的意味をもっていないニュートラルな形式が文末に来ると、言語行為的意味が見え透いて、あたかもその文末形式が「ムード性」をもつようにみえるということなのである。いいかえれば、言語行為的意味に関わる意味を積極的にはあらわさない文末の文法形式から、言語行為的意味・文機能的意味が見え透きやすいということでもある。

結局、接辞タの意味を厳密に考えるにあたっては、文の機能をとりのぞいて考えることが必要で、そのことによって、その形式の意味がより厳密に、また、その形式のもつ諸用法が統一的に把握できるようになるように思われる。このことの詳細は後に検討することにするが、接辞タに加えて、動詞基本形の意味についてもそのようなことはいえるであろう。

ダロウ

これは、タにかぎらず、たとえば、ダロウの意味なども同様である。ダロウとは「推量」をあらわすものとされ、話し手の主観な判断が常に表出されているものだとされるが、実は必ずしもそうではない。

(10) a これだけきれいな夕焼けなら、明日は晴れるだろうなぁ

b はさみどこだっけ？ ——えっ、はさみ？ はさみならそこにあるだろ！

c あそこに高いマンションが見えるでしょう。そこが私の引っ越し先です。

d (天気予報) 明日は山沿いは曇り、平野部では晴れるでしょう。

これらはいずれも「だろう／でしょう」の例である。(10ａ) はたしかに話し手が明日の天気のことを推量しているといってもよい (推量用法) が、他はそうではない。(10ｂｃ) は「確認要求」とされるものであって、話し手が判断をしているものではない。聞き手に話し手の知識を伝えているものだといえる。また、(10ｄ) も話し手が判断をしているものではない。この天気を伝えているキャスターは、この天気について述べる発言の段階で判断をしているとはとてもいえず、「明日は平野部では晴れる」ということを伝えているにすぎない。このようにダロウも「話し手の不確実な判断 (＝推量) を表す」というような意味記述では適切ではないことがわかる(余分がある)。そして、「推量」という説明は (10ａ) の文そのものの もつ文の機能、すなわち事態認識の意味を織り込んだ説明であって、やはり、ダロウの意味をきちんと説明するには、文の機能的意味をとりのぞいて考えることが必要なのである。このように文末にあらわれやすく多義的な文法形式には、このような見方で見直す

ことができるものがあるように思われる。

文の機能と用法の相関

次に掲げる点は、さきにみたこととほとんど同じことであるともいえるが、文の機能の違いが、ある多義的な文法形式の用法の差異に関わることがあるということである。これも文法形式記述の厳密化に関わることである。たとえば、さきにみたダロウにおいて、推量用法と確認要求用法とは、その用法を異にするという説明がなされるのが普通であるが、その差異には、文の機能の差異が関わっていた（これはタの場合でも同様である）。

このようなことは、現代語にかぎったことではなく、古代日本語においてもみられることである。たとえば、ケリという形式は、「過去」と「詠嘆」という二つの意味をあらわすと記述されるのが普通であるが、これは、〈1〉の事態認識の場合が「詠嘆」（＝11a）、〈2〉の事態伝達の場合が「過去」（＝11b）になる＊11。

（11） a　見わたせば花も紅葉もなかりけり　浦の苫屋の秋の夕暮れ　（新古今三六三）

b　今は昔、竹取の翁といふものありけり。　（竹取）

また、ベシには「推量」「意志」「命令」などの用法があることが知られるが、これも文の機能が反映されたもので、（12a）の「推量」は〈1〉事態認識、（12b）の「意志」は〈3〉意向表出、（12c）の「命令」は〈4〉要求表出の機能をもつ文におけるベシということになる。

（12） a　尼になるべしと見るに　（大和一〇三）

b　入道（＝頼政）も年によッて候とも、子共ひき具して参り候べし。　（平家四・源氏揃）

c　「はやはや参らるべし」とすすむるあひだ　（平家六・慈心房）

ムも同断で、「推量」（「あまり年つもりなば、その御心ばへもつひにおとろへなむ。」『源氏物語』若菜下）・「意志」の用法が知られるが、前者は〈1〉事態認識、後者は〈3〉意向表出である。この両者は近代語においては、前者がダロウという形に移行し、後者がム→ウ（ヨウ）という形に移行した。文の機能の差異によって、別形式に分化したものといってよい。本書では古代日本語についての検討はおこなわないが、こういった点で、文の機能が異なるということは文法形式の用法にとって大きなことであるということは間違いのないところである。

さらに、この文の機能の類型によって親和的な言語形式、不親和的な言語形式があるということもあげておいてよいだろう。〈3〉意向表出、〈4〉要求表出のもつ主語人称の制限（〈3〉は一人称、〈4〉は二人称）などは、すでにモダリティ論でも説かれたところであるので詳しくは省略するが、〈1〉事態認識、〈2〉事態伝達のようなものでも親和的な形式、そのような文の機能をもつ文が使える場面、使えない場面がある。

（13）a　彼が結婚するそうだ。

　　　b　僕、明日は来ないよ。用事があるんだ。

（13a）の伝聞のソウダは〈2〉事態伝達でしか使えない。また、「対人的ムードのノダ」とされる（13b）のようなものも同様である。必ず聞き手が必要であるともいえる。

また、このような現象は共通語にかぎったことではない。

（14）a　A　チョッコ　飲ミニ　行カンケ？　　（ちょっと飲みに行かない？）

　　　　　B　ソンガ、今日アンマ　時間ナイガイ（×ガヤ）。（今日はあまり時間がないんだよ。）

　　　b　（友人が車を運転しているのを見て）

ア、アイツ運転{×スンネン／スルンヤ}。　（あっ、あいつ運転するんだ。）

ヘーエ、伊達{×勝ッテン／勝ッタンヤ}。　（へーえ、伊達が勝ったんだ。）

c　（コンピュータが動かない。原因を探っているうちに。）

ア、ワカッタ。コンセントガ抜ケテタンダ（×ンズ）

（14a）の富山県井波方言ガイという形式、（14b）の京都市方言のネンという形式、（14c）の青森県五所川原市方言のンズという形式は事態伝達の場合にしか使えないとされる*12。逆に、共通語の思い出しをあらわす「っけ」、種子島方言のケル（「ヤッパリ　釣レンジャッタケル。」）は事態認識専用の形式である*13。

また、場面ということでいえば、次のような独り言は〈1〉事態認識でしか使えない。

（15）a　ああ、気楽な人だよ。

b　あ、ぶつかる。

結局、文の機能、すなわち言語行為的意味の違いというのは、文の意味において大きな違いをなすものであるといえ、それに親和的な形式がある一方で、きわめて不親和的な形式も当然出てくることになる。たとえば、（Ⅱ）（a）事態描出系の文の機能をもつ場合、ここに命令形という話し手の希求をあらわす形式は、意味的にきわめて不親和的であって、共起し得ないことになるのである。

こういう点からも、文の機能という範疇を立てておくことは有益なことだと考えられる。

6　文の機能という範疇を認めるべきである

ここまでのことを考えると、文の機能という範疇を認めておくことに一定の意義はあるといえそうである。この文の機能とは、言語行為論に基盤をもつことからいって、文法論ではなく語用論の分野の議論であるという考え方があるであろう。実際、言語行為論は、普通、語用論で扱われる。しかし、この文の機能は、その意味的なところはこれまで文法論で考えられてきたような範囲に関わるものであるし、また、文の成立という文法論的課題に関わる問題でもあった。そして、なんといっても文の機能の類型的種類は、きわめてかぎられた数しかない。そういう点で、文法論で扱うという見方があってもよいと思われる。ここではそういう立場で考えてきた。もっとも、この問題が語用論的問題でもあるということは、否定はできない。形と意味が相即的ではないからである。これは、この問題が文法論と語用論・談話論の境界の問題であることに起因すると思われる。ここでは、この問題を文の機能として、文法論的な方向から眺めてきたと理解するのがよいであろう。

7　文法概念の再構築・文法形式記述の厳密化に向けて

以上のように、文の機能を認めることの意義を述べたが、その帰結として、再構築の必要となる文法概念がでてくること、また、記述の厳密化をはかることのできる文法形式のあることにもふれた。そこで、以下では、いくつかの文法概念に絞って、文法概念の再構築を試みることにしたい。また、いくつかの文法形式に絞って、記述の厳密化を試みることにしたい。前者については、「主観性」「モダリティ」「喚体句」をとりあげることにする（Ⅸ～Ⅺ）。なかでも「主観性」と「モダリティ」は、近年の文法論においてよくとりあげられる概念である。しかし、そこには問題点も多いものである。後者については、現代日本語の時間表現形式とされるタ形、および、それに対立するとされる動詞基本形の文法的意味を考えることにする。その上で、従属節（連体修飾節）にみられる時間的意味（テンス・アスペクト的意味）の問題も考えることにしたい（Ⅻ～ⅩⅣ）。

そして、そのような考察を経て、実際に文法概念がよりよく再構築されることになり、また、文法形式記述の厳密化を進めることができるということになるのであれば、文の機能を認めることの意義をより広く認めることができる、ということになるのではないだろうか。

Ⅸ 主観性

1 「主観性」という文法概念と「不変化助動詞の本質」

日本語文法論において、「主観性」(主観的意味)、あるいは「主観的表現」という概念は、現在、きわめて重要な位置をしめるものと考えられる。とくに、文には階層性があって、その外層部分は主観的表現であるというような見方においてはそれが顕著であると思われる(それに伴って、階層の核部分は客観的表現として扱われることになる)。現代日本語のいわゆる日本語モダリティ論はその典型であって、「モダリティ」とは——当然ながら細かく考えればこれでおさまるとはいえない部分もあるが、おおむね——「主観的な判断・態度を表す要素」などとされ、文法論の概念としての鍵概念のひとつとなっているといってよい。いうまでもなく、この主観(vs客観)という概念はモダリティ論が独自に切り出したものではなく、日本語文法論の展開のなかにおける陳述論争という議論のなかで醸成されてきたものといえる。もちろん、C・フィルモアなどの海外からの理論の影響などもあろうが、この議論における陳述論の議論のしめる位置は大きいだろう。

なかでも、陳述論の議論のまっただなかにあらわれた、金田一春彦の「不変化助動詞の本質」(一九五三)は文法形式における主観的・客観的の別を説き、後の文法論の議論にきわめて大きな影響を与えたものである。これは、活用の形態が一つしかない不変化助動詞「う」「よう」「まい」は、話者のそのときの心理の主観的表現である、と述べるものである*1。ここにみられる結論は、日本語文法研究における陳述論・モダリティ論などにおいて重要な位置を占めるもので、きわめて影響力の大きいものだといってよい。現代日本語の文法論は金田一のこの議論に直接にはふれないことも多いものの、影響を受けていることは間違いない。そういう点で、この論文は日本語文法論における金字塔といっても過言ではない。

ところが、この論文にみられる論証の方法にしたがってあらためて分析を進めてみると、実は、金田一の導き出した結論、すなわち不変化助動詞が主観的な表現であるという結論とは異なった帰結が導き出されるのではないかと思われるのである。そこで、ここでは「不変化助動詞の本質」の議論をふりかえりながら、この論証の手続きを推し進めるとどこへたどり着くのか（本来はどこへたどり着くはずだったのか）、さらには、その考え方の帰結がどのような意味をもつのか、また、現代の文法論において、いかなる射程をもつのかということを考えていきたい。そして、その検討をもとに、また、ここまでみてきた文についての考え方をふまえつつ、この陳述論の流れのなかで醸成され、盛行にいたった「主観性」（主観的意味）、「主観的表現」という概念の文法論における扱いについて考えてみることにしたい。いわば、文法概念としての「主観性」「主観的表現」というものを、見直してみようと思うのである。

2 「不変化助動詞の本質」の日本語文法論における位置

まずは、この「不変化助動詞の本質」が、日本語文法論のなかでどのような位置をもつのかをふりかえっておくことにする。ここでは日本語文法論の展開における位置、現在の日本語文法論に与えた影響という二つの側面からみてみることにする。

まず、この「本質」は、日本語文法論の展開において、時枝誠記による詞辞論への批判としての位置を占めるということがあげられるだろう。時枝誠記は自身の言語過程説およびそれにもとづく文法論の帰結として、詞が客体的表現、辞すなわち助動詞・助詞が主体的な表現であると主張した*2。金田一の議論は、辞である不変化助動詞が主観的だとするのと同時に、辞であっても客観的なものがあるというものである。金田一は「再論」のなかで、「過程説の首唱者が辞の外延をあやまったと考える」とすることからも、この「本質」は時枝批判であると考えてよい。そして、この議論は、詞・辞の違いで主体的表現か客体的表現かを区別する時枝理論の影響を左右するものであったと考えられる*3。

このように「本質」が、時枝詞辞批判としての位置をもつということは、同時に陳述論争の一齣でもあるということになる。日本語文法論における陳述論とは、文はいかにして成立するのかを問うものであり、その成立に主体的・主観的なものが関わるという議論であって、日本語文法論の展開のなかで大きな位置を占めるものである*4。この「本質」は、その陳述論に対して基盤的な理論を提供したものとして位置づけることが可能であろう。この陳述論の流れのなかに渡辺実の議論がある*5。渡辺による叙述と陳述の議論は、主観・客観論と文成立論の融合をはかったものであると考えられる。渡辺は述語構造を検討し、いわゆる第3類の助動詞「だろう」「う（よう）」「まい」が「殆ど終助詞の列に入ろうとしているもの」「終助詞に準ずる」とするが、これは、金田一の議論によって基盤が固められることになったものだと考えてよいだろう。さらに、この「本質」は、芳賀綏の二種の陳述の区別の前提の議論となっている＊6。芳賀は、金田一が認めた助動詞的な主観的要素と、渡辺が陳述的色彩のもっとも濃いとみなす終助詞的な主観的要素を区別し、そのいずれもが陳述（述定的陳述と伝達的陳述）であり、そのいずれかがあれば文が成立すると主張した。この議論も金田一の「本質」の影響が大きかったものといえる。この渡辺・芳賀の議論は陳述論史のなかでも大きな位置を占める議論であることは疑いないものであって、「本質」そのものは直接には文の成立について議論はしていないものの、陳述論の展開のなかで大きな役割を果したものということができるだろう。

加えて、この「本質」は、現在盛んに議論されているモダリティ論に大きな影響を与えているといってもよい。現在議論されるモダリティとは、「話し手の発話時における心的態度をあらわすもの」＊7、あるいは「主観的な判断・態度を表す要素」＊8 という文法的な要素である。このモダリティには、金田一が主観的表現であるとする不変化助動詞が含まれているが、「本質」が、この不変化助動詞を「話者のそのときの心理の主観的表現をする」とするのは、まさにこのモダリティ論の先駆けをなすものであり、主観的なものを modus とし、客観的なものを dictum とするのは、モダリティ論におけるモダリティと命題の区別に対応するとみられるものである＊9。つまり、金田一の議論は現代のモダリティ論の流れの上流に位置する議論であって、現在まで大きな影響を与えていると考えてよいだろう。

3　「不変化助動詞の本質」の論証手続き

さて「本質」がいたりついている結論は次のようなものである。

［A］《助動詞のうち、「う」「よう」「まい」「だろう」ある場合の「た」「だ」など、終止形だけしかないものは、話者のその時の心理の主観的表現をするのに用いられるものである》

［B］《助動詞のうち、「ない」「らしい」「ます」「です」ふつうの「た」「だ」など、いろいろの活用形をもつものは、動詞・形容詞と同じく、事態・属性などを客観的に表現するのに用いられるものである》

（十四節）

では、「本質」はどのような論証手続きで、この結論を導き出しているのだろうか。それを確認しておく。

まず、［A］に対しては、その形式が［1］話し手の現在の心理しか表し得ない、ということを論じている（六節）。「まい」については検討を省略しているが、「う」「だろう」について、それぞれ類似する表現である「…（する）つもりだ」および「そうだ」と対比する。前者でいえば、「富士山に登ろう」は私の意図しか表さず、「た」がつかないことを示す。一方、「…（する）つもりだ」は、どんな人が意図する場合にも使え、「彼は富士山に登るつもりだったんだが…」のように「た」がつくことを示す。以上のことから、「う」は話者の現在の意図しか表現できず、「…（する）つもりだ」は誰のいつの意図も表現できるとし、「う」が主観的表現、「…（する）つもりだ」が客観的表現だとする。また、「だろう」に関しても、類似の「そうだ」は他人の推量、過去の推量も表し得るが、「だろう」は話者自身の現在の推量しか表すことができないことから、主観的な表現であるとする。「本質」においては、［A］の主観的表現の側の論証はほぼ以上にとどまる。

一方、［B］に対しては、より多くの手続きがなされている。まずは、動詞・形容詞が客観的表現であることが示される。金田一は非終止形の例をあげ、そもそもこのような「白い」の部分には話し手の判断や断定の語気は感じられないとする（七節）。

（1）この白い梅の花／この梅の花が白ければ／梅の花が白く咲いた

その上で、それまでに判断の意があると指摘されていた文の最後の終止形や連用中止形にも判断の意味があるとはかぎらないことを指摘する。「梅は咲き、桜は咲かず。」は、たとえば次のような場合があるとする。

（2）a（庭が広いので、ひとつ花樹でも植えようと、梅の苗木と桜の苗木を買って来た。この冬ふと見ると、梅にはつぼみがたくさんついているが桜にはいっこうそれらしいものは見えぬ。）梅は咲き、桜は咲かず。

b 午後打連れて西郊に遊ぶ。日ざしは暖かなれども風強し。梅は咲き、桜は咲かず。

c 花樹の性格種々なり。例えば新枝を切る時、梅は咲き、桜は咲かず。

（2b）は「三月ごろ野外に出た。まだ遠山には雪があるころで、梅はまさに満開であるが、桜はまだつぼみが固い。その時見聞した事実を文章に書く」という状況、（2c）は植木の栽培方法の説明であって、「梅は鋏を入れるほどいいが桜はそうでない」ということを述べたものである。この場合の判断とは、次の（3）のように考えるとすると、判断の表現であるものは（2a）にかぎられ、（2bc）は判断とはいえないとする*10。

（3）ここに判断の意味が宿っているかどうか。これは「判断」という語をどのように考えるかによってちがって来るが、今、慣用の意味にとる。

つまり、(2)は次のようにいっているのであるから、判断の表現は(2a)にかぎられるとするわけである。

(4) a　梅は咲き、桜は咲かず。ソウ私ハ判断スル。
　b　梅は咲き、桜は咲かず。ソンナ状景ダッタヨ。
　c　梅は咲き、桜は咲かず。ソウイウモノダト知レ。

なおかつ、このカタカナの部分は「ラングの外に隠れてしまう」とし、動詞そのものには判断の意があるとは認めない。このように、動詞(形容詞も)は主観的表現であるとはいえず、客観的な表現であるとするのである。これは、[2]終止形・連用中止形以外には判断は認められず、また、終止形・連用中止形であっても判断はないことがある、ということである。

さらに、金田一は、いわゆる断定の助動詞「だ」についても、「ぼくは日本人だ」というときに、それが「判断の結果発言せられることは、よほど特別の場合である」とし、父母の素性を知らぬ子供が成長してから、医学の本で日本人の体質的特徴を知って、自分の体質と引き比べて思い当たったような場合なら「判断の結果」といえるとするが、一方、見知らぬ相手に国籍を訊問されてこう言う場合には、「判断の気持」はないとするのである(十節)。これも[2]の論証の後半の手続きに準ずるものと考えてよいだろう。

また、金田一は客観的な表現とするものについては、それが、[3]客観的な意味を表している、ということを示している(八〜十二節)。たとえば、動詞であれば「…トイウ作用ヲオコナウ」、形容詞であれば「…トイウ属性ヲモッテイル」などの意味であると考え、また、「た」については「ソノ動作・作用ハ完了シタ」など、「だ」は「…ニ属スル」「…トイクォールノ関係ニアル」、「ない」は「…ガ否定サレル属性ヲモッテイル」、「そうだ」は「…ト推量サレル状態ニアル」とする。活用のある形式はいずれもこのような客観的意味であることを述べるのである。

そして、金田一の議論は助動詞の名付けにも及び、［4］呼び名が主観的であっても主観的表現とはいえない、ということを主張している（十一・十二節）。指定の「だ」、否定の「ない」、「推量」の「らしい」の「指定」「否定」「推量」などの用語については、慎重な考慮を経てつけられたものではないのであるから、「指定」しているのは誰か、「否定」しているのは誰か、「推量」しているのは誰か、と問うべきではないとする。そう問えば答えは必ず「話し手」になり、主観的な表現だということになるが、これらの用語は話し手の表現態度から名付けたものであるから当然そうなるのであって、簡単にそう考えてはいけないと主張する。一方で、「使役」「可能」「希望」などの助動詞のように主語の動作・状態から名付けられたものは、たとえば「使役」をするのは誰だとたずねれば、その答えはいつもその文の主語になるわけであって、「指定」「否定」「推量」のような呼び名はその妥当性について再検討をおこなうべきだと考える。

加えて、その形式が［5］他の客観的な形式と置き換え可能であることから、それを客観的なものだとしている。たとえば、形容動詞は次のように客観的な表現と同じ意義をもつことから、客観的な表現であるとしている（九・十節）。

（5）まんまるい＝まんまるだ　あたたかい＝あたたかだ　いじわるい＝いじわるだ
　　奇妙な建て物＝変った建て物　優秀な作品＝すぐれた作品

また、「です」は客観的表現「だ」と同じ意義で社交的文体に用いられる語、「ます」については、同じ関係で「起きます」は「起きる」に対する形であるとし、やはり客観的表現であるとしている（十三節）。

以上のように、「本質」において、主観的表現であることの論証は［1］のみであって、その一方で、客観的表現であることの論証は［2］～［5］――それぞれの形式についてすべての手続きをおこなっているわけではないが――のようにより多くの手続きを踏んでいるのである。それは「不変化助動詞の本質」が――その表題にもかかわらず――動詞・形容詞、活用のある助動詞が客観的な表現であることを論証することに重点があるものだったからであった＊11。

4　客観的表現の論証手続きを不変化助動詞にも適用する

このように、「本質」の論証手続きは、動詞・形容詞、活用のある助動詞が客観的な表現であることの論証に力を入れているのに対し、不変化助動詞に対してはさほど多くない。また、主観的であることを論証する［1］の手続きは不変化助動詞だけに、客観的であることを論証する［2］～［5］の手続きは客観的表現と思われるものだけについておこなわれているのである。しかし、このような論証の手続きは必ずしも十分なものとはいえない。つまり、客観的表現と思われるものにも［1］の手続きを、また、主観的表現と思われるものにも［2］～［5］の手続きを踏むのが、論証の際の慎重な手順だと思われるのである。

では、金田一が不変化助動詞におこなった分析を動詞や活用のある助動詞などに、逆に、動詞や活用のある助動詞などにおこなった分析と同様の分析を不変化助動詞に対してもおこなってみたら、どのような帰結が得られるだろうか。

まず、「本質」の［1］の手続きを動詞や活用のある助動詞などについておこなってみる。問題となるのは、動詞・形容詞・形容動詞・「た」「だ」「ない」「らしい」「です・ます」ということになるが、これらは、「た」を除いて「た」を後接し、その場合の意味は「現在」ではなくなる*12。むろん「た」自身も現在ではない場合が多い。また、これらは必ずしも話し手の心理をあらわすわけではないということを考えると、［1］の手続きにおいて、動詞や活用のある助動詞などは主観的表現ではないということになる。これは、「本質」の結論と変わるところはない。

問題となるのは不変化助動詞の側である。

非終止形の問題

そこで次に、不変化助動詞に［2］の手続き、すなわち、終止形・連用中止形以外には判断は認められず、また、終止形・連用中止形であっても判断はないことがあるという分析をおこなってみる。ただし、考慮しなければならないのは、金田一が不変化助動詞の終止形と連体形は用法も意義も違うので「極言すれば、別の語である」（二節）ということである。ところが一方で、動詞・形容詞を分析する際には「動詞がどう、形容詞がどう、という場合には、動詞・形容詞の活用形のすべてにそういう意義が含まれていなければならない」（七節）といい、この場合は別の活用形を別語とするとは考えていないようである。不変化助動詞の活用形のとらえ方に合わせて、動詞が活用した形をそれぞれ別語とみなすという考え方もあり得*13、それにしたがうなら、以下の検討は必要ではないことになる。ただ、そうなると水谷静夫が「質す」でいうように「文中の或位置にだけ立つ第三類の語が生じた事にはならないか」ということになり、活用形ごと、用法ごとに主客を問わなければならないということになる。つまり、想起・命令をあらわす「た」を過去をあらわす「た」と分け、それを主観的表現の側に繰り入れるように、動詞・形容詞においても、さきの（4a）のような用法を（4b）と区別し、かつ主観的表現という側に繰り込むことになるはずである。しかし、金田一はそうはしていないことからすると、各活用形を別語としているとはいいにくいだろう。

一方、助動詞のそれぞれの活用形を同語とみなすなら、たとえば、連体形があるとすれば、それは客観的な表現ということになる。この点は、実は金田一自身も「校長先生ともあろう人が」（仮想の事実）、「あろうはずがないじゃないか」（可能性）、「あろうことか」（…スルコトガ許サレテイル）のように連体形をあげているし、尾上圭介も「う・よう」の非終止用法（可能性・妥当性・一般化した事態…）をあげている*14。また、実際に不変化助動詞の連体形は、きわめて多いとはいえないものの、みられないわけではない。web上の例をあげる。

（6） a 日本人には「国学」として面白くても、外から見たら、何が面白いのかよくわからないだろうことは容易に想像できる。

（イギリスの博物館と史跡で考えたこと、http://www.rekihaku.ac.jp/kenkyuu/kenkyuusya/kojima/shiseki.html）

b AKBで秋元氏が推しているだろう人をジャンル別に教えてください。

（Yahoo知恵袋、http://detail.chiebukuro.yahoo.co.jp/qa/question_detail/q1352137483）

c 東京を舞台にしたアメリカ制作映画をあげよ、といって即座に答えられる人は多くあるまいことからもわかるように、

（分子生物学への誘い、http://www.geocities.jp/tlkmi/britain/jp5-0301.htm）

これは、不変化助動詞である「う」「だろう」「まい」にも連体形はあるということである。そして、そこには判断の意味があるとはいいにくいということになるのである。

すなわち、［2］の手続きからみると、不変化助動詞も客観的表現ということになる。

「本質」の［2］の手続きにはもうひとつの問題、終止形・連用中止形であっても判断はないことがあるという点がある。これはどうだろうか。つまり、不変化助動詞の終止形には必ず判断の意味があるのかということである。たしかに、不変化助動詞の終止形には判断がありそうに思われるが、本当にそう考えてよいだろうか。

（7）a　はさみどこだっけ？　――えっ、はさみ？　はさみならそこにあるだろ！

b　あそこに高いマンションが見えるでしょう。そこが私の引っ越し先です。

c　（天気予報）明日は山沿いは曇り、平野部では晴れるでしょう。

これらはいずれも「でしょう（だろう）」の例で、不変化助動詞の終止形といってよい。しかし、（7ab）は「確認要求」とされるものであって、話し手が判断をしているものではない。聞き手に話し手の知識を伝えているものだといえる。また、（7c）も話し手が判断をしているものではないと思われる。これは、普通「推量」といわれるものであるから、話し手が判断しているようにも思われるが、実はそうではない。この天気を伝えているキャスターは、この天気について述べる発言の段階で判断をしているとはとてもいえない。「明日は平野部では晴れる」ということを伝えているにすぎない。もちろん天気のことであるから確実とはいえないため、不確実であることの標識として「だろう」が使われているのではないか。これらは金田一流にいえば、次のようになるだろう。

（8）a　はさみならそこにある（確実ではないが）。ソウイウコトダト知レ。

b　あそこに高いマンションが見える（確実ではないが）。ソンナ状景デアルヨ。

c　平野部では晴れる（確実ではないが）。ソウイウコトダト知レ。

つまり、終止形の「だろう」であっても判断がないことがあるのである。こうなると、「だろう」であっても客観的表現だといわざるを得ないだろう。加えていうと、（4）への言及のように、カタカナの部分は「ラングの外に隠れてしまう」とし、動詞そのものには判断の意があることは認めないのだとすれば、（8）はもちろん、（9）のような判断があるものであっても、「だろう」そのものは客観的表現とすることになるのではあるまいか*15。

（9）a　明日こそ彼は来るだろう。
　　b　明日こそ彼は来る（確実ではないが）。ソウ私ハ判断スル。

また、金田一自身は扱いを避けているが、では、次のような「…うとする」という形では、「う」そのものは終止形である。これに判断があると考えてよいだろうか。

（10）a　彼は山に登ろうとしていたのだが、断念せざるを得なかった。
　　b　山へ登ろうとする人は誰でも、地元の山岳協会に届けることになっている。
　　c　出かけようとするときは、いつでも鍵をかけましょう。

いずれも、話し手の発話時における判断とは言いにくい。また、「と」が引用であるとしても、その引用の表現主体の、想定される発話時の判断とも言いにくいだろう。やはり、終止形の「う」であっても、判断がないことがあるといえる。

　このように考えると、やはり不変化助動詞であっても［2］を満たすことになる。つまり、客観的な表現であるということになるのである。

次に、［3］客観的な意味を表しているという点、および［4］呼び名が主観的であっても主観的表現とはいえないという点について考えてみる。

まず、「だろう」であるが、これは「不確実デアルガ…トイウコトガオコル、不確実デアルガ…トイウコトデアル」といった意味であると考えることができる。たとえば、次の（11a）は「不確実デアルガみんなもびっくりするトイウコトガオコル」、（11b）は「不確実デアルガ明日も暖かいトイウコトデアル」ということであるといえる。

（11）a　太郎が来れば、みんなもびっくりするだろう。

b　この分だと、明日も暖かいだろう。

むろん、他の推量・推定系の形式との厳密な差異はさらに考える必要はあるが、少なくとも、「だろう」は、「客観的表現の語句は「―である」「―ている」または「―する」「―た」の形を有するか、あるいはそういう形に言い換えることができる」（十四節）という「本質」の分析手続きには合致するといってよい。となると、あえて名称をつけるとすれば、これは話し手からの名付けである「推量の助動詞」といわずに、主語からの名付けである「不確実の助動詞」とでもいうことになろう。

また、「まい」は「不確実デアルガ…トイウコトガ否定サレル状態ニアル」という意味とすることができ、「不確実な否定状態の助動詞」となるだろうか。次の（12）は「不確実デアルガ問題が簡単に解決するトイウコトガ否定サレル状態ニアル」ということである。

（12）　この問題は簡単に解決するまい。

さて「う」であるが、これはさまざまな用法をもつともいえるので、なかなかひとことでいうのは難しいが、「ト想定サレル事態ヲオコス／ト想定サレル事態ガアル」といったところになるであろうか。いってみれば「仮想・想定される事実の助動詞」である。

(13) a 沖縄旅行に行こう。(旅行に行くト想定サレル事態ヲオコス)

b さしあたりこの方法で問題なかろう。(問題ないとト想定サレル事態ガアル)

c そんなことあろうはずがないじゃないか。(そうだト想定サレル事態ガアル)

以上のように、不変化助動詞の意味も客観的な意味で記述することができる。むしろ、そのほうが連体形の意味も説明できる(13cなど)。また、名称も客観的な名称を与えることができるわけで、この[3][4]の手続きからも不変化助動詞は客観的表現であるという帰結にたどり着くといえる。

客観的な形式との置き換え

最後に[5]他の客観的な形式と置き換え可能かどうかという点である。この手続きは、「本質」の最後のほう(十四節)で、主観的表現と客観的表現とで類似するものが並べられていることを考えると、置き換え可能であるから主客について等価だとはいえない可能性があるが、一往「でしょう(だろう)」について例をあげてみる。

(14) (a) 本州付近は一時的に冬型の気圧配置になりそうです。(b) ただ、この冬型の気圧配置も午後には次第にゆるんで、高気圧におおわれてくる見込みです。(c) 日本海側も晴れてくるでしょう。

(NHK天気予報)

この場合、「そうです」「見込みです」「でしょう」と三種類の形式が使われているが、この場合、（14 a）と（14 b）は客観的表現であり、（14 c）のみが主観的表現であるとはいいにくいのではないか。すべて、「でしょう」といっても問題なく、「そうだ」「見込みだ」が客観的表現であるのだとすれば、「でしょう」も客観的表現だといわざるを得ないと思われる。

このように、[5]の手続きからも、不変化助動詞も客観的表現であるという帰結が得られるのである。

「不変化助動詞の本質」の論証の帰結

以上のように金田一の[2]～[5]の論証を不変化助動詞にも適用すると、次のような帰結が導き出されることになる。

①「だろう」「う」「よう」「まい」のような不変化助動詞も客観的である。

②主観的な意味は、不変化助動詞の意味として考える必要はない。

ただし、この帰結について金田一が全く考えていなかったことかというと、必ずしもそうとはいえない可能性がある。「再論」では、これに近いことを述べているともいえる。

（15） 最後に、三上章氏から寄せられた注意すべき見解を紹介しておく。それは、《用言の終止形はディクであるとしても、終止法はモドゥスではないか》というのである。〔中略〕この見方は、換言すれば、《あらゆる活用語の活用形はディクであるが、終止・命令二法という文末に立つ用法はモドゥスだ》という二行に収まりおもしろい。〔中略〕この説に転向しようかと考慮中である。

これは、すべての活用語のそれぞれの活用形はdictum、すなわち客観的表現であるが、終止法・命令法という文末用法、あるいはある種の述べ方がmodus、すなわち主観的なものであるといっているわけである。これは、不変化助動詞もそれ自身は客観的表現だといっていることになる*16。金田一自身は「転向しようかと考慮中」であるというので、この段階では、不変化助動詞も客観的表現であるという結論にいたりついているわけではないが、実は、ほとんどそれに近づいているのである。そしてこのことは、次のような帰結も示しているといえる。

③主観的な意味は終止法（文末）にみえるものである。

なお、念のために付け加えれば、金田一の議論におけるこの手続きの不均衡ということが、この論の評価を下げるということはない。当時の文法研究界の事情としては、助動詞類は主観的・主体的なものであるという議論が盛行していたのであって、その助動詞のなかにも客観的なものがあるということを主張するのであれば、当然、このような行論になったと考えられるからである。

5 「不変化助動詞の本質」の現代的意味とその射程

では、以上のような「本質」のもたらす帰結は、どのような意味をもつのか、また、その射程はどのようなところに及ぶのか。この点について考えてみることにする。

主観的・客観的別の問題

「本質」は副題にもあるように、主観的表現・客観的表現の別について考えたものであるが、この主観的表現・客観的表現の別とは、事実上、ある言語形式が主観的か客観的かということである。そして、ここまでみた「本質」の論証の帰結は、さきに示した①②のように、不変化助動詞が主観的な形式であるということはできず、むしろ客観的な形式であるということであった。これは、いいかえれば、文末にあらわれる形式が、すなわち主観的な形式であるとはいえないということでもある。

そして、この考え方は、主観的・客観的ということを問題とするような現代の文法論に大きな影響を与えることになる。たとえば、さきにみたように現代日本語の文法論において、モダリティというカテゴリを掲げ、それを「主観的」なものと規定する場合がある。しかし、「本質」の論証は、そのモダリティ形式であっても客観的だという帰結にいたりつくものなのであった*17。つまり、現代の日本語モダリティ論のひとつの基盤となった「本質」は、実はモダリティ形式であっても客観的であるというモダリティ論とは正反対ともいえる論理的帰結をもっているのである。

むろん、これまでにも「だろう」などが主観的だとはいえないという主張がなかったわけではないし、モダリティとは主観的な要素であるという考えへの批判がなかったわけではない*18が、「本質」の帰結が右にみてきたもののようである以上、主観性を問題とする議論——それは「本質」が影響を与えてきた議論であった——は、これまで以上に、あらためて検討し直す必要性が浮き彫りになったように思われるのである。

あるいは、一歩引いて考えたとしても、一方には「命題」とされる側もすべて話者の主観的な事態のとらえ方を反映したものとみるべきだという考え方も主張されているような現状を考えると*19、ある言語形式を客観的であるか主観的であるかということ、とくにそれをもって文法的分析を進めていくことには慎重であるべきである、あるいは、もし「主観的」ということの内実を十分に検討しないまま「主観的」という言い方で文法的な説明をするとすれば、そこには大きな陥穽が待ち受けている、ということが導き出されるとはいえるであろう。

文レベルの機能についての示唆

そして、「本質」の論証の手続き・帰結は、文末にあらわれる形式とは別個に、文レベルの文法的な機能を認めるべきである、ということを示唆しているといえる。

金田一は「本質」で、「話し手の判断を表わす部分は、いわゆるラングの外に隠れてしまう」（七節）といい、また、「再論」で（15）のように「終止・命令二法という文末に立つ用法はモドゥスだ」という。そこからさきの③のような帰結にいたるのであるが、これは文末の形式に主観的意味があるのではなく、終止法というような、文レベルに何かしらの主観的意味があるということをいっているものである。つまり、ある語なり形態素なりの形式に主観的意味があるわけではなく、その主観的意味は文レベルに関わるものの可能性があるという考え方である。

もっとも、文レベルで主観性を認めるということは、たとえば、モダリティ論のような議論が全く考えていないわけではないともいえる。たとえば、発話・伝達のモダリティ（仁田義雄）や表現類型のモダリティ（益岡隆志、日本語記述文法研究会）というモダリティは、「発話・伝達のモダリティを帯びることによって文に成る」（仁田義雄）ものであり、「伝達的な機能の表し分けという、文の基本的な性質を決めるもの」（日本語記述文法研究会）であって、文レベルで主観性を認める流れにあるものともいえそうではある。ただ、それらの見方は、ある形式に主観性を担わせる傾向にあることは否めない。

（16）a　つまらん心配はしないで早く行け。　（仁田義雄の例）

b　まだ私は勉強が足りない。もっと本を読もう。

（日本語記述文法研究会の例）

（16）でいえば、文末の「行け」「う」が発話・伝達のモダリティ／表現類型のモダリティを担っているという理解であろう。しかし、金田一の示唆はそういう方向ではない。

そこで、関わってくると思われるのは、語末の形式ではなく、文レベルに一定の文法的な意味を認めようとする議論である。たとえば、田野村忠温は次の（17ａｂ）の違いは、（17ａ）推量判断実践文と（17ｂ）知識表明文という文の果たす機能の違いであるとする（「文における判断をめぐって」）＊20。

（17）ａ　（アノ風体カラスルト）　あの男はヤクザだ。

ｂ　（君ハ知ラナイダロウガ）　あの男はヤクザだ。

また、森山卓郎は文の表現機能・表現意図の問題として、「文の意味を問題にするには、ある発話意図に対していかなる表現があり得るか、という表現機能的な意味についても考える必要がある」といい、「従来、記述の中心となってきたのは、形式の整理であり、形式の意味用法の記述であった。しかし、〔中略〕その「表現意図」に対して、どのような形式がありうるのか、それはどう違うのか」を問う必要があるとする（「基本叙法と選択関係としてのモダリティ」）＊21。この表現機能とは、文レベルの意味の問題であると考えられる。さらに、文レベルの機能をより積極的に考え、それを整理していこうとするものに山岡政紀の議論がある（『日本語の述語と文機能』）＊22。山岡の議論は、Ｊ・Ｒ・サール（J.R. Searle）の言語行為論をもとに文機能を認めようとするものである。また、本書においても、これまで田野村忠温の議論や言語行為論を背景に、文のレベルで問題となる文法的な意味を論じてきた。このような考え方をとれば、文末の形式を主観的とみなければならないという必然性もなくなるわけである。

以上のような考え方は文末の形式を考えないわけではないが、基本的には文そのもののもつはたらきにふれたり、論じようとしているものである。このような議論は今後さらになされていくべき議論であると思われるが、「本質」は、このような文レベルの機能について示唆するものであったといえる。あるいは、そのような議論の萌芽をもっていたのである。

このように「本質」は現在の文法研究にも（モダリティ論にではなく）影響を与えるもので、現在においても大きな意義があり、また、その方向性を示唆するような論理を有していたということで、きわめて広い射程をもっていた論考だと考えられるのである。

「不変化助動詞の本質」とは何であったのか

以上のように、「本質」「再論」の論理は、①「だろう」「う」「よう」「まい」のような不変化助動詞も客観的である、②主観的な意味は不変化助動詞の意味として考える必要はない、③主観的な意味は終止法（文末）にみえるものである、ということを導き、さらに次のような帰結にいたるものであったといえる。

［α］　文末にあらわれる形式であっても客観的といえる。一歩譲っても、言語形式を客観的であるか主観的であるかということをもって文法的分析を進めていくことには慎重であるべきである。

［β］　文末にあらわれる形式とは別に、文レベルの文法的な機能を認めるべきである。

ここでの考えは、金田一春彦「不変化助動詞の本質」の論理を敷衍したままであるが、この「本質」が陳述論史に占める位置やモダリティ論の基盤をなすものとして果たした役割を考えるだけでも、卓越した論文であるということは、今後も変わることはないだろう。加えて、「本質」の論理は、文法論における主観・客観というとらえ方、あるいは日本語のモダリティのとらえ方に見直しを迫るものであり、現在考えられている以上に、先見的な議論であったといえそうである。

6　文法論的概念としての「主観性」の適否

すでに「主観的」「客観的」という概念を言語形式の分類へ持ち込むことの不可能性を述べた。日本語文法論においては、主観・客観の概念がとりあげられる際には日本語の文が階層構造をなしているということが同時に含意されることが多い。文法概念としての主観・客観はその階層構造のための概念であるということすらできそうである。いうまでもなく、現代日本語の文がおおむね階層構造をなしていることは、おそらくそのとおりであろう。このことは、主観・客観という流れにいたる前の山田孝雄の議論においても「語排列上の遠心性」という言い方で日本語の文の階層性を述べていることからも肯うべきことであろう*23。ここでの議論も、それを否定しようとするものではない。しかしながら、その階層性は「おおむね」というべきものであって、承接順と主観・客観の別があわないところもある。右にみたように、ある言語形式が客観的であるか主観的であるかをいうことは簡単なことではない。それでは、主観・客観といわなければならないのはなぜか。どうしても主観・客観といわなければならないのか。少なくとも、主観・客観というおよそとらえ方によってどちらにも繰り込むことのできるような「主観的」な概念を用いることの意味は考え直されなければならない。

X

モダリティ

1 「モダリティ」という文法概念

モダリティという文法概念がある。このモダリティにはさまざまな規定のしかたがあり、それについて議論もなされてきている*1。日本語文法論においては、モダリティとは、話し手の態度の表現、主観的な表現とされることが多く、たとえば、宮崎和人はモダリティの「今日もっとも支持を得ていると思われる」規定として、文における客観的な事柄内容である「命題」に対する「話し手の発話時現在の心的態度(命題に対する捉え方や伝達態度)」とし(「モダリティの概念」)*2、また、益岡隆志は「「モダリティ」という概念を規定するための基本となるのは、主観性の言語化されたものであるという見方である。言い換えれば、客観的に把握される事柄ではなく、そうした事柄を心に浮かべ、ことばに表す主体の側に関わる事項の言語化されたものである、という見方である」(『モダリティの文法』)という*3。いわば、「話し手の発話時における心的態度をあらわすもの」、あるいは「主観的な判断・態度を表す要素」といったものである*4。そして、このようなモダリティの規定は、文は命題を核にした階層構造をなすというとらえ方をする。すなわち、文とは客観的な事柄内容である「命題」と話

［図１］　主観的モダリティ論の階層把握

し手の発話時現在の心的態度である「モダリティ」からなり、モダリティが命題を包み込むような形で階層構造化されるというようなとらえ方をするのが普通である（［図１］参照。以下、このような立場のモダリティの規定、モダリティ論を「主観的モダリティ（論）」と呼ぶ）。

ところが、本書においては、すでにⅨにおいて「主観性」を文法概念として考えることに対する疑念を呈することになった。そういう点では、右のようなモダリティ概念について、その当否について十分に検討しておく必要があるように思われる。また、本書Ⅴでの検討において、ある種のモダリティは、ここまでみてきた文の機能、言語行為的意味ときわめて関係深いものであることが示唆されている。この点でも、モダリティを単純に「主観性の言語化されたもの」というような見方で考えていくことには問題があるといえそうである。そもそも、モダリティを主観的な表現といった形で規定しない見方もある＊5。そういう点で、モダリティという文法概念は、どのようなものとしておくのがよいのか、検討の必要があるといえる。いうまでもなく、「主観性の言語化されたもの」という見方がもたらした成果は絶大なものであったといえるが＊6、このあたりでこの見方を見直しておくことがあってもよいだろう。もちろん、そのような検討がこれまでになされていないわけではない。が、これまでの本書において、「主観性」を文法概念として表舞台に送り出した議論を再検討することで、「主観性」を文法概念として考えることに対してあらためて疑問を呈し、また、文の部分的な要素に還元することのできない文の機能、言語行為的意味を切り出したという機縁からも、ここでもあらためて検討しておくことにしたい。

2　表現類型にかかわるモダリティ

まずは、ここで検討する「主観的モダリティ」概念を概観しておくことにする。この種のモダリティ論として体系的な姿を示すものとしては、仁田義雄と益岡隆志のモダリティ論があげられる。そこで、これら中心にとりあげる（仁田義雄『日本語のモダリティと人称』、益岡隆志『モダリティの文法』）＊7。両者とも日本語の文を大きく、客観的な事態・出来事を表す部分と話し手の主観のあらわれた部分の二つの部分に分ける。前者を仁田は「言表事態」、益岡は「命題」と呼ぶ。後者を仁田は「言表態度」、益岡は「モダリティ」と呼び、仁田は「言表態度」のなかを「丁寧さ」と「モダリティ」に分けている＊8。

仁田義雄のモダリティ論とその立場

仁田義雄は「言表態度」のなかのモダリティを「〈モダリティ〉とは、現実との関わりにおける、発話時の話し手の立場からした、言表事態に対する把握のし方、および、それらについての話し手の発話・伝達的態度のあり方の表し分けに関わる文法的表現である」と規定する＊9。そしてそのモダリティは大きく「言表事態めあてのモダリティ」と「発話・伝達のモダリティ」の二種に分けられ、前者は発話時における話し手の言表事態の把握の仕方の表し分けに関わるもの（判断のタイプ）、後者は文をめぐっての発話時における話し手の発話・伝達的態度のあり方に関わるものであるととらえる。

仁田は文の「言表事態」と「言表態度」は意味―統語的構造であるとし、また「文は、そして、そのことによって、文の表している意味は、言語の有しているそういった機能を実現するにふさわしい構造的なあり方をしているはずである」「文は、ある表現形式を有することによって、ある意味内容を表している。さらに言えば、文の表現形式が今あるような構造的なあり方を取っているのは、担い・伝えるべき意味内容のためにである」とする*10。この仁田のモダリティ論は意味と構造（＝形式面、とみてよいだろう）が対応しているという分析の立場に立ったものであると理解することになるだろう。

益岡隆志のモダリティ論とその立場

益岡隆志は、さきにも示したように、モダリティとは「客観的に把握される事柄ではなく、そうした事柄を心に浮かべ、ことばに表す主体の側に関わる事項の言語化された」もの、すなわち、主観性の言語化された形式、「判断し、表現する主体に直接関わる事柄に関する形式」であるとする。そして、そのカテゴリとして次のようなものをあげる（［図2］参照）。すなわち、聞き手の存在に顧慮する伝達態度のモダリティ（終助詞「ね」「よ」など）・丁寧さの有無を表すていねいさのモダリティ（「です」「ます」）・文を表現の面から類型化する表現類型のモダリティ・真の事柄であるかどうかという判断を表す真偽判断のモダリティ（「だろう」など）・望ましい事柄かどうかという価値判断を表す価値判断のモダリティ（「ことだ」「ものだ」など）・所与の命題に別の命題を付け加え情報を完全なものにする説明のモダリティ（「のだ」「わけだ」）・与えられた事態を時間的に位置づけるテンスのモダリティ・肯定否定に関わるみとめ方のモダリティ・「取り立て」表現に関わる取り立てのモダリティである。テンス・認め方もモダリティとするきわめてモダリティの概念範囲が広い論である*11。

ところで、益岡は意味と形式の相関を追求する文法論のあり方として、二つの方法を想定する。一つは、意味

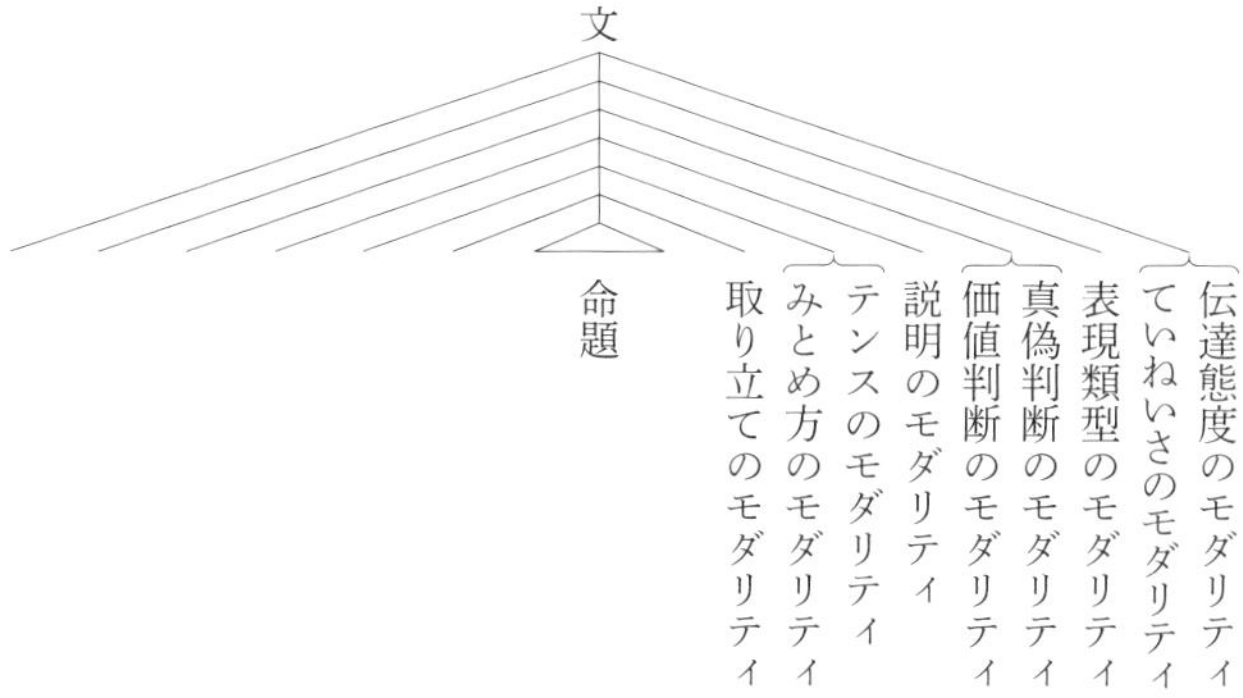

［図2］　益岡隆志のモダリティと階層構造
(『モダリティの文法』)

を基盤として体系化をめざす方式であり、もう一つは、形式を基盤として体系化をめざす方式である。いわば、意味を基準にして形式とのあり方の関わりを考えるか、あるいは、形式を基準としてそれがあらわす意味を明らかにしていくかということである。そして、益岡自身は後者、すなわち、形式を基礎として意味をとらえようという方式を採用するとする。このような分析の立場のもとに以上のようなモダリティ論があると理解することになるだろう。

「発話・伝達のモダリティ」と「表現類型のモダリティ」

さて、ここで問題とするのは、仁田義雄のモダリティ論では「発話・伝達のモダリティ」、益岡隆志のモダリティ論では「表現類型のモダリティ」である。そこでこれらの内容をみておくことにする。

まず、仁田の「発話・伝達のモダリティ」とは文をめぐっての発話時における話し手の発話・伝達的態度のあり方に関わるものであるが、これは文の存在様式でもあるとする。言語活動は、話し手の判断・感情・要求などを聞き手に発話伝達することから成り立つ活動で、その言語活動の基本単位は文であることから、文は発話伝達機能を帯びてしか存在し得ず、逆に、文が言語活動において機能するためには発話・伝達のモダリティが必須となってくると考える。また発話・伝達のモダリティを顕在化させた単語連鎖は、文の一部分にはなりさがれないことから発話・伝達のモダリティによって単語連鎖が文になるととらえる。

その発話・伝達のモダリティはテンスの分化と聞き手の在不在という視点から、四つのタイプに下位区分されている（V参照）。テンスの分化のないものとして、話し手が聞き手に自らの要求の実現を訴えかける「働きかけ」、話し手の意志・希望・願望を発する「表出」がある。テンスの分化があるものとしては、話し手が聞き手に情報を求める「問いかけ」、話し手のとらえた世界を言語表現化して述べたり、話し手の解説判断などを述べる「述べ立て」がある。それぞれの場合の前者は聞き手が不可欠なのに対して、後者はなくともかまわない。これら四つのタイプの発話・伝達のモダリティはさらに、「働きかけ」は「命令」と「誘いかけ」に、「表出」は「意志・希望」と「願望」に、「述べ立て」は「現象描写文」と「判断文」に、「問いかけ」は「判断の問いかけ」と「情意・意向の問いかけ」に下位区分される。そして、この四分類はそのまま文のタイプの分類となると考えられている。

益岡隆志の「表現類型のモダリティ」とは、文を表現・伝達の観点から見たとき、話し手の感情を表すとか聞き手の行動を促す等の様々な機能を果たしているが、この表現・伝達の機能の面から文を類型的に特徴づけるモダリティであるとする。これは五つに類型化され「演述型」「情意表出型」「訴え型」「疑問型」「感嘆型」と呼ばれ、文の性質上の分類に相応する。

「演述型」は話し手の知識を聞き手に情報として提供するはたらきをもつ。「情意表出型」は表現時における話し手の内面の感情・感覚や意志を情報として聞き手に伝えるはたらきをもつ。「訴え型」は聞き手の行為を要求する機能をもつもので、命令・依頼系のものと勧誘系のものに分けられる。「疑問型」は聞き手に情報の提供を要求するものである。「感嘆型」は表現主体の感動や驚きの気持ちを表すもので、詠嘆系と驚嘆系に分けられる。この表現類型のモダリティはすべての文に関係し、判断系のモダリティに影響を与えるもので、モダリティ全体のなかでも非常に重要な位置を占めると考えられている＊12。

以上の仁田義雄の発話・伝達のモダリティと益岡隆志の表現類型のモダリティとは、モダリティ全体のあり方やそのなかでの位置づけは異なるものの、非常に近接した概念であるといってよい（以下ここでは、これらのモダリティを「表現類型にかかわるモダリティ」と呼ぶ）＊13。これらの特徴を示しておくと、次のようなことがあげられよう。（1a）〜（1c）は右に示したところの概括でもある。

（1）　a　文のもつ伝達・表現機能上の分類である。
　　　b　類型が文の機能上の類型と一致する。
　　　c　すべての文に存在する（c′　仁田は文の成立要件だとする）。
　　　d　判断にかかわるモダリティなど、他のモダリティのあり方に影響を与える。
　　　e　それぞれの類型の境界は不明瞭で、一つの類型に属するものがわずかの状況の変化により他の類型にずれ込んでいくという性格がある。

なお、近藤泰弘の「文の終止の種類としてのモダリティ」もこれに類似する。近藤は「叙述法（平叙・疑問）」「命令法」「感嘆法」「願望法」の四種類をあげている（「ムード」）＊14。

3 形式か意味か

ところで、このような主観的モダリティは、そこにあらわれた形式を軸にして形態的に分析する方法によって切り出されたものであろうか、あるいは、意味的な側面、とくに、文脈における文の機能上の面を中心に分析することによって見出されたものであろうか。いわば、〈形式〉か〈意味〉(文脈)かということである。この点について仁田・益岡の分析の立場を検討してみることにする。

これらのモダリティはいずれも、文を大きく分けたときの「主観的要素」がモダリティであると規定されていた。と同時に、このモダリティについては、仁田・益岡とも右の議論においては文構造・統語論上の問題であると考えているようである*15。仁田は「言表事態」と「言表態度」との二つの層は意味—統語的構造だとし、文の意味と構造、すなわち〈形式〉が対応するとみている。益岡は形式を基礎として意味をとらえるという態度をとるとする。これをみれば、両者ともどちらかといえば〈形式〉優先の立場と理解するべきだと思われる。が、このような主観的モダリティの規定は、文構造の(形態上の)規定、もしくは統語論上の規定、すなわち〈形式〉の側からのものであるとはいいにくい*16。それは、そもそも「主観的要素」というとらえ方が〈意味〉を軸にした概念であると考えられるからでもあるが、それに加えて、実際の分析においては、ある一定の形式を有するものを集め、そこにあらわされた意味を整理する——たとえば仁田の「働きかけ」なら、これこれの形式(たとえば動詞命令形など)をもつものを集め、それを「働きかけ」として括り、それらの内容の検討を進める——というのではなく、まず、一定の意味をもつものを集めてそのはたらきを分析するというもの、すなわち、

「働きかけ」の意味をもつ表現を収集して、分類・分析するという〈意味〉優先の態度をとっているのである。そのため主観的な意味をあらわす形式がある場合はもちろんであるが、そうではないものにもモダリティがあるとみなすことになる。たとえば、次のような例文が仁田の「働きかけ」としてあげられている。

（2）a　つまらん心配はしないで早く行け。
b　やりましょう。松田さん、熊谷さん。
c　助けて。
d　敬礼。解散。
e　さっさとする。／さあさあ、早く乗った乗った！

（2a）は「働きかけ」のなかの「命令」、（2b）は同じく「誘いかけ」の例である。これらはそれぞれ命令形や意志の助辞「〜う」という明示的な形式があることからも「働きかけ」とするのには形式面からみても躊躇はない。ところが（2c）になると形式面から「働きかけ」とするのにやや疑問が生ずる。仁田は、これは省略されている後続部分の発話・伝達のモダリティ形式によってここに分類されるとする。しかし、（2de）のようなもの、とくに（2e）になるともはや省略部分を想定するのは難しくなってくる。それでもこれらの発話・伝達のモダリティが「働きかけ」であるとするのは、やはり、このモダリティの規定・方法が意味を重視したものであることによる。また、そのような方法のため、形式上は同様なものも別のモダリティをもつことになっているる。たとえば、丹羽哲也による仁田前掲書の書評でも、命令形「書いてくれ」、意志形「一緒に行こう」が「働きかけ」であるのに対して、命令形「明日天気になあれ」、意志形「行こう」（意志）が「表出」に位置づけられるというように形式と分類が一致していないことを「気になること」として指摘しているが*17、このことも、形式面からの分析ではなく、〈意味〉からの分析であることを示すものであろう。そしてこれは、ほぼ同様なモダリティの規定をする益岡の場合にもそのままあてはまるといってよい。

さらにいえば、このことは状況・場面が異なってくることによって同種の形式が異なる意味機能を果たすということを意味しており、語用論の立場にきわめて近接しているということもできるだろう（前記（1e）参照）。ただし、主観的モダリティ論にも、仁田が「意味—統語的構造」とし、益岡が「形式を基礎として意味をとらえる」とするという形式的な面からのとらえ方がないわけではなく、単純に〈意味〉から考えているというわけでもない。形式のようでいて意味、意味のようでいて形式、なのである。それは、このような主観的モダリティというとらえ方の問題点につながっていくことになると思われる。この点は後述する。

4　表現類型にかかわるモダリティとは何であるのか

さて、ここで問題とする表現類型にかかわるモダリティとは意味からとらえられているものである。それは一定の形式がなくともモダリティがあるというとらえ方であるからである。では、一定の形式がなくともモダリティがあるということであれば、そのモダリティのもつ意味はどこにある、あるいはどこが担っているといったらよいのであろうか。また、この種の意味の本質はどのようなものであろうか。この点について考えてみることにする。

さきのように実は表現類型にかかわるモダリティは形式的な側面からとらえた問題ではなく、むしろ意味を中心とした考察であり、文が使用されるときに果たす機能面を含めたより意味的・機能的（あるいは語用論的）なとらえ方をしているものであった。また、その意味は文を構成する形式としての構成要素のいずれかから導き出される意味ではなかった。これは、すなわち本書でこれまで検討してきた言語行為の問題、言語行為的意味、あるいは文の機能の問題であると考えられよう。

すでにみたように、言語を発するにあたっては、言語を発することそれ自体が目的であることは少ない。言語を発することによって何かをしようとしているのである。その点を考えるのが言語行為という視点であった。ここでは、基本的にJ・R・サールの発語内目的についての考え方により、サールの示した発語内目的五分類を修正した形のものを示してきた。それが次である。

（3）（Ⅰ）交話型　　応答文・呼びかけ文・接続文など
（Ⅱ）内容表現型
（a）事態描写系
〈1〉事態認識　話し手が新たに事態を認識したことを表出する　…認識文
〈2〉事態伝達　話し手が保っている知識を聞き手に伝える　…伝達文
（b）情意表出系
〈3〉意向表出　話し手の意向を表出する　…意向文
〈4〉要求表出　話し手の要求を表出する　…要求文

つまり、言語を発することでどのような行為をおこなうのかということ、あるいは、どのような行為をおこなおうとするのか、その目的は、おおむねこの（3）のようになる。言語を発するのは、このような発語内目的を達

［表］　文の機能と表現類型にかかわるモダリティとの対応

	文の機能	仁田義雄『日本語のモダリティと人称』 発話・伝達のM	益岡隆志『モダリティの文法』 表現類型のM	益岡隆志『日本語モダリティ探求』 発話類型のM
(Ⅰ)	交話型	—	—	—
(Ⅱ)	〈1〉事態認識	述べ立て(問いかけ)	演述型(疑問型・感嘆型)	演述型(疑問型〈自問〉・感嘆型)
	〈2〉事態伝達		演述型(疑問型)	演述型(疑問型〈質問〉)
	〈3〉意向表出	表出	情意表出	情意型(伝達・表出)
	〈4〉要求表出	働きかけ	訴え	要求型

M…モダリティ

するためであるから――それを映し出す言語形式はないとしても――このような意味は言語を発することに必ず伴う意味である。そして、この発語内目的を担う単位体が文であるといえることから考えると、文がいかなるはたらきをしているかという側からみれば、文には事態認識・事態伝達・意向表出・要求表出といった機能が必ず存することになる。つまり、文には事態認識・事態伝達・意向表出・要求表出といった文そのものとしてもつ、すなわち、文が全体として担っている機能――それを文の機能と呼んだ――があるということになるのであった。

この言語行為的意味・文の機能と、主観的モダリティ論における表現類型にかかわるモダリティの重なりは、すでにVでも検討しているが、その対応をあらためて示せば［表］のようになるであろう。本書では文の機能の枠組みとして疑問文を立てることをしなかったために、表現類型にかかわるモダリティにみられる疑問・問いかけ系統のものの引き当て先が〈1〉〈2〉になるといった点、あるいは、これまであまり枠組みとして立てられてこなかった〈1〉をここでは立てている点などから、若干のずれはあるものの、基本的に一致しているとみてよいだろう。

このようにみたとき、ここでの表現類型にかかわるモダリティの本質は何であるといったらよいか。実は、このような意味は、いわば、話し手が文を発するその目的・意図そのものか、その中核部分であると考えられる。話し手はある発話をおこなうことによってある行為を遂行しようとしていると考えられるのであるが、その際、話し手は何らかの目的を達成しようという意図をもっているといえる。その話し手の意図・発話目的そのもの、あるいはその中核部分が発語内目的であった。つまり、この発語内目的に近似する仁田の「発話・伝達のモダリティ」、益岡の「表現類型のモダリティ」の本質は、単に表現・伝達の類型というにとどまるものではなく、いってみれば、言語を発する話し手の発話目的的意味であり、その分類・類型は、話し手が文を表出する文を発するその目的の類型であるということになる。

そして、その意味すなわち発話の意図・目的はどの部分が担っているとみたらよいのかといえば——それはここまで考えてきたような見方からすれば、すでに答えは出ているということになるが——文それ自体が担うと考えるべきであろう。もちろん発話の目的をより明確に示すための諸形式がある場合が多い（たとえば（2）の例では（2 a）の動詞命令形や（2 b）の「〜う」という形式など）にしても、それが必ずしも存在するわけではない。そして、発語内行為の基本的単位体は文と考えられるので、この主観性は文を単位として存在することになるのである。このことは、逆にいえばこの意味＝発話の目的的意味が語列に付加されることによって文が成立するとみることになるのであるが、そうみると、このモダリティが文の成立要件であるとする仁田の見解はもっともである。さらに、この主観的モダリティ論が陳述論の一展開であるということがこのことからも了解されよう（後述）。加えていえば、従来の文末や終止法にこの種の意味を認める議論については、この種の意味・発語内目的が顕在化し文が成立すると理解されるのは発話が文末に達する時点であるため、文末の形式が主観性をもつ、と理解したものととらえることができそうである。

このように、表現類型にかかわるモダリティとは、「発話時における話し手の発話・伝達的態度のあり方」（仁田義雄）、「表現・伝達の機能の面から文を類型的に特徴づける」（益岡隆志）というにとどまらず、文が全体として担っている文を文として成り立たせるための、発話の目的の中核としての機能的意味ということになる。そして、この意味は言語行為的な意味であると位置づけられることになる。つまり、表現類型にかかわるモダリティの本質は言語行為的意味なのである。さきに、文法的な概念としての「主観性」に疑問を呈することになったが、その代替のひとつとしては、この言語行為的意味をあげることになるであろう。そうなると、これを「モダリティ」として括らなければならない事情はどこにあるだろうか。さらにいえば、こういった言語行為的意味もあれば、また違った文法的意味も内包されるというような主観的モダリティという概念についての再検討も必要になってくるように思われるのである。

5　モダリティはいかに規定されるべきか

主観的モダリティの問題点

ここまでみてきたような主観的モダリティ論は、言語における主観的なものをモダリティとするという点が、その規定の中核であるが、同時に、文における命題以外の要素をモダリティと考え、また同時にそれが文構造上の外層を構成するという点もセットになった理解である。そして、ここまでみたようにこのようなモダリティの規定には、問題もあった。もちろん、主観的モダリティ論もそれなりに成り立つという言い方もあるし*18、主観的モダリティ論のようなとらえ方、少なくとも〈命題以外〉〈主観的要素〉というようなとらえ方は、日本語モダリティ論だけの問題ではなかった*19。ただ、問題が大きいということは、否定できないところのように思われる。

それでは、モダリティという文法概念はいかに規定されるべきであろうか。そのことを考えるに先立って、すでにHeiko Narrog・野村剛史・尾上圭介・岡部嘉幸らによって、このような主観的モダリティ論に対して問題点が指摘されていることから、まずは、それらの議論が示す主観的モダリティ論の問題点を整理しておくことにする。それは、おおむね次の（4）のようにまとめられる。

（4）a　命題とそれ以外を分ける明確な基準が不明である。
　　b　主観と客観を分ける基準が不明である。
　　c　いかにも消極的な規定である。そのため、あまりに広い概念となる。
　　d　相当程度異なるものが混在する。
　　e　非命題、主観的、文構造の外層などの複数観点を同時に考えると、その外延に一致しないところが出てくる。
　　f　結果、何がモダリティなのか大きく揺れる。
　　g　一定の形式に対する概念なのか、ともかく意味があればよいのか不明である。

これらについて簡単に説明すれば、（4a）は文を命題とそれ以外のものに分けて、それ以外のものをモダリティと規定するとき、では何なら命題で何ならモダリティなのかという点がはっきりしないということである。たとえば、「お前が行け」というときにどこが命題で、どこが命題以外になるというのだろうか＊20。Narrogはこの点で、「文を「命題」と「モダリティ」の二極に分ける明確な言語内在的な根拠が存在しない」という＊21。このNarrogの言及はモダリティを命題以外の文の要素とする見方について述べているものであるが、これは、（4b）モダリティを主観的なものとする場合にも起ってくることであって、たとえば、話し手のとらえ方というわば主観的なものがモダリティなのだとすれば、テンス（時制）をそこから排除するのは難しいという見方がある＊22。実際、益岡隆志は初期の議論ではテンスをモダリティのひとつとして数えあげていたが、後にそれを排している＊23。あるいは、Ⅸでもみたように、金田一春彦の示す不変化助動詞（主観的モダリティ論におけるもっとも典型的なモダリティ形式）は客観的ということもできるものであった。また、（4c）は野村剛史が「テンス形式の後に現れるような形式を何でもかんでもモダリティと称するのは、没概念的と言わざるをえない」といい、岡部嘉幸が「文の中で命題ではないものという消極的定義」にすぎないとするのがこのことであって、「没概念的」「消極的」という評言は的を射たものだと思われる＊24。したがって、文法概念としてはきわめて広大なものとなってしまい、結果的にきわめて多様なものをモダリティと呼ぶことになる＊25。もし、時間の表し分けであるテンスもモダリティ（これはモダリティとしない場合も多いが）、事態の背景的な説明に関わる「のだ」もモダリティ、事態が蓋然的であることを描き出す「だろう」もモダリティ、伝達時における話し手と聞き手の関係性に関わると思われる「ね」「よ」などの終助詞類もモダリティというなら、それらは文法的に何が共通するということになるのだろうか。もちろん、その差異のためにモダリティの下位分類がなされているのであろうが、逆にいえば、それらをモダリティとして括りあげることの意味が問われることになるはずである（それが主観的要素だから、あるいは命題ではないからというのでは、ほとんど文法的な意味があるとはいいにくいだろう)。さらに、(4e)は、主観的要素である「です・ます」あるいは「らしい・ようだ」には「た」が後接するが、「た」が客観的なものであるとすれば、文の核に客観的なものが、外層に主観的なものがあらわれるという階層構造に合致しないことになる、といったことである＊26。

以上のような結果、(4f)のように何がモダリティであるのかが論者によって大きく揺れることになる。これは後にも示すが、文法概念、あるいは文法カテゴリの「用途」ということを考えると大きな問題になってくると思われる。加えて、本書でも指摘してきたように、(4g)形はなくてもモダリティは存在するというような見方を許すのか(表現類型にかかわるモダリティは許されている)、あるいは、やはり形が必要なのか(「のだ」が説明のモダリティであるというとき、その形がないものは、そのモダリティはないことになるように思われる)、判然としないということも問題点として掲げられよう。これは、仁田義雄が「モダリティの在りかは、文の意味構造にある」ということに対する田野村忠温の批判も、この(4g)に関わる批判であるといってよい＊27。

ムードとの関係によるモダリティの規定

このような議論をふまえた上で、では、モダリティという文法概念はどのように規定されるのがよいのかということを考えることにする。Heiko Narrog・野村剛史・尾上圭介・岡部嘉幸らによる、さきの批判は基本的に主観的モダリティ論ではない立場をとる考え方である。その考え方はそれぞれの説によって違った面をみせているともいえるが、基本的には、モダリティをムード・叙法という文法カテゴリとの関係でとらえるものである。すなわち、これらはモダリティを、「非現実の事態として描く動詞形態」としてのムード(形式)・叙法という文法範疇に関わる意味としてとらえている。

ムードmood（叙法・法）とは伝統的には〈動詞の形態論的カテゴリで、事態を非現実の事態として描くもの〉という概念で、直接的には印欧語文法論における概念であった。たとえば、言語学の辞典におけるmoodの説明を掲げてみる。

（5）話し手が叙述内容に対してどのような心的態度をとるかを表わす文法範疇。叙法、話法ともいう。例えば、英語のI *visited* Athens.（アテネに行った）、If I *could visit* Athens,...（もしアテネに行けたら…）、*Visit* Athens.（アテネに行け）は、「アテネ訪問」という叙述内容を、それぞれ事実・仮想・命令として述べている。話し手の心的態度というのは主観的色彩が強いが、文法範疇としての法は心的態度の違いを一定の文法形式として組織的に表示する場合に成立する。法は多くの場合、動詞（句）によって表わされる。したがって時制（TENSE）・相（ASPECT）・態（VOICE）などと共に動詞的範疇の一つとされる。

（田中春美他編『現代言語学辞典』のmoodの項）

この記述では「心的態度」という説明があるが、実際に念頭におかれているのはもっと狭い概念であろう。印欧語におけるmoodの表し分けとして、「事実・仮想・命令」というところがあげられているが、それは、その動詞の示す事態が事実であるとして示す直説法indicative、これから起ころうとしていること・仮定的なことがらとして示す接続法subjunctive、希望していることをあらわす希求法（願望法）optative、命令・要求などをあらわす命令法imperativeの表し分けをムードとしたことを背景にして説明しているものと思われる。つまり、moodとは事態が現実であるか非現実かについての動詞的範疇、すなわち動詞形態による表し分けであって、形態論的カテゴリとしてのテンス・アスペクト・ヴォイスなどに並ぶものである。そして、モダリティmodality

の説明は次のようである。

（6）文法範疇の一つである法（MOOD）の意味または特性。モダリティ、様態などともいう。法性は文法および意味のレベルで認められ、いわば統語論的＝意味論的（syntactico-semantic）概念であり、何を法性とするかについては諸説がある。広義には、話し手が叙述内容に対してとる態度すべてを指す。〔中略〕一般には、可能性（possibility）・蓋然性（probability）・必然性（necessity）を中心にして法性を捉える。

（田中春美他編『現代言語学辞典』の modality の項）

つまり、mood 的意味が modality なのである。形態論的カテゴリとしてのムードに対するムード的意味がモダリティだということである。これは、tense に対する temporality、aspect に対する aspectuality という用語法に並行的なものである。つまり、形態論的なカテゴリであるテンスに対して文法意味的カテゴリのテンポラリティ（テンス的意味）があり、形態論的カテゴリとしてのアスペクトに対して、文法意味的カテゴリのアスペクチュアリティ（アスペクト的意味）があるように、形態論的カテゴリのムードに対して、文法意味的カテゴリのモダリティ（ムード的意味）があるということになるもので、きわめて整合的であるといえる＊28。この見方からいえば、モダリティとは〈事態を非現実の事態として描く文法形式の意味〉ということになる。

このようにモダリティを規定すると、モダリティか否かを分ける基準は比較的明確になる（むろん、言語を分類するということの根源的なところでいえば、曖昧なものは必ず出てくるだろう。しかし、主観的モダリティ論ほどではないと思われる）し、文法的な形がもつ意味ということになるのであるから、形が基盤になることになる。当然概念としては狭められ、比較的均質的になるといえる。このように考えれば、（4）で示したような問題は、一往、解消されることになるであろう。

しかしながら、このような規定は次のような批判と隣り合わせになる*29。

（7）前巻で扱った「格」「ヴォイス」と並んで、以前から対照研究のテーマとしてしばしばとりあげられた文法範疇に、「テンス」「アスペクト」「モダリティ（ムード）」がある。これらは、いうまでもなくインド・ヨーロッパ語の研究から生まれ育ってきた文法概念であり、それらとはなはだ異なる体質をもつ日本語や、中国語などのアジアの言語の文法現象を解明するのに有効、妥当なものであるかどうかはよく分からない。しかし、これらの概念を、元来そうであったというだけで、動詞の規則的な形態による実現の場合だけに限定してしまうのは、多くの自然言語の中に潜む人間の言語の普遍的な側面への探求の芽をつみとってしまうことになる。（寺村秀夫「あとがき」森岡健二他編『講座日本語学11 外国語との対照Ⅱ』）

（8）「ムード」は、動詞類の屈折体系に関わる文法範疇の一つとする。この立場からすると、「ムード」は屈折の体系を有する類型の言語に対してのみ有意味な概念である。〔中略〕これに対して、「モダリティ」は、言語の個別的、類型的なあり方に縛られない、一般性の高い概念として定める。すなわち、「モダリティ」は、その現れ方こそ言語によって様々であろうが、何らかの形ですべての言語に関わり得る概念と考えたい。（益岡隆志『モダリティの文法』）

これは、形態論的カテゴリとしてのmoodはそれをもたない言語もあるから、分析にあたってはそれにこだわることなく、言語の個別的・類型的なあり方に縛られないモダリティを、という考え方であろう。そこにおいて言語の主観的要素という見方がとられることになっていったのではないかと思われる。もちろん、分析の便宜としていったんはこのような態度をとることもあり得るとは思う。ただ、だからといって、いつまでも外延のはっきりしない文法概念を使い続けるべきなのかは、考えてみる価値はあるだろう。

この点についてさらにいえば、このような文法概念というものは、そもそもその規定を明瞭にして、内実をできるだけ均質にしておくことが必要であるように思われる。そうしなければ、比較的普遍的な文法概念を設定する意味はないからである。それは、どういうことか。結局、それは文法カテゴリなり、文法概念なりの役割・「用途」というところに帰着する。

たとえば、テンスという文法カテゴリ、あるいは文法概念は個別言語の分析にとって必ず必要なものだろうか。端的にいえば、答えは否である。人間の認知的基盤の共通性から考えると、どのような言語においても時間的な表し分けをする言語的方法がある蓋然性は高いといえるであろう。そして、そのような先入観やそれまでに確立されてきたテンスの概念が、その個別言語の精細な分析に役立つことは間違いない。とはいっても、その個別言語に必ずテンスがあるというわけではない。あったとしても、発話時を基準として過去・現在・未来を表し分けるとはかぎらない。むしろ、これまでに確立されてきたテンスの概念にきっちりあてはまるというほうが例外的であろう。したがって、個別言語の記述がその言語にかぎっておこなわれるのであれば、テンスという概念を参考にすることはいっこうに差し支えないにしても、原理的にはテンスという概念は必要なく、当該言語において、どのように時間を表し分けるのか(分けないのか)ということを、個別言語に即した形で精細に記述すればよい。そういう点では、テンスという概念はその言語の分析にとっては余剰的なものであって、必ず必要なものであるとはいえない。つまり、そもそも個別言語を個別的に記述するのであれば、そのような概念は本質的には不要なのである(さきにも述べたように、参照することで役に立つということはあろうが)。

では、何のためにテンスという概念が必要になるのだろうか。それが必要になるのは対照研究や類型論、あるいは、それを視野に入れた研究である。対照研究においては、テンスを「動詞の形態変化で基準時より前か後か同時かを表し分けるという文法カテゴリ」と規定することで、対照する諸言語、あるいは類型論の対象となる言語から、それに関わる言語形式（表現）をとりだすことができるようになり、そして、それらがその規定とどれだけ一致し、どれだけ一致しないかということを考えることで、対照・類型的分析が進むのである。つまり、対照研究・類型論研究の参照軸としての文法カテゴリ・文法概念ということである。いわば、ものさしとしての文法カテゴリ・文法概念、スケールとしての文法カテゴリ・文法概念である。したがって、たとえば規定に合致するようなテンスがみられないなどといった個別言語の事情で、テンスの規定を個別言語に合わせて変えてしまうのは問題がある。たとえば、「日本語のテンス」について、「テンスの定義を、「現実世界の発話時にいる話し手が、述語が表す事態を、「こっち」のものとするか「あっち」のものとするかについて表し分ける文法形式」というより高度に抽象化したもの」と規定するという考え方があるが＊30、これを個別言語ごとにおこなうとすれば、言語Aにテンスがあり、言語Bにもテンスがあるといっても、全く異なるものをテンスと呼んでいるということが起こり得る。こうなると、もはや文法カテゴリや文法概念としてテンスを認めるということの意味はほとんどなくなってしまう。もちろん、個別言語としての日本語の個別的な記述で「現実世界の発話時にいる話し手が、述語が表す事態を、「こっち」のものとするか「あっち」のものとするかについて表し分ける文法形式」を認めることは全く問題ない（私は記述内容として賛成はしないが）。しかし、文法カテゴリや文法概念が揺れてしまっては、対照研究・類型論研究の参照軸にはなり得ない。どこまでも枠を広げたり、アドホック的に概念を変えるのでは――それは「ものさし・スケール」なのであるから――こういった概念は役に立たないことになるのである。

話をムード・モダリティに戻すと、このような考え方にしたがうなら、ムードとは〈動詞の形態論的カテゴリで、事態を非現実の事態として描くもの〉、モダリティは「ムード的意味」とするべきなのである。もちろん、主観的なものをモダリティとするとらえ方は日本語文法論だけのものではない。が、そのようなやり方は、対照研究や類型論にとっては生産的ではないであろう。もし、その個別言語が上述のようなムードをもたないのだとすれば、その言語にはムードは「ない」と記述すべきである。あるいは、それに類するものがあれば、どこが規定と一致し、どこが一致しないかを示すべきである。さきの（7）（8）の見方は、分析の便宜としていったんはとることもあり得るだろうが、分析が進んだ後には規定にあうものがなければ、最終的には「ない」というべきである。それが筋である。茫洋とした規定のなかで、あるようなないような、というような話になるよりは幾分もましである。

ところで、さきの（7）（8）がいうように日本語の場合には、右に示したようなムードはないのであろうか。あるいは、「ない」と考えるべきなのだろうか。形態論的な概念であるムードがあるかないかを考えるにあたっては、まずは形態論的な分析を経ている必要がある。またそれに際しては、動詞の形態変化や「屈折」という概念をどのように考えるかが問題となる。もし、屈折という概念を古典的な類型論的屈折語観にしたがって動詞語根内の母音交替のようなものしか考えないのであれば、（7）（8）のいうとおりであるが、そうだとすれば現代ヨーロッパの言語についてもあてはまらないことになってしまう。屈折接辞の添加も屈折（あるいは活用 inflection）と考えるならば、日本語の動詞においても屈折（活用）はある。現代日本語動詞の形態分析はあらためて検討する必要もあるといえるが、おおむね、ハイコ・ナロクの示すところによることができると考えられる

(「日本語動詞の活用体系」)*31。それによれば、現代日本語動詞の活用体系は次のようになる(語幹と活用語尾=屈折接辞にかぎって示す。また、Taは、ta/daをあらわす。他のTeなども同様)。

(9) 語幹V

子音語幹動詞語幹　yom-, yon-, yomi-(拡張された語幹)

母音語幹動詞　mi-

1. 活用語尾f

(r)u 非過去、(r)eba 条件、(y)oo 意志・推量、e, ro, yo 命令、(a)zu 否定、Te 接続、Ta 過去、Tara/Taraba 条件、Tari 例示

2. 活用語幹を形成する派生接尾辞v　(以下省略)

これに即していえば、yom-u(非過去)とyom-oo(意志・推量)・yom-e(命令)、mi-ru(非過去)とmi-yoo(意志・推量)・mi-ro/mi-yo(命令)は、動詞の活用によって事態を現実か非現実を表し分けるものであって、とくに、yom-oo(意志・推量)・yom-e(命令)およびmi-yoo(意志・推量)・mi-ro/mi-yo(命令)は、〈動詞の形態論的カテゴリで、事態を非現実の事態として描くもの〉という定義にあてはまるといえる。つまり、これは現代日本語のムード(形式)である。そうなると、モダリティとは、事態を現実か非現実を表し分ける文法形式の意味ということになるわけであるから、右の動詞形態以外で事態を現実か非現実を表し分ける文法形式がモダリティ形式ということになり、それらの意味がモダリティということになる。モダリティ形式を具体的に示せば、次のようなものがそれにあたることになる(一語であるものも複数語であるものもあるが、便宜的にまとめて掲げる)。

（10）a　だろう、まい、かもしれない、はずだ、そうだ、ようだ、らしい…

b　べきだ、なければならない…

また、これにしたがえば、次のようなものはモダリティとはいえない。

（11）a　のだ、ものだ、わけだ…

b　ね、よ、さ、ぞ、か…

ここに（11b）としてあげられた終助詞のようなものは、事態を現実か非現実を表し分ける文法形式ではないのであるから明らかにモダリティ形式ではない。なぜこれをモダリティと呼ぶようになったか、すなわち印欧語にはみられない要素までモダリティに繰り込まれたのはなぜかということを問えば、主観的モダリティ論が、終助詞を主観的なものとみた陳述論の「ニューヴァージョン」*32 であったからである。つまり、陳述論からの流れにその要因はある。なお、表現類型にかかわるモダリティは事態を現実か非現実かを表し分ける側面があるものの、当然のことながらムードではない。また、形式の意味ではないからモダリティともいえない。別のカテゴリである*33。

いずれにせよ、これまでの日本語文法論は形態論的な分析が弱かった。そのためにムードを切り出せずにいた。そのような状況では、そこからモダリティを規定することもできなかったのである。主観的モダリティ論が切り開いた文法的分析は有効なものもきわめて多く、それが果たした役割は多大なものがあるということはいうまでもない。ただ、性質の大きく異なるものどうしを同じ名前で括る、そのことにどういうメリットがあるのか、それを考えることが求められているということはたしかであろう。

XI

喚体句

1 喚体句という文法概念の貢献

（1） a 三笠の山に出でし月かも。

　　 b 老いず死なずの薬もがな。

この文は、山田孝雄によって喚体句と分類された文である＊1。（1a）はとくに感動喚体、（1b）は希望喚体と呼ばれるものである。この山田孝雄がとりあげた喚体とはひとことでいえば名詞を中核とした述語のない文というべきものであるが、この概念は日本語の文法論にとってきわめて重要な概念であった。たとえば、「喚体句」という名称は知らなくても、名詞で終止した文が感動的な意味をもつということはよく言及されるところであって――その適否は別にしても――「体言止め」といった用語がこれに重ね合わせられていることからもわかる。

山田はこのような文がそれまで文法論のなかで正当に扱われてこなかったと考え、このような文について検討を加えた。そして実際に、このような文は山田以降、さまざまな文法論においてその体系のなかに位置づけられることになった。たとえば、時枝誠記は独立語格（独立格）という名称で自身の文法論のなかに位置づけるし、松下大三郎も思惟断句に対する直感断句という枠組みをもち、山田のとりあげた喚体句に相当するものを文法論のなかに位置づけている。また、三上章は山田の述体・喚体、松下の思惟性断句・直感性断句、時枝の述語格の文・独立格の文といった文の分類をあげ、「二大別するのはほとんど定説だろう」と述べる＊2。さらにいえば、この喚体の概念については、川端善明・尾上圭介・石神照雄・仁科明らによって、修正を加えられながら山田孝雄の精神を受け継ぐ形で継承されてきてもいる＊3。

このように日本語の文を分析していくにあたって、この喚体という概念はきわめて重要なものであった。しかしながら、山田がとらえた喚体句については、さらに考えるべきことがあると考えられる。そこで、ここでは、山田の喚体句の再検討から出発し、（1）のような文およびその周辺にある文をとりあげ、それらのもつ意味とその実現のしかたという点について考え、その上で、喚体という文法概念の継承という点について論じてみることにしたい。

2　山田孝雄の喚体句

まずは、山田孝雄の喚体句がどのようなものであったのかを確認しておくことにする。山田孝雄は日本語の文を大きく述体句と喚体句とに分けた。山田は次のように述べる＊4。

（2）　わが国語の句に於いては根本的に差別ある二種の発表形式の存することを認めざるべからずと信ず。その命題の形をとれる句は二元性を有するものにして理性的の発表形式にして、主格と賓格との相対立するありて、述格がこれを統一する性質のものにして、その意識の統一点は述格に寓せられてあるものなり。この故に今之を述体の句と名づく。次にその主格述格の差別の立てられぬものは直感的の発表形式にして一元性のものにして、呼格の語を中心とするものにして、その意識の統一点はその呼格に寓せられてあるものにしてその形式は対象を喚びかくるさまなるによりてこれを喚体の句と名づく。而して国語の一切の思想発表の形式は根本に遡れば、この述体の句、喚体の句の二種に帰するなり。

（『日本文法学概論』九三五―九三六頁）

述体句は二元性の発表形式、つまり、主格・賓格があってそれを述格が統一して成立する文であるとする。一方、喚体句は、一元性の発表形式、つまり呼格を中心とし、その呼格が全体を統一して成立する文であるとする。すなわち、述体句とは「花咲く」「花は見事なり」「花赤し」のような文であり、山田も「二元性を有する」とするように、いわば、原理的に主語を備え、述語で述べ立てるような文のことである。それに対する喚体句とはさきの（1）のような文である。山田はこのような文を省略がある文（＝不完備句）とせず、これで完結した文ととらえたのであった。このように山田孝雄は、一般に文法論でよく分析される文、つまり主語述語のある文である述体句に対して、名詞呼格を中心として述部をもたない文、つまり喚体句を区分し、それを文法論の分析の俎上にあげたのであった。

その喚体句について、山田はさらに次のように述べる*5。

（3）　喚体の句は常に一の体言を骨子として、それを呼格とし、それを思想の中心点として構成せらるゝものなり。これはその直感的一元性の発表にして、感情的の発表形式をとることに於いて、述体の句の理性的二元性の発表たるものと性質と構造との二面に於いて根本的に違ふものとして対立するものなり。

（『日本文法学概論』九三六頁）

ここで山田が述べることは、喚体とは呼格としての体言を中心にした一元性の発表形式であるということである。つまり、喚体句とは、形式的な側面から呼格としてはたらく名詞を中心にした述語のない文であるということを述べている。これは喚体についての形式的側面からの規定の第一のものである。また、山田は喚体をさらに感動喚体と希望喚体に分けながら、次のように述べる＊6。

（4）喚体の句には二の区別をなすべきことを見る。今これをその思想より見れば、希望をあらはすものと感動をあらはすものとの区別なり。これをその形式より見れば、体言と助詞とにて句たる資格の成立するものと、助詞はとにあれ、体言と連体格との存在とにて句たる資格の成立するものとの区別なり。この二様の見解よりなれる区別はこの者を二重の見地より見て分ちたるに止まるものにして、希望をあらはすものは体言と助詞との存在を以て句たる資格を得、感動をあらはすものは、体言と連体格との存立を以て句たる資格をうるなり。之によりて喚体の句をば、二種に分つことを得べし。一は希望の喚体にして一は感動の喚体なり。

（『日本文法学概論』九四八頁）

これは、喚体句には中心となる名詞のほかに、連体格や助詞などの形式が伴わなければならないということを述べているものである。ただし、喚体句の種類によって伴うべき形式は異なるとする。

（5）a　あはれしりたる人もがな。
　　b　あはれうるはしき花かな。

この（5a）は希望喚体であるが、これには中心名詞のほかに「もがな」という助詞が必要であるというのである。「あはれしりたる」という連体修飾部分は、「人もがな。」ということができることから、必ずしも必要ではないとするが、助詞「もがな」(本体は「が」であるとする)は必須のものであると考える。一方、(5b)のような感動喚体の場合は、連体修飾部分「あはれうるはしき」を除いた「花かな。」では、一定の思想を聴者の心に喚起させ得るものではないため不完備句であって、十分な句とは認められないとする。逆に「かな」「よ」などの助詞は、(6)のようなものもあるので必要の度合いは低いとする。

(6) a 月の影のさやけさ

b わがせこが衣のそでを吹きかへしうらめづらしき秋のはつ風

そしてこれらをまとめて次のような表にしている*7。

(7)

名称	意義	構成上の必要条件
希望喚体	希望	体言と希望の終助詞
感動喚体	感動	体言と連体語

(『日本文法論』一二二一頁)

このように、喚体句の種類によって異なるが、喚体句の形式構成に中心となる名詞以外の形式を求めている。これが喚体についての形式的側面からの規定の第一のものである。

それに加えて、喚体句の意味的な側面も規定している。それは「感情的の発表形式」(『概論』九三六頁)*8であり、「情意を投射して他の直感に訴ふる」(『概論』九六三頁)*9 ものであるというものである。また、「その形式は対象を喚かくるさまなるよりてこれを喚体の句と名づく」(『概論』九三六頁)*10 というように、「対象を喚かくる」さまであるとし、中心名詞の機能を呼格として扱うところからも、また、「其の意義の点より見れば、他人の思想の了解作用に訴ふるにあらずして、直ちに意志感動に触接せむことを目的とするものなり」（『文法論』一一九九頁）*11 とするところからも、喚体が感動もしくは希望の喚びかけという主観的な心的態度的意味をあらわすものであるとするのである。

ここまでみた山田の喚体の規定を整理すれば次のようにまとめられることになろう。

（A） 形式面の規定：①一元的構造（呼格名詞を中心とした一元的な文であるということ）
②連体格（希望喚体は任意）
③終助詞（感動喚体はなくても成立するものがある）

（B） 意味面の規定：「喚」的意味。すなわち感動もしくは希望的意味。

3 喚体の問題点とその発展的継承

喚体概念の発展的継承

このように、（1）のような類の文を文法論の俎上にあげたことは高く評価されるものであり、この概念は後の文法論に継承されていくことになった。ただそうはいうものの、その規定のしかたについては、いくつかの問題を残すことになった。そのため、その問題点についての修正をしながら山田の喚体の継承が進められているともいえる。

たとえば、石神照雄は述体の分析に比べ、喚体の分析は不十分であることを述べる（「呼格と指示」など）*12。

山田の文法論においては、文を成立させるためには統覚作用がはたらくとされる。そして、述体の場合については、その統覚作用は述格において「陳述」が担うとされる。ところが石神は、喚体についてはそのような分析がないと指摘するのである。喚体も文であるから統覚作用によって成立することになるはずであるが、述体のように何がそれを担うかという議論はなく、論理的な欠落があるとするのである。そして、山田の喚体概念を発展的に継承するために、喚体における統覚作用の担い手を「指示」と呼び、この喚体における「指示」が述体における「陳述」と対応するのだと考える。たしかに石神の指摘するように、述体における「陳述」に対応するものは、喚体においては示されておらず、山田文法の論理継承には必要な分析であろう。石神はいわば山田文法における述体と喚体の分析の非対称性を指摘し、その非対称性を解消しようとするのであった。

また、尾上圭介も山田の喚体概念を拡張し、それを継承すべきことを述べる(「感嘆文と希求・命令文」)*13。尾上は「山田博士が述体と喚体を分けたことの意義は、対象描写、対象説明の文と心的経験そのことを表現する文との異質性を主張した点にあると評することが許されるであろう」とし、喚体が内包する対象の描写・説明と感動・希望という心的経験の二面のうち前者を切り捨てて、喚体とは心的経験そのことの表現とすべきだとする。さらに、山田が要求した完備句としての自立性の条件を緩和しながら、「精神としての喚体」として「感嘆文」「希求文」の概念によって山田の喚体を継承しようとしている。

さらに、仁科明は山田孝雄の喚体についての総括は不十分であり、とりのこされた問題があるとする(「人と物と流れる時と」)*14。仁科は喚体的名詞一語文という言い方で、検討の対象を基本的に名詞一語文にかぎるが、そのなかにおいても山田のいう感動・希望におさまらない喚体文、たとえば「(故人について)先生。」「ボクの大好きなあの帽子。」といった懐旧感・喪失感をあらわすものがあるとする。感動喚体がその場〈現在〉に対象があり、希望喚体は今はないがいずれあるという表現であって対象は〈未来〉にあるものだとすれば、この懐旧感・喪失感をあらわす喚体的名詞一語文の対象（「先生」「帽子」）は〈過去〉にあったものであるといえる。このようにみて、仁科は喚体概念を拡大しつつ、同時にこれらと喚体的ではない名詞一語文との位置関係を論ずるのである。これも、山田がとらえていなかった（もしくは、積極的に論ずることのなかった）喚体的なものをとらえているといえ、発展的継承をめざしたものといえる。

喚体句ではない喚体的なもの

尾上の指摘した点については、後にも検討するが、いずれにしても山田の打ち立てた喚体という概念は再検討が必要な概念であるといえる。そこでここにおいても、山田孝雄の喚体概念についてあらためて検討することにする。そしてそれをふまえて、喚体句相当の文およびその周辺にある文について、それらのもつ意味とその実現のしかたという点について考えていく。

まずは、山田孝雄の喚体句の規定について検討を加えてみる。さきにみた山田の喚体句の規定をみると、述体句とはいえないもののなかに、喚体句に近いとはいえそうではあるが、喚体句として認められないものがあることに気づく。たとえば次のようなものである。

（8） a　あっ。UFO！　／　ゆっ幽霊！（発見する）
b　おーい。お茶！　／　みっ水ぅ！（のどが渇いて、水を求める。）
c　やめられない止まらないカルビーかっぱえびせん。
d　ホールド性を追求した大学生協とメーカの共同開発商品

e　LANケーブルに鍵をかける新発想

f　（はい。）ハンカチ。（といってハンカチを渡す。）

これらは、山田孝雄の喚体概念の規定からすれば、喚体であるとはいえないものである。かといって述体ともいえない。喚体か述体かといわれれば、おそらく喚体に近いものだと思われるものである。むろん、山田孝雄にとってみれば、これらは完備句ではないため述体・喚体の分析のなかに入ってはこないということになるのであろう*15。しかしながら、これらの（8）は山田の喚体規定のうちの形式面の規定のひとつ、すなわち（A）①の一元的構造という点は満たしている。そのうちの（8ab）はさらに意味的な規定（B）感動・希望的意味も満たしている*16。ただ、（8a）においては（A）②、（8b）においては（A）③を満たしていないことから、喚体として認められないことになっているのである。ただし、さきにもふれたように尾上圭介は、喚体とは「心的経験そのことの表現」とすべきだと考え、さらに、連体格の部分と終助詞の部分が必要だということは、「発話された現場的な状況を離れてもその文言の意味が了解されるようにという、脱状況的自立性、言語としての自足性」を求めた結果であり、それを求めることは不必要だとし、このようなものについて「精神としての喚体」という言い方で喚体の側に繰り込むことを提案している*17。たしかに、尾上が指摘するように（A）②③の規定は文字面から感動喚体あるいは希望喚体を担保するための規定であると考えられ、喚体を「心的経験そのことの表現」という文として考えるということからみれば、この条件をはずすというのは首肯できるものである。そういったことから「精神として」喚体に繰り入れることができそうなものだとはいえる。

ところが（8c）～（8e）のようなものはそうはいかない。（8c）～（8e）は（8ab）とは異なる条件で喚体として扱われないものである。喚体を文字面から担保する（A）③以外に、意味的な規定である（B）

「喚」的意味すなわち感動もしくは希望的意味をもたないものである。つまり、一元的構造で連体修飾部分ももつにもかかわらず、意味が感動でも希望でもないものである。（8c）〜（8e）は商品のキャッチコピーというべきものであって、これは事実伝達的なものである。意味的に希望でも感動でもない。そもそも「喚びかくる」というところからも離れているともいえるものである。むろん、これらを山田は喚体としないのであるが、一元的構造をもつものであるから述体とするわけにはいかないはずである。また、何かの省略があるという扱いをするのは、喚体を省略のないものとして認めている以上不当であろう*18。

さらに、（A）①だけを満たす（8f）のようなものもある。これも事実伝達的である。形式的に一元的構造であるということのほかは、形式面・意味面のいずれも山田の喚体の条件を満たしてはいない。しかしこれも述体の側に繰り込むことは難しい。

加えて次のようなものもある。

（9） a まあ。きれいな花だこと！ ／ まあ。速く走ること！

b ここに駐車しないこと。 ／ 午前10：00に配達のこと。

c 附属図書館委員会報告 ①図書館資料選定委員会の報告があったこと。（会議議事録、実例）

これらは、たとえば「ここに駐車しないこと」のうちの「ここに駐車しない」の部分が「こと」を修飾しているとはいいにくいので、一元的構造といえるかどうか微妙なものである。ただ、山田は、次の（10）のようなものを擬喚述法と呼び、喚体に近いものとして扱っている。

（10） a ちるとみてあるべきものを梅の花うたて匂の袖にとまれる

b ひとりして物を思へば秋の田のいなばのそよといふ人のなき

古代語における連体形は名詞相当のはたらきをすると考えられる場合があるとされ、（10）における文末連体形はその用法であるとされるものである。また、山田自身も「ちるとみてあるべきものを梅の花うたて匂の袖にとまれる（ことよ）」のように、「ことよ」を補っている（『文法論』一二八八頁）＊19。そう考えれば、これらは現代日本語における擬喚述法ということになる＊20。いずれにしても、これが喚体に近いものであるということだけは間違いないといってよかろう。

したがって、このようなものが（9a）のように感動の意味をもつのは当然とはいえる。しかしながら、（9b）は意味的には命令であり、（9c）は事実伝達的なものである。（9b）は命令であるから希望的な意味と無縁ではないといえるかもしれないが、（9c）にいたってはこれを感動と結びつけるということはきわめて難しい。

以上のようなものは、山田の文法論においては、冷淡な扱いを受けているものだといってよい。これらのものを、山田の文の分類において述体・喚体のいずれかに所属させようとすれば、二元的な発表形式とはいえないので、喚体とせざるを得ない。しかしあくまでも、さきの条件を満たすものにかぎって喚体とするとすれば、また別の類型を立てざるを得ないということになる。

喚体概念の再検討

このような問題が起るのは、ひとつには山田が文を分類する際の非対称な扱いによるといえる。この述体・喚体の分析の非対称性については、さきに石神照雄が「陳述」概念に対応するものがない点について述べていることを指摘したが、問題はこれにかぎらない。すなわち、文を大きく一元的な発表形式と二元的な発表形式に分けるまでは問題ないのであるが、その一元的な発表形式だけについてさらに詳しい規定を加えてしまっているのである*21。このことによって、一元的な発表形式であるのに喚体に含まれないものが生まれてしまうのである。さきの（8）はこれにあたるものである。これも述体・喚体の非対称性だということができるだろう。

このようなことになったのは、山田孝雄が喚体概念を規定するにあたって二つの側面から規定したことによると思われる。あるいは、（A）のような形式的な側面および（B）のような意味的側面の包摂する範囲が現実問題としては異なっているということによる。両者の包摂範囲がほぼ一致するのであれば、このような規定で済むことになるわけであるが、一致しない要素がかなりあるため、（A）と（B）とに含まれる集合要素の積の部分以外が問題になってくるのである。むろん、その部分が述体の側に包摂されるとなれば問題は起らない。が、一元的構造をもつ文は述体には包摂されないため、問題が起ってくるのである。

以上のようにみると、山田孝雄が提起した喚体概念はきわめて意義のあるものであったといえるが、そのままでは継承しにくいということになる。尾上圭介が喚体概念を再考し、「精神としての喚体」としてとらえ直す際に、山田の掲げた意味的な側面はほぼそのままに、形式面の条件を緩めているが、これも山田の規定では喚体句として認められないものを喚体句として考えるためのものであって、喚体を継承するにあたっては必要な作業であったと評せるであろう。

しかし、それでも（8c）～（8f）のようなものの行き先は、相変わらず問題となるのである。結局このことを考えていくためには、一元的か二元的かという形式面を重視することにならざるを得ないだろう。山田が喚体を認めた経緯、すなわち、「喚体句と称するものは所謂感動の文より其形式の叙述体的なるものを除きたる残余」（『文法論』一一九八頁）*22 であるとすることから考えれば、「喚」的意味をもつということはきわめて重要な要素であるともいえる。しかしながら、二元的構造としての述体に対する概念を考えるとすれば、一元的構造という分類基準のほかに山田のようなさまざまな条件をつけるのには問題がある。分類は形式的な側面からにかぎることにし、述体が二元的構造であるのだとすれば、それに対する概念は一元的構造をもった文とするべきであろう。いわば二元構造をもつ「述体形式」に対して一元構造の「喚体形式」とでも呼ぶべきものを考えることになる。それは述語文に対する非述語文ということであろう。

さきの（8）は当然、（9）のようなものについても、「喚体形式」として括って扱っていくべきであろう。つまり「〜こと」などの形式名詞で終わっている文についてもここに含めるのがよいということである。

あらためて、このような「喚体形式」として括るべきものを考えると、そのもっとも単純な形は名詞一語文である*23。その名詞一語文には、その名詞の内実を詳しくする部分として連体修飾要素がつくことができる。また、名詞一語文に終助詞がついたものも、もっとも単純な形からの発展形と考えてよい。感動的意味をもつ場合においてこの名詞一語文に連体修飾部分と感動を明示する終助詞が付属したものが山田の感動喚体であり、希望的意味をもつ場合において、希望の意味を明示する終助詞が付属したものが希望喚体であるという把握をすることになる。

4　喚体形式の文の意味

それではここまでみた喚体形式（非述語文）にはどのような用法があるだろうか*24。山田孝雄の喚体句はこの一部であるので喚体形式の文にはむろん感動・希望をあらわすものがある。それと同時に、それ以外の用法もある。まずもっとも単純な形式である一語文についてみてみることにする*25。

(11)　a　あっ。UFO！　／　ゆっ幽霊！（発見する。）
b　（はい。）ハンカチ。（といってハンカチを渡す。）
c　み、みずぅ。（砂漠で必死に水を求める）
d　おーい。お茶。　／　おーい。けい子！　ビール！

（11a）は「UFO」「幽霊」という対象を認識したことをあらわす文である。対象に遭遇するなり、発見するなりして、その対象を認識・把握したということをこの文によってあらわしているものである。山田の感動喚体は対象を認識して、それについて何らかの感動をあらわすものであった。この場合、感動があるかどうかということをおくとすれば、その文によって対象を認識・把握するという点では同じものであるといえる*26。それに対して、（11b）は、すでにそのものの存在やそれが何であるかを知っており、その知見を聞き手に伝達する文である。（11a）と（11b）は、対象の存在を表現するという点では同じものであるが、（11a）には文を発することによって新たな認識をおこなっているものであって、（11b）のような既存の知識を伝達するにすぎず、「感動」というような情意的な意味にはつながってはいかないと思われるものとは異質の存在であるといってよいだろう。（11c）は話し手が「水」を求めているものであって、（11ab）とはかなり異質のものである。意味的にいえば山田の希望喚体と同質のものである。いわば、話し手の意向をあらわす文である。（11d）は話し手が中核名詞のあらわす「お茶」や「ビール」を求めているのには違いはないが、それを聞き手によってもたらすことをのぞんでいるものである。（11c）は単に話し手がのぞんでいるだけのものであるが、（11d）はさらに進んで、聞き手に求めるものであって、いわば話し手の要求あるいは命令的な意味のものである。このように、名詞一語文には（α）話し手が認識したことをあらわすもの、（β）話し手のもつ知見の伝達をあらわすもの、（γ）話し手の意向をあらわすもの、（δ）話し手の要求をあらわすもののように、少なくともこれら四つの用法があると考えられる＊27。

次に、名詞一語文に連体修飾部分がついたものについてみてみることにする。

（12）　a　あっ！　変な形のＵＦＯ！　／　うわっ。足がある幽霊！
　　　b　妙なる笛の音よ！
　　　c　やめられないとまらないカルビーかっぱえびせん。
　　　d　（はい。）昨日洗ったハンカチ。（といってハンカチを渡す。）
　　　e　コップ一杯の水ぅ。（砂漠で必死に水を求める。）
　　　f　老いず死なずの薬もがな。
　　　g　おーい。もっと冷えたビール！

これらもさきにみた四種類に分類される。単に名詞一語文にそれを詳しくする連体修飾部分がついただけであるから、当然このようになるともいえる。（12ａｂ）は（α）話し手が認識したことをあらわすものである。とくに（12ｂ）は山田の感動喚体そのものである。（12ｃｄ）は話し手が認識したことをあらわすものではない。話し手が聞き手に伝達するものである。すなわちさきにみた（β）である。（12ｅｆ）は話し手の意向すなわち（γ）をあらわすものである。とくに（12ｆ）は山田の希望喚体である。（12ｇ）はビールを聞き手に求めるもので、話し手の要求すなわち（δ）である。

このような類型は「〜こと」のような文にもみられる。ただし、（γ）の類型はおそらく原理的にはあり得ようが、実際には見つけにくい。

（13）a　あらー。きれいな花だこと！　／　まあ。毎朝早起きすること！
b　学生生活委員会報告　⑤学生表彰者について決めたこと
c　来週の月曜日は体操着をもってくること。
（会議議事録、実例）

以上のように、名詞を中核とした喚体形式（非述語文）には、山田が喚体の概念によって示した感動・希望の意味以外の用法もあるということがあらためて確認できた。なお、従来喚体句を含めた体言止め文・名詞一語文は感動的な意味（あるいは希求的意味）と結びつけて考えられることがあったが、常にそうであるとはかぎらない、ということは銘記しておくべきことであると思われる。（13a）は（α）話し手が認識したことをあらわすものである。（13b）は話し手の知見の伝達（β）であり、（13c）は話し手の要求（δ）をあらわしているものである。

5　喚体形式の意味の実現

行為としての発話と発語内目的・文の機能

このように、喚体形式（非述語文）によって実現される意味は少なくとも四種類あることになるが、それではこのような意味はどのように実現されると考えたらよいのだろうか。これらは非述語文であるから、述語文で考えられるように述語のあり方でその意味が決定されるとはいえない。述語文においては活用やいわゆる助動詞の承接で述語形式が分化することができるので、実際に述語形式が分化していれば、その分化した形式にこれらの意味を担わせる理解も可能である。しかしながら、これらの文は述語文の場合のように述語によるような分化した形式をもたない。終助詞が付加されることによって意味が明確になるということはあるが、すべての場合に終助詞が付加されるわけではない。つまり、さきにみたような意味がどのように実現されるかということが問題になるのである。

むろん、発話状況によって形式にはない意味要素が読みとられるという理解も可能であろう。あるいは、発話状況から形式にはない意味を担わされるという理解も可能であろう。ただ、そうなると発話状況による意味が右のような四種類になるということには十分に帰結しないように思われる、そこで、この点について、ここではこれまでみてきたような言語記号を用いる発話主体の行為・意図ということからとらえていくことにしたい。すでに述べたように、言語（形式）を発するということは、何らかの意図を達成するための行為である。そこでの意図は意識的であるとはかぎらないが、言語を発する際には何らかの意図をもっており、その意図を満たすために発話という行為をおこなうのであった＊28。むろん、言語を発することによっておこなえることは習慣として決まっており、言語を発することによって満たすことができる意図にはかぎりがあるが、そのかぎりあるなかから達成できるものを選択し言語を発するのであった。つまり、人間はある意図を満たすために言語記号を用いるのだということである。ここでは、このような視点から、さきのような意味の実現をみていくことがよいと考えるのである。

そして、このような発話における意図・目的を考えるにあたっては、言語行為論の分析をみていくことが必要になる。とくに、ここでとりあげるのは、これまで示してきた次のような発語内目的の類型である。

（14）（Ⅰ）交話型　　　応答文・呼びかけ文・接続文など

（Ⅱ）内容表現型
（a）事態描写系
〈1〉事態認識　話し手が新たに事態を認識したことを表出する　…認識文
〈2〉事態伝達　話し手が保っている知識を聞き手に伝える　…伝達文
（b）情意表出系
〈3〉意向表出　話し手の意向を表出する　…意向文
〈4〉要求表出　話し手の要求を表出する　…要求文

これは、言語を発することでどのような行為をおこなうのかということ、あるいは、どのような行為をおこなおうとするのか、その目的の類型である。つまり、言語を発するのは、このような発語内目的を達するためである。あるいは、それを文の側からみれば、文は（14）のような機能をもつといえる。それを文の機能と呼んだが、これは文が全体として担っている機能であった。

喚体形式の意味と発語内目的

このように文が文であることによって担う発語内目的、あるいは文の機能というべきものについてあらためて確認したが、さきにみた喚体形式（非述語文）のもつ意味についてみてみると、それはこの発語内目的の反映であることがわかる。さきの（11a）（12ab）（13a）のようなもの（＝α）は、対象を認識したことをあらわすものであったが、これは（Ⅱ）（a）〈1〉の事態認識の発語内目的をもつものであるといえる。そして（11b）（12cd）（13b）のようなもの（＝β）は、すでにそのものの存在やそれが何であるかを知っており、その知見を聞き手に伝達するものであったが、これは、（Ⅱ）（a）〈2〉事態伝達の発語内目的をもつものである。また、（11c）（12ef）のようなもの（＝γ）は、話し手の意向をあらわすものであって、（Ⅱ）（b）〈3〉の意向表出の発語内目的をもつものである。さらに（11d）（12g）（13c）のようなもの（＝δ）は、話し手が相手に命令等すなわち要求をするものであって、（Ⅱ）（b）〈4〉の要求表出の発語内目的をもつものである。このように、述語の分化による意味の表し分けをもたない非述語文がもつ意味は、この文が文としてもつ発語内目的・文の機能によるものだと考えることができるのである。

言語（形式）を発するということは、何らかの意図を達成するためにおこなう行為であり、その意図を満たすために発話行為をおこなうのであると考えたとき、つまり、言語（形式）を発するということは、ある意図を満たすために言語記号を用いることだと考えたとき、そのような話者による発話によって達成したいという意図・目的がさきにみた喚体形式＝非述語形式にみられる意味だと考えることができるのである。

そもそも、このように文が文としてもつ発話の目的というもの、あるいは文そのものが一定の機能をもつというのは、実は喚体形式（非述語文）にかぎったことではない。すでに、ここまで本書において述語文における文が文としてもつ発語内目的・文の機能について検討をおこなってきている。さきにあげた発語内目的の分類は、さきの検討で述語文がもつ発語内目的・文の機能の類型の分類に一致するものである。つまりは、ここであげた発語内目的の類型は、述語文・非述語文のいずれかのものではなく、述語文・非述語文のいずれもが、文としてもつものであると考えるべきことになる。これらは文がいかなる意図をもって発せられるかという側面からみたときの「文の存在様式」といってもよいだろう。

6　山田孝雄の喚体・述体概念の再整理とその継承

以上のように、山田孝雄の喚体概念の検討をとおして非述語文における意味の実現ということをみてきた。この視点からあらためて山田孝雄の述体・喚体概念を整理すると次のようになろう。すなわち、山田孝雄においては、述体とは述語文の謂であり、文の構造についての概念であった。したがって、述体概念は述語文（ここでの述体形式）という構造的な枠組みと一致する。これに対して、喚体とは単純に構造についての概念ではなく、構造と意味にまたがる概念であった。いってみれば、非述語文（ここでの喚体形式）という構造的な枠組みのなかには位置づくものの、それに加えて感動あるいは希望という意味的なものまで要請されたのである。この感動とはさきの（14）の枠組みでいえば、〈1〉の事態認識の、希望とは〈3〉の意向表出の一端であった。そういうことから、山田の喚体概念をあらためて説明すれば、おおむね感動喚体とは非述語文の認識文（連体修飾句が必要ではあるが）、希望喚体とは非述語文の意向文（希望・願望をあらわす終助詞が必要であるが）ということになる*29。以上は次の（15）のようにまとめられるが（さきの（14）における（Ⅱ）の範囲が問題になる）、結局、非述語文（＝喚体形式）のうちの事態伝達（伝達文）と要求表出（要求文）は、山田孝雄の喚体概念においては、その行き先がないということになるのであった（（15）の×の箇所）。

(15)

	事態認識（認識文）	事態伝達（伝達文）	意向表出（意向文）	要求表出（要求文）
述語文（＝述体形式）	述体			
非述語文（＝喚体形式）	感動喚体	×	希望喚体	×
	（要連体句）		（要終助詞）	

そうなると、日本語文法論に大いに功績のあった喚体概念は、やはりそのまま継承することはできない。尾上圭介のように形式的な側面からの規定を緩めた上で意味的側面を継承するか、あるいは、欠落のある意味的規定の側面を排した上で述語文か非述語文かという文の構造的側面の分類として継承するかのいずれかを選択することになるであろう。あるいは、(15)における×部分に名称を与えて継承することもあり得ようが、ここでの考え方からすれば、認識文・伝達文・意向文・要求文の別は述語文、すなわち述体の側にもあるものであるから、喚体的な文の特徴は認識文・伝達文・意向文・要求文といった意味の面ではなく、述語文に対する非述語文という構造的なものとしてとらえていくことが、求められることになろう。そして、このようなやり方が喚体句の継承——ただし、緩い形の継承といわざるを得ないが——ということになるといえるのではないだろうか。

*　　　*　　　*　　　*

ここまで、文の機能、あるいは文そのもののもつ言語行為的意味を枠組みとして認めることによって再構築の必要になる文法概念として「主観性」「モダリティ」「喚体句」についてみてきた。このような再検討の必要な文法概念はさらにあり得ようが、まずはここまでにしておくことにする。このような点に加えて、右でみてきたような文の機能・言語行為的意味の枠組みの設定によって、文法形式のなかには、その記述をより厳密におこなうことができるようになるものがあると考えられた。そこで、以下ではその例として、現代日本語の時間表現形式であるタ形、および、それに対立する動詞基本形の文法的な意味の記述を試みることにする。その上で、従属節（連体修飾節）にみられる時間的意味（テンス・アスペクト的意味）の問題も考えることにしたい。

XII 現代日本語「た」の意味

1 「た」の意味という問題

(1) a この本、昨日やっと読んだ。(過去・完了)
b あっ、こんなところに財布があった。(発見)

この(1ab)にみられるような現代日本語の「た」に関する議論はきわめて多く、テンス・アスペクト的な側面あるいは、「た」の用法にはどのようなものがあるのかといった点は、相当程度明らかになっている＊1。ただ、では結局この「た」という形式がもっている基本的な意味はいかなるものか、という点については、十分な解決にはいたっていないように思われる。(1a)のような過去/完了をあらわす用法についてのとらえ方もさることながら、(1b)のような、いわゆる「ムードのタ」(あるいは「叙想的テンス」)。以下、「ムードのタ」と呼ぶ)と呼ばれる用法が問題を複雑にしているのである＊2。これらの用法は、過去・完了をあらわす「た」とは別に議論されることも多いが、過去・完了の「た」と「ムードのタ」を別形式として扱う考え方はほとんどなく＊3、(1a)のような過去・完了用法と(1b)のような「ムード」用法の関係が、大きな問題になっているといってよい。

しかしながら、この「た」の基本的な意味を考えるにあたっては、このいわゆる「ムード」的な意味を、「た」という形式の意味（あるいは、そこから派生した意味）として考えてよいのか、というところを考えておかなければならないように思われる。たとえば、（1b）の「発見」という意味についていえば、この意味は、（2）のような「た」のない文にもみられるものである。

（2）あっ、こんなところに財布があるぅ！

つまり、「発見」という意味は、「た」という形式のもつ意味ではないのではないかということである。すなわち、これまでの議論は本来「た」の意味とはいいにくいものまで「た」の意味として扱ってきていたのではないか。すると、「た」の基本的意味を考えるにあたっては、どこまでが「た」という形式の意味であって、どこからがそうではないのかということをきちんと考える必要がありそうである。

それにあたってみるべきなのは、これまで本書でみてきた文が文としてもつ言語行為的な意味・機能ということである。そのような視点からは、たとえば「認識文」というような文の類型が考えられたが、これはこの文を発することによって「話し手が新たに事態を認識したことをあらわす」というものであるから、この文に「発見」という意味を読みとるのは容易なことである。実際、さきにみた（1b）（2）の「発見」の文も、いずれも認識文であって、「発見」という意味は文自身のもつ機能的な意味なのではないかと考えられるのである。すなわち、これまでの研究においては、このような文の機能による意味が「た」という形式の意味として扱われてきたという経緯がありそうである。このことをふまえると、文の機能がもたらす意味と、「た」という形式の意味とを分けて考えるということが必要になってくるであろう（序章およびⅧ参照）。

そこで、ここでは文の言語行為的意味・機能と「た」という形式のもつ意味を分けて考えることによって、現代日本語の「た」の基本的意味を明らかにすることを試みる。その際には、これまで指摘のあった「た」の諸用法が、その基本的意味からどのように実現するのかということについても考えていくことにしたい。

2　ここでの視点

これまでの「た」の分析の問題点

これまでの研究は、本来「た」の意味とはいいにくいものまで、「た」の意味として扱っているのではないかということを述べたが、その点以外にも、これまでの「た」の分析について問題だと思われることがある。それは、「た」の意味は基本的に何らかの形で〈過去〉をあらわすという見方である。〈過去〉とは発話時と関係する概念であるが、「た」が単純に「発話時以前」を意味すると考えると、「ムードのタ」はそうはいえないことになるわけであるから、たとえば、金水敏・井上優・定延利之・福田嘉一郎らのように、情報の取得時（情報のアクセスポイント）が〈過去〉（発話時以前）である、といったような考え方をすることになる＊4。この情報の取得時が〈過去〉であるという考え方は、次の（3a）のようなものについて、「彼の電話番号」を見聞きした時点、すなわちその知識情報にふれた時点が〈過去〉であることから、「た」が用いられていると考えるものである。さらに、（3b）のようなものについても、「私に道を尋ねて来た人は外国人である」という情報を取得したのが〈過去〉であると考える見方もある。

（3）a　（思い出しながら）彼の電話番号はこの番号だったかなあ。
　　b　きのう私に道を尋ねて来た人は、外国人でした。

このような考え方は、たしかに「ムードのタ」の理解にとって魅力的な側面をもつものではあるが、「た」の意味の基本的な側面を何らかの形で〈過去〉と規定すると、次の（4a）「決定」、（4b）「要求」のような用法を説明できないことになる。これらの用法には〈過去〉性が見出しにくいからである。

（4）a　よし、買った！（決定）
　　b　さあ、買った、買った！（要求）

さらに、「ムードのタ」を扱う場合には、従属節の「た」は除いて考えることが多いが、従属節にみられる（5）のような「た」の例も〈過去〉性はないといってよい。

（5）明日の大会に参加した人は、参加賞がもらえます。

また、情報の取得時が〈過去〉であったとしても、「た」を使わない場合もある。

（6）a　明日の講義は休講だったよ。
　　b　明日の講義は休講だよ。

これは「ムードのタ」ではないともいえるが、たとえば、休講掲示板を見に行って帰ってきて、明日の講義が休講であることを友人に報告するようなとき（6a）のようにいうことができるが、一週間前の講義時に来週が休講であることを先生から告げられていた場合、それを、その時間に休んでいた友人に伝える場合は、（6a）のようにはいいにくい。おそらく（6b）のようにいうのではないか。いずれの場合でも情報の取得時は〈過去〉だといってよいわけであるが、一週間前に情報を獲得して報告するような場合には使いにくくなるのである。このようなものを含めると、情報の取得時が〈過去〉という考え方で「た」の基本的意味を説明するのは難しいように思われる＊5。

このように発話時との関係で〈過去〉と考えることに問題があるといったことから、「た」の意味を時間的意味とは全く関わりなく説明しようとする考え方もある。森田良行は、「た」は命題に対する話者の確述意識を表すとする（「確述意識を表す「た」」）＊6。確述意識とは「確かにそうである」「間違いなくそうである」ということで、「た」のついた命題が過去・完了とされるのは、あくまでも客体的な叙述内容の問題であって、「た」は「時」を表しているわけではなく、話者の主観的認識として事象を「個別的な事象として振り返り、間違いなくそのような事実が成立していると判断する」ものだとする。そして、命題の「時」がたまたま過去である場合には、その事象を振り返って、その成立を確かなものと認識する結果、「回想」の意味合いが「た」に付随することになるという。ただ、この見方において「事実が成立している」ということが眼目なのだとすれば、結局は、完了という「時」の問題である。

（7）a　彼は来たかもしれません。
　　b　彼は来るかもしれません。

（7ab）のような違いを、そのような「事実が成立している」か否か、すなわち彼が来たか来てはいないかということでとらえれば、これはまさに未了―完了という時間表現の問題である。一方、確述意識、すなわち「確かにそうである」「間違いなくそうである」というところに眼目があるのだとすれば、（7a）のようなものに「確述意識」があるというのは、どういうことになるのであろうか。（7a）は「確かにそうである」「間違いなくそうである」という表現とはいいにくいだろう。結局は、（7a）と（7b）の違いを確述意識の有無だとはいいがたいのである。

以上のように、発話時との関係から考えることは難しく、また、同時に時間的意味を離れて記述することも難しいとなると、やはり、発話時との関係ではない時間的意味を考えることになる。このような見方には、三上章の（基本形の「未了」に対する）「完了」（『現代語法序説』）、寺村秀夫の（動態的述語における基本形「未然」に対する）「既然」（『日本語のシンタクスと意味Ⅱ』）、国広哲弥の「客観的にある事柄がある時点において実現した状態にある」（「日英両語テンスについての一考察」）、あるいは、尾上圭介の「確かにすでにそうであることとして述定する」もののうち「過去への関連で把握し、現在あるものの起源を過去にみる」ものとして、「広義完了」と呼ぶというような考えがある（「現代語のテンスとアスペクト」）＊7。これらは、動作あるいは事態の時間的局面を問題にするものであって、この線で検討するのがよいと思われるが、三上の「完了」や寺村の「既然」は、動態述語の場合のもので、「た」全体を覆うのには十分ではないように思われる。また、国広・尾上の考え方も傾聴に値するが、「実現」「広義完了」ということの内実をさらに問うことが求められるように思う。

文のもつ言語行為的な意味

さきに（1b）のような「た」の「発見」的な意味は、認識文という文のもつ言語行為的な意味なのではないかと考えたわけであるが、「た」の用法が関わる文の言語行為的な意味はこのようなものにかぎられるわけではない。そこで、文の機能、言語行為的な意味についての枠組みを示しておくことにする。次の（8）は、これまで検討してきたJ・R・サールの考える発語内目的による言語行為の分類を基盤にして修正を加えた分類であり、それぞれに対応する文はそこに示された言語行為的意味をもっている（Ⅴ・Ⅷなど参照）。このうち（Ⅰ）の交話型には事態を描かない文が属し、「た」が用いられるのは「ありがとうございました」などの定型化したものにかぎられるので、ここでは扱わない。

(8)(Ⅰ)交話型　　応答文・呼びかけ文・接続文など
(Ⅱ)内容表現型
(a)事態描写系
〈1〉事態認識　話し手が新たに事態を認識したことを表出する　…認識文
〈2〉事態伝達　話し手の保っている知識を聞き手に伝える　…伝達文
(b)情意表出系
〈3〉意向表出　話し手の意向を表出する　…意向文
〈4〉要求表出　話し手の要求を表出する　…要求文

この枠組みにおける具体的な例文はここでは割愛するが、さきにみた(1b)(2)は、このうちの(Ⅱ)(a)〈1〉の「話し手が新たに事態を認識したことを表出する」という事態認識の機能(発語内目的)をもつ文、認識文であった。詳しくは、以下での「た」の分析において、これにふれる際に具体的な例文を示すことにしたい。

3 「た」の諸用法

「た」の基本的意味を考えるにあたって、次に「た」の諸用法を示すことにする。これまでの研究で指摘されてきたものについて、尾上圭介の掲げるものを軸に＊8、主節末のものにかぎって整理して示すと、次のようになる（例文もこれまでの研究で掲げられたものを中心に示す。序章およびⅧなど参照）。

① 完了

①-1 完了：長い間かかったけど、この本、やっと読んだ。

①-2 実現状態の継続：病気はもう治った。やっと試験が全部済んだ。

② 過去

②-1 過去：先週の日曜日は六甲山に登った。医者は夕べ来ました。

②-2 過去の習慣的繰り返し：下宿では毎晩集まって騒いだものだ。

③ 事態の獲得：わかった！　よし、覚えた。ねるぞぉ。困ったな。

④ 発見：あった、あった！　あっ、こんなところに財布があった。バスが来た！　あっ、この箸ぼくのじゃなかった。　一塁ランナー、走った！　よく言った！

⑤ 見通しの獲得：よし、これで勝った！　これで間違いなくあいつは死んだ。

⑥ 想起

⑥-1 真実・習慣的事実の想起：おれには手前という強い味方があったのだ。君はたしか煙草を吸ったね。七分の一は循環小数だったね。お名前、なんでしたかね？

⑥-2 将来事態の想起：明日は約束があった。明日の午後は会議だった。

⑦ 決定：よし、買った！　ええい、やめた！

⑧ 要求：どいた！　どいた！　さあ、買った、買った！　ちょっと待った！

⑨ 知識修正：答えは3番でした。

⑩ 反実仮想：この仕事がなければ、明日は釣りに行ったのになあ。

⑪ 儀礼：ありがとうございました。失礼しました。こちらでよろしかったですか？

以上のうち、①完了、②過去は「た」の基本的な用法として知られるものである。③以降が「ムードのタ」と呼ばれる用法であり、④⑥は「ムードのタ」としての典型的なものである。⑧は粗野な命令などともいわれるもので、同じ形を二度繰り返すことが多い。⑨は金水敏・井上優・定延利之らが言及する用法で「隠していた正解を明かす「タ」」などとも呼ばれる*9。⑩も井上・定延らが言及しているものである。そして、⑪は儀礼的な挨拶のなかの「た」である。これは場面によっては「ありがとうございます」「失礼します」「こちらでよろしいですか」のように「た」を用いないものと交換できることもある。なお、「あ、電気が消えた！」のようなものは、①-2と④の要素をもっていると思われ、どのような点を重視するかによって分類先が異なる可能性がある。また、用法の境界についても議論はあろうが*10、分類そのものが目的ではないので、以下、この分類にしたがって議論を進める。

4　完了・過去用法

さて、「た」の基本的な意味であるが、それを結論的にいえば、ここでは、「事態の局面が変化して、変化後にいたったことをあらわす」と考える*11。

この点につき、まず、基本的な用法である完了・過去用法から検討することにする。最初に①「完了」の例をみる。

(9) a 長い間かかったけど、この本、やっと読んだ。
　　b 病気はもう治った。

(9a)は「読む」という事態が終了したことをあらわしている。これは、読みかけの状態から事態の局面が変化して、読み終わりという事態の変化後にいたったことをあらわしている。(9b)でいえば、病気の状態が継続している事態があったが、その事態が終結して、その後、病気の状態が終わって治った状態という局面に事態は変化した。そのことを(9b)は描いている。いずれも、事態の局面が変化して、変化後にいたったことをあらわしている。このことを図示すれば[図9ab]のようになる。この図において、太矢印のような局面の変化の後であることを示すのが「た」である。(9a)は終了限界を、(9b)は開始限界(=終了限界)を問題にするという違いはあるが、いずれも、事態の局面の変化後をあらわしているのである。

これは、②「過去」の場合も同様である。

(10) a 先週の日曜日は六甲山に登った。
　　b 下宿では毎晩集まって騒いだものだ。

(10a)では「登る」という動きが〈過去〉にあったことを示しているが、この場

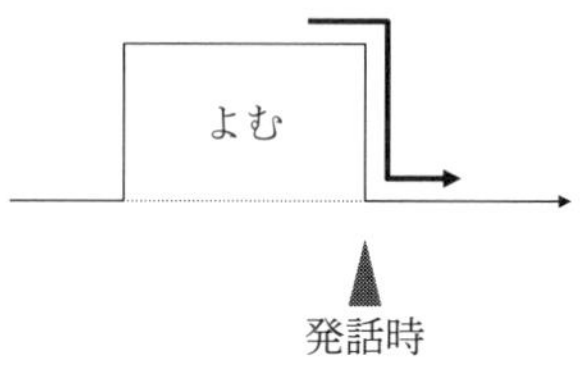

[図(9a)]

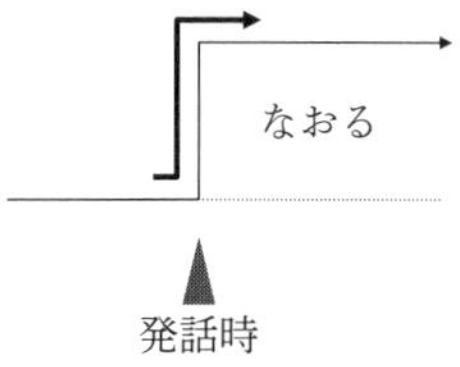

[図(9b)]

合は、動詞のあらわす動きをひとまとめにして差し出しているものである。つまり、「登る」という動きをはじめから終わりまでひとまとめにして扱っている。とはいうものの図示すれば［図10ａ］のようになり、「た」の意味は、上でみた「完了」の用法と基本的に違いはない（この［図10ａ］の点線の枠は動きがはじめから終わりまでひとまとめとして扱われていることを示す）。「た」は、「登る」という事態の変化後を示している。（10ｂ）は「騒ぐ」という動作が習慣的な動作としてひとまとまりに括られていると考えれば、（10ａ）と全く同じである。

なお、①「完了」［図９ａ］と②「過去」［図10ａ］との違いとしては、発話時の位置もあげられ、事態の変化時に発話時が比較的近く、現在との関わりがあるものが（９ａ）のような「完了」用法であり、比較的離れていて、現在との関わりがうすい（10ａ）のようなものが「過去」用法である。

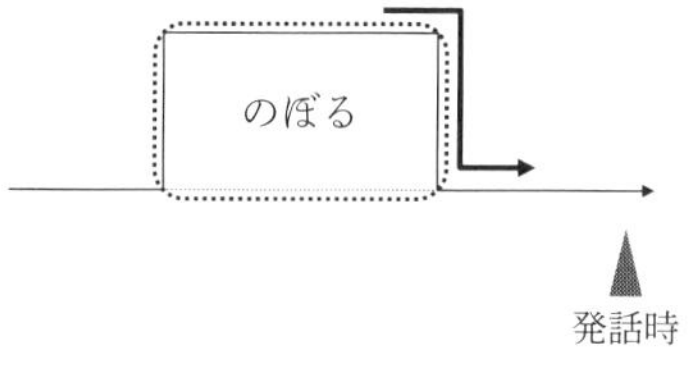

［図（10a）］

以上は動態述語の例であるが、静態述語の場合、次の（11ａｂ）のような例についてどのように考えるかには議論がある＊12。

（11）ａ　別れた彼って背が高かったのよね。

ｂ　きのう私に道を尋ねて来た人は、外国人でした。

この場合も、おそらくこれまでみたものと同様に考えて問題はないものと思われる。静態述語での次の（11ｃ）のような「た」と大きくは違わないだろう。

（11）ｃ　昨日の空は青かった。

この（11ｃ）は、昨日は空は青かったが、現在は昨日の空をもう見ることはできず、現在はそういう事態ではなくなってしまっている場合のものである。（11ｃ）のような「空が青い」という事態は客観的事実として、時間的な限定性があり、空が青い状態から青くない状態に変化し得るものである。「昨日の空が青い」という事態が変化して、その後にいたっているというのが、この（11ｃ）である（［図11ｃ］）。（11ａ）（11ｂ）もこれと同じだと考えられるが、客観的な事実を考えると、その面は異なっている。つまり、客観的事実としては、「別れた彼」は今でも背が高いだろうし、「道を尋ねて来た人」も当然今でも外国人であるはずである。つまり客観的事実としては、時間的限定性はない。しかし、「た」が問題とするのは（あるいは言語表現が問題にするのは）客観的事実ではない。話し手がどのように把握しているかということである。（11ａ）の場合は、今現在は「彼」は「彼氏」ではなく、「彼氏の背が高い」という事態はなくなってしまっているのである。つまり、「彼氏の背が高い」という事態が、話し手の把握の上では変化しており、そのような状態ではなくなっているのである。これは、話し手の把握する事態には時間的限定性があるといってもよく、このような話し手の把握する事態が変化し、その後にいたっている、というのが「た」のあらわしているところであると考えられる。これは、また（11ｂ）「外国人である」ということも同様である。このことを図示すれば、［図11ａ］のようになるだろう。

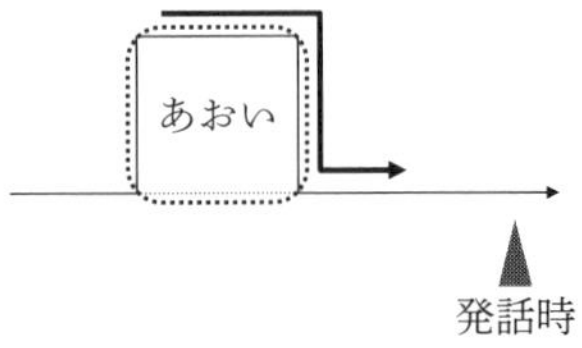

［図（11c）］

　このように考えると、「た」が「事態の局面が変化して、変化後にいたったことをあらわす」というときの「事態」とは、話し手の把握する事態であって、客観的事実ではないということになる。むろん、客観的事実としての事態と話し手の把握する事態が一致することも多いわけであるが、異なる場合もあって、以上のことからみれば、客観的事実としての事態を問題にしているわけではないということには十分留意しておく必要があるだろう。

さて、このような「た」の規定をすると、では、「た」の通常の用法が、なぜきわめて厳格に〈過去〉になるのか、という説明が必要になってくる。しかし、この点は以上の図をみれば比較的よくわかることであろう。すなわち、「事態の局面が変化して、変化後にいたっている」ということは、通常の場合、発話時からみれば、その事態変化の成立は必ずそれ以前、すなわち〈過去〉になるのである。もちろん、後述するような、「ムードのタ」のようなものは〈現在〉性や〈未来〉性をもつことになるが、実はこれは（8）で示したような文のタイプに関わる問題であって、ここでみている（9）～（11）のような事態を描きそのことを伝達するようなタイプの文（8）の伝達文（事態伝達）＝（Ⅱ）（a）〈2〉）では、「た」で事態の変化後であることを伝達しているのだから、発話時からみて変化の時間を問えば、それは必ず〈過去〉となる＊13。つまり、主節の描く事態は基本的に発話時との関わりが読みとられるから、発話時との関係性を問うことができる。そのような見方で発話時との関係性を問うのが「テンス（的意味）」であって、事態の変化後をあらわす「た」が主節末に用いられる文は、テンス的意味として〈過去〉が読みとられるのである。つまり、「た」の〈過去〉的意味は、「事態の局面が変化して、変化後にいたったことをあらわす」という「た」の基本的意味から文のタイプと関わりながら生み出される意味で

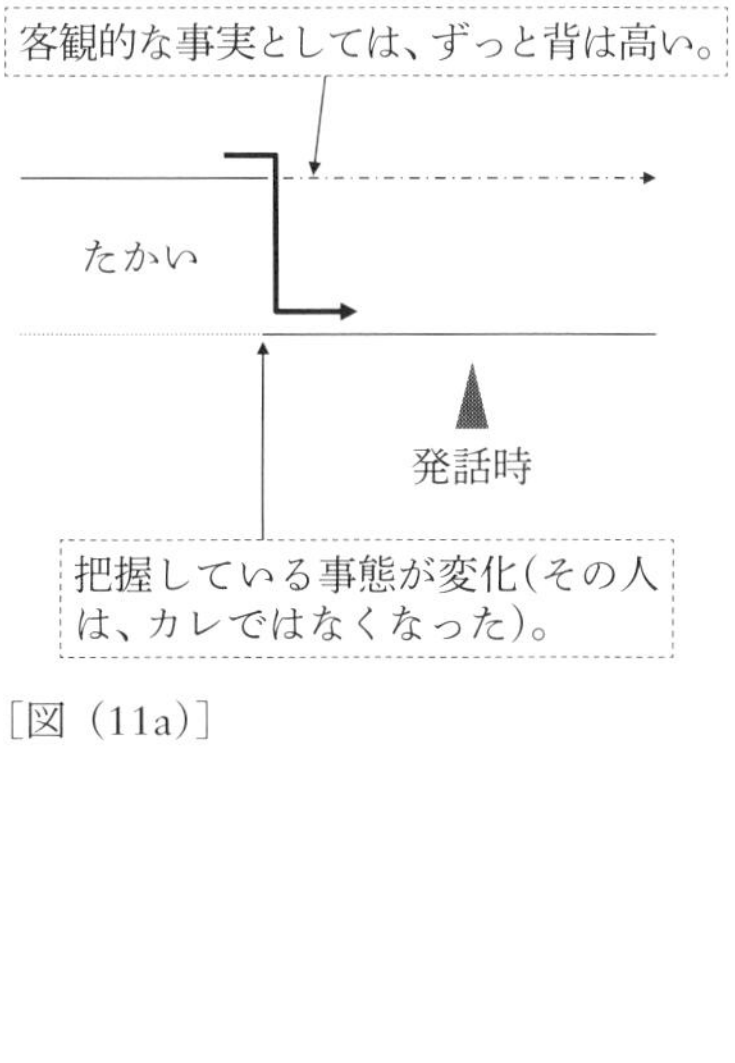
客観的な事実としては、ずっと背は高い。
たかい
発話時
把握している事態が変化（その人は、カレではなくなった）。
［図（11a）］

あって、「た」の固有の意味と考える必要はないということになる。むしろ、そのように考えたほうが、以下説明する「ムードのタ」の用法も説明しやすいのである。

5 認識を新たにする用法

次の③以降は、これまで「た」の周辺的用法として扱われてきたものであって、「ムードのタ」と呼ばれるものもここに含まれる。以下、まずこのうちの③〜⑥について検討する。この③〜⑥は、さきの（8）でいえば、いずれも事態認識というタイプの文、すなわち、認識文である（ⅣおよびⅧ参照）。この認識文とは、その文を発することで認識を新たにする文、あるいは、認識を新たにしたことをあらわす文、認識した内容を言語で象る文であって、新しい認識に即応する文である。③事態の獲得「あっ、わかった！」、④発見「こんなところに財布があった」「一塁ランナー、走った！」、⑤見通しの獲得「よし、これで勝った！」、⑥想起（⑥-1）「君はたしか煙草を吸ったね。」、（⑥-2）「そういえば、明日の午後は会議だった。」のいずれの文も、その文を発することで認識を新たにする文である。これらは、文の類型として、すなわち文が文としてもつ意味として、「認識」という意味をもつ文なのである。この文を発することが話し手の発話時における認識の変化と即応する文である。したがって、何らかの意味で〈現在〉性をもつことになる。そして、これらにおいては、文の機能に起因する認識を新たにすることをあらわす意味は、「た」の意味と考えないほうがよいことになる。

では、このような③〜⑥において、「た」の意味は同様に説明できるだろうか。まず、③「事態の獲得」である。

(12) a わかった！

b よし、覚えた。ねるぞぉ。

この③「事態の獲得」においても、やはり、「事態の局面が変化して、変化後にいたったことをあらわす」と考えてよい。(12a)はわからない状態から、わかった状態に事態が変化している。その変化後というのが「た」があらわしているところである。(12b)の「覚えた」も同様、覚えていない状態から覚えた状態へ事態が変化している。図示すれば[図12]のようになる。

④の「発見」は、③「事態の獲得」が話し手の内的な変化の認識であるのに対して、外界の事態についての変化の認識である。

(13) a あっ、こんなところに財布があった。(＝1b)

b バスが来た！

c 一塁ランナー、走った！

d この箸ぼくのじゃなかった。

(13a)「こんなところに財布があった」は、財布がなかった状態から見つかった状態に事態が変化したことをあらわしたものである。客観的な事実としては財布は以前からそこにずっと存在したわけであるし、発見時も存在し続けている。しかし、問題になるのは話し手の把握する事態であって、この場合は、話し手の把握してい

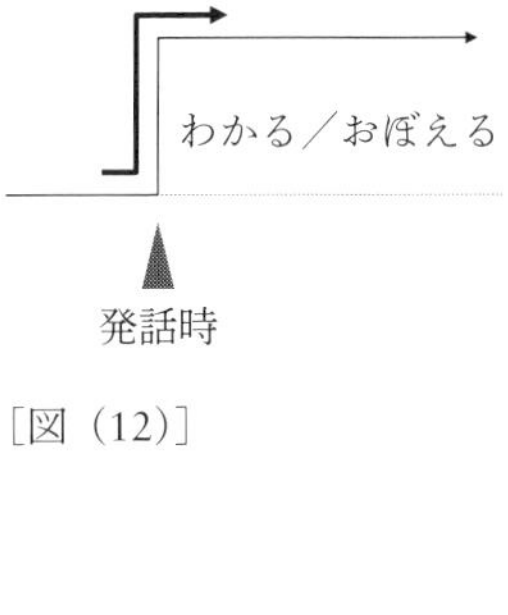

[図(12)]

る事態としては、「財布がない↓財布がある」と変化している。そこが「た」で問題になっているのである。図示すれば［図13ａ］のようになる＊14。（2）のような「た」のない形の「発見」との差異は、（13ａ）のような「た」のある場合、事態の変化が問題になる、すなわち、財布がなかった状態があり、それが変化して、ある状態に変わるというところがポイントなのである。（2）のような場合は、発話時以前には財布があるかどうかということは問題にしていない。たまたま財布が目にとまったという場合である。これに対して、（13ａ）のほうは財布がなかった状態も問題になる。財布がなかった状態が問題となる、というのは典型的には財布を探している場合である。財布を探しているような場合のほうが（13ａ）（＝1ａ）が使いやすいというのはそのためである＊15。

この、「た」においては事態の変化前も問題になるという点は、井上優の次のような指摘からもいえることである（『現代日本語の「タ」』）＊16。井上は次のような例をあげて、湯が沸くという出来事が実現された瞬間を見ていない場合は「ている」を使い、「た」は使いにくいとする（いずれも認識文の例）。一方、湯が沸くという出来事が実現された瞬間を知覚した直後は（お湯の変化を直接見ていなくて

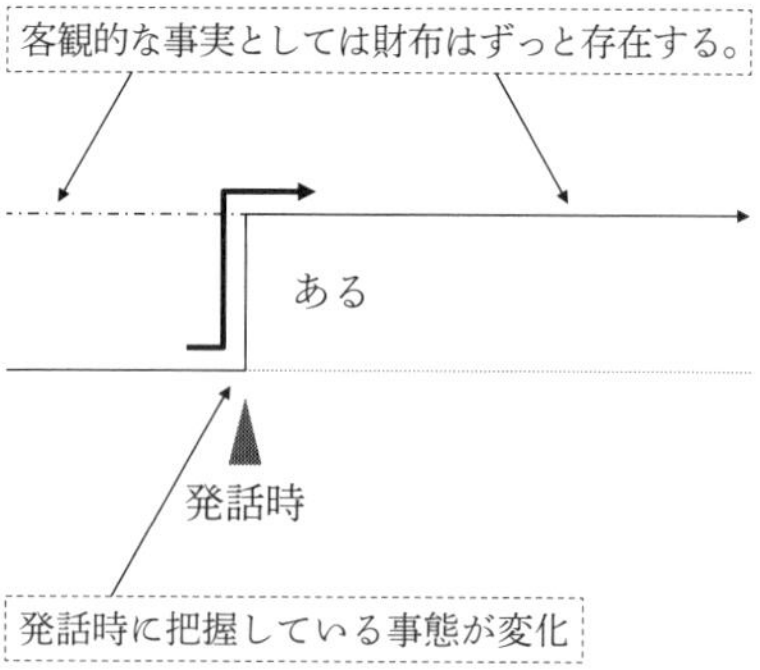

［図（13a）］

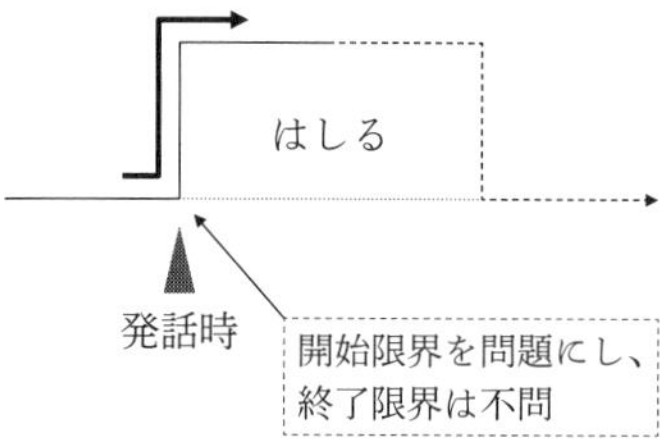

［図（13c）］

も、変化前を知っていればよい)、「た」が使えるとする。

(14) a (給湯室の前を通ったら、誰が沸かしたかはわからないが、やかんの中のお湯が沸騰状態にある)
あれ、お湯が沸いてる。 / ⁇あれ、お湯が沸いた。

b (お湯が沸くのを今か今かと待っていたところ、目の前でお湯が沸騰状態に達した)
よし、沸いた。 / ⁇よし、沸いてる。

井上は、「「シタ」を用いるためには、出来事が実現された経過(少なくともその一端)を具体的な形で把握していなければならない」ということだとするが、これは変化前と変化後の両方が問題になるということである。ここでの「事態の局面が変化して、変化後にいたったことをあらわす」とは、その側面を含んだ見方ということになる。

また、(13b)「バスが来た」もバスが来ていない状態から来た状態(目の前に到着していなくても、見えれば「来た」範疇になると考えられる)に事態が変化している。(13c)もランナーが一塁にいて走っていない状態から、走った状態に事態が変化している。この場合は、「走る」という動きの開始限界だけが問題になっている([図13c])。(13d)「この箸ぼくのじゃなかった」も、話し手の把握として、「私の箸である」→「私の箸ではない」という事態の変化がある。このように、「た」はいずれも、その変化後であることを示しているのである*17。

見通しの獲得

次に、⑤「見通しの獲得」である。

（15） a　よし、これで勝った！―

b　これで間違いなくあいつは死んだ―。

この⑤「見通しの獲得」は、実際には実現していない事態を確実に実現するものと認識するものである。③「事態の獲得」、④「発見」の事態の変化が発話時と同時的であるのに対して、この⑤「見通しの獲得」は発話時以後であって、事態の変化を想定するものである。これまでみてきたように「た」は発話時との関係は直接的なものではない。そのため、（Ⅱ）（a）〈1〉認識文（事態認識）のような文のタイプでは、将来起こることについても想定できると考えられる（あるいは、事態の変化として把握したといってもよい）。（15ａ）の場合は、「勝つ」という事態が起こるということの想定で、「た」があらわしているものは、勝ちの状態とはいえないところから、勝ちといえる状態に事態が変化した後ということである。（15ｂ）も「死ぬ」という事態の想定であって、やはり、生きている状態から、死にいたった状態に事態が変化した後であるということを（それは想定であるが）「た」で示している。やはり、「た」の意味としては、「事態の局面が変化して、変化後にいたったことをあらわす」ということでよい（[図15]）。

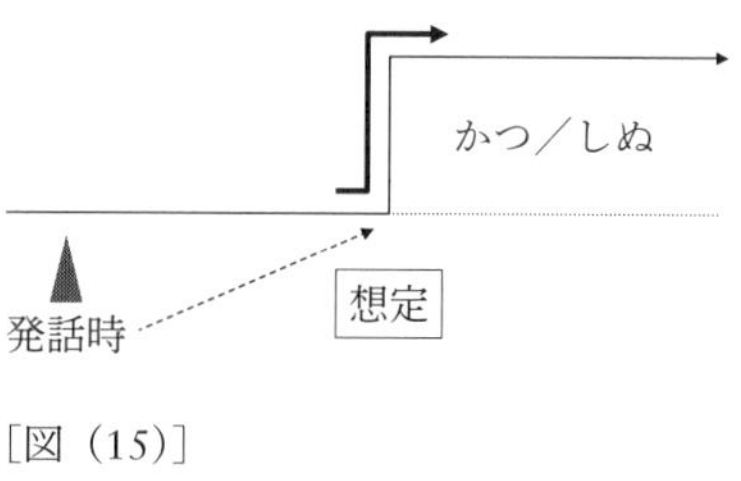

[図（15）]

想起

また、⑥「想起」の場合も、「事態の局面が変化して、変化後にいたったことをあらわす」ということで問題ない。

（16） a　おれには手前という強い味方があったのだ。
b　七分の一は循環小数だったね。
c　そういえば、明日は会議があったな。

①「想起」の（16a）「手前という強い味方がある」、（16b）「七分の一は循環小数だ」、（16c）「明日会議がある」という事態は、話し手がかつていったん獲得した内容である。しかし、話し手はそのことを忘れてしまっており、発話時に思い出したのがこれらである。つまり、話し手がある事態を忘れてしまっている状態から、思い出した状態に事態が変化した後であることを示したものが、⑥「想起」の「た」である。一見、（16c）「明日会議がある」というのは〈未来〉のことをいっているようであるが、そうではなく、「明日会議がある」というのは過去にも現在にも、未来にも妥当する状態なのである。「明日会議がある」という事態は、会議の日程が決まった（知った）ときから変わらず、それ以後の過去においても、発話時においても、発話時以後（たとえば、今日の午後）にもずっと存在する状態なのである（ただし、発話する時期によっては「明日」という直示的な言い方を変える必要があるが）。これは、「手前という強い味方がある」「七分の一は循環小数だ」という事態が過去にも現在にも、未来にも妥当する状態であるのと同様である。いずれも時間的に限定されていない状態的事態である。つまり、この場合の「明日会議がある」という事態は、〈未来〉の事態の変化に言及しているものではない。結局、⑥「想起」はかつて獲得した事実を思い出す用法であ

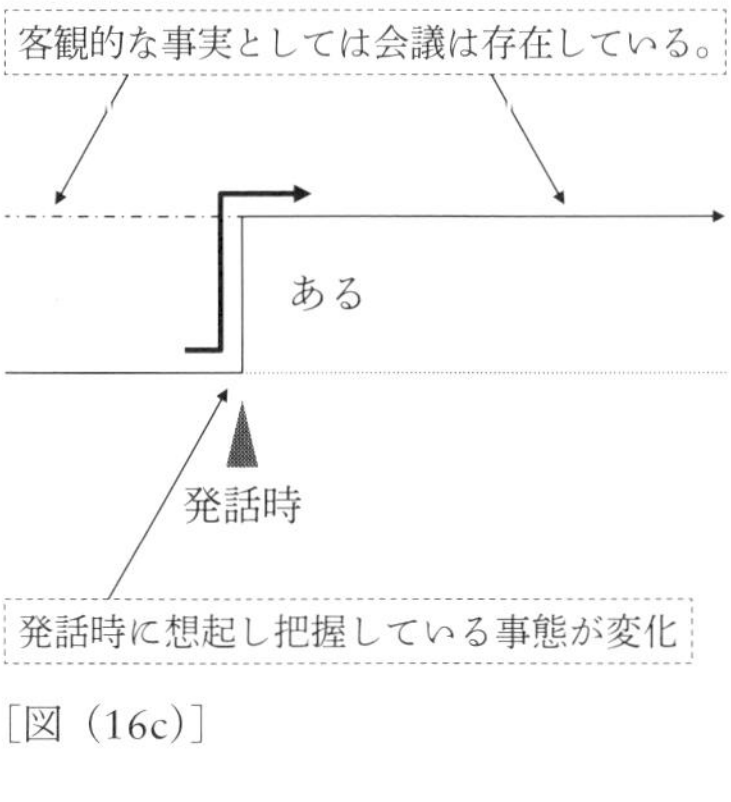
客観的な事実としては会議は存在している。
ある
発話時
発話時に想起し把握している事態が変化
［図（16c）］

って、話し手の把握する事態の変化は発話時である想起時に起こっている。この変化後であることに言及するのが「た」である。やはり「た」の意味は「事態の局面の変化後」でよいのである。

6 決定・要求

さらに、⑦「決定」、⑧「要求」のような〈過去〉性の看取できないものも、「事態の局面の変化後」ということでよいと思われる。

（17） a よし、買った！
　　 b ええい、やめた！

（18） a どいた！ どいた！
　　 b ちょっと待った！

（17）が⑦の「決定」、（18）が⑧の「要求」であるが、これらはそれぞれ（17）が意向表出、（18）が要求表出というタイプの文、すなわち（8b）の情意表出系の文、意向文・要求文である。これらの意向表出・要求表出のあらわす事態は未実現のこと、これからのことであって、この文が描く事態は必ず想定されるものとなり、テンス的意味を考えれば〈未来〉となるが、ここにみられる「決定」「要求」の意味は、このような文の言語行

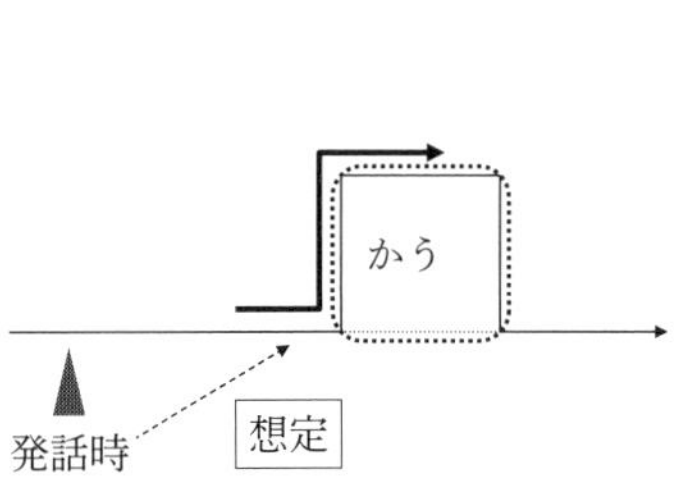

「意向」とは、これからの事態の変化を述べる類型であるから、事態変化の想定を表す。

［図（17a)］

為的意味である。したがって、「決定」なり、「要求」なりの意味は、やはり「た」の意味とは考えないほうがよい。

（17）の「た」は、（17ａ）はまだ買っていない状態から買った状態に事態が変化することをあらわすもので、（17ｂ）も続けている状態からやめた状態に事態が変化したことをあらわすと考えてよい。（17）のような情意表出系のタイプの文を発するにあたっては、まだ実現していない事態を描き、それが成り立つという想定で述べることになるわけであるから、（17）の文があらわしているのは「事態の局面が変化して、変化後にいたる」ということの想定的把握ということになる。そこでの「た」が果たしている機能は「事態の局面の変化後」なのである。

これは、（18）の要求文でも同様であって、（18ａ）は邪魔になっている状態から退いた状態へ事態が変化することを想定（し、それを要求）するものであり、（18ｂ）はどんどん進めている状態から、それをやめる状態に事態が変化することを想定（し、それを要求）するもので、結局は「事態の局面が変化して、変化後にいたる」ことを聞き手に求めるものであるのであって、ここでの「た」の果たしている役割を考えれば、やはり「事態の局面の変化後」ということになる。

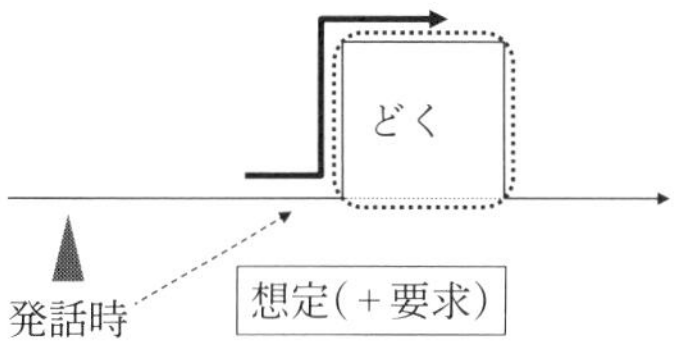

「要求」とは、これからの事態の変化を述べる類型であるから、事態変化の想定を表す。

［図（18a）］

7 知識修正・反実仮想など

加えて、比較的近年指摘されている用法として、⑨「知識修正」がある。

(19) (クイズの正解の発表)答えは3番でした。

これは、それまでに解答者が出した答えは「1番」などということであって、「答えは1番である」という事態があったわけである。それが、「答えは3番である」という事態に変化した、その後発せられるのが、「答えは3番でした」なのである。これが「知識修正」ということなのであるが、この知識修正とはまさに把握する「事態の局面が変化して、変化後にいたる」ことをあらわしているものである。もちろん、事実としては、答えをいおうがいうまいが、正解は3番なのであって、その点についていえば変化はしていない。しかし、話し手の把握する事態としては、正解が「1番」から「3番」になるという事態の変化があったわけである([図19])。

また、⑩「反実仮想」という用法が指摘される。次の(20)のようなものである。

(20) この仕事がなければ、明日は釣りに行ったのになあ。

これは、実際は釣りには行かないのであるが、もし、「この仕事がない」という条件が整えば「釣りに行く」という事態になるのであ

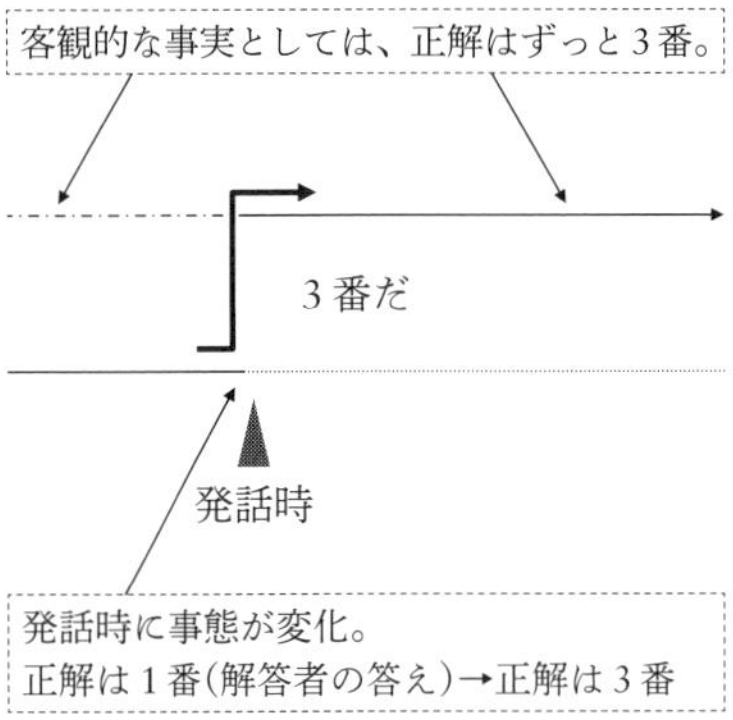

客観的な事実としては、正解はずっと3番。
3番だ
発話時
発話時に事態が変化。
正解は1番(解答者の答え)→正解は3番

[図(19)]

る。事実としては何も変わりがないわけであるが、認識的な把握としては、「(仕事があるので)釣りに行かない」→「(仕事がなければ)釣りに行く」という事態の変化が起きているわけである。この「事態の局面が変化後」であるために「た」が用いられると考えられよう。もちろん、「この仕事がなければ、明日は釣りに行くのになあ」ともいえるわけであるが、釣りに行かないことが確定的であると、釣りに行くという事態の想定を事態の変化とみなしやすいために、「た」が使いやすくなるのだと考えられる。

そして、この「事態の局面の変化後」というとらえ方は、従属節の「た」も説明可能だと思われる(連体修飾節については、XIV参照)。

(21) a 明日の大会に参加した人は、参加賞がもらえます。(=5)

(21a)という場合、「参加した人」とは、参加していない段階から参加した段階に移行した人を意味している。つまり、「事態の局面の変化後」にある人ということである([図21])。従属節、とくに連体節の場合、基本的には発話時とは直接関係ないので、発話時にすでに参加しているか、参加していないかということは問題にならない(なる場合もあるが)。

(21) b 昨日の大会に参加した人は参加賞がもらえます。

したがって、(21a)のような〈未来〉となる「明日の大会」であっても、(21b)のように〈過去〉である「昨日の大会」であっても、「参加した

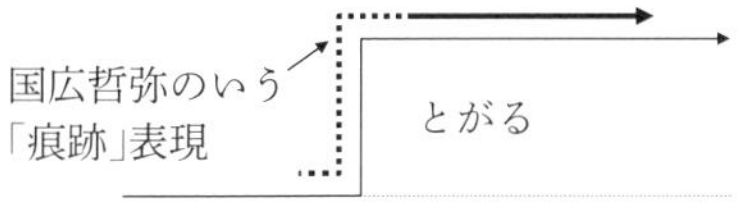

[図(22)]

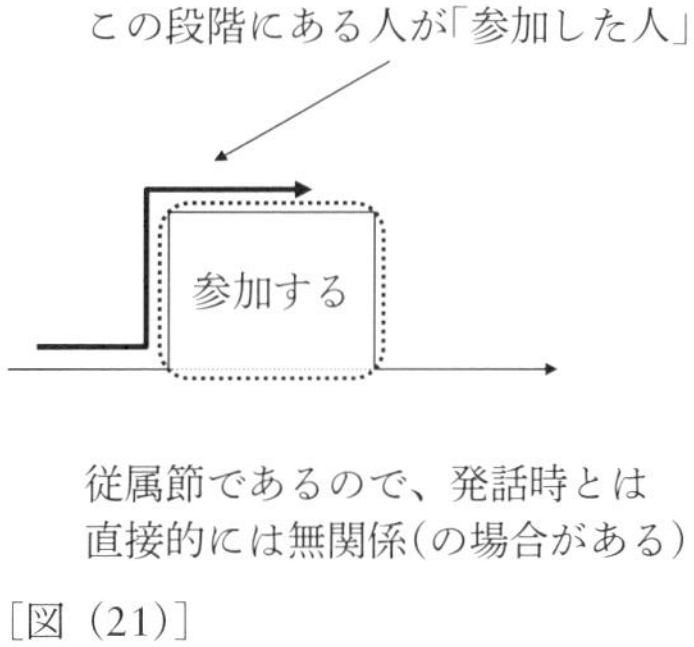

[図(21)]

人」とは、「参加していない段階から参加した段階に移行した人」、すなわち「事態の局面の変化後」である人ということなのである。

さらに、(22)のようなものは、国広哲弥の指摘するような痕跡的表現(［図22］)だと考えれば*18、やはりこれも「た」があらわすものは「事態の局面の変化後」と考えてよい。

(22) とがった鉛筆は折れやすい。

8　現代日本語「た」の基本的な意味

以上みてきたように、現代日本語「た」の基本的意味は次のようになろう。

(23)「た」は「(話し手の把握する)事態が変化して、変化後にいたっている」ということをあらわす形式である。

なお、ここで留意しておくべきことは、この「事態の局面の変化後」における事態の局面の変化とは、現実世界の事実ではなく、話し手の把握する事態の変化だということである。もちろん、現実世界の事実として事態が変化すれば、それに即して話し手の事態の認識も変化するわけであるから、「事態の局面の変化後」というときの事態が現実世界の事実に対応する場合のほうが多い。そのため、事実としての事態の変化が存在しないような状態性の事態の場合(「こんなところに財布があった」「明日の午後は会議だった」)、「ムードのタ」として特殊なものとして扱われてきたのであろう。しかし、話し手の把握する事態において、その局面の変化後を「た」があらわすととらえれば、いずれの場合も把握できるわけである。

さらに重要な点は、「ムードのタ」の「ムード」的な意味とは、「た」という形式の意味ではなく、文の機能、すなわち文のもつ言語行為的意味に起因するものであるということである。③〜⑥の用法はすべて認識を新たにするという意味をもつが、これはいずれも認識文のもつ「話し手が新たに事態を認識したことを表出する」という機能的意味の反映である。また、⑦「決定」、⑧「要求」のような話し手の意向をあらわす意味は、⑦は意向文のもつ意向表出の意味が、⑧は要求文のもつ要求表出の意味が反映したものである。このように、「ムードのタ」の「ムード」的な意味は、文が文として成り立つためにもつ意味であって、「た」という形式の意味ではないといえるのである。そういう点で、これまでみてきた文のもつ言語行為的意味／文の機能は、これまでの文法的な意味の記述を見直していく上で、重要な見方だということができるであろう。

XIII 現代日本語動詞基本形の時間的意味

1 現代日本語動詞基本形の時間的意味という問題

現代日本語動詞の基本形（終止形、ル形、〜する）の時間的意味は、次のような体系が示され、完成相非過去とされる。それは、動態動詞であればテンス的には〈未来〉、アスペクト的には《動きをまるごと差し出す》ということである。静態動詞であれば、アスペクト的には問題にならず、テンス的には〈現在〉〈未来〉をあらわすことになる。

現代日本語のテンス・アスペクト体系

アスペクト／テンス	完成相	不完成相（継続相）
非過去	スル	シテイル
過去	シタ	シテイタ

しかし、テンス的には動態動詞であっても常に〈未来〉になるわけではないことも知られている。

（1） a あ、（麦わら）帽子が飛ぶ！

b 「ネコみたいなまねをしますね、富永さんは」と、おとくはあきれて、嘆声をもらした。

アスペクト的にいっても、（1a）のようなものは〈現在〉、（1b）のようなものは〈過去〉ということができそうなものである。また、

（2） ［母親が準備の遅い子どもに「早く行きなさい！」という。それに答えて］

今行くよ。

この（2）は、「行く」という《動きをまるごと差し出す》というよりは、「行く」という動作の開始に注目したものといってよい。このように、現代日本語動詞基本形の時間的意味はかなり多様といってよく、教科書的に完成相非過去と記述することはそれなりの意味はあるにしても、それだけでは十分ではない。もちろん、動詞基本形の用法を列挙することは可能であるし、実際、すでにそのような記述もあり、その点からはかなり明らかになっている*1。が、その多様性がいかに実現されるのかということからの検討はなくはないものの、それが十分であるとはいえないように思われる。そこでここでは、現代日本語の動詞基本形が多様な時間的意味を実現する、そのあり方を考えてみることにしたい。

ここでの考え方の基本としては、まず、動詞基本形がもつ基本的な性質、意味を考えることにする。その上で、それがどのようなものと関わりながら多様な時間的意味を実現していくのかを考えることにする。その際のひとつの鍵となるのは、文における言語行為的意味、あるいは文そのものがもつ機能、すなわち文の機能ということである。この点についての概略はすでに述べてもいるが、より細かく考えることにしたい*2。なお、ここでい

う動詞基本形とは、いわゆる動詞終止形のはだかの形をいう。これに終助詞がついたもの、丁寧体になっているもの（「読みます」など）も含めることにする。また、慣例にしたがい、その形をル形と呼ぶこともある（同時に「〜た」の形をタ形、「〜ている」の形をテイル形と呼ぶこともある）。

2　動詞基本形のあらわす時間的意味諸説

では、この動詞基本形の時間的意味はこれまでどのように把握されてきたのか。その概要をつかんでおくことにする。

テンス的意味

まず、テンス的な意味であるが、これについては静態動詞（状態動詞）の場合〈現在〉、動態動詞の場合〈未来〉、それらをまとめて〈非過去〉ということで、諸説あまり大きな差はないとみてよいだろう。動詞基本形のあらわす時間的意味は、はやく金田一春彦、鈴木重幸などによってとりあげられてきた。金田一は動詞基本形相当の形式について、事実上、静態動詞の場合〈現在〉、動態動詞の場合〈未来〉をあらわすことを示している（「日本語動詞のテンスとアスペクト」）＊3、また、鈴木重幸も動態動詞の基本形相当のものを「現在未来形」の呼称で呼び、上述のような帰結を得ている（「日本語の動詞のすがた（アスペクト）について」）＊4。なお、テンス・アスペクト研究の研究史把握は、この時代の研究を「要素主義的アプローチの段階」（工藤真由美）、「辞書的記述アプローチの段階」（副島健作）などとする＊5。次に掲げる奥田靖雄の議論が、スル―シテイルの対立を前面に出すものであったために、このような位置づけをされるものの、そもそも、基本形という「助動詞」の付加されていない形を扱うということは、「助動詞」付加形との対立でとらえられているといえ、ある程度体系的なアプローチだったといってもよいだろう。

アスペクト的意味

そうはいっても、やはり有標形・無標形の対立をきわめて意識した議論をおこなったのは奥田靖雄ということになる（「アスペクトの研究をめぐって」）＊6。このため、これ以降を「体系的アプローチの段階」（工藤・副島）ととらえる場合もある。奥田はとくにアスペクト的な意味を論ずることになる。奥田は「site-iru という文法的なかたちは suru という文法的なかたちと対立的な関係をむすびながら、アスペクトの体系をなしていて、いまかりに suru を《完成相》、site-iru を《継続相》と名づけておこう。動詞の、ふたつのアスペクチュアルなかたちは、一方がなければ他方もありえないという、きりはなすことのできない有機的な関係のなかにある」と述べ＊7、テイル形との対立という点から動詞基本形をとりあげなければならないと考える。そして、そのアスペクチュアルな意味として、「基本的には、《分割を許さない globality のなかに動作をさしだす》ことである」とする＊8。たとえば、「ちらっと見る」は「ちらりちらり見ている」と比べると「ただ一回だけの、ひとまとまりの動作をさししめす」ものであって、後者の多回的・継続的な動作をさししめすものとは異なっている。このような把握から、ここに動詞完成相は、《動作まるごとをさしだす》あるいは、《ひとまとまり》（動作非分割）というアスペクト的な意味をあらわすとする見方が示されることになった。そして、奥田の流れは、鈴木重幸・

高橋太郎らにこの形で引き継がれ＊9、また同時に、時間表現の文法は奥田ひきいる教科研が先導したこともあって、現在の教科書的（場合によっては専門的議論においても見出される）理解を定着させるのに大きな役割を果たすことになった。

ただ、教科研においても、基本形のアスペクト的な意味が常に《ひとまとまり》ととらえられるわけではないことが、次第に認識されることになる。工藤真由美は完成相のアスペクト的意味を《ひとまとまり性》だけではなく、《終了限界達成性》《開始限界達成性》の意味をもつものもあるとする（『アスペクト・テンス体系とテクスト』）＊10。工藤は基本形のアスペクト的意味を《完成性＝限界づけられ性》とまとめ、次のような三種をヴァリアントとして認める。

（1）〈ひとまとまり性〉 運動（動作、変化）の成立＝開始限界から終了限界までを全一的にとらえる

（2）〈限界達成性〉 開始の時間的限界か終了の時間的限界のどちらかのみをとらえる

（2・1）〈終了限界達成性〉 変化の終了（結果の成立）限界をとらえる

（2・2）〈開始限界達成性〉 動作の成立＝開始限界をとらえる

このうち（1）は奥田以来認められてきた完成的な意味であるが、主体動作客体変化動詞の場合、《終了限界達成》でもあるという（「「何を為さるの」亜紀がいうと「柱を切る」貴行は傲然と言った」）。また、主体変化動詞の場合、「私死ぬわ。死んでもいいの。」「九時に帰る。」のように、《終了限界達成性》をとらえているとする（ひとまとまり性が前面化する場合もあるとするが）。一方、主体動作動詞の場合、「こんどは私があんたを殴るわよ」のような《ひとまとまり性》を示すものと《開始限界達成性》をあらわすものがあるとする＊11。これらのヴァリアントは、「継続性を無視して、そこで運動過程が成立する開始の時間的限界や、そこで運動過程が消

滅する終了の時間的限界を必ずとらえている点で、共通している」とし、基本形のアスペクト的意味として統合されると考える。また、この他に反復性という派生的意味を認めてもいる。以上のような工藤の見方は、厳密にいえば、奥田靖雄の示した《分割を許さないglobalityのなかに動作をさしだす》という基本形のアスペクト的意味の把握からは離れつつあるものとみることができよう。

さらに、教科研の流れでも、須田義治は基本形のアスペクト的意味として「中核的意味」「基本的意味」を認める（『現代日本語のアスペクト論』）*12。「中核的意味」とは、「個別的な意味を代表し、その形態論的なカテゴリーの性格をもっともきわだたせるような意味」ということで、動詞のアスペクトという点からいえば、話し手によって観察あるいは知覚される、場面のなかで起こる具体的な動作の、眼前描写的な記述であるとする。「待ってて頂戴。いま、すぐあったまるわ」「ほうら、見ろ。たまごを産むぞ」のようなもので、《限界達成》を示すものである。また、「基本的意味」とは、「個別的な意味のなかで、重要な位置をしめる意味」で、それは「その意味の実現において言語的な環境への依存度がもっとも低いような」「もっとも使用頻度が高い個別的な意味」である。具体的には動作の内的な時間構造にはふれず、ただ動作の実現をあらわすものであるとする。「借りますか？　―うん、借りる。」「奥さんはよく働かれますなァ」のような全体的な事実を示すものである。同時に、反復をあらわす「周辺的な意味」も認め、これらは共通する一般的意味としての《非過程継続》をもつものとする。以上の須田の議論は、奥田の構想したアスペクト論の批判的再構築をめざすとするもので、実際、この中核的意味の場合と、基本的意味の場合では基本形のあらわす局面は異なるといえる。そういう点で、両者を分けているということであろう。これも、奥田のアスペクト的意味の把握からは離れつつあるものといってよい。

このように時間表現の文法は、基本形に対立する形式を認め、それらの時間的意味を体系として把握するという流れが主流であった。これは、井島正博の言い方によれば「対立的見方」ということになろうが＊13、対立という視点からではなく、基本形の文法的意味、時間的意味をとらえるという立場もある。それが、国広哲弥、尾上圭介の立場である。国広哲弥は英語との対照という視点をもちながら、ル形・タ形・テイル形の意義素について分析をしている（「日英両語テンスについての一考察」）＊14。ル形についていえば、それは「ある事柄が確実であるという不定人称者の主観的判定を表わす」というものであるが、これは、それぞれの形式の意義素を示すという立場であって、いわば基本形という形の意味そのものを検討するものであった。したがって、必ずしもテンス・アスペクト的な分析ということにはならないが（タ形の側は「ある時点で実現した状態にある」という時間的要素が含まれている）、時間的意味の分析とは当然無縁ではなく、注目すべきものといってよい。

また、尾上圭介は、動詞基本形を「事態の直接的な表示形、直感直叙的描写形である「―スル」形述語は、アスペクトやテンスに関して、本来、積極的には何の色も帯びていない」ものとし、ただ「それが具体的な表現の場で述語として働く以上は、様々な条件のもとに、消極的にもせよあるアスペクトを表現したり、結果的にテンスを背負いこんだりすることになる」と考える（「現代語のテンスとアスペクト」）＊15。そして、動詞基本形が「動作概念の直接的な言語化の形」、すなわち「動作、作用の類別的な語彙名称」として働くことにより消極的に未了性をもち、その結果テンス的に未来をあらわす、あるいは、動詞基本形が直接的描写形であることによって描写対象の目前の現実から与えられてテンス的に現在をあらわすというような把握をする。さらに、動詞基本形は動作概念の素材的表示形であるという理解にもとづき、このような時間的意味の実現のあり方をふまえつつ、動詞基本形を「文の述べ方の種類に対応する叙法形式」ととらえ、「事態をただ事態のタイプとして、言わば素材的、前状況的に述定する形式」であるとする＊16。

なお、国広哲弥・尾上圭介および先述の鈴木重幸はそれぞれ既述のような枠組みをもちつつも、基本形の用法を丁寧に整理しているということも付け加えるべきだろう＊17。

主観性との関係

このように、基本形の時間的意味がとらえられてきたのではあるが、テンス・アスペクト的な意味は必ずしも他の文法範疇から自立しているわけではないという側面も等閑視できない。その点で、国広哲弥の基本形記述は「確実である」「主観的判定」といったものであったし、尾上圭介の見方は、そもそも動詞基本形を叙法的な形式として記述するものであった。また、いわゆるムードとの相関という点では、工藤真由美は上述のような動詞基本形のテンス・アスペクトを示しつつも、ムードとの相関という視点をもつ（『現代日本語ムード・テンス・アスペクト論』）＊18。時間的意味とこの点の直接的な関係という点からいえば、認識的ムードにおける「事実確認＝聞き手に対する新情報の伝達」「事実未確認（推量）」の場合においてはテンス対立が義務的になるが、「話し手と聞き手が確認済みの事実の前面化」（「軽自動車があった／あるでしょう。あれをしばらく貸してくれませんか」）、「話し手自身の事実確認のし方の前面化」（「おや、まだもっていた／もっているんですか、これは有り難い。」）、「確認済みの過去の事実に対する評価感情の前面化」（「菊池、いいこと言う／言った。」）の場合には、テンス対立が義務的ではなくなる場合があるということを述べる。もちろん、このようなル形でもタ形でもいえる場合があるというような事実は、以前から指摘があるともいえるが、この見方は、ムードとの相関を考えながら、その条件を細部まで示そうとするものだということができるであろう。

時間的意味研究の問題点

以上が動詞基本形のあらわす時間的意味研究の流れの概要ということになるが、基本的には教科書的な把握が有効であろうし、基本形の用法の詳細については、鈴木・国広・尾上の記述でおさえているといってよいだろう。また、基本形の基本的な意味や時間的意味がどのような対立関係のなかにあるかという点については、相当程度明らかになってきているといってよい。ただ、これまでの研究は、そこで示されるようなかなりの範囲にわたる基本形の用法がいかなる事情で実現されるのかということについて、十分に明らかにしてきたとはいいにくい。教科書的な把握のもとになっている教科研的「対立的見方」では、動詞基本形の文法的意味をとらえるには不十分であろうし、さまざまな基本形の用法の実現のしかたということには、そもそもあまり関心はない。一方、尾上の立場では動詞基本形の文法的意味は一定程度つかんでいるとはいえるものの、諸用法の実現のしかたについて、十分説明的であるとはいえないように思われる。また、工藤の示すムードとの相関という見方は、動詞基本形の文法的意味をとらえることを指向せず、それは、動詞基本形の諸用法の実現のしかたを考えることにはつながるにしても、やはり、基本形の用法の実現のしかた、そのことではないだろう。

基本形の基本的意味や諸用法の実現のしかたという点から基本形を考えることが、現代日本語動詞基本形の時間的意味をよりよくとらえることになるのではないかと考える。

3　動詞基本形の無色性・無標性と言語行為的意味

無色性と無標性

ところで、動詞基本形のあらわす時間的意味を考えるにあたっては、動詞基本形がもつ性質として、無色性・無標性という概念が重要になってくる。すでに述べたように、動詞基本形は述語としての積極性を帯びていない消極的な形式であるという考え方があるが*19、その消極性をさらに二つに分ける考え方がある。それが、仁科明の無色性と無標性という見方である（「「無色性」と「無標性」」）*20。仁科は動詞基本形が動きの概念をあらわすだけの語形であるという側面を無色性、他の積極的な述語語形すべてに対して消極的であるという側面を無標性と呼ぶ*21。そして、動詞基本形の理解にあたって、前者の無色性を重視する立場は、動詞基本形という形式そのものの性質をあらわすということには向いているが、体系内での位置づけ（他形式との棲み分け。たとえば、タ形との関係）を示すことには向いておらず、逆に、後者の無標性を重視する立場は、体系内での位置づけを示すことには向いているものの、形式そのものの性質をあらわすということには向いていないとする。そして、そうであれば動詞基本形にはその両面があると考えると、形式そのものの性質・体系内での位置づけのいずれもとらえやすくなるとし、無色性が前面に出る用法と無標性が前面に出る用法とに分けて、古代語動詞基本形の分析を進める。仁科の分析は古代語動詞を対象とするものであるが、この無色性・無標性という概念は、日本語動詞基本形を考える際に、かぎられた時代において問題になるものではないといえ、現代日本語の動詞基本形を考えるにもきわめて有益な見方だといえる*22。

もちろん無色性・無標性という言い方だけで基本形をとらえることは十分ではない。後者の無標性ということでいえば、無標性とは対立項との関係の問題であるから、有標項に対する動詞基本形の非有標性が具体的にはどういうことをあらわすのかが示されなければならない。また、前者の無色性といっても動詞基本形が全く無色で何の意味もないということはなく、また、無色とはいってもどのような意味でもあらわせるわけではないから、無色なりの意味をもっているということになるであろう。結局は、無色性・無標性のそれぞれの内実は示されなければならないというべきである。

無色性の二種

さて、この無色性ということについて、仁科明のいう無色性とは動きの概念をあらわすだけの語形である、ということであるが、動詞基本形が実際に文として用いられた語列のうちのひとつとして、それも述語という位置に立つ場合、「動きの概念を表すだけ」というわけにはいかないように思われる。つまり、「太郎は毎日本を読む。」というとき、単に「読む」という概念を示す、あるいは「太郎が毎日本を読む」ということ（概念）をあらわすというのは、それはそれで適切ではあるとはいえるが、同時に、ただ単にそのような概念だけを抽象的に示すだけではないということである。その概念を示しつつ述語として用いるということは、結局は、その概念の存在を認めるということなのではないか。すなわち、言表とは認めることの表明であって、その言表のなかで動詞基本形は「動きの概念を表すに過ぎない」という、いわば語としての抽象的な無色性を示しているのではなく、文のなかで用いられるにあたっては、「その概念で示される動きの存在を認める（にすぎない）」というレベルの無色性になっているように思われる。そして、それが動詞基本形の基本的意味であると考えられる*23。これも無色性ではあるが、仁科のいう無色性とはレベルを異にするといってよく、このレベルの無色性も認める必要があると思われる。山田孝雄は「語といふは思想の発表の材料として見ての名目にして、文といふは思想の発表その事としての名目なり」というが*24、「動きの概念を表すに過ぎない」という無色性は、この「思想の発表の材料」というレベルであろう。これに対して、「動きの存在を認める（にすぎない）」という無色性は、この「思想の発表その事」のレベルでのものということになろう。いってみれば、仁科のいう「無色性」とは、山田孝雄のいう語のレベルの問題である。ここでは、その無色性を前提にした文として運用された際の、つまり、文レベルでの無色性を認める必要があるということである。仁科のいう無色性を動詞基本形の根源的な無色性と呼ぶとすれば、この無色性は運用における無色性というべきものであろう。そして、ここで問題になるのは、この運用における無色性である。以下では、文のなかで述語として用いられたものをもっぱら扱うことになることから、運用における無色性について単に無色性と呼ぶことにする。

言語行為的意味・文の機能

また、無色性・無標性という動詞基本形の性質のほかにも考えておかなければならない点として、文のもつ言語行為的意味、文の機能という問題がある。言語を発するというのはある種の行為であるが、この行為は単に言語を発することそれ自体が目的であるとはいいにくく、何か他の目的のために言語を発しているといえる。そのような言語を発することの目的的意味を言語行為的意味ということができる。また、それを担うのは文という単位体であることから、それを文の機能と呼ぶこともでき、その意味の類型は文の類型でもある（Ⅲ・Ⅴ・Ⅷなど参照）。そして、この言語行為的意味・文の機能が動詞基本形終止文の時間的意味を左右するのである*25。この問題を考えるにあたっては、言語行為的意味・文の機能の枠組みについて、これまで検討してきたように、J・R・サールの考える発語内目的による言語行為の分類を基盤にして修正を加えた（3）のような文類型の分類を用いることにする。ここに示されたそれぞれの文類型が次に示すような言語行為的意味、文機能をもっている。このうち（Ⅰ）の交話型は事態を描かないものであって、動詞基本形終止文は事態を描く（Ⅱ）の内容表現型になるため、ここでは扱わないことになる。

（3）（Ⅰ）交話型　　応答文・呼びかけ文・接続文など

（Ⅱ）内容表現型

（a）事態描写系

〈1〉事態認識　話し手が新たに事態を認識したことを表出する　…認識文

〈2〉事態伝達　話し手の保っている知識を聞き手に伝える　…伝達文

（b）情意表出系

〈3〉意向表出　話し手の意向を表出する　…意向文

〈4〉要求表出　話し手の要求を表出する　…要求文

以上のように、動詞基本形の基本的意味と無色性・無標性とが関わりあって実現される時間的意味がある。そして、それに影響を与えるものとして言語行為的意味があるというのが、ここでの構図である。

4　動詞基本形の諸用法

現代日本語の動詞基本形の時間的意味の実現を考えるにあたって、まずは動詞基本形の用法について整理しておくことにする。ここでは、基本的枠組みとして主に国広哲弥の分析により、鈴木重幸・尾上圭介の分析を参考にしながら、テンス的な意味を軸として動詞基本形の用法をまとめる＊26。なお、以下テンス的意味は〈　〉に、アスペクト的意味は《　》に括って示すことにする。

〈現在〉をあらわすもの

まず、A〈現在〉をあらわしていると考えられるものをあげる。

①現在の事実・状態

（4）　a　あら、こいがいますわ。白いこいがいますわ。

　　　b　この椅子は先刻からここにある。

これは、現在の事実や状態をあらわすものである。ここでの動詞は静態動詞である。通常、静態動詞の基本形は〈現在〉をあらわすとされる。これらはその例である。

②現在の心理状態

（5）　a　わがはいほど熱心な同情論者は、おそらくあるまいと思う。

　　　b　市川君、そう君のようにいうから困る。

これは、現在の心理状態をあらわすものである。ここにみられる動詞は感覚・知覚動詞であり、静態動詞の一種である。

③〝発言〟現在

(6) a おい、新米のコックさん、指を切らないように頼むよ。

b あなたの御意見に賛成します。

これは、発話することがすなわち事態の実現になっているものである。たとえば(6a)「…頼むよ」と発話することで、「指を切らないように頼む」という事態が成立するものである。国広は「〝発言〟現在」と呼ぶ。これらの動詞は、従来言語行為論で問題となってきた、いわゆる「遂行動詞」である。

④現在面前で起こっている動き

(7) a あ、(麦わら)帽子が飛ぶ!

b むこうから変な人が来ますよ。

c あ、鉄板が落ちる!

d ほう、よく廻るねえ。

これは、現在面前で起こっている動きをあらわしているものである。これらは眼前の事態を認識し、それについて表現したものであり、現実の発話と事態の関係を考えれば〈現在〉ということになる。

〈未来〉をあらわすもの

次は、B〈未来〉をあらわすと理解できるものである。

⑤未来に状態・動作が実現することが確実である

(8) a かの男はすましたもので「亡びるね」といった。

b おにいさんの運命は今にきっと開けますよ。

これは、未来に状態・動作が実現することが確実であることをあらわすものである。基本的に動態動詞の基本形は〈未来〉をあらわすとされるが、これはその例である。

⑥現在における話者の意志・計画を実現が可能なものとしてあらわす

(9) a 「品子、駅で待っていて…」「はい。横須賀線のホームにいます。」

b 今夜はあたし看護するわ。

c 私あすアメリカにたちますの、ひとりで。

これは、話者の意志・計画を実現が可能なものとしてあらわすもので、〈未来〉をあらわす。

⑦間接的な命令

(10) a さあみんな立つ!

b もっと元気を出して歩く!

これは間接的な命令というべきものである。実際の発話では、命令調のイントネーションを伴う。事態の実現と発話時の関係を考えると〈未来〉ということになる。

〈過去〉をあらわすもの

次に、C〈過去〉をあらわすと理解できるものをあげる。

⑧過去の動作を回想的に述べる

（11） a 「ネコみたいなまねをしますね、富永さんは」と、おとくはあきれて、嘆声をもらした。

b 「なんですって」…「聞きすてならんことをいいますね。」

c けしからん。実力以上のプレーをする。

これらは、直近の過去の動作を回想的に述べているものである。発話と事態との関わりからいえば、発話時点よりも事態は前に起こっているのであるから、〈過去〉である。

その他〈超時〉

ここにとりあげるものは右のA～Cのいずれともいえないものである。これら、D〈超時〉とする。

⑨習慣的繰り返しをあらわす

（12） a 僕は夜はたいてい十時に寝ます。

b 毎日毎日絵にかかれに行く。もうよほどできたろう。

c 夜はいつでもいる。遊びに来たまえ。

このようなものは習慣的繰り返しをあらわすものである。これらは事態が断続的に成立するため、時間の流れのなかにはあるが、発話時という基準時と一対一に対応しない。したがって、発話時を基準に時間を三区分してそのどれかに属させるというやり方ができないということになる。

⑩属性の記述・一般的な真理

（13） a あの人はよくしゃべるよ。

b　蛇は舌の先でにおいを感じます。
c　水は百度でふっとうする。
これらは属性の記述・一般的な真理をあらわすものである。⑨の場合は事態が断続的に起こるのに対して、こちらは変化がないか変化を含みとしてもたないものである。つまり、ある特定の時間とは関わりがないものである。
⑪ある操作の手順を示す、など
(14)　鍋にバターを溶かし、ベーコンをいれてよく炒める。
これも特定の時間とは関わりがないものである。さらに、このようなものに類するものとして、国広・鈴木のあげる「一定の条件があればおこる」(「かむと味がでる。」)のようなものや、尾上のあげる「メモ・受理・列記・表題」があげられる。

この分類をもとに、以下では、これらの意味の実現のしかたを考えていく。

5　無色性による時間的意味の実現

無色性の性質とそれによる透過性

さて、ここで問題にする無色性とは、文のなかで用いられる際のレベルの無色性であったが、ここでの基本形が運用された際の「動きの存在を認める(にすぎない)」という無色性とは、結局は、動きの存在の認め方、あるいは求め方についての無色性といってもよい。その動きが存在することの蓋然性が低いと認めるとか、動きの存在を新たに認めたとか、動きの存在を人はいざ知らず、自分自身としては間違いないものと認めるとかいうような、積極的な認め方の様態をもたないということである。あるいは、動きを他に要求することで動きの存在を求めるとかいうような、積極的な求め方の様態をもたないということである*27。これは積極的な認め方・求め方の様態をもつ「読め」といった命令形、「読もう」といった意志形などと対比することによって明瞭になるであろう*28（以下、積極的な事態の求め方の様態も含めて「積極的な認め方の様態」という）。

そして、文がどこかに積極的な認め方の様態をもつ場合、動詞基本形はその無色性によって、その様態的意味を透過するということになる。もう少し厳密にいえば、基本形終止文においては、その文が何らかの積極的な認め方の様態をもつ場合、その様態的意味は動詞基本形を透過して表出されるということになる。別の言い方をすれば、積極的な認め方の様態の意味は、たとえそれが基本形の意味とみえたとしても、それは基本形そのものが担う意味ではないということである。

この、文がどこかに積極的な認め方の様態をもつか否かということからいえば、基本形終止文が何かしらの積極的な認め方の様態をもつ場合、動詞基本形の基本的な意味を基盤にしつつも、積極的な認め方の様態が前面に出ることになり、それがさまざまな文法現象を支配することになる。これが、無色性が前面に出る場合である。一方、基本形終止文がそのような積極的な認め方をもたない場合は、動詞基本形の無標性の側面が顕在化することになり、体系に支配されてそのなかで有標項に対する無標項としてはたらくことになる。そして、この積極的な認め方の様態をもつか否かには、文のもつ言語行為的意味が大きく関わるといえる。積極的な認め方の様態をもつ場合とは、言語行為的意味あるいは文の機能の類型からいえば、認識文・意向文・要求文の場合、すなわち即時的な文であり、積極的な認め方の様態をもたない場合の典型は伝達文、すなわち非即時的な文である*29。

このような無色性が関わって実現される動詞基本形の用法の典型なものとしてあげられるものは、さきの分類でいえばB⑥「現在における話者の意志・計画を実現が可能なものとしてあらわす」、B⑦「間接的な命令」である。このうちのB⑥は、さきに掲げた（3）の文の言語行為的意味による文類型のうちの（b）情意表出系の〈3〉意向表出、すなわち意向文である。この意向文は、（9c）のように「あすアメリカにたちます。」というとき、「私がアメリカに出発する」という、その動きが実現することを希求するということを伴った形で動きの存在を描き出すものである。つまり、この意向文とは、この文自身が希求する事態を示すということで、積極的な事態の認め方の様態をもつものであるといってよい。そして、この意向・希求という文そのものがもつ意味は動詞基本形を透過した形であらわれるのである。同様に、B⑦は（3）の（b）情意表出系の〈4〉要求表出、すなわち要求文であって、（10b）「もっと元気を出して歩く！」のようにいうとき、「もっと元気を出して歩く」という動きが実現することを他者に要求しつつ事態を描き出すものである。これは、他者への要求という様態を伴いながら事態存在を描写するものである。やはり事態の認め方の積極的な様態をもつものといってよい。そして、要求という文そのものがもつ意味は動詞基本形を透過した形であらわれている。このような場合、これらの意味が実現される場合の時間的意味を考えれば、それは結果的に〈未来〉《未然》ということになる（これらの場合、意向・希求、あるいは要求という言語行為の目的内容に背反しない形で言語形式を整えることが求められるので、ここに後に示すような「事態変化前」を表し得る動詞基本形が用いやすいともいえる）。

なお、A③「〝発言〟現在」は、言語行為的意味による文類型では、（6b）「あなたの御意見に賛成します。」のようなものは〈3〉意向表出、（6a）「おい、新米のコックさん、指を切らないように頼むよ。」のようなものは〈4〉要求表出になるが、「頼む」「賛成する」という動詞がいずれも「頼む」「賛成する」と発言することが、すなわち「頼む」こと、「賛成する」ことになるもの（いわゆる遂行動詞）であるので、時間的意味を問われれば〈現在〉ということになる。これは、次の（15）のように発言しながら、その発言内容の行為をおこなう場合も（遂行動詞ではないが）、「〝発言〟現在」になる。いわば、行為＝発話同時である。

（15）では賞状をお渡しします。［といいながら賞状を渡す］

また、A④「現在面前で起こっている動き」も無色性が関わって実現される動詞基本形の用法である。これは、さきに掲げた言語行為的意味による文類型のうちの（a）事態描写系の〈1〉事態認識である。これは、動きの存在の認め方について、それを新たに認めるという積極的な事態の認め方の様態を有するものである。この事態を新たに認めるという行為には、事態の現在性がついてまわることになる。むろん、その現在性がにわかに時間的な意味としての〈現在〉につながるわけではないが、動きの存在を発話時にきわめて近接して認めるということになれば、発話時と動作の存在が時間的に重なるということが当然あり得る。そのようなものがA④ということになる。（7a）「あ、（麦わら）帽子が飛ぶ！」にしても、（7b）「むこうから変な人が来ますよ」にしても、「帽子が飛ぶ」あるいは、「むこうから変な人が来る」という事態を新たに認識したことを表出したものであるから、発話時とそれらの事態は同時となる。これについて時間的意味を問えば〈現在〉ということになる。むろん、これは「帽子が飛ぶ」という動きの継続や「むこうから変な人が来る」という動きの継続といった局面を積極的にあらわすものではなく、事態の存在をあらわしているにすぎないから、新しく認識したことが発話時とは若干ずれるということがあり得る。したがって、次の（16）は、「落ちる」という動きはまだ完全に起こったとはいえないものの確実に落ちるということを新たに認識し、それを即時に表出する場合は、発話時と動きは重ならないことにもなる。

（16）［工事現場で不安定な鉄板が揺れて、今にも落ちるという状況で］あ、鉄板が落ちる！

このようなものを時間的意味としては、大雑把に〈現在〉ということも可能ではあろうが、発話時との関係からいえば〈未来〉ということになろう。同様に、（17）のように、近接した時間にすでに起こった事態をあらためて認識することになる場合（評価的な認識をあらためておこなう場合が多い）、やはり、現在に近いとはいっても発話時とは重ならないとすれば、時間的意味としては〈過去〉ということになる。これがC⑧の「過去の動作を回想的に述べる」用法である。

（17）a 「ネコみたいなまねをしますね、富永さんは」と、おとくはあきれて、嘆声をもらした。

b 「なんですって」…「聞きすてならんことをいいますね。」

ただし、（16）（17）ほど認識の即時性が必ずしも強くない〈1〉事態認識のタイプがある。これも事態の存在を新たに認識するものではあるが、現在性がさほど積極的にあらわれてはいないものである。

（18）おにいさんの運命は今にきっと開けますよ。

これは、無標性の側面がより優勢なものであるようにも思われるが、（16）と同じものであるという理解もあるかと思う。そういったものは時間的意味からいえば、〈未来〉ということになる。

なお、D⑨「習慣的繰り返しをあらわす」という用法は〈過去〉〈現在〉〈未来〉という時間的区分のひとつにおさまるものではなく、繰り返し起こる動作をひとまとまりの動作にみなして、動きの存在として認めるものである。また、D⑩「属性の記述・一般的な真理」、D⑪「ある操作の手順を示す」という用法は、時間的限定性をもたない事態であって、尾上圭介のいうように、形容詞文のような構文に支えられて一般的にもつ属性や真理の存在、操作の手順の存在を認めることをあらわし、時間的限定性から解放されたもので*30、動詞基本形の基本的意味がそのまま示されることになったものである。あるいは、このようなものは、動きの存在を認めるにすぎない動詞基本形をあてるにふさわしいものであるともいえるだろう。

さらに付言しておけば、動詞タ形も時間的意味という点についてみれば有色的であるが、積極的な事態の認め方の様態をもつか否かという点からみれば、動詞基本形と同様にそのような点では消極的である。つまり、この点では動詞タ形も無色であるといってよく、いわゆる「ムードのタ」とは、この意味でタ形が無色であるために、「意向」「要求」「認識」などの言語行為的意味が透過されたものである*31。

6　無標性による時間的意味の実現

基本形との対立項

以上のような無色性が前面に出るものに対して、無標性が前面に出るものを考える。この無標性とは、体系内で有標項としての形式がもつ特徴を積極的には帯びていないということであるから、無標形式は、結果的にある体系内での有標形式の担う特徴の残余部分を担うことになる。動詞基本形はあらゆる動詞のもつ文法カテゴリに対する無標形式ということにはなるが、ここで問題にするのは時間表現（いわばテンス・アスペクト的側面）であるので、この側面で有標形式と扱われるべきものはタ形ということになる。つまり、ル形・タ形で時間的意味において体系をなすといってよい。また、多くの場合、これにテイル形が加わるという把握がなされている。ただ、動詞形態論からいえば、この「〜ている」を体系に加えるのは大きな問題である。このテイル形は一語ではないからである。このテイル形は教科研であっても実は二語と認めているものであるから、本来は動詞の形態論的メンバーには入らないものである*32。しかし、ここでは時間的意味を問題にするということ、また、「ている」は一語ではなくとも相当程度文法化した文法形式といえ、広い意味で動詞基本形と体系をなし、時間的意味の表し分けに関わっているといえるので、ここでの検討に含めることにする。

このように考えると、タ形・テイル形のあらわす時間的意味の残余を担うのがル形、すなわち動詞基本形の無標性の側面ということになる。すると、タ形・テイル形の基本的な意味が問題になってくる。

タ形の意味

まずは、タ形である。この「た」の基本的意味は、「(話し手の把握する)事態が変化して、変化後にいたっている」であることである(Ⅻ参照)。いわば、事態の変化後ということである。

(19) a 長い間かかったけど、この本、やっと読んだ。
b 病気はもう治った。
c 先週の日曜日は六甲山に登った。

(19a)は「読む」という事態が終了したことをあらわしている。これは、読みかけの状態から事態の局面が変化して、読み終わりという事態の変化後にいたったことをあらわしている。(19b)は、病気の状態が継続している事態があったが、その事態が終結して、その後、病気の状態が終わって治った状態という局面に事態は変化したことをあらわしている。いずれも、事態の局面が変化して、変化後にいたったことをあらわしている。また、

（19ｃ）は「登る」という動きが〈過去〉にあったことを示しているが、この場合は、動詞のあらわす動きをひとまとめにして差し出しているもの、つまり、「登る」という動きをはじめから終わりまでひとまとめにして扱っているものであり、やはり、「た」は、「登る」という事態の変化後を示している。以上を図示すれば、［図19］の太矢印の示すような局面を意味しているということになる（［図19ｃ］の点線の枠は動きがはじめから終わりまでひとまとめとして扱われていることを示す）。結局、「た」は事態を分割的に把握する場合、「限界達成点を超えた」ということを意味し、事態をひとまとめに把握する場合、「事態が生起し終えた後」を意味する。つまり、「（話し手の把握する）事態が変化して、変化後にいたっている」、概略的にいえば、事態の変化後ということであって、これが有標形式としてのタ形の領分である。

テイル形の意味

また、テイル形の意味である。これについての詳細はあらためて論ずる必要があろうが、おおむね「事態変化後の有効果状態」をあらわすといえる＊33。

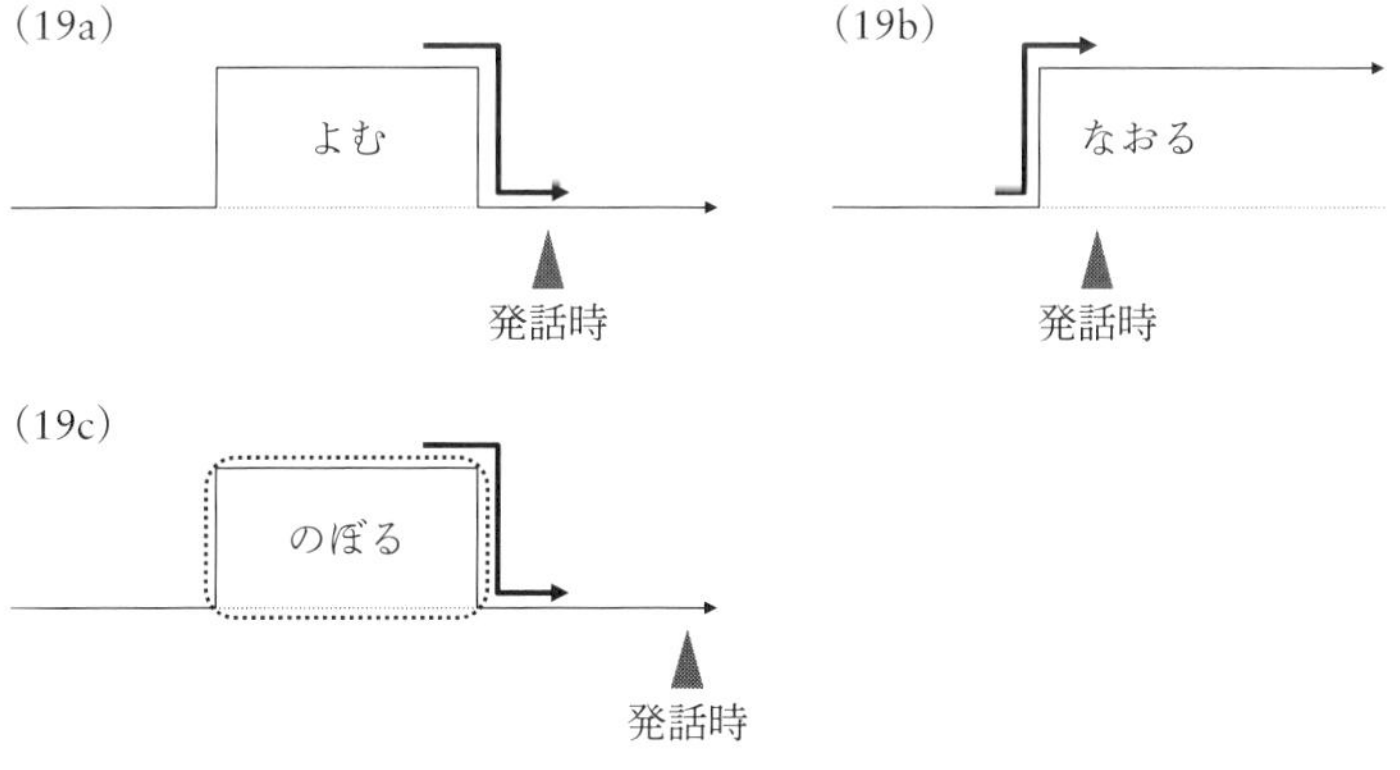

［図（19）］

（20）a　太郎はグラウンドを走っているよ。（動作継続）
（分割的継続状態）
b　電気が消えているね。（結果状態）
（分割的結果状態）
c　毎日ここでお弁当を買っているよ。（反復）
（ひとまとまり事態の継続状態）
d　アメリカには3度行っている。（経験）
（ひとまとまり事態の結果状態）
e　貴女は、同じ水で炊いた飯を今朝も食べている。
（パーフェクト）
（ひとまとまり事態の結果状態）

（20a）は動きの継続とされるもので、「走る」という動きが起こり（＝事態変化）、そして、その動きそのものが続いている。「走る」という効果がある状態をあらわしているといってよい。（20b）は結果の状態とされるもので、「消える」という変化が起こり（＝事態変化）、その状態が続いているということで、「消える」という変化の効果がある状態である。（20c）の「毎日〜買っている」は、反復などといわれ

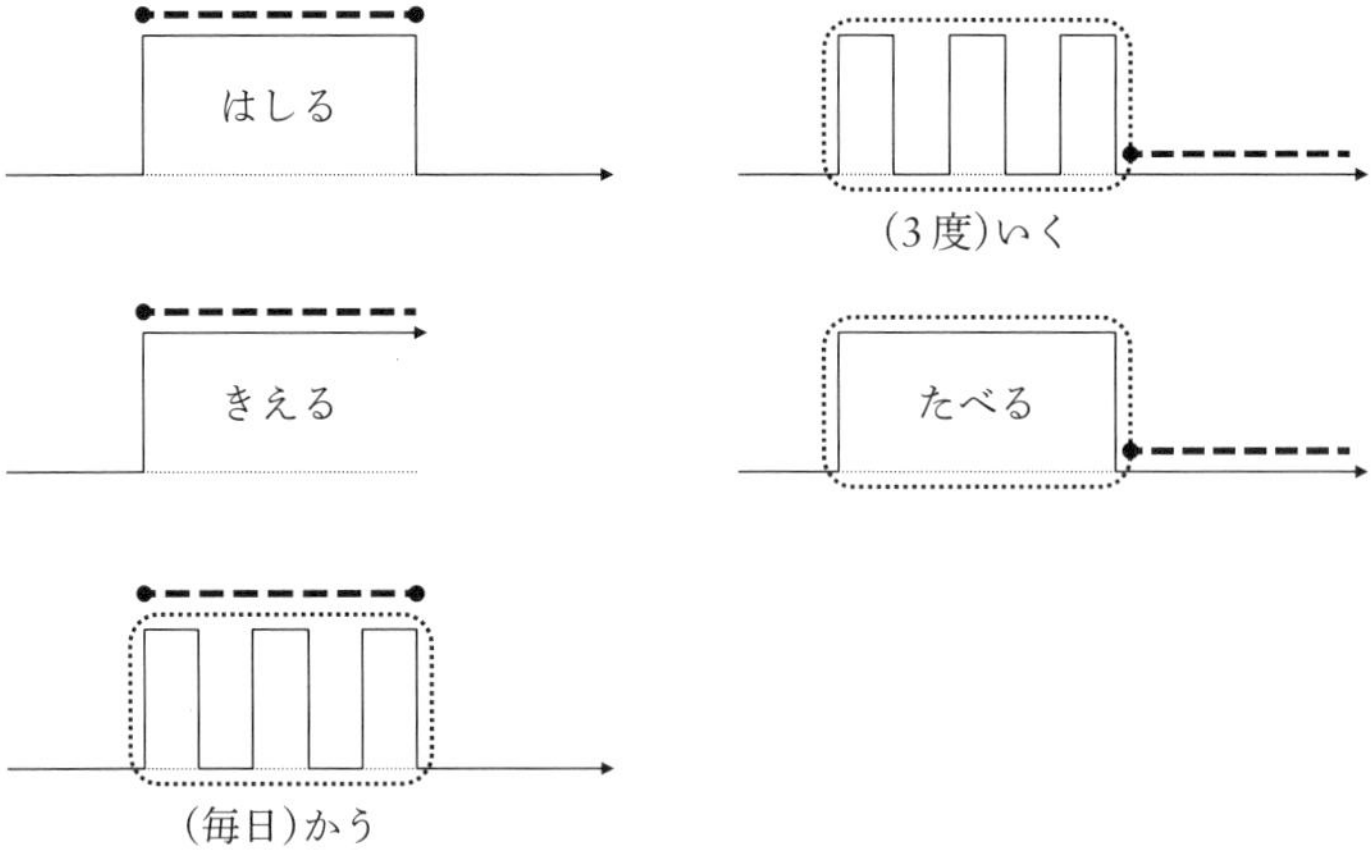

［図（20）］

るもので、反復して起る動作をひとまとまりのものとしてとらえ、そういう事態が生起し、そのひとまとまりに扱われた「毎日〜買う」という効果が継続的にあることをあらわしている。（20 d）は経験と呼ばれるもので、「行く」という事態が複数回起こっているが、それをひとまとまりのものとしてとらえ、そういう事態が生起し、その効果が残存していることをあらわしている。さらに、（20 e）はパーフェクトで「食べる」という事態が生起しその効果が残存しているものといってよい。以上を図示すれば、［図20］の太破線の示すような局面を意味していることになる。

以上のような、動詞基本形に対立する有標形式「た」「ている」が担う範囲の残余を、無標形式としての動詞基本形が担うことになる。有標形式「た」「ている」が担う範囲とは「事態変化後」であるから、無標形式である動詞基本形は「事態変化前」を担うことになる。模式的に示せば［図21］の最太矢印が示すところである（灰矢印・灰破線がタ形・テイル形）。

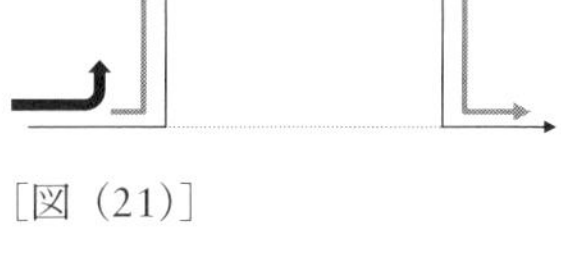

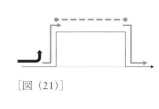

［図（21）］

無標性が前面に出る用法

このような側面があらわれたのが、さきに掲げた動詞基本形の諸用法のうちのB⑤「未来に状態・動作が実現することが確実である」である。動詞基本形のテンス的意味の典型となるのがこれである。

（22）　彼は今度の展覧会には行きますかねえ？　——ああ、おそらく行くよ。

このようなものは、「展覧会に行く」という、動きのひとまとまりを描いているものであって、そのひとまとまりの動きにおける「事態変化前」をあらわしている。この「事態変化前」が無標性にもとづく意味であって、テンス的な意味として〈未来〉（アスペクト的には《ひとまとまり》、あるいは《未了》）をあらわすことになっている。もちろん、「展覧会に行く」という事態の存在を描いているということでもあり、その点が動詞基本形の基本的意味ということになる。

ただし、注意しておくべきことは、無標性が前面に出た場合、「事態変化前」を担うといっても、その場合の「事態変化前」とは必ずしも動きの開始、すなわち開始限界前を意味するわけではない。開始限界後であっても事態変化が起こっていないとみなされる場合は「事態変化前」ということになる＊34。

（23）　a　［母親が準備の遅い子どもに「早く行きなさい！」という。それに答えて］
　　今行くよ。
　　b　［待ち合わせしている友人から携帯電話で「今どこにいるの？」というのに答えて］
　　もうすぐ行くよ。もう目の前だよ。

この（23）の場合で、（23a）は「行く」という動作はまだおこなっていないのであるから、明らかに「事態変化前」である。これに対して、（23b）の場合は、「行く」という動作そのものはすでに開始限界を超えていることは明らかである。しかしながら、この場合の「行く」という動作は到着する時点を問題にするものであって、この段階では、まだ「行った」ことにはならない。つまり、開始限界後ではあるが「行く」という事態変化は起こっていないのである。あるいは、開始限界後であっても事態変化が起こっていないとみなされているものである。前者はいってみれば開始限界を超えることによって事態に変化が起こるとみなされるもので、後者は終了限界を超えることによって事態に変化が起こるとみなされるものである。つまり、このような場合は、とくにその開始限界、あるいは終了限界という点に焦点をあてながら「行く」という事態の存在を描いているものであるということになる。従来、動詞基本形は動きをまるごと差し出すというのがその（アスペクト的）意味であると考えられる場合が多かったが、このような局面分割的な描き方がないわけではないことには注意すべきであろう*35。いずれにせよ、有標形式としてのタ形は事態変化後をあらわし、また、テイル形は事態継続中をあらわし、それぞれ時間的意味としては〈過去〉《完了》、〈現在〉《継続》を担うことになるので、動詞基本形は「事態の存在」を描きつつ、残余としての事態変化前をあらわし、時間的意味としては〈未来〉《未了》を担うことになる。

なお、ここまで考えてきたのは、動詞が動態動詞の場合である。静態動詞（状態動詞・感覚知覚動詞など）の場合、「事態の存在」を描くことは、すなわち、その状態の存在を指示することになる（状態動詞は「〜ている」の形はない）。

（24） a　ここに椅子がある。
　　　b　市川君、そう君のようにいうから困る。

同時に静態動詞のタ形は、基本的に動詞の示すその状態になった後、あるいは、動詞の示すその状態ではなくなった後を示すから、その残余としてやはり状態の存在をあらわすことになる。それは時間的意味でいえば〈現在〉になる。さきの分類でいえばA①「現在の事実・状態」、②「現在の心理状態」である。また、状態の存在を指示するにあたっては、近接するこれからの事態の存在もあらわせるので、その場合は〈未来〉になる。これがB⑤「未来に状態・動作が実現することが確実である」である。

（25）　二〇二〇年に東京オリンピックがある。

7　動詞基本形という形式の意味と時間的意味の実現のしかた

以上、ここまで述べきたったことをまとめると、次のようになる。

（i）現代日本語の動詞基本形は、「動きの概念をあらわす」だけの語形、つまり根源的無色性をもった形式である。

（ii）それが文終止位置で文の述語として運用された場合、「その概念で示される動きの存在を認める」ことになる。これは運用における無色性ということであるが、これが動詞基本形の基本的意味ということになる。

（iii）この無色性ゆえに、積極的な認め方の様態（あるいは、求め方の様態）をもつ文においては、それが前面に出ることになり、動詞基本形を透過して、その文の文法的意味を支配することになる。積極的な認め方の様態をもつ文とは即時性の高い認識文・意向文・要求文である。

（iv）一方、積極的な認め方の様態をもたない伝達文、あるいは非即時的な文においては、体系のなかで無標項としての役割を果たす。その場合、有標項の積極的にあらわす意味の残余を担うことになり、その結果、「事態変化前」（未了）をあらわすことになる。

（v）なお、時間的限定性を失う場合もあり、その場合、基本的な意味「その概念で示される動きの存在を認める」が前面に出ることになる。

個々の用法の具体的な実現のあり方については、このまとめのなかに織り込むことはできないが、以上のようなとらえ方で、おおむね現代日本語動詞基本形の時間的意味の実現のあり方をつかむことができるといえよう。

なお、これはタ形の意味を論ずる際にもいえることではあるが、述部のあたりにみえる文法的な意味が、述部を構成する形式の有する意味ではないということは、十分考えておく必要のあることである。いわゆる「ムードのタ」のムード的な意味は文のもつ言語行為的意味であった。タという形式の意味を考えるにあたっては、この言語行為的意味／文の機能を差し引く必要がある。あるいは逆にいえば、タの基本的意味と言語行為的意味が相関することによってタ形のもつ種々の用法が実現されていた。同様に、この動詞基本形の意味を考えるにあたっても、文のもつ言語行為的意味を考えることは有効であって、動詞基本形の基本的意味と言語行為的意味が相関することで、さきにみたような動詞基本形の諸用法が実現されていたということになる。このようなことから、文のもつ言語行為的意味は、これまでの文法的な意味の記述を見直していく上で、重要な見方だということが、ここでもできるのではないかと考える。

XIV　述定の時間・装定の時間

1　主節と従属節の時間的意味という問題

現代日本語において、述定部分（文末部分・主節）の時間表現と装定部分（修飾部分・従属節）の時間表現（テンス・アスペクト表現）の性質が異なることが知られている。この点については、これまで数々の指摘があるが、従属節の時間が主節の時間と関わりをもつという考え方が主流を占めてきた。それは、主節時基準といった考え方や「視点の原理」といった考え方である。これらは、従属節の時間表現が主節の時間表現と一定の関係性をもつとする考え方である。

しかし、この主節時基準、あるいは、「視点の原理」という考え方には批判もある。そこでここでは、装定と述定の時間表現のあり方の違いをどのようにとらえるべきかということについて、ここまでみてきたようなタ形・基本形の意味をふまえながら考えてみることにしたい。

そして、結論的にいえば、ここでは、

1　述定の時間と装定の時間は独立している

ということを主張し、テンス・アスペクト的意味がどのように実現されるのかということを明らかにするものである。なお、これまで従属節の時間表現についての議論は、さまざまな種類の節に及ぶが、ここでは連体修飾節を主な検討対象とする。また、その連体修飾節でもいわゆる「内の関係」・制限節にかぎって考えていくことにする。

2　主節時基準・発話時基準と「視点の原理」

主節時基準・発話時基準

これまで指摘されてきた主節時基準という考え方は、たとえば次のようなものである。

（1）a　太郎は講義を欠席｛する／した｝。

　　b　来週の講義に｛欠席する／欠席した｝人は、欠席届を提出する。

この（1a）では、「欠席する」は、発話時よりも後に起こる事態であることを示し、「欠席した」は発話時よりも前に起ったことをあらわしている。それに対して、（1b）は「欠席届を提出する」という時点を基準として、「欠席する」はそれよりも後の事態をあらわし、「欠席した」はそれよりも前の事態をあらわすとされる。つまり、（1b）は発話時を基準とするのではなく、「欠席届を提出する」という主節の事態を基準時としているとされるのである。このことは、たとえば次のように説明された＊1。

（2）　連体的につかわれたばあいには、〔中略〕相対的なテンスの意味をもつようになる。相対的なテンスというのは、時間をあらわす基準が発話時からはなれて、主文のあらわす動き・状態のなりたつ時間を基準として、それよりまえ（相対的な過去）か、それよりのち（相対的な未来）か、それと同時（相対的な現在）かをあらわすものだ。

そして、（2）はおおよそ次のように一般化され、従属節のテンスのあり方として記述されることになった。

（2′）　従属節のテンスは主節時を基準とする。ル形は主節の時と同時かそれより以後を、タ形は主節の時より以前であることをあらわす。

このように、従属節のテンスは主節時基準とされたが、従属節でも主節時を基準としているとはいえないものがあることも指摘された*2。

（3）　a　先日受け取った手紙の返事をこれから書かなければならない。
　　　b　越前海岸で自殺した女性はそこへ行くのにタクシーを使った。
　　　c　山の上にあった合掌造りは10年前に白川郷から運ばれてきました。

（3a）の「先日受け取った手紙」は、主節時を基準にしているとは考えにくい。また、（3b）は「タクシーを使った」を基準の時点として、「越前海岸で自殺した」がそれ以前ということはできない。（3c）は、10年前に白川郷から運ばれてきたという時点よりも前に合掌造りが「山の上にあった」ということはない。このようにみると、少なくとも（3bc）は、さきの（2）（2′）を満たしていない。（3a）は、返事を書く時点よりも受け取った時点は前であるが、これも主節時を基準にしているとは常識的にはいえないだろう。

そこで、従属節には（1b）のように主節を基準時とするような場合と、（3）のような主節時を基準としていない場合の二つの従属節があると考えられた。同時に、後者については発話時を基準としていると考えられた。そして、前者のようなものを「主節時基準（節）」「相対基準時（節）」と呼び、後者のようなものを「発話時基準（節）」「絶対基準時（節）」と呼んだ。また、前者のようなテンスを「相対テンス」、後者のようなテンスを「絶対テンス」と呼んだ＊3。このような区別は、現在比較的支持されているように思われる。

視点の原理

さて、従属節には、主節時基準と発話時基準の二つの基準時があるという考え方のもとでは、この両者がどのような場合にあらわれるか、すなわち、どういう場合に主節時基準となり、また、どういう場合に発話時基準となるかという関心が生まれてくる。その点を中心に検討したのが、三原健一の「視点の原理」という考え方である（「「視点の原理」と従属節時制」）＊4。三原は、従属節と主節のル形・タ形の組み合わせに着目した。そしてまず、主節・従属節ともにタ形である場合を検討する。

（4）a　北海道で撮った写真が出来上がりました。

b　越前海岸で自殺した女性はそこへ行くのにタクシーを使った。（＝3b）

これらの例から、〈従属節時→主節時→発話時〉〈主節時→従属節時→発話時〉のいずれの場合もあらわすことができるとする。そして、どの場合も発話時を基準として、タ形はそれよりも以前をあらわすとすれば説明できると考えた。

また、主節・従属節がいずれもル形である場合は、次の（5）のようである。

（5）a　引っ越してくる人が家を見に来ることになっている。

b　転居する人は普通、転居後住民登録をする。

この場合、〈発話時→主節時→従属節時〉〈発話時→従属節時→主節時〉のいずれもあらわすことができるとする。このことから、この場合は発話時を基準として、ル形はそれより以降をあらわすとすれば説明できると考えた。

一方、主節と従属節の形が異なる場合、すなわち主節＝タ形、従属節＝ル形、あるいは、主節＝ル形、従属節＝タ形の場合は次のようなものである。

（6）　a　後で使う人のために部屋を掃除しておきました。

b　先に出た人はビッグマンの前で待つことになっている。

この（6a）は、発話時を基準としているはずがないとする。（6a）は「後で使う」という事態が掃除をしたという事態の後であればいつでもよく、発話時以前に「使う」人がいてもよいわけである。その場合、発話時基準だとすればル形はとれないはずである。また、（6b）も従属節事態は「ビッグマンの前で待つ」という主節時以前に起ればよいのであるから、やはり発話時基準とはいえない。つまり、これらは主節時が基準となっていると考えられるとする。そして、以上の観察をまとめると、次のようになるとし、これを「視点の原理」と呼んだのであった*5。

（7）　a　主節・従属節時制が異なる時制形式の組み合せとなる時、従属時制形式は主節時視点によって決定される。

b　主節・従属節時制が同一時制形式の組み合せとなる時、従属時制形式は発話時視点によって決定される。

つまり、主節と従属節の形式が違えば相対テンス、同じであれば絶対テンスだとしたのである。そして、どのような従属節でもこれが成り立つとして、「このような認識論的な視点の区別が、主節述語と従属節述語の時制形式の異同という純粋に統語論的な要因によって厳密に区分されている」としたのである＊6。

主節時基準説・「視点の原理」への批判

さて、さきの主節時基準節、すなわち（2）（2'）のような考え方に対して、批判的な立場をとるものもある。

たとえば、紙谷栄治・中畠孝幸らである。

紙谷栄治は、分析の対象を「とき」に続く従属節を中心とするが、「一般に従属節中のテンス・アスペクトは主文のテンス・アスペクトによって決定されると考えられているようであるが、私見のように両者は無関係なものであると考えることはできないであろうか」と述べる（「助動詞「た」の一解釈」）＊7。つまり、従属節と主節の時間は無関係だということである。その理由として、次の二点をあげる。

（8）a　従属節の「た」の有無で従属節と主節の先後関係は一律に決まらない

b　もともと従属節と主文のあいだに時の先後関係が存在しない場合がある

そして、それを（9）により説明する。

（9）a　その会議に出席した人は、三時に会場前のロビーに集まった。

b　私がその会議に出席する（または出席した）時には、一市民の資格で出席する（または出席した）。

（9a）が（8a）の例であり、「会議に出席した」後で「三時に会場前のロビーに集まった」とも、会議に出席するために「三時に会場前のロビーに集まった」のいずれもが考えられるとする。また、（9b）が（8b）の例である。また、紙谷栄治は、さらに分析対象を連体修飾節全般に拡大して、次のように述べる（「連体用法におけるテンスに関する意味について」）＊8。

（10）絶対的なテンスはきわめて自然な時間のとらえかたであるのに対して、相対的なテンスはいわば構文にもとづいた時間のとらえかたということになるが、はたしてそのような二種類の時間の把握のしかたがあるのかは疑問である。

このように紙谷は、（2'）に掲げたようなとらえ方は成り立たないとする＊9。そして、紙谷は、相対テンスはアスペクトであり、絶対テンスはテンスであるとするのである。

また、中畠孝幸も次のような指摘をする（「現代日本語の連体修飾節における動詞の形について」）＊10。

（11）本稿では、〔中略〕主節のテンスをもとにそれとの前後関係で連体節のテンスを捉えるという考え方をとらない。その理由は、連体節中の動詞は主節の述語のテンスに左右されずにその形を保つことができるからである。〔中略〕これは、主節のテンスが発話の時を基準とするのに対し、連体節のテンスは、被修飾名詞で表される物事に関わる出来事の生起の時を基準にする（ことができる）からであると考えられる。このような点を三上（一九六三）は「連体のテンスは底基準が普通である」と指摘している。

この中畠の考え方は、連体修飾節のテンスには「底基準」と「発話時基準」があるとする考え方であって、主節のテンスによって連体節のテンスが決まるというのは誤りであるとするものである＊11。

さらに、三原の「視点の原理」については、丹羽哲也の批判がある（「連体節のテンスについて」）＊12。丹羽は次のような例をあげる。

（12）a　K大は、フィールズ賞を取った学者を優遇する予定だ。

b　K大は、昨年フィールズ賞を取った学者を優遇する予定だ。

c　生まれてくる子供の服を買ったんです。

d　今度生まれてくる子供の服を買ったんです。

（12a）の例については、〈従属節時↓発話時↓主節時〉も〈発話時↓従属節時↓主節時〉もあり得るが、〈従属節時↓発話時↓主節時〉の場合を主節時基準としてよいかという疑問をもつ。その場合、従属節「フィールズ賞を取った」は発話時以前であるからである。また、（12c）の例についても、〈主節時↓従属節時↓発話時〉〈主節時↓発話時↓従属節時〉の両方があり得るが、後者を主節時基準としてよいかという疑問をもつ。その場合、従属節「生まれてくる」は発話時以降であるからである。とくに（12bd）のように「昨年」「今度」といったような境遇性のある語が伴うときには発話時基準と考えるのが自然だとする。たしかに、（12bd）は明らかに発話時と関わりがあるわけで、結局、このようなものを主節時基準というのははばかられるということになるわけである＊13。

この丹羽の述べるところを、やや詳しくいいかえれば次のようになろう。（12b）の例でいえば、主節と従属節の形式が異なる。したがって三原の考え方にしたがえば、従属節、すなわち「昨年フィールズ賞を取った学者」は主節時基準ということになる。しかし、この従属節には「昨年」という明らかに発話時点を基準とする連用修飾成分がある。それにもかかわらず、これを主節時基準ということができるのだろうかということである。たしかに主節の「優遇する予定だ」という事態と従属節の「フィールズ賞を取った」という事態を比べれば、従属事態節は主節事態以前である。しかしそれだからといって、三原の主張するようにこれらの従属節が主節時基準であるとするのは、やはり問題がある。（12a）の〈従属節時↓発話時↓主節時〉、（12c）の〈主節時↓発話時↓従属節時〉は、発話時点を基準とする連用修飾成分はないものの、これと同様のものである。このようなものも主節時基準／発話時基準という考え方からすれば、発話時基準と考えるべきだということになる、ということである＊14。

3　あらためて問題提起

基準時が変わるのか

このような紙谷・中畠・丹羽らによる、主節時基準・「視点の原理」批判があるが、ここでもこの主節時基準・「視点の原理」に対して、これまでとはやや異なる視点から問題となる点を示すことにする。

これまで指摘されてきたように、従属節、とくに連体修飾節についての時間表現（とくにテンス的な側面）について、主節の影響を受けるという考え方にしたがうとすれば、次のような場合についてはどのように考えたらよいのだろうか。

（13）　a　テントを借りる人は、使用料を払ってください。
　　　b　テントを借りた人は、使用料を払ってください。
　　　c　テントを借りる人は、使用料を払いました。
　　　d　テントを借りた人は、使用料を払いました。

この場合、（2′）のような考え方に立てば、（13ａｂ）の連体修飾節は、それぞれ「使用料を払う」という主節時を基準として、（13ａ）ならそれ以後、（13ｂ）ならそれ以前をあらわすということになるだろう。また、（7）

のような「視点の原理」からすれば、(13a) は主節と従属節の形式が同じなので発話時基準(発話時視点)となり、(13b) は異なるので主節時基準(主節時視点)となる。

しかし、(13a) と (13c) をみてみると、これらは主節の形式が異なっているが、従属節のあらわしている時間が異なるといえるであろうか。つまり、(13a) と (13c) とではそれらの従属節が主節の形式に影響されて意味が変わっているといえるだろうか、ということである。(13a) と (13c) に共通する (14) は、いずれの場合も「これからテントを借りようとしている人」をあらわしている。

(14) テントを借りる人

これは、すなわちテントを借りる前の段階にある人をあらわしているのであって、発話時と主節時との前後関係が異なるとはいえるが、従属節に関していえば (13a) と (13c) が示しているものは何ら変わりがない。このときの (13a) は発話時基準で (13c) は主節時基準といえるのだろうか。

同じことは、(13b) と (13d) の場合にもいえる。

(15) テントを借りた人

その従属節の (15) は、いずれの場合も「もうすでにテントを借りている人」、すなわちテントを借り受けるというプロセスを経た人といったところをあらわしているのではないか。(13b) が主節時基準、(13d) が発話時基準と基準が変わったといえるだろうか。

つまり、このことから、主節時がどうあろうと従属節のあらわしているものは変わりがない、といえるのではないか。いいかえれば、やはり、次のようにいえるのではないだろうか。

(16) 述定の時間と装定の時間はそれぞれ独立している。

また、次のような場合に、基準時があるといえるのだろうか。

（17）a　テントを借りる人は、使用料を払うことになっている。

　　　b　テントを借りた人は、使用料を払うことになっている。

（17a）は一般にテントを借りるという行為をする人は誰でも使用料を払うものである、といった意味である。このときに、「テントを借りる」という事態は、「使用料を払う」ということの前か後かということがわかるであろうか。これはわからないといわざるを得ない。この場合は、発話時基準ともいえないだろう。また、（17b）は「テントを借りる」という事態になった人は、誰でも使用料を払うものである、といった意味であって、「テントを借りた」という事態は、「使用料を払う」ということの前か後かということについては、わからない。つまり、基準時があるとはいえないものがあるのである。少なくともこれは、相対基準時節とはいえない。そもそも、「テントを借りる／た人」というのに基準時があるだろうか。「テントを借りる／た人」が基準時をもっている必要はないのではないか。（17ab）は、ある基準時があり、それ以後／以前に「テントを借りる」という動作をおこなったということを示しているわけではない。（17a）についていえば、「テントを借りる」ということになった人を示しているだけである。この場合、「人」についてどのような人かを規定するのが「テントを借りる」という部分であるが、この部分であらわしているのは、テントを借りるという行為をおこなうことになっているということで、テントを借りるという行為をおこなわない人を排除する規定のしかたなのである。したがって、いつテントを借りるようになったのかということについては非関与的なのである。これは（17b）も同様である。それが、たとえば、（13′ab）のようになれば、基準時がみえてくるようになる。

（13′）　a　先週のキャンプでは、テントを借りる人は、まず使用料を払いました。

b　先週のキャンプでは、テントを借りた人は、後で使用料を払いました。

が、その基準時は「後で」「まず」などの部分があるからこそはっきりするのであって、従属節がタ形で、主節がル形の場合は相対基準時であるというように、文の統語的な形によって最初から決まっているというように考えることはできないと考えられる。

ここでの問題意識

さて、主節時基準というとらえ方にしたがうと、主節のあらわす時間が変わることで、従属節の時間の位置づけも変わってくることになるはずであるが、すでにみたように、主節のあらわす時間が変っても、従属節のあらわす時間的意味は変わっていないということがいえそうである。さらに、主節時基準という基準時があるとはいえない場合もある。そして、その場合、発話時基準ともいえないようである。

さきにみたように、これまで主節時基準というとらえ方がされてきたが、そのようなとらえ方でよいのであろうか。あるいは、主節の時間に従属節の時間が影響されると考えるべきだろうか。ここまでの検討からいえば、従属節、とくに連体修飾節についての時間表現は、主節の影響を受ける（主節と関係をもつ）という考え方、あるいは、主節時基準という考え方は検討し直す必要があるということになる。

また、主節時基準という考え方は、従属節の時間のあり方がテンスの一種であるととらえているものだと考えられる。つまり、これまでの議論は、主に従属節のル形・タ形がどのようなテンスなのかということを中心に考えてきているということでもある。また、同時に、このような従属節のあらわす時間のあり方が、テンスなのかあるいはアスペクトなのか、という議論もおこなわれてきた＊15。そのような文法カテゴリとしてのテンス・アスペクトという視点からの論点も含めて、再検討の必要があるということになるであろう。

さて、このような点について、あらためて考え直すにあたっては、どのような視点からみていくのがよいであろうか。

ここまでみたことから考えれば、問題となるのは「基準時」ではなく、まず問題とすべきなのは、タ形の意味あるいは「た」の意味なのではないか。そして、ル形（動詞基本形）の意味なのではないか。つまり、以上のような点を考え直すためには、まず、そもそもル形・タ形が何をあらわしているのかという、ル形・タ形の意味そのものという観点から検討するべきではないのかと考えるのである。ル形・タ形があらわす意味をもとに、その意味にいかなる条件がはたらくことによって上でみられたような現象が起るのかという、その表現のしくみ・論理を明らかにすることが必要なのではないだろうか。すなわち、ル形・タ形の意味を考えた上で、そこにはたらく表現機構・表現の論理を考えることによってこそ、この問題の解決につながるのではないかと考えるのである。

そこで、以下にル形・タ形の意味を考えていく。まずはタ形からみていくことにする。

4　タ形の意味・ル形の意味

タ形の意味

それでは、タ形あるいは「た」の意味はどのようなものであるだろうか。ここで問題とするのは従属節のものである。まずは、動態性の述語の場合である。

（18）　a　教室の壁には子供たちが描いた絵がはってありました。

b　参加した人には全員参加賞をさしあげます。

c　太郎は図書館で借りた本を紛失した。

これらは、それぞれ（18 a）は「描く」、（18 b）は「参加する」、（18 c）は「借りる」という行為がすでに実現していることをあらわしているといえる。これは、「事態の局面の変化後」ということである。さきのⅫでもみたように、「た」の意味は「（話し手の把握する）事態が変化して、変化後にいたっている」という意味であるということである＊16。結局、主節でも従属節でも「た」そのものの意味は同じと考えてよいと思われる。

これに対する状態性の述語の場合が次である。

（19）　a　大手の工場長であった父は数年前に退職しました。

b　山の上にあった古い家は、ホテルを建てるために取り壊された。

c　そばにいた人に道をたずねました。

d　机の上にあった本をここにもってきてみましょうか。

e　きのうから机の上にあった本は私がもってきました。

これらは、（19 a）は父が工場長ではなくなっているということを、（19 b）は古い家がなくなっているということを、そして、（19 c）はその人がいなくなっているということを、（19 d）は「本が机の上にある状態」が現在目の前にはなくなっていることをあらわしている（現実の事態としては、その本は現在も机の上にあるかもしれないが、話し手の把握としては、「目の前にはない」といってよい。Ⅻ参照）。すなわち、それは当該の状態がなくなっているということをあらわしているということであって、これは、「ある」「いる」という事態が変化した後ということを意味する。さらに、(19e)は机の上に本のない状態からある状態になるという事態が変化した後(その変化は「きのう」起こっている)ということを意味している。やはり、これらについても「た」の意味は「事態の局面の変化後」という意味であると考えてよい。

以上をまとめると、これらのタ形は「事態が変化して、変化後にいたっている」ということであって、動態性の述語の場合の「事態の変化」とは、動作が起ることで何らかの変化が起きる、そのことである。たとえば「描く」「参加する」「借りる」という動作がおこなわれることによって事態が変化するといえる。したがってタ形はその変化がすでに起きて事態が変わっているということを示しているとみることができる。また、状態性述語の場合は、「事態が変化して、変化後にいたっている」ということは、ここでの例でいえば、(19a)は「工場長である」という事態が変わってすでにそうではなくなったということ、(19b)も「山の上にある」という事態が変わってすでに山の上には家がなくなったということ、(19cd)も「いる」「ある」という状態が変化してすでになくなっているということ、(19e)もない状態からある状態に変化しているということをあらわしている。つまり、この場合の「事態の局面の変化」とは動作・行為にかぎらない。ある状態になる、あるいはある状態が別の状態になるといったことも含まれるということである(繰り返すが、「話し手の把握する」事態の局面の変化である)。

なお、「事態の変化」は、動態性述語の場合、動作まるごとである必要はない。また、動作のどの部分に注目するかによって、同じ述語動詞の場合でも「変化」ととらえる部分が異なってくることはある。このことについては主節述部の場合の指摘がある*17。終止用法の場合で、タ形で示されている内容が、動詞のあらわす動作まるごとの実現とはいえないのは、次のようなものである（この点は、ル形にも同様のことがいえる、本書XIII参照）。

（20） a　とけいが3時にうごいた。

b　（マラソンで。走ってくるトップの選手の姿が見えた。）来た。

c　花子が青葉通りを駅から大学まで1km戻った。

（20a）では、時計が3時に動き出したことを示すのであって、それで行為が実現したととらえることになる。「うごく」という動作まるごと、すなわち動きはじめがあり、動く動作が続き、そして動き終わりがくるといった動作動詞（継続動詞）の示す行為まるごとをとらえてそれをあらわしているわけではない。この例は、時計の動き出しをもって「うごく」という行為の実現ととらえているものだと考えられる。つまり、起動の面だけをとらえているものだと考えられる。また、（20b）は、日本語ではトップの選手が見えれば「来る」過程に話し手が注目していても（すなわち話し手がとくに完結感を感じていなくても）「来た」ということができるとされるものである*18。このような例は、やはり起動の局面において、事態の変化が起ったものとしてとらえているのである*19。さらに（20c）の例も「戻る」という動作が完結していなくても「戻った」といえるものである*20。以上のことは連体修飾節についても同様のことだと考えてよいだろう。

結局、タ形は「事態が変化して、変化後にいたっている」ということと意味していると考えてよく、それは従属節でも主節でも同じ意味であると考えられる。

ル形の意味

それでは、タ形に対し、ル形の意味はどのようなものであると考えたらよいであろうか。

(21) a プレイガイドの前には切符を買う人たちの列ができていました。
b 資金を融通してくれる人に明日会うことになっている。
c 彼女は高級住宅地にあるマンションで一人暮らしをしています。

これらの例から、ル形は「事態の変化がまだ完結していない」ということをあらわしている。すなわち、ル形は、「事態変化未了」ということである。もちろん、この場合の事態とは、タ形の場合と同様に動作の変化だけをあらわすわけではなく、ある状態の変化ということも含んでいる。(21a)の場合は「買う」という事態の変化がまだ起っていず完結していないということである。(21b)の場合は「融通してくれる」という事態の変化がまだ起っていず完結していないということである。また、(21c)のような状態性述語の場合は事態の存在すなわちその状態の存在を描くものであって、「ある」という状態が変わらずに存在するということである。

また、次のような例は(21ab)とは異なり、すでに動作ははじまっているものである。

(22) a 岸から遠ざかる船には豊漁ののぼりが立っていました。
b はげしく降る雨のしぶきで、たちまちずぶぬれになった。

しかし、このような例の場合も、起動の局面はすでにおとずれているが、動きまるごとは完結していないという意味で、事態が完結していないということである(XIII参照)。このような場合も、『事態の変化がまだ完結していない」ものであるといえる。

ただし、このようなル形のあらわす意味は、厳密にいえば、XIIIでも述べたように、ル形が無標(やや詳しくいえば、ル形の無標性が前面に出る用法)であることによる意味であると考えられる。これは、ル形が時間的意味を積極的にもつとはいえない、つまり、さきにあげた意味がル形(基本形)の形式の意味ではないとも考えられるということである。ただその場合でも、連体修飾節においては、XIIIで述べたような、積極的な認め方の様態をもたないことから（事態を「描写」しているにすぎない。この点はVII参照）、体系のなかで無標項としての役割を果たすことになり、有標項の積極的にあらわす意味の残余を担うことで、「事態変化前」（未了）をあらわすことになるわけであって、ここでは、ル形の意味として「事態変化前」（未了）を考えておくということでよいと考えられる。そこで、ここではル形がこのような意味をあらわすということで論を進めていくことにする。

5　テンス的意味とアスペクト的意味の実現

テンスかアスペクトかという問い

さて、このような従属節のル形・タ形の対立は、時間表現に関わるのであるから、従来からあった関心に沿っていえば、これらはテンスなのか、アスペクトなのかという問いがでてくることになる*21。しかし、このような問いに対する答えは、テンス・アスペクトの規定のしかたにもよるが、実は、純然たるテンスともいえないし、また、純然たるアスペクトともいえないということになる。一般的にテンスとは次のように規定される。

（23）用言（動詞、形容詞、述語名詞）のしめす動作や状態が、話の時点を規準として、それよりまえであるか、あとであるか、同時であるかをあらわすことに関する文法的な（形態論的な）カテゴリー

（『国語学大辞典』「時」の項）

「話の時点」という絶対的な時点を基準時とはしない相対テンスという概念も考えれば、テンスとは基準時に対する前後関係を示す文法的な範疇のことである。したがって、テンスには基準時があるということがもっとも重要な点と考えられる。しかし、ここまでにみたことからいえば、基準時があるとはいえないわけであるから、テンスとはいえないことになる。

また、アスペクトとは、次のようなものである。

(24) 動詞のあらわす動作が一定時点においてどの過程の部分にあるかをあらわす、動詞の形態論的カテゴリー

(『国語学大辞典』「アスペクト」の項)

つまり、アスペクトとは動きの局面についての文法的な範疇のことである。したがって、アスペクトは動詞についてその動きの局面という点が重要である。しかし、そうであれば、またアスペクトともいえないわけである。この場合は普通には動きとはいえないものも事態の変化ととらえていると考えられる。この「事態の変化」が動作であれば、そこには通常の意味でのアスペクトがあるといえるが、動きではない場合も事態の変化ととらえている。したがって、通常の意味でのアスペクトであるとはいえないことになる。

ただし、テンス・アスペクト的な意味がみられないというわけではない。動態性述語の場合はアスペクト的意味がみられると考えてよい場合が多い。(18ａｂ)と(21ａｂ)、また(13′ａｂ)のようにである。このように事態の変化が動作で、とくに動きの過程に着目するようなとらえ方の表現であれば、そこにアスペクトが読みとれるようになるということである。また、(3ａｃ)(12ｂ)のようなものはテンス的意味が読みとれるが、これは、基準時に関わるような表現形式や文脈が加われば、そこにテンスが読みとれるようになるということである。具体的には、「先日」「10年前」「昨年」のような連用修飾成分があるために、その節が発話時との関わりで解釈で

きる、すなわち基準時があるとみえるようになるのである。

形容詞的用法・アスペクト的用法・テンス的用法

このことは、結局、次のようなことから起ることであると考えられる。ここではタ形の場合でみてみることにする。

(25)（a）帽子をかぶった男→（b）脱いだ帽子をかぶった男→（c）さっき帽子をかぶった男

(26)（a）曲がった釘→（b）打って曲がった釘→（c）昨日太郎が打って曲がった釘

(25)は、いずれもすでに「帽子をかぶる」という事態変化を起こしているそういう男をあらわしている。また(26)は「曲がる」という事態の変化を起こした釘をあらわしている。そのなかで、(25a)(26a)の場合は、「帽子をかぶる」「曲がる」という動作・作用のプロセスが問題とされていないものである。つまり事態の変化の結果のみに表現の中心があるものである。これが形容詞的用法ともいうべきものになる。このように変化の過程を含意させるような要素がなければ、結果という側面だけが重要になる。これは変化がないような動詞（形状動詞）がタ形で形容詞的用法をもつものと同じである*22。それに対して、(25b)(26b)は「帽子をかぶる」「曲がる」という動作・作用のプロセスも問題にしているものである。ここでは既然・完了といったアスペクト的な意味を看取することができる。ただし、(25)(26)ともに(a)(b)の場合は、現実世界の時間の流れとは必ずしも関わりがない。(a)はもちろんそうだが、(b)についてもこれだけでは、発話時との関わりで、もう起こったことなのか、まだ起こっていないことなのかはわからない。つまり、(b)のようなタイプでもこれだけで現実の時間の流れと関わりをもっているわけではない。そこにテンス的意味を読みとることはできない。

ただ、いずれにしても、すでに「帽子をかぶる」「曲がる」という事態変化を起こしているということは間違いない。つまり、ここにも、タ形があらわす「事態が変化して、変化後にいたっている」という意味はあることがわかる。それが、（c）になれば、発話時との関わりをもつ「さっき」「昨日」という時の連用修飾成分があるために、〈過去〉というテンス的な意味を読みとることができる。これは、この「帽子をかぶる」という行為が、「さっき」「昨日」という語によって現実の時間の流れのなかに位置づけられることになったものである。

このことは、表現する側からいえば、装定部分で主名詞を修飾するにあたって、どの程度まで詳しい規定が必要なのか、ということで（a）になるか（b）になるか、あるいは（c）になるかが決まっていくということである。つまり、装定部分の主名詞の規定のあり方によって、すなわち、その規定が現実の時間の流れのなかでの規定を必要とするものであれば、発話時を基準とするテンス的意味が読みとれるものになることになる。この場合が、これまで絶対テンス・発話時基準と呼ばれてきたものの内実のひとつである。

以上のように考えれば、装定の規定のあり方として、現実の時間の流れのなかへ定位する規定が必要な場合は、テンス的意味が読みとられることになる。また、規定のあり方が、現実の時間の流れのなかでの時間の規定までは必要としないものであれば、アスペクト的意味が読みとられることになる。この場合が、これまで相対テンス・主節時基準と呼ばれてきたものである。さらに、タ形の形容詞的用法などとされるものは、変化そのものが捨象されて脱時間的になり、その結果だけに着目したものと考えられる。加えて（17）のようなル形の場合も変化そのものは捨象されて脱時間的となり、「借りる」という概念で示される動きの存在だけが問題になるものといえる（XIII参照）。

このように、ル形・タ形はたしかに時間表現の一部である、あるいはル形・タ形が何らかの時間的意味をもつということはいえる。また、ル形・タ形がテンス・アスペクト的意味に関わっているということもいえる。しかし、タ形あるいは「た」の意味は「事態が変化して、変化後にいたっている」、ル形の意味はおおむね「事態変化前」ということであって、テンス・アスペクト的意味は、タ形あるいはル形そのものの意味ではなく、連用修飾成分や文脈との関わりも含めて、その文から読みとられる時間的な意味であるということになる。

以上のことをまとめると、次のようになる。

(27) タ形は「事態が変化して、変化後にいたっている」、ル形は「事態変化前」ということをあらわす。そして、

a　タ形の場合、その事態の変化について、変化の過程が含意されていない場合は、形容詞的用法になる（ル形もそれに準ずる）。形状動詞などのような性状規定的述語の場合はこれに近い。

b　その事態の変化が動作であれば、タ形／ル形の対立は、動作の既然／未然をあらわすことになる。ここにはアスペクトが読みとられることになる。そしてこれが、相対テンスと理解されてきた。

c1　その事態の変化が状態であれば、タ形／ル形の対立は、ある状態が別の違う状態（そうではない状態）になった／なっていないということを示す。これがテンスのようにみえることもある。

c2　その事態の変化の起きた時間が必要な規定の場合には、テンスが読みとられることになる。

6　述定の時間・装定の時間

さて、ここまでは、従属節のル形・タ形についての意味を考えてきたが、実は、ル形・タ形そのものの意味という点でいえば、主節であっても従属節であっても違いはないといえる。

(28)　a　太郎が資金を融通してくれる。
　　　b　彼女のマンションは高級住宅地にある。
　　　c　子供たちが絵を描いた。
　　　d　父は大手の工場長だった。

これらの例の述定部分のル形・タ形をみると、ル形は「事態変化前」、タ形は「事態が変化して、変化後にいたっている」という意味をもっているということがわかる。語形の意味という点では、主節であっても従属節であっても違いはないといってよいだろう。

しかし、現実には主節と従属節の時間表現のあり方が異なるという現象はある。それらが異なるのは、主節と従属節のもつ性格の違いによって、主節と従属節の時間表現に差異が生まれているからだと考えられる。

それでは、この主節と従属節のもつ性格の違いとはどういうことだと考えればよいだろうか。

これまでにも、述定は義務的にテンス的意味をもち、装定は必ずしもそうではない、ということが指摘されてきている。このことは、もう少し詳しく述べれば次のようなことになるだろう。

述定部分は、テンス的意味をもつ、すなわち発話時を基準としたテンス的意味があるといえるが、それは、主節が描く事態が時間の流れのなかにある現実世界に即応するためであるといえる。述定の時間は、述定部分が主語をもち、またその他の成分もきちんともつ文の要の部分である以上、それが表現する事態は、現実の時間の流れとの関わりをもつことになる。それが文として発話されるという状況のなかで、その事態は発話時との関わりをもつことになるわけであるから、そのために発話時との関わりとしてのテンス的意味は必ず読みとられることになる。ル形・タ形の意味にテンス的意味はなくとも、あるいはテンスというべき範疇に入らないとしても、我々が時間の流れのなかにあり、過去現在未来という概念でとらえる習慣がある以上、現実を描き出す文においては、どこかにテンス的な意味が読みとられることになるのである（ただし、過去現在未来ではなく、繰り返しだとか超時などということと対応する場合もある）。

それに対して、装定部分は必ずしも時間の流れのなかにある現実の特定の事態をあらわす必要はない。あるいは、時間の流れのなかにある個別の現実に即応しない、いわば、脱時間的な事態を述べる場合が相対的に多いからだともいえる。装定の場合そうなるのは、述定とは異なり、装定は主名詞の意味規定上に必要な要素だけを用いて、主名詞を修飾すればよいからである。装定が述定と同じように述部をもつとはいっても、述定のように常に現実世界の出来事として時間の流れのなかにおかれるわけではない。

これが、主節と従属節のもつ時間的な側面の違いである。すなわち、述定の時間と装定の時間はこのような差異をもつといえるのである。もちろん、従属節が主節と同じように現実世界の出来事との対応関係をもつこともある。それは現実の出来事に対応するような規定が必要な場合である。しかしその場合でも、主節を介して現実世界と対応関係をもつのではなく、装定部分は装定部分として現実世界と対応をもつと考えるべきである。すなわち、述定の時間と装定の時間は独立している、ととらえるべきなのである。

このようにみれば、主節時基準という考え方は基本的には成り立たないことがわかる。主節時基準というのはみせかけの現象であり、みせかけの基準時であるといえるのである。

7 主節時基準・発話時基準という考え方を見直す

「主節時基準」のあらわす前後関係の実現

以上、述定の時間と装定の時間は独立しているということを述べた。このことは、いいかえれば、主節時基準という考え方が成り立たないということである。また、主節時基準という統語的なとらえ方が成り立たないということになれば、従属節のル形・タ形の違いで決まっているようにみえた主節との前後関係は、統語論的に決まっているとはいえないということでもある。

それでは統語論的に決まっているのではないとすれば、どのように決まると考えればよいのか。従属節と主節の前後関係が決まるのは、次のような場合であると考えられる。

(29) a 意味的に前後関係が決まる場合

b 前後関係を示す要素がある場合

この(29a)のようなものは、次のような例である。

(30) 北海道で撮った写真を送った。

この例では従属節の「(写真を)撮る」という事態が起らなければ主節の「(写真を)送る」という事態は起りよ

うがない。このような場合には、前後関係が決まるということになる。また（3b）のようなものは常識的に「自殺する」という行為の後に「タクシーを使う」ということはできない。その常識的な知識から前後関係が推定されている。この場合は意味的に前後関係が決まっているといってよいものである。一方、（29b）のようなものは（13′ab）のような例である。この例では「まず」「後で」という連用修飾成分がなければ、前後関係は決まらない。これらがなければ、〈従属節→主節〉とも〈主節→従属節〉とも考えられるのである。つまり、順序関係をあらわす要素によって主節との前後関係が決まっているというものである。

このことから、主節時基準という考え方でこれまで多く指摘されてきた前後関係、すなわち、主節に対する従属節の前後関係は意味的に決まっていると考えることになるだろう。

これまでにも、このような意味的な側面が考えられてこなかったわけではない。「純粋に統語論的な要因によって厳密に区分されている」とする三原健一も、前後関係については語用論的に決まっている面もあるとする*23。しかし、三原の分析は基本的に統語論的な分析へ解消されてしまっている。また、丹羽哲也は「諸制約」という名称で、意味的な側面を考えている*24。たとえば、「従属節と主節の前後関係が決まっている場合、それに反する組み合わせは排除される」という制約をあげ、「＊北海道で撮る写真を送った。」というル形―タ形という組み合わせが排除されるとする。しかし、これは、統語論的原則が、このような意味的な制約で制限されるという考え方である。すなわち、丹羽の「諸制約」は、統語論的な面を主としたところに課せられる意味的制約として扱われているのである。しかし、この「諸制約」にある意味的なものが、実は、前後関係を決める主役であると考えられる。つまり、前後関係が決まってみえるときは、ここでみたように意味的に決まっているのであって、主節時基準という考え方で前後関係をとらえるというのは、結果的にそうとらえることができる場合

――現実にはそういう場合が多いと考えられるが――があるということである。このように、従属節の主節に対する前後関係は意味的に決まっており、主節時基準という考え方はみせかけのものであるということになる。

従属節の発話時基準とは

一方、主節時基準に対置されてきた従属節の発話時基準とはどのようなものであったのだろうか。さきにも一部指摘したが、従来、発話時基準・絶対テンスと考えられてきたものには大きく分けて次の二つがあるように思われる。

（31）a　主節時基準・相対テンスの考え方では、事態の生起順を説明できないもの
　　b　従属節内に発話時と関わりのある成分がある場合

（31a）は、前後関係が決まってみえるときで、かつ（2）（2′）に示された前後関係と合致しないときである。たとえば（3bc）のようなものである。そもそも従属節のル形・タ形は出来事の生起順序を決定するものではなかったが、文脈上、あるいは、前後関係をあらわす連用修飾成分などによって、前後関係が発話時基準・相対テンスの説明にあわなくなっているものである。この場合は相対テンスあるいは主節時基準と考えることができないので、それを絶対テンス・発話時基準・絶対テンスとされるものは、意味的に前後関係が決まる場合で、その順序が（2′）のような規定にあわない例や、前後関係を示す要素があって（2′）のような規定にあわない例が多く示されてきたことからもそのことがいえるだろう。しかし主節時基準ではないから発話時基準とするのは問題である。（17ab）のように発話時とは関わりないものがあるからである。

また、（31b）は、5で述べたようなものである。たとえば（3a）（12b）がその例で、このようなものは、その発話時と関わりのある成分によってテンス的な意味が読みとられるということである。それが絶対テンス・発話時基準ととらえられてきたのである。ル形・タ形そのものはテンスをあらわしているわけではない。連用修飾成分などから現実世界の時間の流れのなかに位置づけることが可能になるためにテンス的意味が表面に出てくるということである（こちらは発話時基準と一往いうこともできるだろう）。

このように、従属節における発話時基準・絶対テンスというとらえ方も、みせかけの現象である部分があるのではないかと疑われるのである。

主節時基準の功罪

以上述べてきたように、相対テンス・主節時基準としてみえたものは、みせかけの現象であるというべきである。しかし、このことは、従属節のル形・タ形が主節との前後関係を示すという考え方が全く無意味だったということを意味しない。この相対テンス・主節基準時という考え方は、日本語教育の上で意味があったし、また、現在でも意味があるということを忘れてはならない。このとらえ方をしたものとしてよく引かれるものに砂川有里子の記述がある。それは次のような記述である＊25。

（32）　a　修飾節のあらわすできごとが主文のあらわす時点でまだ実現していない（がいずれ実現する）ものであるようなときは、修飾節の述語は現在形をつかう。

b　修飾節のあらわすできごとが主文のあらわす時点ですでに実現しているものであるようなときは、修飾節の述語は過去形をつかう。

（砂川有里子『する・した・している』七八頁）

この（32）は、（2）（2′）のようなとらえ方とは似ているようではあるが、実はその性質は異なっている。砂川の論述は、日本語を母語としない人が、従属節でル形をとるかタ形をとるかを判断する基準を述べているものであるからである。いいかえれば、日本語を母語としない人が日本語でどう表現するか、という視点からの記述である（だから「〜をつかう」と記されている）。一方、（2）（2′）のようなものは、形の上では文法記述の形をしている。（2）（2′）のような使い分けをしているという文法記述なのである。砂川のものは文法記述ではなく、どのようにしたら適切な日本語が話せるか、ということを示したものである。そういう意味での主節時基準の考え方は、現在でも有意味であるといえる。

たとえば、日本語教育のための文法書には、連体修飾節ではないが、次のような記述がある（これは従属節一般を意識したものであろう）＊26。

（33）（例文（3）に「田中さんが話しかけるから、ドラマの結末を見損なってしまった。」を示す。）
従属節のル形には主節時以前を表せるものがあります。〔中略〕ル形が（3）のような時間関係を表せる条件については難しい点もありますが、（3）のような場合にはタ形を使うことも可能で、タ形ならば「話しかける→結末を見損なう」という時間関係を表せることに問題はありません。従って、学習者はこうした現象があるということを知っていれば十分です。
（庵功雄他『中上級を教える人のための日本語文法ハンドブック』七八頁）

これは、（2）（2′）あるいは（32）の説明にあわないものもあるが、（32）の記述で十分表現できるので、これにしたがって表現（作文）すればよく、例外については、そういうものもあるのだと心得ておけばよいということが示されている。ここで指摘したような（あるいはこれまでに指摘されてきたような）（2）（2′）あるいは

（32）に限界があることを知った上で、この考え方を基本としていこうとしているのである。

そういう意味では、主節時基準という考え方は全く無意味なものではないということがいえる。しかし、主節時基準という考え方をとらなければ、問題が解決する／問題が起きないということもある。

たとえば、相対基準時節（主節時基準）のなかには、ダイクティックな時の連用修飾成分の出現を許すものと許さないものとの二つがあるという問題提起である＊27。たとえば、次の（34）は、主節時基準の読みをもつとする。

（34）a 〔決勝で勝った〕チームが、全国大会に招待される。

b 〔試合に出場する〕選手が、八幡宮に必勝祈願に行った。

そして、これらの例文の従属節に、ダイクティックな時の連用修飾成分を出現させてみると、次の（35）のようになり、（34 a）にダイクティックな時の連用成分を出現させた（35 a）が自然であるのに対し、（34 b）にダイクティックな時の連用成分を出現させた（35 b）は不自然になるとする。

（35）a 来月、〔あした決勝で勝った〕チームが、全国大会に招待される。

b ?先月、〔きのう試合に出場する〕選手が、八幡宮に必勝祈願に行った。

このことから（34 a）と（34 b）とは、同じ主節時基準節でありながら、ふるまいを異にする、異なったタイプの節であるとする。この議論は、このような異なったタイプの節がどのようにあらわれるのか、その違いは何かということを考えるという趣旨である。

しかし、主節時基準・相対テンスを認めないという考え方をとれば、このような問題の立て方は意味をなさないということになる。この論においては、そもそも（34 b）の従属節には「あした」というダイクティックな時の連用修飾成分であればおさまるということが問題である。しかし、それをおいても、節のタイプを二つに分けるということは、ほとんど意味をなさないと考えられる。すなわち、（35b）の「きのう試合に出場する選手」という部分では、そもそも現在よりも一日前の日をあらわす「きのう」が、まだ起っていないことをあらわすル形と共起できないというだけのことである。そのために（35b）が不適格になるのである。つまりこれは意味的な共起制限である。一方、（35a）の場合、タ形は「事態が変化して、変化後にいたっている」ことをあらわすのであって、それがこれから（発話時以降に）起ること（そのような想定）であってもかまわない。したがって、未来をあらわす連用修飾成分とも共起できる。それで、（35a）は適格な文になるのである。さらにいえば、この議論での、過去をあらわすダイクティックな連用修飾成分が生起できないという節がル形の節にかたよるという指摘も、このことが単なる共起制限であることをうかがわせる要素である。また、ル形でダイクティックな時の連用成分の共起できる節は、「約束」「予定」「はず」などが主名詞になる節が示されるものの、ここにあげられたものは、そもそもル形しかとれないような節にかぎられている。これらは「約束」などの内容を示すものであるから、さきのようなものとは異なるのである*28。

このような意味的な共起制限の違いを、わざわざ節のタイプということで解決しようとしたのが右の議論の考え方である。しかし、節のタイプを分けなくとも、主節時基準というとらえ方をせずに、ル形・タ形の意味そのものを考えれば解決することなのである。

なお、主節時基準・発話時基準の二つの基準時、あるいは視点をもうけるということは、物語・小説などの地の文における歴史的現在と発話時という二つの視点を考えるということに重ね合わせられて考えられることがあるが、主節時基準と発話時基準という二つの視点は、発話時（表現時）と歴史的現在という視点の違いとは全く異なるものである。後者はそのような指摘をされれば、実際にある程度実感されるが、前者はほとんど実感はない。また三原のように、従属節と主節で視点が移るという説明のしかたをするものもあるが、これも実感はない。従属節と主節のあり方を関連づけるというのは、英語の時制の一致という現象に対する分析からの影響が強いと推測される。しかし、日本語にはそのような現象があるとはいえないのではないか。

以上のように、相対テンス・主節時基準という考え方には意味がないわけではないが、文法記述としては、このとらえ方はあらためるべきではないかと考えるのである。

8　形式の意味と装定における時間的意味の実現

ここまで述べてきたことの要点を示せば以下のようになる。

(ⅰ) 従来多く、装定の時間は述定の時間と関係をもつとされてきたが、述定の時間と装定の時間は独立していると考えるべきである。

(ⅱ) 装定の時間表現のあり方を考えるためには、まずル形・タ形そのものが何をあらわしているかという形式の意味ということから考えるべきである。そして、タ形の意味は「事態が変化して、変化後にいたっている」、ル形の意味は「事態変化前」のようにとらえられる。

(ⅲ) 装定のテンス・アスペクト的意味は、この（ⅱ）のような意味と装定部分による主名詞の規定のあり方（現実世界の時間の流れのなかへの位置づけが必要な規定かそうではないかなど）との関わりによって読みとられる意味である。

（iv） 述定と装定の時間表現の性質の違いは、主節・従属節が現実世界とどのように対応するか、その対応のしかたの違いから生まれる。

（v） 主節時基準という現象は、みせかけの現象である。文法記述としてはとるべきではない。

以上の点は、従属節の時間的意味がどのような論理・しくみで表出されるのかということの大枠である。ここでこの議論は、これまで考えられてきた従属節の時間表現のとらえ方の大枠をあらためるべきことを論ずるところにひとつの主眼があった。したがって、細部についてはなお検討の余地のあるところ、論じ残したところが多い。それらの点については今後の検討に委ねるほかない。

と同時に、やはり付け加えておくべきは、ル形・タ形の意味記述にはⅫ・ⅩⅢでみたように、文そのもののもつ言語行為的意味・文の機能をとりのぞいたところが必要なのであって、それが述定の時間・装定の時間という問題にも関わっているということである。あらためて言語行為的意味・文の機能という問題は、重要な問題であるということが確認できたともいえる。そして、そのような見方をふまえた上での文法記述ということが求められるようになってきているというべきなのではないか。

終章

さしあたっての締括り

1　ここまで述べてきたこと

本書は「文論序説」と題して、言語の単位体としての「文」について、文とは何かということを考えてきた。それにあたっては、文とはいかなるはたらきをする単位体なのかということを軸として考え、それをもとに、文とはいかに規定されるものなのか、文とは何かということについての考えをめぐらせてきた。

この文とはいかなるはたらきをする単位体なのかという点を考えるにあたっては、文の部分が担っているとはいいにくい意味、すなわち、文そのものがもっている意味に注目することになった。それが、言語行為的意味、あるいは文の機能というべきものであって、それが文成立の意味的な鍵であり、文が文として成り立つということの意味的側面であった。

そして、このような帰結には言語行為という視座をとることによってたどり着いたのであった。すなわち、人が言語を発するにあたっては、言語を発することそれそのものが目的であるということは多くはない。多くの場合、言語を発することによって、言語を発すること以上の何かをしようとしているのである。それを考えるのが言語行為論であるのだが、その視座のもとにおいては、ここでみてきた文の部分が担っているとはいいにくい意味、すなわち、言語行為的意味・文の機能とは言語を発する目的、あるいはその中核である発語内目的を反映するものであった。つまり、この発語内目的を達するために言語を発するという行為はおこなわれるのであって、その目的的意味としての言語行為的な意味・文の機能を担うことによって、その語（列）は文に成りあがるのであった。このようなことから、この言語行為的な意味・文の機能——その全体像はⅧに示したところであるし、そのうちの事態を描く（Ⅱ）内容表現型の枠組みはすでに繰り返し提示してきているので、もはやここには示さないが——が文を文として成り立たせる鍵となるということになるのである。そして、これらの意味は、言語を発するにあたっての目的的意味なのであるから、文を発する以上、その文に必ずつきまとう。また、それは文が文として担うものであるから、その意味をあらわす形式は必ずしも文のなかに存在しなくてもよいものなのである。

以上が、文とは何か、あるいは、文とはいかに規定されるのか、また、ということとの意味的な側面についての帰結の概括ということになる。そして、この目的的意味としての言語行為的な意味・文の機能は、文とはいかなるはたらきをするものなのかということへの回答になるものであった。

ただし、文というものが言語形式と意味の統合体である以上、文の成立には意味的な側面だけではなく、外形的な面もある。文成立の外形的側面についての鍵になるのが、「切れる」「切る」ということであった。発話の生理的性格のゆえ、発話はどこかで切らないわけにはいかないが、それだけではなく、言語を発する行為を行為として成り立たせるために「切る」ことが必要な場合がある。それは、相手の反応に委ねる内容をもつ言語行為の後、また瞬間性に即応した言語行為の後であって、その場合には「切る」必要があるのであった。また、同時に発語内目的の種類によっては、文に切らなくても行為が成り立つ場合もあるのであり、その場合は必ずしも切らなくてはならないということにはならないものの、こちらも発話を永久的に続けることはできないわけであるから、切ることができるところで「切る」ということになる。そして、その「切る」ことがおこなわれたところで文は成立するのである。これが、文とはいかに規定されるのかということの外形的側面――むろん、「切る」にあたっては意味的な側面が内包されてはいるのであるが――であった。

結局、文とは、「一つの発語内目的をもつ語・語列、あるいは、一つの発語内目的をもつ語・語列を（続けられる場合において）接続形式で連接させたもの」というものである。あるいは、文とは目的的意味としての言語行為的な意味・文の機能を担う、談話を構成する単位体ということになる。

このように文をとらえ、また、言語行為的意味・文の機能を認めることにするとき、これまでの文法記述について、あらためて考えておくことが求められる点がある。そのひとつが文法概念の再構築ということである。これまでは文法概念としての言語行為的意味・文の機能は明瞭なものとして切り出されてはいなかったように思われるが、これらを認めることにすれば、これまでの文法概念について、それを考え直す必要が出てくる部分があるのではないかと思われる。もちろん、それにかぎった話ではないように思われるが、まずは本書においては、「主観的な意味」に関わるような文法概念としての「主観性」「モダリティ」「喚体句」について検討した。言語行為的意味・文の機能がある種の「主観的」な意味をもつものともいえるからである。もうひとつが文法記述そのものの見直しということである。これも、さらに考えるべきものはあろうが、ここでは、ひとつの例として現代日本語の時間表現を考えた。具体的には動詞基本形、タ形の時間的意味であるが、この時間表現においても、やはりある種の「主観性」との関わりが問題になるからである。言語行為的意味・文の機能を認めることで、それらがもつ意味をとりのぞいていったところに、文法形式の意味が現出するという面があり、そのような見方から、文法形式のより精確な記述をめざした。これらの検討を考えると、今後、言語行為的意味・文の機能をふまえた文法概念の再構築がさらに必要になってくる可能性があろう。また、言語行為的意味・文の機能をふまえることによって、文法形式の精確な記述をめざすことが可能となる面が生まれてきたともいえるだろう。やや詳しくは、Ⅷの「文の機能の問題圏」でも述べたところである。さらに考えるべき点はあろうが、まずは、言語行為的意味・文の機能に問題が波及する文法記述の問題として、以上の点を考えてきた。

ここまでみてきたことをまとめて考えるとき、個々の議論の当否は別にしても、少なくとも言語行為的意味、あるいは文の機能というカテゴリを切り分けて考えることが必要であるということは、間違いのないところのように思われる。また、それによって得られる見通しのよさといったところも、一往は考えておいてよいことのように思われる。この点はあらためて強調しておいてよいことなのではないだろうか。

2　話し手の言語学と聞き手の言語学

ところで、言語行為的意味・文の機能とは言語を発する目的的意味であるということ、すなわち話し手の意図の反映であるということは、言語行為的意味・文の機能の記述とは話し手の意図の記述であるということになる。あるいは、もっぱら話し手の側からの記述になるということである。これは目的・意図ということの内実を考えてみれば当然のことである。

たとえば、お父さんが庭で古くなった木製の椅子を金槌でたたいている。これを見て何をしているのか、すなわち、いかなる行為をしているのかということは、それをちらっと見た人には、にわかにはわからないであろう。古くなったのだからもう不要ということで、バラバラに解体して捨てるためにたたいているのか、あるいは、飛び出している釘の頭をたたいてをもとに戻そうとしているのか、それを観察している立場からすると、さまざまの可能性が浮かびあがってくるであろう。しかし、行為の主体であるお父さんとしては、何をしているのかはいうまでもない。何をしているのかは目的・意図に関わることであって、そのなかみ――飛び出している釘を戻そうとしているのか、解体しているのかということ――はお父さんにとってはきわめて明らかである。何をしているのかの説明は、行為の主体の側から記述することになる。これは言語行為でも同じことである。ここでの言語行為的意味、あるいは文の機能とは、言語行為のそれも発語内目的に着目しているものであって、発語内目的すなわち話し手の意図を反映するということになれば、その記述は話し手の意図を問題にしていくことになるわけであるから、話し手の側から考えるということになる。

この点はかなり重要なことであるというべきである。一般的にいって、ある発話において聞き手が受け取る意味は、話し手の意図と同じになるとはかぎらない。聞き手の理解は、話し手の発話を受けてのものであり、それを軸にしているとはいえるものの、あくまでその発話やその発話のおかれた文脈状況から、聞き手の主体的な解釈をとおして成立するものであるからである。これは、表現と解釈の非対称性ということである。話し手の側からみれば、話し手は聞き手を忖度して、聞き手に伝わるように話すにしても、基本的には話し手の話したいことを勝手に話すというべきだろう。どこまで、伝えようとし、また伝わるように表現しているか、あるいは、どこまで理解しようとしているかという点で、できうるかぎりその度合いを高めようといった「努力」はしているか

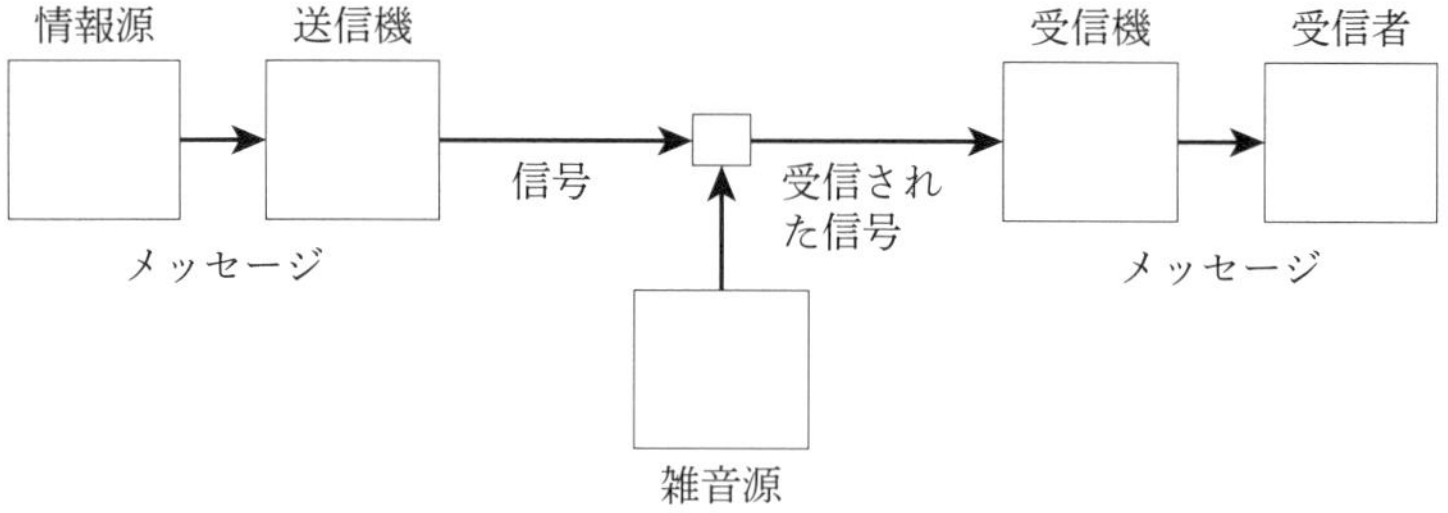

［図1］　シャノン&ウィーバーのコミュニケーション・モデル図
（『通信の数学的理論』）

もしれないが、それが万全ということはない。さらにいえば、話し手は聞き手の内面が完全にわかるわけではないのだから、いくら忖度したとしても結果的には勝手に話したことになるだろう。これに対する聞き手にしても、話し手のいいたいことを忖度するだろうが、最終的には話し手の内面が完全にわかるわけではないのであるから、結果的には勝手に解釈するということになる。まさに非対称的である。

この点は、コミュニケーションの推論モデルの考え方を想起してみてもよい。シャノン&ウィーバー流のコード・モデルによっているかぎりでは、話し手からみても、聞き手からみても、あるいは伝達途中の信号化されたものからでも（その場合は、ノイズを捨象し、信号化されたものを解読しなければならないことになるが）、全く同じ内容が見出されることになる（［図1］）*1。が、言語によるコミュニケーションについていえば、コード・モデルとはいかにも近似的なものなのであって、現実をより現実的に説明するのであれば、推論モデルによることになるだろう。また、日本語学（国語学）では、すでに時枝誠記が言語とは伝わらないものであるということを述べている。時枝の示す過程的言語観における「言語（通常の言い方でいえば言語活動）」のモデル的な図（［図2］）においては、過程としての「言語」は、話し手からスタート

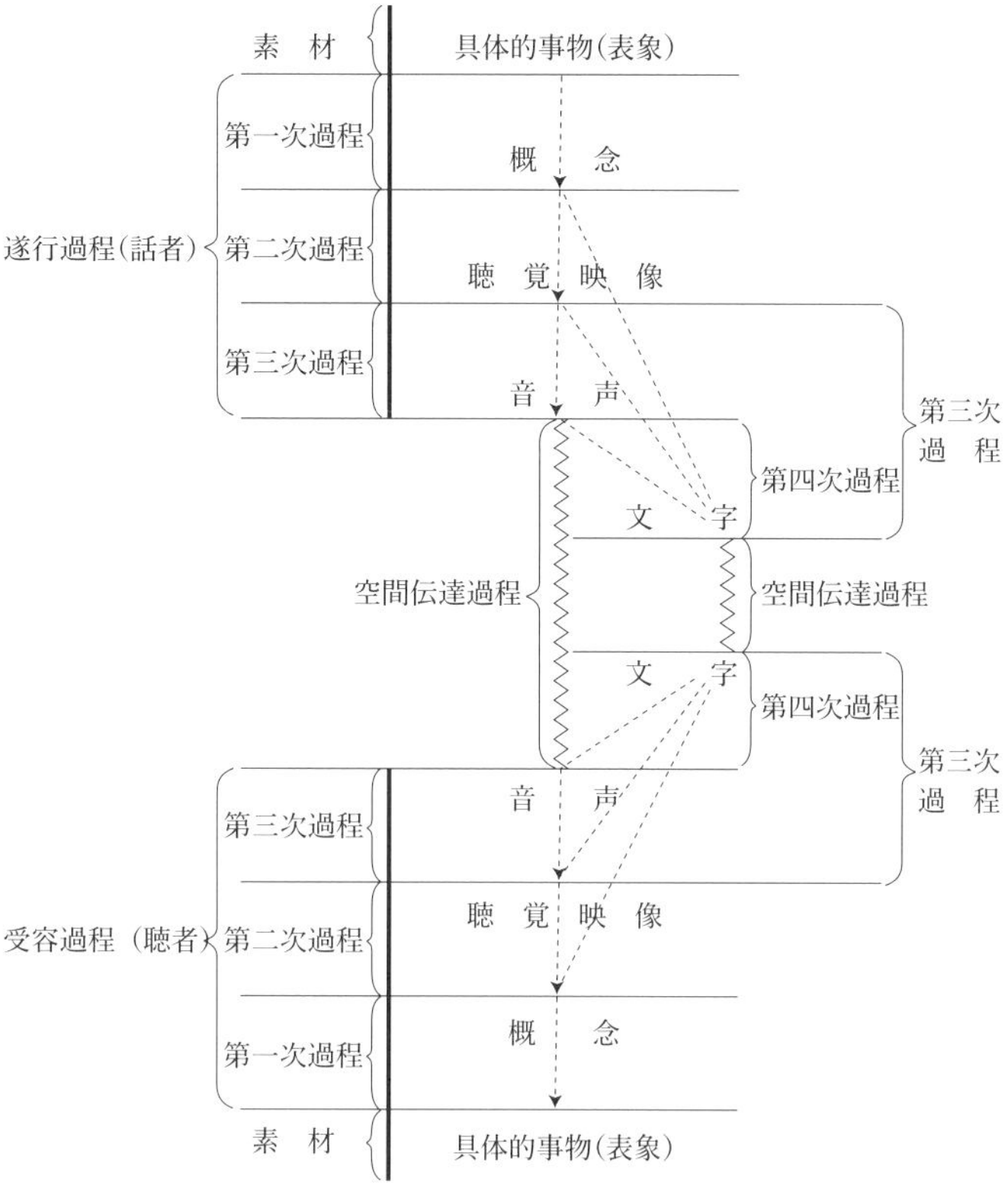

［図2］　時枝誠記の言語過程モデル図
（『国語学原論』）

し、あるところから全く逆の過程を経て聞き手にいたるかのような示し方がなされているが＊2、時枝は実際は「言語過程説の伝達論は、これを結論的に云へば、伝達の成立といふことは、極めて悲観的であるといふことである」というように＊3、言語は伝わらないものであると考えるわけで、それはこの過程の非対称性を述べているということにほかならない＊4。以上の点は、話し手の言語学と聞き手の言語学の別を要請することになる。

すなわち、ここでみてきたような言語行為的意味、あるいは文の機能といったものは、話し手側からのものであって、聞き手側からのものではないから、結果的に聞き手が受け取る意味は、とりあえず、分離して考えなければならないと考えられる。聞き手の理解までを同時に記述しようとすれば、その記述はきわめて複雑なものになってしまうだろうし、同時に記述しようとしても、実際には話し手・聞き手のそれぞれの側面に対して別々に分析せざるを得ないだろう。そうなると、話し手の意図を中心とした表現の分析と、聞き手の解釈・理解の分析とはきちんと分けて考えておくのがよいと思われる。話し手側からの表現の分析を話し手の言語学、聞き手の側からの理解の分析を聞き手の言語学ということができるだろう。これに対して、これまでの言語学の主流は、話し手の言語学でも聞き手の言語学でもない。これまでの言語学は基本的には話し手と聞き手が一致するという見方、あるいは、話し手も聞き手も出てこない、言語記号だけをとらえる分析であって、それは話し手と聞き手を捨象した、あるいは、両者を超えた神様視点からの超越的な言語学であった。

文が談話を構成する単位体、かつ言語行為の単位体であって、必ず文脈をもち、文法論と語用論・談話論の接点に位置するものであるとすれば、つまり、運用された言語片は必ず文になるのだとすれば、文とは運用されたもの——つまり、話し手が勝手に表現し、聞き手は状況も加味して解釈する、という運用レベルにいたっているもの——であるのであるから、話し手と聞き手とで、発話された文の理解が同じになるとはかぎらない。そこには話し手の言語学、もしくは聞き手の言語学が必要になってくる。これに対して、たとえば形態素なり語なりの単位体について考える、すなわち、言語記号のそのものについて考える言語学においては、話し手の側からの分析でも・聞き手の側からの分析でも、超越的な視点のいずれであっても大差はない。話し手にとっても聞き手にとっても共通のものであるから、これまでの超越的な視点でかまわないであろう。

言語を発するというのはある種の行為であるわけであるが、このような区分は、道具（機器）を使っておこなう行為についての分析においては、それらを区別しないことはあり得ない。すなわち、道具がいかなる構造をしているのか、何に使いやすく特化しているのかというのは、道具の構造分析である。その場合は道具をものとして客観的にみる視点からみればよい。これに対して、その道具をいかなる意図のもとに、あるいは何のために用いるのか、さらには、そのために道具の構造のどのような特徴を利用するかというのは、道具使用者の視点から描かれるべきであろう。さきのお父さんが金槌でたたく木製椅子に対する行為が何であるのかという問いはこれである。また、道具を使っておこなった作業がいかに有益かということは、作業の結果を受ける側から描かれるべきもので、カスタマーの視点から描かれることになる。さきのお父さんがいくら椅子を直すつもりで釘の頭を打ったとしても、椅子が古かったために壊れてしまったとなれば、椅子の使い手の側からみればそれは修繕という行為ではあり得ない。道具についての分析の場合、これらを混同して描くということはおそらくないだろう。また、これらを分けて論じた方がより厳密に分析できるであろうし、効率的であろう。この三つの視点は、分けて描かれるべきであるし、言語を発するという行為についての分析においても有用であると考えられる。言語の場合、それを文の場合についていえば、文がいかなる構造をもっているのかといった分析であれば超越的な言語学でよい。また、言語行為的意味・文の機能を考えるということは、話し手の意図に関わるものであるわけであるから、話し手の言語学の出番ということになる。また、間接発話行為のような問題、すなわち先生が教室に入ってくるなり「今日は暑いですねぇ」というとき、学生が窓を開けるなり、エアコンのスイッチをいれるなりするというのには、聞き手が「今日は暑いですねぇ」という発話をいかに理解するのかという問題が内在するわけで、この点についていえば、聞き手の言語学の出る幕ということになる。

以上のことは、ソシュールが共時言語学と通時言語学を分けた、そのでんでいけば、話し手の言語学と聞き手の言語学、あるいは超越的な言語学をきちんと分けよ、ということになるだろう。むろん、いずれかが常に優先されるということではなく、何を分析するかによって、話し手の言語学になるか聞き手の言語学になるか、あるいは超越的な言語学になるかは異なってくるだろう。また、いずれか一つの立場からの分析をすべしといっているのでもない。表現と理解ともにあっての言語コミュニケーションであり、同時に構造をもった言語記号を運用するわけであるから、常にいずれかひとつでよいはずがない。ただ、表現と理解の非対称性を考えたとき、また、そこで運用される言語記号があると考えたとき、それらの立場を腑分けせずに扱うという態度には疑問符を付さざるを得ないということである。あるいは、そもそも話し手の言語学と聞き手の言語学、超越的な言語学を腑分けして措定しておく必要があるともいえるだろう。少なくとも、その点により敏感であってもよいのではないかと思われる。

もちろん、すでに話し手の言語学・聞き手の言語学・超越的な言語学とは称さないものの、それらの区分がみられる言語研究の分野もある。音声学においては（むろん、音声学が言語学の一分野であるというのが前提になるが）、調音音声学・聴覚音声学・音響音声学のような区分をすることがある。この調音音声学とは話し手の調音のしかたをとらえて分析するものであるから、話し手の言語学である。これに対して聴覚音声学は、聞き手における聞こえの分析（たとえば、アクセントの知覚という議論はこれ）であるから聞き手の言語学であろう。そして、音響音声学は音声の物理的な特性を分析するものであるから、話し手の問題でも聞き手の問題でもない分析（だからこそ機器を使っての分析を進める）であって超越的な言語学である。また、談話分析・語用論ではこのような区分に対して明瞭なスタンスをもっているのかどうかはっきりしないところもあるが、区分しないわけにはいかないと思われる。談話における談話標識使用のストラテジーという問題であれば、その中心は話し手の言語学ということになろうし、ターンを確保するための談話標識がいかに機能したのかというのは、聞き手の談話標識の受け取り方が関わるわけであるから聞き手の言語学ということになりそうである。グライス流の会話の原理でいえば、「今日は暑いですねぇ」といかにもわかりきったことを述べることで、働きかけをおこなおうとする事情とはいかなるものかといった発話者の表現事情を考える議論は話し手の言語学の出番であろうし、その逆に、聞き手がいかにして格率に反しているという理解をするのか、またそのような発話をいかに理解するのかというのは、聞き手の言語学が活躍する場であろう。ただ、その区分についての意識は音声学のレベルにはなっていないというべきなのかもしれない。

いうまでもなく本書においても、この区分をはじめから明瞭に説いたわけではなく、後付け的・注釈的に示したわけであるから、結果的に話し手の言語学を聞き手の言語学・超越的な言語学から切り分けたにすぎず、たまたまそのようなところでとりあえず議論が成り立ったものというべきかもしれない。本書はそのようなところに位置する話し手の言語学の実践であったということになるであろうか。

3　トップダウンとボトムアップ

ところで、複合的な問題を攻略するというそのあり方には、少なくともボトムアップとトップダウンという二種がある。個別の問題をかたつけながら、それを積み上げて全体像に徐々に迫るというタイプがある。一方、まず全体像を大きく俯瞰して、それをもとに個別の問題を徐々に措置するという二種である。前者がボトムアップ、後者がトップダウンの方法である。もちろん、この二つの方向性は、根源的には一方が優れ、他方が劣るというようなものではないし、その両面があってこそ、現象がよりよく理解できることになると思われ、どちらも必要で相反するものではない。あるいは、他方が他方を必要とする関係であるといってもよいであろう。

さて、ここでの問題は特定の形式のないところにある意味と、それが何であるかということであった。このようなことが問題になるとき、個々の要素をかき集めて、それをひとつずつ考えるというのは、全く不可能なことではないであろうし、実際にそれを進めようとするにあたっては、たとえば形式をかぎるといったやり方をしていけば、できないことはないことであろう。実際に——名詞一語文のすべての用法を網羅しようとした尾上圭介の仕事はそれを進めようとしたものであるといってよいから*5 ——そのような考察がないわけではない。とはいっても、形式に制限のない——一往は文という範囲で範囲があるとはいえ、事実上制限がないともいえる——ところで個別の例を収集しようということになれば、これは途方もないことになろう。そうなると、何らかの形で全体を俯瞰する手だてが必要になってくるように思われる。つまり、トップダウン的な方法をとらざるを得ないということである。形が保証されているのであれば、その形をたよりに、それらをひとつひとつ潰していくということができよう。しかし、形の保証はない。そうなれば、とにかく何らかの形で大きく投網をかけるしかない。いってみれば、魚影があるのであれば、そこに釣り糸を垂れることには意味もあろうが、魚影がなければそれは徒労となる。魚影がはっきり見えないにしても、まずは投網をかけてみて、それで何かしら捕まえられれば、まずはよしとせざるを得ない、といったところである。そういう事情から、本書においては、全体を俯瞰するために言語行為論、なかでも発語内目的という視座をとることにしたのであった。

もちろん、そのような全体を俯瞰するような見方で考えていこうとすれば、細部の分析には粗さが残ることは否めない。日本語学（国語学）は、そのような粗さを嫌う学問分野であったといってよいだろう。対象に沈潜し、その対象を精細に把握することを旨としてきたのである。ボトムアップの方法である。この方法には、飛躍はない。そういう点で確実な方法である。そのような点で、このような立場を堅持してきた日本語学（国語学）には手堅さがあった。それはもちろん日本語学の美質である。それに対して、理論を背景にスペキュレーションをおこない、その枠組みで言語現象を把握するというトップダウン的な方向は、細部を精細につかみとることにおいて、ボトムアップの方法に譲るところはあるであろう。ただ、ここでみたような形式のないところにある意味が、いったいいかなるものであるのかということを考えるにあたって、それらを網羅し数えあげるということに重点をおくというよりは、それらがいかなる意味をもつ意味であるのかということをつかむことに重点をおこうとすれば、それらの意味がおかれた位置を、その外から眺めるというような見方が必要になる。その際には、やはり対象に沈潜しているだけでは不十分であって、曲がりなりにでも何らかの視座を用意する必要があった。それが、言語行為論のうちの発語内目的であった。したがって、本書においては、このような事情からトップダウン的な方法をとらざるを得なかったということになる。そういう点で、細部の分析の粗さ、あるいは疎漏ということには、一定程度目をつむることを覚悟しなければならないであろう。網の隙間から抜け出ていっているものもあると思う。網がかかったと思ったものも、本当はつかまっていないのかもしれない。また、個別の問題はこれからである。

ただ、それによって得たものもないではない。そういう点で、トップダウン的な方法をとったということにもそれなりの意義はあろうし、一般的にいって、日本語研究においても、もっとトップダウン的な分析が進められてもよいのではないかと思う。

4 擱筆

ここまで、本書の帰結を粗々まとめ、それについての注釈的な点について述べてきたが、いずれにせよ、個別の問題はこれからである。「序説」と名乗った事情もまさにここにあった。したがって、課題も多い。ただし、はじめにも引用したように、「文とは何かという問題は、文法研究の出発点であるとともに、終着点でもある」(仁田義雄)のであるから＊6、まずは、新たな「出発点」のひとつくらいにはなったのではないか。

以上がさしあたっての締括りであるが、一往、ここまでで序説としての役割は果したのではないかと思う。まずは、序説はここまでにしておくことにしよう。

注

序章　文について考える

＊1　文や語などについて、これを言語の「単位」ということがあるが、一般に「単位」とは、長さ・重さ・分量などの量的なものをはかる際の基準となるものであって（「メートル・アール・グラム・分・秒・円・ドル」など）、厳密にいえば、宮地裕の述べるように、言語に「単位」があるとはいいにくい。そこで、本書においては宮地の考え方にしたがい「単位体」という言い方を用いることにする。宮地裕「日本語の文法単位体」大野晋・柴田武編『岩波講座日本語6　文法Ⅰ』岩波書店一九七六。

＊2　仁田義雄『日本語文法研究序説　日本語の記述文法を目指して』くろしお出版一九九七、一二四頁。

＊3　亀井孝・河野六郎・千野栄一編『言語学大辞典　第6巻　術語編』「文」の項。

＊4　国立国語研究所『談話行動の諸相　座談資料の分析』三省堂一九八七により、表記をあらため中心となる発話を抜き出す形で改変。

＊5　このような点について、それを文と認めるかどうかということについては、たとえば、丸山直子の言及がある。丸山直子「話しことばにおける文」『日本語学』15－9一九九六。また、国立国語研究所『話しことばの文型（1）―対話資料による研究―』秀英出版一九六〇も参照。

＊6　国立国語研究所注5前掲書四四頁。

＊7　この点に関して、吉本啓は理論言語学の視点からとして、「文という概念が自明のものと仮定され、それに関する問題が回避されていたにすぎない」と述べるが、これはその立場にかぎったことではなかったというべきだろう。吉本啓「文の成り立ち」『日本語学』15－9一九九六。

＊8　近年、文という単位体を考えているのは文法論ではなく、談話論的研究・会話分析的研究だといってよいのではないか。そこでは従来の文法的な文認定とは異なる方向で文を認定しよ

うと試みているように思われる。文法論でよく扱われるような、いわば主語述語などの整った述語文を典型とするのではなく、いわば文法論的には「イレギュラー」なものを中心に据えようとしているようである。たとえば、串田秀也・定延利之・伝康晴編『活動としての文と発話』（シリーズ文と発話1）ひつじ書房二〇〇五など。ただし、このことは後にも言及することになるが、最終的には、談話で規定されるような文と、文法論で扱ってきたような文は、統合されるべきであろうし、その方向で検討することが必要なのだと思われる。なお、話しことばにおいて、音声的な特徴（文末のポーズ、文末弱化など）から文を認めているものとして、郡史郎の議論がある。郡史郎「音声の特徴からみた文」『日本語学』15－9一九九六。

＊9　仁田義雄『日本語のモダリティと人称』ひつじ書房一九九一、二三一－二四・二三六－二三八頁。

＊10　尾上圭介「「そこにすわる！」―表現の構造と文法」『月刊言語』8－5一九七九（尾上圭介『文法と意味Ⅰ』くろしお出版二〇〇一所収）。

＊11　詳しくは、田野村忠温「文における判断をめぐって」崎山理・佐藤昭裕編『アジアの諸言語と一般言語学』三省堂一九九〇参照。

＊12　尾上圭介「現代語のテンスとアスペクト」『日本語学』1－2一九八二（尾上圭介注10前掲書所収）。

＊13　寺村秀夫『日本語のシンタクスと意味Ⅱ』くろしお出版一九八四、寺村秀夫「〝タ〟の意味と機能―アスペクト・テンス・ムードの構文的位置づけ―」岩倉具実教授退職記念論文集出版後援会編『岩倉具実教授退職記念論文集 言語学と日本語問題』くろしお出版一九七一、金水敏「いわゆる〝ムードの「タ」〟について―状態性との関連から―」東京大学国語研究室創設百周年記念国語研究論集編集委員会編『東京大学国語研究室創設百周年記念 国語研究論集』汲古書院一九九八、益岡隆志『日本語文法の諸相』くろしお出版二〇〇〇など。

＊14　ここであげられているようなタ形の多様性について、このような議論にはタの問題ではないものが混在しているという指摘は、金子亨によってもなされている。金子は次のように述べる。「タの多様な意味や用法についての言説は典型的に寺村「タの用法」に表われる。ここではタにいくつもの意味用法があるとされているのであるが、その大多数は発話の発語内的意味や文脈情報をタの意味と取違えたものである。」金子亨『言語の時間表現』ひつじ書房一九九五、五〇三頁、注5－2。

＊15　ここでは、形態素-u, -ru / -ta, -daは動詞の屈折接辞（活用形）と考えることにする。-u, -ruおよび-ta, -daはそれぞれ異形態。ハイコ・ナロク「日本語動詞の活用体系」『日本語科学』4 国書刊行会一九九八参照。

＊16　多様な側面からの文の分類は、野田尚史の次の議論参照。野田尚史「文の種類」『日本語学』15－9一九九六。

＊17　いわゆる省略である。「省略」という説明は、さきにも述べたように、概してその内実を示さずに使われることも多く、そういう点からすれば「省略」という説明は危険を伴うともい

えるが、この場合にかぎっていえば、発話がなされる場面や発話の流れからいって、主語が「私」であることは明確であり、その状況において補うことは確実に可能であるから、これを「省略」とみなすことには、ここでは大きな問題はないといってよい。

＊18 山田孝雄『日本文法学概論』宝文館出版一九三六、九三六－九三七頁。

＊19 南不二男『現代日本語文法の輪郭』大修館書店一九九三、一一六頁。また、『現代日本語の構造』大修館書店一九七四、一〇七－一〇八頁も参照。

＊20 ここでは「本だ。」のような文は述語文であると考える。「本だ」を述語文とし、「本！」を非述語文とすることについての疑問もあるが、形の上ではそう考えざるを得ないだろう。なお、「私の好きな本はシャーロックホームズ。」も述語文である。

＊21 時枝誠記は感動詞は文法上一文をなすという扱いをするので、呼びかけ・返事のようなもの以外に、「ああ！」「まあ！」のようなものも文となる。ここでは、ほぼこれにしたがう。時枝誠記『日本文法 口語篇』岩波書店一九五〇、一七九－一八〇頁。

I 文はどのように考えられてきたか

＊1 仁田義雄『日本語文法研究序説 日本語の記述文法を目指して』くろしお出版一九九七、一二四頁。

＊2 大槻文彦『広日本文典』大槻文彦一八九七、二五二頁。

＊3 英語における主部・述部が必要だとする議論の流れは、澤崎九二三『文（上）』研究社一九五五など参照。

＊4 三尾砂『国語法文章論』三省堂一九四八。ここでの引用は、『三尾砂著作集I』ひつじ書房二〇〇三による。二七－二八頁。

＊5 山田孝雄『日本文法学概論』宝文館出版一九三六、九〇一頁。

＊6 橋本進吉『国語法要説』（国語科学講座）明治書院一九三四、四－六頁（橋本進吉『国語法研究』（橋本進吉博士著作集第二冊）岩波書店一九四八所収）。

＊7 ただし、厳密にいえば、橋本はあくまでも「文の性質」「特徴」を述べているのにすぎないともいえる。おそらく、橋本進吉注6前掲書においては、積極的には「文の定義」を述べていないと思われる。このように考えると、橋本自身は文の規定を他に考えていた可能性はあるともいえるが、ここでは、とりあえずこれを橋本の文の外形的規定として掲げておくことにする。

＊8 神保格『言語学概論』岩波書店一九二二、三二一－三二二頁。また、三尾砂注4前掲書、『三尾砂著作集I』三四－三六頁。

＊9 このような服部四郎の定義は、構造言語学の影響を受けたものだと考えられる。アメリカ構造言語学の泰斗、ブルーム

フィールドの次のような定義は、これにかなり近いといってよい。ブルームフィールドは、"each sentence is an independent linguistic form, not included by virtue of any grammatical construction in any larger linguistic form."〈文とは独立した一個の言語形態であって、いかなる文法的構造によっても他のより大きな言語形態に含まれないものである〉とする。また、このような規定のしかたは、フリーズによれば、A・メイエ『印欧比較言語学序説』(A. Meillet, *Introduction à l'étude comparative des langues indo-européennes*, 1903)にさかのぼるとされる。L・ブルームフィールド『言語』(三宅鴻・日野資純訳)大修館書店一九六二(L. Bloomfield *Language*, Holt, 1933)。C・C・フリーズ『英語の構造』(大沢銀作訳)文化書房博文社一九八五(C. C. Fries *The structure of English: an introduction to the construction of English sentences*, Harcourt, Brace, 1952)。

***10**　服部四郎「日本の記述言語学(2)」『国語学』64一九六六。服部四郎の定義は形・統語・意味の側面からそれぞれ示されてはいるが、それぞれが全く別のことを述べているのではなく、同じことを別の側面から述べたものと考えられる。

***11**　三尾砂注4前掲書、『三尾砂著作集I』二六頁。

***12**　この種の議論は、O・イェスペルセン『文法の原理』(半田一郎訳)岩波書店一九五八(O. Jespersen *The philosophy of grammar*, George Allen & Unwin, 1924)の第8章・第22章など参照。

***13**　松下大三郎『標準日本文法』紀元社一九二四、五四八頁。

***14**　松下大三郎『改撰標準日本文法』紀元社一九二八、一二－一三頁。

***15**　山田孝雄注5前掲書九〇一－九〇二頁。

***16**　山田孝雄注5前掲書九一七－九一八頁。

***17**　山田孝雄注5前掲書九五頁。

***18**　ただし、「陳述」があるのは、山田のいう述体句(述語文)にかぎられていると考えられるから、文成立と「陳述」を直結させるのは、おそらく正しくない。この「陳述」に関して、尾上圭介は「山田において「陳述」ということばは実は未だ文法論上の概念ではない」とし、山田の「陳述」は文法論的概念ではないと把握する。しかし、同時に「〈統覚作用〉の言語的あらわれが文法概念としての〈陳述〉であるというのが大方の了解であるかと思われる」ともする。このあたりが、文法研究史上の実態であろう。尾上圭介「山田文法とは」『月刊言語』10－1一九八一(尾上圭介『文法と意味I』くろしお出版二〇〇一所収)。

***19**　時枝誠記『日本文法　口語篇』岩波書店一九五〇、二三〇－二三一頁。

***20**　時枝誠記注19前掲書二三二頁。

***21**　時枝誠記注19前掲書二三四頁。

***22**　時枝誠記注19前掲書二四〇頁。

***23**　渡辺実「叙述と陳述―述語文節の構造―」『国語学』13・14一九五三、渡辺実『国語構文論』塙書房一九七一。

＊24　このような両面性について、尾上圭介は「統叙から陳述までズルッと合わせて述語で一回」と評する。尾上圭介「文法論—陳述論の誕生と終焉—」『国語と国文学』67－5一九九〇（尾上圭介注18前掲書所収）。

＊25　芳賀綏「〝陳述〟とは何もの？」『国語国文』23－4一九五四。

＊26　林四郎『基本文型の研究』明治図書一九六〇（ひつじ書房、復刊二〇一三）、北原保雄『日本語助動詞の研究』大修館書店一九八一。

＊27　南不二男『現代日本語の構造』大修館書店一九七四、南不二男『現代日本語文法の輪郭』大修館書店一九九三。

＊28　南不二男注27前掲書『現代日本語の構造』一三四頁。

＊29　「新記述派」の名称は、金水敏による。寺村秀夫の影響を受けた「現代日本語（標準語）の細部にわたる具体的な記述を重んじ」るとされる立場の文法研究である。金水敏「国文法」『岩波講座言語の科学5　文法』岩波書店一九九七。

＊30　仁田義雄『日本語のモダリティと人称』ひつじ書房一九九一、益岡隆志『モダリティの文法』くろしお出版一九九一など。

＊31　仁田義雄注1前掲書一二九頁。

＊32　山田孝雄注5前掲書九〇二・二〇－二一・九〇一頁。

＊33　斎藤倫明『語彙論的語構成論』ひつじ書房二〇〇四、七・五一頁など。

＊34　山岡政紀『日本語の述語と文機能』くろしお出版二〇〇〇、小針浩樹「文としての文—従来のモダリティ論の批判的検討—」遠藤好英編『語から文章へ』「語から文章へ」編集委員会二〇〇〇など。小針の議論は、文とは〈対象面〉と〈作用面〉の統一体であって、従来のモダリティ論が文を「一枚の紙片が他の紙片に包み込まれることによって出来上がる」ととらえるとすれば、小針の把握は「決して一面のみを切り取ることのできない」「紙片全体の質的なありさまを捉えよう」とするものであるとする。また、山岡の議論は言語行為論を基盤にした考え方である。ただし、山岡の議論は文機能—発話機能という二段を含んだ多段階的な文成立論の可能性はある。山岡の議論については、Ⅱにおいて若干検討する。

＊35　E・コセリウ『一般言語学入門　第二版』（下宮忠雄訳）三修社二〇〇三（E. Coseriu *Lezioni di linguistica generale*, Boringhieri, 1973）、邦訳八頁。

Ⅱ　文論への視座

＊1　言語研究での議論は、たとえば、西山佑司「発話行為」安井稔他『意味論』（英語学大系5）大修館書店一九八三、山梨正明『発話行為』（新英文法選書12）大修館書店一九八六などがある。なお、言語行為論の流れの概略は久保進のまとめも参照されたい。久保進『言語行為と調整理論』ひつじ書房二〇一四の第1章など。

＊2　J・L・オースティン『言語と行為』（坂本百大訳）大修館書店一九七八（J. L. Austin *How to do things with words*, Oxford University Press, 1962）。

＊3　行為をより細かく分類するという方針を引き継ぐ研究者もいる。たとえば、久保進『日本語の発語内効力命名動詞の研究―発語内効力命名動詞辞典のモデルの作成―』松山大学総合研究所一九九九など。

＊4　J・R・サール『言語行為　言語哲学への試論』（坂本百大・土屋俊訳）勁草書房一九八六（J. R. Searle *Speech acts, an essay in the philosophy of language*, Cambridge University Press, 1969）。

＊5　J・R・サール『表現と意味　言語行為論研究』（山田友幸監訳）誠信書房二〇〇六（J. R. Searle *Expression and meaning: studies in the theory of speech acts*, Cambridge University Press, 1979）。また、D・ヴァンダーヴェーケン『意味と発話行為』（久保進監訳）ひつじ書房一九九七（D. Vanderveken *Meaning and speech acts volume 1*, Cambridge University Press, 1990）、D・ヴァンダーヴェーケン『発話行為理論の原理』（久保進訳）松柏社一九九五（D. Vanderveken *Principles of speech act theory*, University of Quebec at Montreal, 1994）。

＊6　J・R・サール注5前掲書。なかでもサール「発語内行為の分類法」（Searle "A taxonomy of illocutionary acts". 同書所収）。ここでの用語は山田友幸監訳の和訳による。また、サールの分析を引き継いだD・ヴァンダーヴェーケン注5前掲『発話行為理論の原理』も参照。

＊7　ヴァンダーヴェーケンにおいては、これら五つの発語内目的はおよそ次のように述べられる。サールのものより明確である。ただし、その内実が違うということはない。なお、掲げる順序はサールのものに合わせる。訳語は久保進のものによる。「指図」は山田監訳によれば「指令」、「感情表現」は同じく「表現」。①断言の発語内目的「話し手は物事がどのような状態であるかを表す、という狙い」、②指図の発語内目的「話し手はこれから先の行為を聞き手に実行させようとする狙い」、③行為拘束の発語内目的「話し手はこれから先の行為［の実行］に自らを拘束する、という狙い」、④感情表現の発語内目的「話し手は事態の有様に関する自分の心的状態を表現する狙い」⑤宣言の発語内目的「話し手は自分の発話行為の遂行のみによって事態の有様を発生させよう、という狙い」。注5前掲書『発話行為理論の原理』参照。

＊8　サール注5前掲書、邦訳二三頁。

＊9　時枝誠記『国語学原論　言語過程説の成立とその展開』岩波書店一九四一。

＊10　行為というものに意図があるという議論（サールの「発語内目的」という観点もそうであるが）は――後にも述べるが、それが意識的であるかどうかということは別にして――一往認めてよいと思われる。哲学では、たとえば、G・E・M・アンスコム、野矢茂樹の議論参照。G・E・M・アンスコム『インテンション―実践知の考察―』（菅豊彦訳）産業図書一九八四

(G.E.M. Anscombe *Intention*, Blackwell, 1963)、野矢茂樹『哲学・航海日誌』春秋社一九九九。

＊**11** 久保進は、澤田治美による時枝誠記への言及について「言語を行為とみなす言語過程説の言語観に言語行為研究の片鱗を認めている」と述べる。しかし、澤田自身は必ずしもそのようにとらえているわけではないように思われる。ただ、時枝の理論は、言語とは言語主体の音声または文字による思想の表現及び理解の過程そのもの、人間の行為・生活のひとつに属すべきものであるといったように行為としての側面をとらえているということは間違いない。澤田治美「序論」澤田治美編『ひつじ意味論講座5 主観性と主体性』ひつじ書房二〇一一、久保進注1前掲書、第1章。

＊**12** 時枝誠記「国語史研究の一構想」『国語と国文学』26－10・11一九四九。ここでは時枝誠記『言語生活論』岩波書店一九七六による。また、時枝誠記注9前掲書も参照。

＊**13** 国立国語研究所『話しことばの文型（1）―対話資料による研究―』秀英出版一九六〇、宮地裕『文論―現代語の文法と表現の研究（一）―』明治書院一九七一、同新版一九七九。

＊**14** 国立国語研究所注13前掲書八六頁。分類図は八八・一三四―一三五頁参照。

＊**15** 尾上圭介「文をどう見たか―述語論の学史的展開―」『日本語学』15－9一九九六（尾上圭介『文法と意味Ⅰ』くろしお出版二〇〇一所収）。

＊**16** 仁田義雄『日本語のモダリティと人称』ひつじ書房一九九一。

＊**17** 仁田義雄「日本語文の表現類型―主格の人称制限と文末構造のあり方の観点において―」林栄一教授還暦記念論文集刊行委員会編『英語と日本語と―林栄一教授還暦記念論文集―』くろしお出版一九七九（仁田義雄『日本語のモダリティとその周辺』（仁田義雄日本語文法著作選第2巻）ひつじ書房二〇〇九所収）。

＊**18** 仁田義雄の議論の位置づけは、山岡政紀『日本語の述語と文機能』くろしお出版二〇〇〇、第2章も参照されたい。

＊**19** 山岡政紀注18前掲書、山岡政紀『発話機能論』くろしお出版二〇〇八。

＊**20** とくに発話機能に関してはM・A・K・ハリデーの機能言語学によって修正を加えている。

＊**21** 山岡政紀注18前掲書五三頁。

＊**22** 丸山岳彦「『日本語話し言葉コーパス』の節単位情報」『日本語学』27－5二〇〇八。

＊**23** 丸山岳彦注22前掲論文によるが、境界表示記号―は、に置き換え、p,D,Fなどの記号も省略した。

＊**24** 丸山岳彦注22前掲論文の示す主な境界ラベルを掲げる。

＊**25** 郡史郎は文末の音調の特徴を検討しているし、丸山直子は話しことばにおける文についての諸相を広く概観している。郡史郎「音声の特徴からみた文」『日本語学』15－9一九九六、郡史郎「イントネーション」上野善道編『朝倉日本語講座3 音声・音韻』朝倉書店二〇〇三など。丸山直子「話しことばに

おける文」『日本語学』15－9一九九六。

＊26　沖裕子『日本語談話論』和泉書院二〇〇六、第3章「談話は文によって構成されるか―談話実現単位における同時結節の観点から―」。

＊27　沖裕子は、「句」とは「その途中に切れ目を感じさせない長さ不定のことばで、句頭に上昇音調を持つイントネーション単位」であって、意味のまとまりと関係しているとする。沖裕子注26前掲書、第1章「談話の最小単位と文字化の方法」。

＊28　山岡政紀注18前掲書、第2章。

＊29　山田孝雄『日本文法学概論』宝文館出版一九三六、二〇－二一頁。また、川端善明は「我々が現実に言語するとき、それは通常、〈文〉として――一つ以上の〈文〉として現れるほかない」、「〈文〉こそが、我々のもつ言語の現実性の形式であり、且つ、我々に現れることの直接の形式なのである」のように述べるが、これは、実際に言語として知覚できるのは文にほかならないということであり、いいかえれば、これは運用された言語片は必ず文になるということであって、やはり、現実に知覚できる言語は、素材としての語が何かしらの文脈を伴いながら運用された結果としての文として実現されているものであるということになる。川端善明「語と文」『日本語学』1－1一九八二。

＊30　文とは文脈をもって運用されたものであるという見方については、次の林四郎の言及も参照されたい。林は次のように述べる。「従来、とかく、文とは、単語をある構造に組み上げて出来るもので、その文を重ねて行くうちに文章が出来るのだと考えられたが、私は、その考え方を採らない。実目的をもって何かを言い表わそうとする文章生産活動が始まらなければ、「文」も生産されることはないのだ。〔中略〕これを生産される文の側からいえば、文は必らず文章の中にあり、文章に位置づかない文はないこととなる。」これは、文は運用されて文脈をもつものだという言及である。ただし、この林の議論の中には「文脈フリー文」というものがあらわれるが、これは、文脈をもって運用されたものではないということではなく、これだけで意味的に充足しており、文脈から独立しても理解できるという意味での「文脈フリー」ということだと考えられる。林四郎「文の成立事情―文章論的文論への序説」『国語学』160一九九〇(林四郎『文章論の基礎問題』三省堂一九九八所収)。

＊31　「書き言葉口語体」という概念は野村剛史による。野村剛史『話し言葉の日本史』吉川弘文館二〇一一、野村剛史『日本語スタンダードの歴史―ミヤコ言葉から言文一致まで』岩波書店二〇一三など参照。

Ⅲ　文成立の意味的側面

＊1　山田孝雄『日本文法学概論』宝文館出版一九三六、九〇一頁。

＊2　後に述べるように外形面から考えることも実は重要なの

であるが、ここではまず、その点はおいておくことにする。

＊3 山田孝雄注1前掲書九〇一－九〇二頁。

＊4 山田孝雄注1前掲書九一七頁。

＊5 山田孝雄『日本文法学要論』角川書店一九五〇、一四六頁。

＊6 尾上圭介の理解するように「陳述」が文法用語ではない、という考えにしたがえば、山田は意味の側から文を規定したということがより積極的に認められよう。Ⅰの注18参照。尾上圭介「山田文法とは」『月刊言語』10－1一九八一（尾上圭介『文法と意味Ⅰ』くろしお出版二〇〇一所収）。

＊7 ただし、三尾砂は、「陳述」概念の検討において、文が成り立つためには「陳述」とは別に「統一作用」が必要と考える。この「統一作用」は言語形式の問題ではないと考えられる。しかし「陳述」の内実を考えることが主題であるため、詳述はしていない。三尾砂「文における陳述作用とは何ぞや」『国語と国文学』16－1一九三九（『三尾砂著作集Ⅰ』ひつじ書房二〇〇三所収）。

＊8 時枝誠記『日本文法 口語篇』岩波書店一九五〇、二三一頁。

＊9 時枝誠記『日本文法 口語篇』岩波書店一九五〇、二四〇頁。

＊10 渡辺実『国語構文論』塙書房一九七一。

＊11 渡辺実注10前掲書一〇八頁。

＊12 渡辺実注10前掲書一〇六－一〇七頁。

＊13 渡辺実注10前掲書一〇九頁。

＊14 金田一春彦「不変化助動詞の本質（上・下）―主観的表現と客観的表現の別について―」『国語国文』22－2・3一九五三。また、芳賀綏「〝陳述〟とは何もの?」『国語国文』23－4一九五四。

＊15 仁田義雄『日本語のモダリティと人称』ひつじ書房一九九一、益岡隆志『モダリティの文法』くろしお出版一九九一。また、宮崎和人・安達太郎・野田春美・高梨信乃『モダリティ』くろしお出版二〇〇二、日本語記述文法研究会編『現代日本語文法4 第8部モダリティ』くろしお出版二〇〇三など。

＊16 北原保雄『日本語助動詞の研究』大修館書店一九八一、北原保雄『日本語の世界6 日本語の文法』中央公論社一九八一。また、南不二男『現代日本語の構造』大修館書店一九七四など。

＊17 仁田義雄注15前掲書。

＊18 仁田義雄注15前掲書二〇頁。

＊19 仁田義雄注15前掲書一三－一四頁。

＊20 後に、仁田義雄「モダリティを求めて」『月刊言語』28－6一九九九（仁田義雄『日本語のモダリティとその周辺』（仁田義雄日本語文法著作選第2巻）ひつじ書房二〇〇九所収）においては、モダリティが文の意味構造のなかにあるものという考え方を示す。この議論の問題点を指摘するものに、田野村忠温「現代語のモダリティ」尾上圭介編『朝倉日本語講座6 文法Ⅱ』朝倉書店二〇〇四がある。

＊21 J・L・オースティン『言語と行為』（坂本百大訳）大修館書店一九七八（J.L. Austin *How to do things with words*, Oxford University Press, 1962）。

＊22 J・R・サール『言語行為 言語哲学への試論』（坂本百大・土屋俊訳）勁草書房一九八六（J.R. Searle *Speech act, an essay in the philosophy of language*, Cambridge University Press, 1969）。

＊23 J・R・サール『表現と意味 言語行為論研究』（山田友幸監訳）誠信書房二〇〇六（J.R. Searle *Expression and meaning: studies in the theory of speech acts*, Cambridge University Press, 1979）。

＊24 D・ヴァンダーヴェーケン『意味と発話行為』（久保進監訳）ひつじ書房一九九七（D. Vanderveken *Meaning and speech acts volume 1*, Cambridge University Press, 1990）、D・ヴァンダーヴェーケン『発話行為理論の原理』（久保進訳）松柏社一九九五（D. Vanderveken *Principles of speech act theory*, University of Quebec at Montreal, 1994）。

＊25 D・ヴァンダーヴェーケン注24前掲書『意味と発話行為』邦訳一〇二頁以下。

＊26 サールとヴァンダーヴェーケンの心理状態と発語内目的の関係は、必ずしもここで示したように、心理状態をもとに行為の目的が生み出されるという理解ではないかもしれないが、このように考えたほうが、直感にあうと思われる。

＊27 仁田義雄注15前掲書。

＊28 山田孝雄注1前掲書、南不二男『現代日本語文法の輪郭』大修館書店一九九三など。

＊29 仁田義雄注15前掲書二〇頁。

＊30 益岡隆志注15前掲書七七頁。

＊31 D・ヴァンダーヴェーケン注24前掲書『発話行為理論の原理』邦訳七一頁。

＊32 もっとも、ヴァンダーヴェーケンの言及は発語内行為の問題であって、言語の単位体としての文に対する意識的な言及とはいえない可能性はある。しかし、一往は「文」を単位とすると述べていることは注目すべきであろう。

＊33 橋本進吉『国語法要説』（国語科学講座）明治書院一九三四（橋本進吉『国語法研究』（橋本進吉博士著作集第二冊）岩波書店一九四八所収）。

＊34 三尾砂『国語法文章論』三省堂一九四八（『三尾砂著作集Ⅰ』ひつじ書房二〇〇三所収）。

Ⅳ 認識する文

＊1 田野村忠温「文における判断をめぐって」崎山理・佐藤昭裕編『アジアの諸言語と一般言語学』三省堂一九九〇。

＊2 金田一春彦「不変化助動詞の本質（上・下）—主観的表現と客観的表現の別について—」『国語国文』22—2・3一九五三。

＊3　田中望「日常言語における〝説明〟について」『日本語と日本語教育』8慶應義塾大学国際センター一九八〇。

＊4　後のここで示す考え方からすれば、事実文とされる（2a）でも、「水温が0度以下になった」ことをその場での発見・認識をあらわしたものだとすれば認識文になり、判断があるかないかということでは「判断のある文」になる場合もあり得るだろう。

＊5　田野村忠温注1前掲論文。また、田野村忠温『現代日本語の文法Ⅰ「のだ」の意味と用法』和泉書院一九九〇。

＊6　田野村忠温注5前掲書二一―二三頁。

＊7　ここでの「想起文」は田野村忠温注1前掲論文の分類でいえば、「認識・発見文」ということになると思われる。

＊8　野田春美『「の（だ）」の機能』くろしお出版一九九七、六七頁。

＊9　このとらえ方は、野田春美「説明のモダリティ」宮崎和人他『モダリティ』くろしお出版二〇〇二、日本語記述文法研究会編『現代日本語文法4　第8部　モダリティ』くろしお出版二〇〇三などにも引き継がれている。

＊10　もっとも、この線引きであっても両者の境界上に位置するような文はある。しかしながら、次節以下で述べるように、ここに大きな区別を求めることは、きわめて有用であると考えられる。

＊11　J・L・オースティン『言語と行為』（坂本百大訳）大修館書店一九七八（J.L.Austin *How to do things with words*, Oxford University Press, 1962）。J・R・サール『表現と意味　言語行為論研究』（山田友幸監訳）誠信書房二〇〇六（J.R. Searle *Expression and meaning: studies in the theory of speech acts*, Cambridge University Press, 1979）。ここでの用語は山田友幸監訳の邦訳による。また、サールの分析を引き継いだD・ヴァンダーヴェーケン『発話行為理論の原理』（久保進訳）松柏社一九九五（D. Vanderveken *Principles of speech act theory*, University of Quebec at Montreal, 1994）も参照。

＊12　たとえば、山岡政紀は、サールの発語内行為の分類を援用し、「文機能」「発話機能」という概念を提示している。山岡政紀『日本語の述語と文機能』くろしお出版二〇〇〇、山岡政紀『発話機能論』くろしお出版二〇〇八。

＊13　④表現型expressivesが「感情表現」といった訳され方をされ、また「話し手は事態の有様に関する自分の心的状態を表現する」（ヴァンダーヴェーケン注11前掲書）と説明されたりすることもあってか、話し手が何らかの行為をおこなおうとするような意志・意向をあらわすものが④に含まれるような記述がなされることがある（たとえば山岡政紀注12前掲書）。しかし、④表現型は「言葉と世界の間の適合の方向」という点では《言葉を世界へ》《世界を言葉へ》のいずれでもない。一方、話し手の意向をあらわすものは、明らかに《世界を言葉へ》（world-to-word）という方向性をもつことから、これを④表現型とするのは妥当ではない。この点については、すでに本書Ⅱで述べた。

＊14　厳密には平叙文だけではなく、後述するように、認識文はいわゆる感嘆文も含むことになると思われる。

＊15　サール注11前掲書、邦訳五一―六頁。G・E・M・アンスコム『インテンション―実践知の考察―』（菅豊彦訳）産業図書一九八四（G. E. M. Anscombe *Intention*, Blackwell, 1963）。

＊16　（12a）〜（12c）は、それぞれ田野村忠温の〈推量判断実践文〉〈判定・評価文〉〈認識・発見文〉であるが、これらはいずれも独り言として使える。この三者をまとめて扱うということは、このような面からも首肯されると考える。

＊17　森山卓郎「「独り言」をめぐって―思考の言語と伝達の言語―」川端善明・仁田義雄編『日本語文法　体系と方法』ひつじ書房一九九七。

＊18　伝聞が独り言で使えないということは、仁田義雄の「伝聞の対話性」という概念も参照。仁田義雄「判断から発話・伝達へ―伝聞・婉曲の表現を中心に―」『日本語教育』77一九九二（仁田義雄『日本語のモダリティとその周辺』（仁田義雄日本語文法著作選第2巻）ひつじ書房二〇〇九所収）。

＊19　「叙想的テンス」「ムードのタ」については、寺村秀夫『日本語のシンタクスと意味Ⅱ』くろしお出版一九八四、寺村秀夫「〝タ〟の意味と機能―アスペクト・テンス・ムードの構文的位置づけ―」岩倉具実教授退職記念論文集出版後援会編『岩倉具実教授退職記念論文集 言語学と日本語問題』くろしお出版一九七一、金水敏「いわゆる〝ムードの「タ」〟について―状態性との関連から―」東京大学国語研究室創設百周年記念国語研究論集編集委員会編『東京大学国語研究室創設百周年記念 国語研究論集』汲古書院一九九八、益岡隆志『日本語文法の諸相』くろしお出版二〇〇〇など。「タ」の全般的な検討としては国広哲弥「日英両語テンスについての一考察」『構造的意味論―日英両語対照研究―』三省堂一九六七、尾上圭介「現代語のテンスとアスペクト」『日本語学』1―2一九八二（尾上圭介『文法と意味Ⅰ』くろしお出版二〇〇一所収）など。

＊20　田野村の分類でいえば、（15ab）は〈認識・発見文〉、（15c）はおそらく〈判定・評価文〉であろう。田野村は〈推量判断実践文〉でタ形はないとするが、全くないわけではなく、（15de）のような例は〈推量判断実践文〉としてよいと思われる。この点についてはⅫで後述する。なお、（15c）〜（15e）の例文は、尾上圭介注19前掲論文による。この問題の詳細はⅫ参照。

＊21　ル形においてもこのような問題があるが、それについてはⅫで詳述する。

＊22　近年、「のだ」の記述や、それに類似する形式の記述にあたって、「把握」「提示」が、それらの形式に帰すると理解できるような記述が見受けられるが、この点については再検討が必要であろう。少なくとも「のだ」については、これらのはたらきを「のだ」という形式の意味とするのは誤りだという批判がある。福田嘉一郎「現代日本語のノダと主体的表現の形式」『熊本県立大学文学部紀要』5―1一九九八。また、田野村忠温注5前掲書も参照。

＊23　この点の詳細については、XIIIで後述する。

＊24　比較的近年の研究では、安達太郎「現代日本語の感嘆文をめぐって」『広島女子大学国際文化学部紀要』10二〇〇二、笹井香「現代語の感動文の構造―「なんと」型感動文の構造をめぐって―」『日本語の研究』2―1二〇〇六など。

＊25　たとえば「はい。ハンカチ。（といって、ハンカチを渡す）」など。詳しくはXIで後述する。

＊26　安達太郎注24前掲論文。

＊27　井上優「富山県井波方言の「ガヤ」について」益岡隆志・野田尚史・森山卓郎編『日本語文法の新地平2　文論編』くろしお出版二〇〇六。

＊28　松丸真大「京都市方言における「ノヤ」「ネン」の異同」『阪大社会言語学研究ノート』1一九九九、田附敏尚「青森県五所川原市方言の文末形式「ンズ」」『国語学研究』45二〇〇六、田附敏尚「青森県方言における文末形式の研究」東北大学博士学位論文二〇一二。

＊29　小林隆「種子島方言の終助詞「ケル」」黒田成幸・中村捷編『ことばの核と周縁　英語と日本語の間』くろしお出版一九九九。

＊30　以下、古典作品のテキストは『古今和歌集』『後撰和歌集』は新日本古典文学大系、『源氏物語』は日本古典文学全集による。『源氏物語』の（　）内の数字は全集の巻―頁。

＊31　この点については、大木一夫「古代語助動詞「けり」の語の意味と文の機能―『古今集』を中心として―」『埼玉大学紀要（教育学部）人文・社会科学』45―2一九九六参照。なお、この論文では、ここでの認識文を「判断実践文」、伝達文を「知識表明文」と呼んでいる。

＊32　特別の表現性のない連体形終止については次の文献参照。山内洋一郎『活用と活用形の通時的研究』清文堂二〇〇三、土岐留美江「平安和文会話文における連体形終止文」『日本語の研究』1―4二〇〇五。また、大木一夫「動詞の連体形」『国語学研究』43二〇〇四も参照されたい。

＊33　「む」の婉曲用法と連体修飾との関わりは、高山善行「助動詞「む」の連体用法について」『日本語の研究』1―4二〇〇五など。

V　事態を描き出す文

＊1　J・R・サール『表現と意味　言語行為論研究』（山田友幸監訳）誠信書房二〇〇六（J. R. Searle *Expression and meaning: studies in the theory of speech acts*, Cambridge University Press, 1979）。

＊2　表現型の英語例文I apologize for stepping your toe. に対する日本語の翻訳「あなたの足を踏んだことをお詫びします。」は「（私が）あなたの足を踏んだコト」という命題をもつが、これは言語によって異なる面であろう。

＊3　たとえば、G・N・リーチの*Principles of pragmatics*

の翻訳では「表出型」、S・C・レヴィンソンの*Pragmatics*の翻訳では「感情表出型」である。G・N・リーチ『語用論』（池上嘉彦・河上誓作訳）紀伊國屋書店一九八七（G. N. Leech *Principles of pragmatics*, Longman, 1983）、S・C・レヴィンソン『英語語用論』（安井稔・奥田夏子訳）研究社一九九〇（S. C. Levinson *Pragmatics*, Cambridge University Press, 1983）、D・ヴァンダーヴェーケン『意味と発話行為』（久保進監訳）ひつじ書房一九九七（D. Vanderveken *Meaning and speech acts volume 1*, Cambridge University Press, 1990）。翻訳用語の問題については、山岡政紀『日本語の述語と文機能』くろしお出版二〇〇〇も参照。

＊4　山岡政紀注3前掲書。山岡政紀『発話機能論』くろしお出版二〇〇八など。

＊5　仁田義雄『日本語のモダリティと人称』ひつじ書房一九九一、益岡隆志『モダリティの文法』くろしお出版一九九一など。

＊6　J・R・サール注1前掲書、邦訳二三頁。傍点は筆者。

＊7　国立国語研究所『話しことばの文型（1）—対話資料による研究—』秀英出版一九六〇、宮地裕『文論—現代語の文法と表現の研究（一）—』明治書院一九七一、同新版一九七九。本書Ⅱ参照。

＊8　J・L・オースティン『言語と行為』（坂本百大訳）大修館書店一九七八（J. L. Austin *How to do things with words*, Oxford University Press, 1962）、邦訳二二三頁。

＊9　J・L・オースティン注8前掲書、邦訳二二六頁。

＊10　仁田義雄注5前掲書、益岡隆志注5前掲書。

＊11　ヴァンダーヴェーケンのとらえ方でも、発語内目的の問題ではなくその周辺の他の構成要素、とくに強さの度合いの問題だと考えられる。D・ヴァンダーヴェーケン『発話行為理論の原理』（久保進訳）松柏社一九九五（D. Vanderveken *Principles of speech act theory*, University of Quebec at Montreal, 1994）。さらに、疑問文についていえば、加藤重広は言語行為論を背景としつつ、疑問文のもち得る意味的諸要素をの有無を分析しながら、疑問文の多様なすがたを描き出している。対象となっている疑問文とは、文末に「か」の付された文、「誰」「どこ」のような疑問語をもつ文であるが、「通常の疑問文」から「疑い文」「確認要求」などを含め、さらには「感嘆文」まできわめて多様であることが示される。このことは通常「疑問文」とされるものが、多様な発語内目的をもつことを意味している。そういう点からも、（3）のような分類に、単純に「疑問文」を置くという措置はとらないほうがよいであろう。なお、加藤は言語行為的視点から「発話の中で聞き手に作用する力（force）」を①言語形式に由来する作用（＝発話的な力α）と②発話の命題内容に由来する作用（言語形式から派生した作用＝発話的な力β）を分ける。ここでの言語行為的意味は、文の構成要素に必ずしも帰される意味ではないから、おおむね②の発話的な力βにあたるといえよう。加藤重広「発話的な効力と発話内的な効力　日本語の疑問形式を出発点に」加藤重広編

『日本語語用論フォーラム』1ひつじ書房二〇一五。

＊12　仁田義雄注5前掲書。益岡隆志注5前掲書。なお、益岡隆志は後に「発話類型のモダリティ」と呼んでいる。益岡隆志『日本語モダリティ探求』くろしお出版二〇〇七。「表現類型のモダリティ」と「発話類型のモダリティ」の内容は若干異なるが、ここでは、まずは「表現類型のモダリティ」にしたがって議論を進める。なお、仁田の発話・伝達のモダリティ、益岡の表現類型のモダリティの問題点については、あらためてXで述べる。

＊13　なお、表現類型のモダリティという枠組みは、日本語記述文法研究会編『現代日本語文法4　第8部モダリティ』くろしお出版二〇〇三にも採用され、次のように述べられている。「話し手はさまざまな目的をもって「文」を発話する。そのような多種多様な目的を果たすためには、話し手はまずどのような伝達的な機能をもつ文にそれを託すかを選択しなければならない。このような文の種類が表現類型である。／　表現類型という文の基本的な性質の決定に関わるのが表現類型のモダリティである」（一五頁）とする。その種類として、叙述・疑問・意志・勧誘・行為要求・感嘆の六種をあげる。

＊14　R・ヤーコブソン「言語学と詩学」『一般言語学』（田村すゞ子他訳）みすず書房一九七三（R. Jakobson *Essais de linguistique générale*, Minuit, 1963）。

＊15　林四郎はR・ヤコブソンの言語の機能の考え方をひきながら、構話活動（文章discourseを生産する活動）には、（1）相手に接触する機能、（2）自己を表出する機能、（3）文脈に接続する機能、（4）内容を叙述する機能がこめられるとする。そして、この機能を分担するのが文であって、この構話活動機能の一つを実現するものは、文となり得ると考える。この考え方は、本論の考え方に近いものがある。林四郎「文の成立事情―文章論的文論への序説―」『国語学』160一九九〇（林四郎『文章論の基礎問題』三省堂一九九八所収）。

＊16　K・ビューラー『言語理論　言語の叙述機能（上）（下）』（脇阪豊他訳）クロノス一九八三・八五（K. v. Bühler *Sprachtheorie: die Darstellungsfunktion der Sprache*, Gustav Fischer, 1934）。

＊17　言語の機能と文の機能をどのように引き当てるかという点については、山岡政紀注3前掲書も参照。

＊18　言語における単位体と質的統一体・機能的統一体との関わりについては、宮地裕の議論参照。宮地裕「日本語の文法単位体」大野晋・柴田武編『岩波講座日本語6　文法Ⅰ』岩波書店一九七六。

Ⅵ　事態を描かない文

＊1　仁田義雄「未展開文をめぐって」川端善明・仁田義雄編『日本語文法　体系と方法』ひつじ書房一九九七、二頁（仁田義雄『日本語のモダリティとその周辺』（仁田義雄日本語文法著

作選第2巻）ひつじ書房二〇〇九所収）。

＊2　尾上圭介「感嘆文と希求・命令文―喚体・述体概念の有効性―」松村明教授古稀記念会編『松村明教授古稀記念 国語研究論集』明治書院一九八六、尾上圭介「一語文の用法―〝イマ・ココ〟を離れない文の検討のために―」東京大学国語研究室創設百周年記念国語研究論集編集委員会編『東京大学国語研究室創設百周年記念 国語研究論集』汲古書院一九九八（以上、尾上圭介『文法と意味Ⅰ』くろしお出版二〇〇一所収）、石神照雄「一語文と喚体」『国語学研究』34一九九五、石神照雄「感動喚体の構造」『人文科学論集 文化コミュニケーション学科編』（信州大学人文学部）31一九九七、石神照雄「呼格と指示―感動喚体の構造補遺―」『人文科学論集 文化コミュニケーション学科編』32一九九八、仁科明「人と物と流れる時と―喚体的名詞一語文をめぐって―」森雄一他編『ことばのダイナミズム』くろしお出版二〇〇八など。本書でもⅪで検討を加える。

＊3　このような文の検討は少ないながらも、南不二男は独立語文の検討のなかで一部について扱っている。また、仁田義雄は未展開文について細かい分類をおこなうなかで、その一部として扱っている。南不二男『現代日本語文法の輪郭』大修館書店一九九三、仁田義雄注1前掲論文参照。

＊4　仁田義雄注1前掲論文。

＊5　仁田義雄注1前掲論文。

＊6　尾上圭介注2前掲論文。

＊7　石神照雄注2前掲論文。

＊8　仁科明注2前掲論文。

＊9　感動詞が一語で一文をなすということについて、橋本進吉は、感動詞とは「単独で文節を作る場合には、それだけで意味が断止して、一つの文となる事が出来るものである」といい、さらに「「あゝ。驚いた」「おゝ。さうか」「はい。さうです」「いゝえ。ちがいます」といふやうな二つの文とみてもよいほどである」と述べる（四九頁）。時枝誠記も「感動詞は、文法上では一文をなすが、句読法の上では、点を以て続けることが多い」（一八〇頁）と述べる。句読法の点を含めてこの理解にしたがうのがよいであろう。橋本進吉「国語法要説」（国語科学講座）明治書院一九三四（『国語法研究』（橋本進吉博士著作集第二冊）岩波書店一九四八所収）。時枝誠記『日本文法 口語篇』岩波書店一九五〇。

＊10　時枝誠記注9前掲書一七九頁。

＊11　仁田義雄注1前掲論文。

＊12　南不二男注3前掲書。

＊13　接続詞を、それで一文と認める考え方に青木勝彦の議論がある。青木の議論は、必ずしも接続詞がその一語で独立するとは考えていないという点では、ここでの議論とやや異なるといえるが、接続詞を文と認める論理には注目すべきである。青木勝彦「所謂「文と文とを繋ぐ接続詞」の構文章論的扱いについて」『埼玉大学紀要（教育学部）人文・社会科学』48－1・2一九九九。

＊14　木枝増一『高等国文法新講 品詞篇』東洋図書一九三七、

森重敏『日本文法通論』風間書房一九五九、宮地裕『新版文論—現代語の文法と表現の研究（一）—』明治書院一九七九など。

＊**15**　橋本進吉「日本文法論」（昭和十四年度講義ノート）『国文法体系論』（橋本進吉博士著作集第七冊）岩波書店一九五九。また、石神照雄「感動詞について」『信州大学教養部紀要』15　一九八一など。

＊**16**　感動詞のなかに「ところで、えー、先日の、えー、お約束ですがぁー…」のような、いわゆるフィラーの類が括られることがある（金水敏・田窪行則など）が、これは、言語記号としての分節度も高いとはいえず、また構文的にも感動詞として扱えるかどうか難しいところがある。さらに、それで一文をなしているともいいにくい。そこで、このフィラーの類は—むろん、それなりの機能をもつとはいえようが—感動詞として括ることは避け、ここでは扱わないことにする。金水敏「感動詞」大曾根章介他編『研究資料日本古典文学12　文法　付辞書』明治書院一九八三、田窪行則・金水敏「応答詞・感動詞の談話的機能」音声文法研究会編『文法と音声』くろしお出版一九九七など。

＊**17**　文が言語行為・言語活動の基本的な単位体であるという見方は、ここまで述べてきた見方以外では、次の文献などにみられる。仁田義雄『日本語のモダリティと人称』ひつじ書房一九九一、仁田義雄『日本語文法研究序説　日本語の記述文法を目指して』くろしお出版一九九七、仁田義雄「言語活動の単位としての文」『現代日本語研究』5　一九九八（仁田義雄『日本語のモダリティとその周辺』（仁田義雄日本語文法著作選第2巻）ひつじ書房二〇〇九所収）、仁田義雄「山田文法での句の捉え方を尋ね、文について考える」斎藤倫明・大木一夫編『山田文法の現代的意義』ひつじ書房二〇一〇（仁田義雄『日本語文法研究の歩みに導かれ』くろしお出版二〇一二所収）。また、山岡政紀『日本語の述語と文機能』くろしお出版二〇〇〇も参照。

＊**18**　J・L・オースティン『言語と行為』（坂本百大訳）大修館書店一九七八（J. L. Austin *How to do things with words*, Oxford University Press, 1962）、J・R・サール『表現と意味　言語行為論研究』（山田友幸監訳）誠信書房二〇〇六（J. R. Searle *Expression and meaning: studies in the theory of speech acts*, Cambridge University Press, 1979）。

＊**19**　G・E・M・アンスコム『インテンション—実践知の考察—』（菅豊彦訳）産業図書一九八四（G. E. M. Anscombe *Intention*, Blackwell, 1963）。

＊**20**　河野哲也『意識は実在しない　心・知覚・自由』講談社（講談社選書メチエ）二〇一一。なお、河野の用語は「意図的」。

＊**21**　実際に河野哲也は意図的であることと目的論的であることを区別する。河野哲也注20前掲書。

＊**22**　金水敏注16前掲「感動詞」論文。

＊**23**　（23）のように、（b）〈4〉対者受容要求をおこなう文という括り方をしたとき、そこには次のような呼びかけの文が入るといえる。「太郎。そこにすわりなさい。」「おーい！　太

郎！」これは一見すると、「太郎」という名詞による一語文であることから、事態を描き出す文のようにも思われるが、この「太郎」は、「太郎がどうする、太郎がどんなだ」という事態における「太郎」ではない。つまり、さきに述べたような名詞一語文とは一線を画すものであって、純粋な事態を描き出す文とはいえないであろう。ここでは事態を描かない文に準ずるものとして扱っておきたい。なお、こういった呼びかけ的なものについて尾上圭介は、その呼びかけ語の用法として分類をおこなうが、その分類は呼びかけ語の用法分類というよりは、それに続く句の用法の分類であるといえ、呼びかけ語による文そのものは、対者受容要求をおこなう文とみて差し支えない。尾上圭介「呼びかけ的実現—言表の対他的意志の分類—」『国語と国文学』52−12一九七五（尾上圭介『文法と意味Ⅰ』くろしお出版二〇〇一所収）。

＊24　たとえば、定延利之「「表す」感動詞から「する」感動詞へ」『月刊言語』34−11二〇〇五。定延があげる「ドラマやアニメの世界ですばらしいモノが登場する場面で」の「ジャーン」「ジャジャーン」なども〈4〉に括り得るであろう。

Ⅶ　文成立の外形的側面

＊1　尾上圭介は、文成立原理の核となる文的意味として「存在承認」と「希求」とを掲げるが、この点は言語行為的な側面からもいうことができる。すなわち、これは、言語行為がJ・R・サールのいうように、大きく世界に言語を合わせる場合（word-to-world）と、言語に世界を合わせる場合（world-to-word）の二つのタイプをもつということに由来すると考えられる。世界に言語を合わせる場合とは事態を把握・伝達するために事態を描き出すことであるが、事態を描き出すにあたっては、その事態の存在について何かしらの承認をすることになる。つまり、尾上のいう「存在承認」とは、言語行為が世界に言語を合わせるという側面に由来するものといえる。また、言語に世界を合わせる場合とは、話し手が言語として描くものに世界を一致させようとするもの、いいかえれば、話し手の意向をあらわすものであるが、尾上のいう「希求」とは、まさにこの話し手の意向の謂である。尾上圭介「山田文法が目指すもの—文法論において問うべきことは何か」斎藤倫明・大木一夫編『山田文法の現代的意義』ひつじ書房二〇一〇。J・R・サール『表現と意味　言語行為論研究』（山田友幸監訳）誠信書房二〇〇六（J. R. Searle *Expression and meaning: studies in the theory of speech acts*, Cambridge University Press, 1979）。

＊2　山田孝雄『日本文法学概論』宝文館出版一九三六、九〇一頁。

＊3　三尾砂『国語法文章論』三省堂一九四八。本書では『三尾砂著作集Ⅰ』ひつじ書房二〇〇三による。二六—二八頁。

＊4　橋本進吉『国語法要説』（国語科学講座）明治書院一九三四、六頁（『国語法研究』（橋本進吉博士著作集第二冊）岩波

書店一九四八所収)。

＊5　神保格『言語学概論』岩波書店一九二二、二二四頁。

＊6　三尾砂注3前掲書、『三尾砂著作集Ⅰ』三四─三五頁。

＊7　三尾砂注3前掲書、『三尾砂著作集Ⅰ』三五頁。

＊8　三尾砂注3前掲書、『三尾砂著作集Ⅰ』三六頁。

＊9　サール注1前掲書。また、D・ヴァンダーヴェーケン『意味と発話行為』(久保進監訳)ひつじ書房一九九七(D. Vanderveken *Meaning and speech acts volume 1*, Cambridge University Press, 1990)、D・ヴァンダーヴェーケン『発話行為理論の原理』(久保進訳)松柏社一九九五(D.Vanderveken *Principles of speech act theory*, University of Quebec at Montreal, 1994)なども参照。

＊10　白川博之は「言いさし文」という概念を示すが、白川のいう「言いさし文」は、ここでの見方からいえば、言いさしではなく、必要なことを最後まで言い切っている文になる。いうまでもなく、白川もここでの〈言いさし文〉のようなものがあることは承知であり、そのために、常に「 」つきで「言いさし文」と呼んでいる。白川博之『「言いさし文」の研究』くろしお出版二〇〇九。

＊11　もちろん、〈言いさし文〉には行為完遂のために中断するもの以外に、相手が割り込んできて中断せざるを得なかったというものもあると思われる。それは結果的に文となってしまったものであって、その場合の多くは、行為の遂行は不成功に終わるということになるだろう。これを積極的に文と認めるかどうかは、考え方にもよるが、文のなかにはそれが担う発語内目的の点で、不成功の文があるということは、考慮しておく必要がある。いずれにしても、「目的」という視点、あるいは、行為という視点をもつのであれば、当然、成功・不成功という概念をどこかには導入することになるだろう。

＊12　野田尚史「単文・複文とテキスト」『日本語の文法4　複文と談話』岩波書店二〇〇二。

＊13　「山田が明日出発することを決めた。」のようなものは、節そのものが格成分になっているもの(＝名詞節)で、(10c)のような格成分の限定による拡張に準ずるものと考えてよいだろう。

＊14　野田尚史注12前掲論文七─八頁。

＊15　「欧米の大学は入るのは簡単だが、出るのは難しい」のような重文であれば、「出るのは難しい」は前半の節の「欧米の大学は」を受けているようにも思われるが、同じ要素が2箇所にかかるということは普通考えないだろう。「欧米の大学は」は後に続く節が前提としている要素というだけのことであって、後半の節との直接的な「係り受け」ではないというべきだろう。

＊16　国立国語研究所『日本語話し言葉コーパス』(Corpus of Spontaneous Japanese ＝ CSJ)は「節境界」という概念をもち、この節境界は、その構造的な切れ目の大きさから「絶対境界」「強境界」「弱境界」という3段階のレベルがもうけられる。この「絶対境界」とは、文末・文末候補・と文末という、通常形態的に文末と考える箇所である。それに続く節境界としての

「強境界」は、並列節（ガ・ケレドモ・ケレド…）の後が認定される。述語の並列とはまさに、この並列節であり、CSJが並列節の境界を「強境界」とするのは、ここでみたような事情があると考えられる。ただし、並列節は弱境界テ節によるものもあり、CSJが強境界として認める形以外もあり得ることは留意したい。丸山岳彦・高梨克也・内元清貴「節単位情報」国立国語研究所『日本語話し言葉コーパスの構築法』（国立国語研究所報告書124）二〇〇六、丸山岳彦『『日本語話し言葉コーパス』の節単位情報」『日本語学』27―5二〇〇八。

*17　単に「切る」ということだけでいえば、実は従属的な部分をもつ文にもいえないわけではない。（8b）「お客さんが来たから、お茶を入れてください」は、「お客さんが来ました」「（だから）お茶を入れてください」の二文からなっており、それが結合したものだとみることもできなくはない。従属部分が格成分をもつなどすれば、独立的な側面ももつことになり、よりそのように考えやすくなる。ということは、「お客さんが来たので、お茶を入れてください」も、「切る」こともできたが、切らなかったもの、ということもいえる。ただし、このようなものは重文とは異なり本質的には一文（＝一つの発語内目的をもつもの）の拡張にすぎないのだから、切らなかった場合は、さきにみたように、従属節をもつ複文として発語内目的一つ、一方、あえて切った場合は、一つの発語内目的を分割して、発語内目的を二つにしたものとみておくことになるだろう。

*18　たとえば、野田春美は「ね（え）」「な（あ）」を〈同意〉〈確認〉の終助詞と括り、「ね」については「聞き手の知識や意向との一致を問う用法や、話し手自身の記憶や結論との一致を示す用法などがある」とする。この「聞き手の知識や意向との一致を問う」ということは〈同意〉〈確認〉であって、聞き手に何らかの形で委ねることをしないわけにはいかないだろう。また、「ね」については（また「よ」も）、「話し手と聞き手の間での、ある種の情報・知識の調整に関わっているとする考え方」（金水敏）も多く、陳常好・神尾昭雄・益岡隆志などの議論があげられるが、なかでも、片桐恭弘は「ね」「よ」が対話者間での情報共有の実現に貢献する発話機能である対話調整をおこなう要素だとする。終助詞「ね」「よ」そのものは、「ね」が「話し手が何らかの情報源から当該の情報を得たが必ずしも受容できていないことを示す」もので、「よ」が「当該の情報を話し手が自分のものとして受容していることを示す」という情報受容表示機能をもつものであるが、この機能を利用しながら、コミュニケーション本来の目的を達成するために、対話参加者の情報共有状態を保持しているとする。これは、「ね」を用いることは、結局は対話調整のために、聞き手に何らかのもちかけをすることなのであって、いったんは相手の何らかの反応に委ねることになるといえる。野田春美「終助詞の機能」宮崎和人他『モダリティ』くろしお出版二〇〇二、金水敏「終助詞ヨ・ネ」『月刊言語』22―4一九九三、陳常好「終助詞―話し手と聞き手の認識のギャップをうめるための文接辞―」『日本語学』6―10一九八七、神尾昭雄『情報のなわ張り理論 言

語の機能的分析』大修館書店一九九〇、益岡隆志『モダリティの文法』くろしお出版一九九一、片桐恭弘「終助詞による対話調整」『月刊言語』24－11一九九五。
＊19　共通語の終助詞はかなり多くのものが、聞き手めあてであって、聞き手の思考に影響を与えようとするもの、すなわち、相手に対するもちかけ的な意味をもつために、ここでいったん切らざるを得ないのだと考えられる。
＊20　岩崎勝一・大野剛「「即時文」・「非即時文」―言語学の方法論と既成概念―」串田秀也・定延利之・伝康晴編『時間の中の文と発話』（シリーズ文と発話3）ひつじ書房二〇〇七。また、岩崎勝一・大野剛「「文」再考―会話における「文」の特徴と日本語教育への提案―」アラム佐々木幸子編『言語学と日本語教育　実用的言語理論の構築を目指して』くろしお出版一九九九、岩崎勝一「話し言葉の現場性と瞬時性」『日本語学』27－5二〇〇八。
＊21　たとえば、沖裕子は談話は文によって構成されるかという問いを立て、否という答えを導き出している。また、丸山岳彦は発話生成という行動によって具現した実在的な構築物である「発話」は、「文」とは相容れず、本質的に乖離しているとし、自発的な話し言葉の中から文という単位をとりだすことには本質的な矛盾が含まれるとする。ただし、沖・丸山のいずれも、「文」をここでのとらえ方のようにとらえているわけではないことには留意すべきである。沖裕子『日本語談話論』和泉書院二〇〇六、丸山岳彦注16前掲論文。この点はⅡも参照。

Ⅷ　文の機能の問題圏

＊1　仁田義雄「モダリティを求めて」『月刊言語』28－6一九九九（仁田義雄『日本語のモダリティとその周辺』（仁田義雄日本語文法著作選第2巻）ひつじ書房二〇〇九所収）。
＊2　田野村忠温「現代語のモダリティ」尾上圭介編『朝倉日本語講座6　文法Ⅱ』朝倉書店二〇〇四。
＊3　尾上圭介「一語文の用法―〝イマ・ココ〟を離れない文の検討のために―」東京大学国語研究室創設百周年記念国語研究論集編集委員会編『東京大学国語研究室創設百周年記念　国語研究論集』汲古書院一九九八（尾上圭介『文法と意味Ⅰ』くろしお出版二〇〇一所収）。
＊4　尾上圭介は、喚体句に感動喚体と希望喚体があるのもこれによるとするが、これも同様のことである。尾上圭介「感嘆文と希求・命令文―喚体・述体概念の有効性―」松村明教授古稀記念会編『松村明教授古稀記念　国語研究論集』明治書院一九八六（尾上圭介注3前掲書所収）。
＊5　R・ヤーコブソン「言語学と詩学」『一般言語学』（田村すゞ子他訳）みすず書房一九七三（R. Jakobson *Essais de linguistique générale*, Minuit, 1963）。
＊6　もっとも、いわゆる表現類型にかかわるモダリティ（仁田義雄「発話・伝達のモダリティ」、益岡隆志の「表現類型のモダリティ」がこれにあたる）もこれに重なる。そう考えると「表現類型のモダリティ」とは、「モダリティ」ではなく、別の

カテゴリとして括るべきだということがわかる。仁田義雄『日本語のモダリティと人称』ひつじ書房一九九一、益岡隆志『モダリティの文法』くろしお出版一九九一。

＊7　仁田義雄注6前掲書一三頁。

＊8　仁田義雄注6前掲書、益岡隆志注6前掲書、宮崎和人「モダリティの概念」宮崎和人他『モダリティ』くろしお出版二〇〇二、日本語記述文法研究会編『現代日本語文法4　第8部モダリティ』くろしお出版二〇〇三など。

＊9　尾上圭介、田野村忠温、Heiko Narrog、岡部嘉幸の議論参照。尾上圭介注3前掲書、尾上圭介「不変化助動詞とは何か―叙法論と主観表現要素論の分岐点―」『国語と国文学』89―3二〇一二、田野村忠温注2前掲論文、Hieko Narrog「意味論的カテゴリーとしてのモダリティ」大堀壽夫編『シリーズ言語科学3　認知言語学Ⅱ：カテゴリー化』東京大学出版会二〇〇二。岡部嘉幸「モダリティに関する覚え書き」『語文論叢』28二〇一三など。

＊10　尾上圭介「現代語のテンスとアスペクト」『日本語学』1―2一九八二（尾上圭介注3前掲書所収）。

＊11　古代日本語（11）（12）の例文は、小田勝『古典文法詳説』おうふう二〇一〇による。

＊12　井上優「富山県井波方言の「ガヤ」について」益岡隆志・野田尚史・森山卓郎編『日本語文法の新地平2　文論編』くろしお出版二〇〇六、松丸真大「京都市方言における「ノヤ」「ネン」の異同」『阪大社会言語学研究ノート』1一九九九、田附敏尚「青森県五所川原市方言の文末形式「ンズ」」『国語学研究』45二〇〇六。

＊13　小林隆「種子島方言の終助詞「ケル」」黒田成幸・中村捷編『ことばの核と周縁　英語と日本語の間』くろしお出版一九九九。

Ⅸ　主観性

＊1　金田一春彦「不変化助動詞の本質（上・下）―主観的表現と客観的表現の別について―」『国語国文』22―2・3一九五三。この論文には水谷静夫・時枝誠記の批判がある。その批判に金田一が答えてもいる。水谷静夫「金田一春彦氏「不変化助動詞の本質」に質す」『国語国文』22―5一九五三、時枝誠記「金田一春彦氏の「不変化助動詞の本質」を読んで」同、金田一春彦「不変化助動詞の本質、再論―時枝博士・水谷氏・両家に答えて―」『国語国文』22―9一九五三。以下では、それぞれ「本質」「質す」「読んで」「再論」と呼ぶことがある。

＊2　時枝誠記『国語学原論　言語過程説の成立とその展開』岩波書店一九四一、時枝誠記『日本文法　口語篇』岩波書店一九五〇など。

＊3　この点は、尾上圭介「文をどう見たか―述語論の学史的展開―」『日本語学』15―9一九九六（尾上圭介『文法と意味Ⅰ』くろしお出版二〇〇一所収）参照。もっとも、時枝自身は、

自身の主体的・客体的の区別は金田一の主観的・客観的の区別とは異なるものであり、言語過程説を誤解したものだと述べる（「読んで」）。なお、本論における「主観的」（「主観性」）の用語は、金田一の「主観的」の用語法にしたがう。また、近年の日本語文法論におけるモダリティ論にみられる「主観的」「主観性」も金田一のそれとほぼ同様のものと考えてよい。

＊4　陳述論の議論・評価などは大久保忠利『増補版　日本文法陳述論』明治書院一九八二、井島正博「陳述論史の多層的解釈」『成蹊国文』28一九九五など参照。また、本書Ⅰにおいても述べた。

＊5　渡辺実「叙述と陳述―述語文節の構造―」『国語学』13・14一九五三、渡辺実『国語構文論』塙書房一九七一。

＊6　芳賀綏「〝陳述〟とは何もの？」『国語国文』23―4一九五四。

＊7　宮崎和人は「今日もっとも支持を得ていると思われる」モダリティの規定として「文は、客観的な事柄内容である「命題」と話し手の発話時現在の心的態度（命題に対する捉え方や伝達態度）である「モダリティ」からなり、モダリティが命題を包み込むような形で階層構造化されている」（二頁）のように示す。また、益岡隆志は「表現者の表現時での判断・表現態度を表す要素」（三四頁）とする。また、日本語記述文法研究会は「話し手が発話時においてどのようなとらえ方をし、それを聞き手にどのような伝え方をしようとしているのかという、文の述べ方を決定する働き」（二頁）とする。仁田義雄もこれに近いとらえ方である。宮崎和人「モダリティの概念」宮崎和人他『モダリティ』くろしお出版二〇〇二、益岡隆志『モダリティの文法』くろしお出版一九九一、日本語記述文法研究会編『現代日本語文法4　第8部モダリティ』くろしお出版二〇〇三、仁田義雄『日本語のモダリティと人称』ひつじ書房一九九一。また、中右実「モダリティと命題」林栄一教授還暦記念論文集刊行委員会編『英語と日本語と　林栄一教授還暦記念論文集』くろしお出版一九七九も参照。

＊8　益岡隆志注7前掲書六頁。また、益岡は「「モダリティ」という概念を規定するための基本となるのは、主観性の言語化されたものであるという見方である。言い換えれば、客観的に把握される事柄ではなく、そうした事柄を心に浮かべ、ことばに表す主体の側に関わる事項の言語化されたものである、という見方である」（三〇頁）とも述べる。

＊9　大久保忠利は、金田一のmodusとdictumの使い方は、もとになるシャルル・バイイの使い方とは異なるとする（大久保忠利注4前掲書三三二頁）。ただ、そうであれば、金田一の考え方が後世に与えている影響が大きいということになるわけである。

＊10　文法論における「判断」という用語はさまざまな意味で用いられ、文が成立することに判断が即応する（たとえば、主語と述語が結びつくことが判断である）といった考え方や、主題のある文を判断文と呼んで、そのような文と判断という用語を結びつけるような場合もあるが、ここではそのような用語法

にはよらず、金田一の「判断」の用語法にしたがう。これは、田野村忠温の用いる「判断」と同様のものといえる。田野村忠温「文における判断をめぐって」崎山理・佐藤昭裕編『アジアの諸言語と一般言語学』三省堂一九九〇。また、本書Ⅳも参照。

＊11 そのことは、「本質」に対する水谷静夫の疑問（「質す」）に答える際の金田一の不満からもみてとれる。金田一は「再論」において、「第九―十三節は最も新しい考えを盛り込んだ野心的な部分である。この部分こそ、最も多くの反響を期待していた部分である。それを〔中略〕たった二、三行で片付けるとは。ちょっと気がぬけた」という。この九〜十三節とは、活用のある助動詞が客観的であることを論証した節である。

＊12 モダリティ研究の成果を考えれば、この点はすでに明らかであろう。動詞や活用のある助動詞などは、いわゆる命題であるか、モダリティであっても疑似モダリティ（二次的モダリティ）とされるものであり、「現在」以外をあらわし得るものである。

＊13 寺村秀夫はH・E・パーマーのモノロジェーム mono-logeme という概念にもとづき、動詞が活用した形をそれぞれ別語とみなし、「単語族」という概念を示している。寺村秀夫『日本語のシンタクスと意味Ⅱ』くろしお出版一九八四、二二頁。

＊14 尾上圭介『文法と意味Ⅰ』くろしお出版二〇〇一、四二〇・四三三頁など。

＊15 金田一のいう「ソウイウモノダト知レ」「ソンナ状景ダッタヨ」のような「ラングの外に隠れてしまう」意味は、後述するような文レベルの意味であると考えられる。そして、この意味がこれまでみてきた言語行為的意味、文の機能の一端ということになる。

＊16 この部分から尾上圭介は「再論」の段階で金田一が主観・客観論とは異なる視点に立っていると指摘している。尾上圭介注3前掲論文。さらにいえば、すでに時枝誠記は「読んで」のなかで、「氏の論旨をつきつめて行けば、氏の立場において、主観的表現などと云ふものは、当然考へ得られない筈なのである」と述べ、金田一の立場は不変化助動詞であっても客観的表現であることを主張しているものだと喝破している。実は、金田一本人も「本質」のあとがきで「私としては、「た」「だ」「ない」…以下が客観的表現であることにはまず自信があるが、それに対する「う」「よう」「まい」を主観的表現と見ることにはちょっと自信を欠く」と述べていることにも留意しておくべきであろう。

＊17 もっとも、モダリティとは意味的なカテゴリであって、形式の問題ではないという考え方もある。むろん、それはそのとおりであろうが、いったん、モダリティを構文的な階層構造との対応で考える立場に立つことになれば、それは意味だけの問題ではないことになる。

＊18 「（だろ）う」（古典語「む」）を主観的なものと扱ってよいかという疑問は、たとえば、重見一行「「む」の「意味」」『助動詞の構文機能研究 時枝詞辞論からの脱出』和泉書院一九

九九など参照。また、モダリティを主観的なものだと考えることに対する批判としては、尾上圭介「叙法論としてのモダリティ」注14前掲書四三一−四五二頁、尾上圭介「不変化助動詞とは何か−叙法論と主観表現要素論の分岐点−」『国語と国文学』89−3二〇一二、野村剛史「モダリティ形式の分類」『国語学』54−1二〇〇三なども参照。

＊19　鈴木智美は、モダリティを「主観的」なものと規定すると、その規定では迷惑の受身や「てしまう」などもモダリティをあらわす形式になってしまうという問題があるとし、「命題」とされる側もすべて話者の主観的な事態のとらえ方を反映したものとみるべきだとする。鈴木智美「日本語研究における「モダリティ」論の問題点−モダリティは「主観的」な意味要素か−」『ことばの科学』11一九九八、鈴木智美「現代日本語研究における「モダリティ」の定義−「主観性」をキーワードとすることの適切性について−」『名古屋大学日本語・日本文化論集』8二〇〇〇。

＊20　田野村忠温注10前掲論文。

＊21　森山卓郎「基本叙法と選択関係としてのモダリティ」『日本語の文法3　モダリティ』岩波書店二〇〇〇。

＊22　山岡政紀『日本語の述語と文機能』くろしお出版二〇〇〇など。

＊23　山田孝雄『日本文法学概論』宝文館出版一九三六、一〇三四頁。

X　モダリティ

＊1　近藤泰弘「ムード」北原保雄編『講座日本語と日本語教育4　日本語の文法・文体（上）』明治書院一九八九、山田小枝「モダリティをどう規定するか」『千葉大学教養部研究報告』B−24一九九一、Heiko Narrog「意味論的カテゴリーとしてのモダリティ」大堀壽夫編『シリーズ言語科学3　認知言語学Ⅱ　カテゴリー化』東京大学出版会二〇〇二、ナロック・ハイコ「モダリティの定義をめぐって」澤田治美編『ひつじ意味論講座3　モダリティⅠ：理論と方法』ひつじ書房二〇一四、野村剛史「モダリティ形式の分類」『国語学』54−1二〇〇三、尾上圭介「不変化助動詞とは何か−叙法論と主観表現要素論の分岐点−」『国語と国文学』89−3二〇一二、岡部嘉幸「モダリティに関する覚え書き」『語文論叢』28二〇一三など。

＊2　宮崎和人「モダリティの概念」宮崎和人他『モダリティ』くろしお出版二〇〇二、二頁。田野村忠温もこの立場のモダリティ論について、「昨今の日本語文法研究において優勢と言い切ってよいと思われる」と評する。田野村忠温「現代語のモダリティ」尾上圭介編『朝倉日本語講座6　文法Ⅱ』朝倉書店二〇〇四。

＊3　益岡隆志『モダリティの文法』くろしお出版一九九一、三〇頁。

＊4　益岡隆志注3前掲書、日本語記述文法研究会編『現代日本語文法4　第8部モダリティ』くろしお出版二〇〇三、仁田

義雄『日本語のモダリティと人称』ひつじ書房一九九一。

＊5　Heiko Narrog、ナロック・ハイコ、野村剛史、尾上圭介、岡部嘉幸注1前掲論文など。山田小枝の検討でもそれに関わる議論があげられる。たとえば、必然性と可能性を問題とするLyonsの議論など。山田小枝注1前掲論文参照。加えて、大木一夫「〝モダリティ〟とは何もの？―いわゆる表現類型に関わるモダリティをめぐって―」佐藤武義編『語彙・語法の新研究』明治書院一九九九も参照。このXはこの論文の全面改訂版でもある。

＊6　「主観的モダリティ論」が文法論にもたらした成果の大きさは、田野村忠温も指摘するところである。田野村忠温注2前掲論文。

＊7　仁田義雄注4前掲書、益岡隆志注3前掲書。

＊8　現代日本語の参照文法としての日本語記述文法研究会編『現代日本語文法4　モダリティ』（注4前掲書）も、ほぼ同様のとらえ方をしている。

＊9　仁田義雄注4前掲書一八頁。

＊10　仁田義雄注4前掲書一三—一四頁。

＊11　なお、益岡隆志は後にモダリティの範囲を狭めることになる。益岡隆志『日本語モダリティ探求』くろしお出版二〇〇七においては、「真偽判断」「価値判断」「発話類型」「丁寧さ」「対話態度」「説明」「評価」の七種に絞られている。

＊12　益岡隆志は注11前掲書においては、「発話類型のモダリティ」と呼び、対話文にあらわれるものと非対話文にあらわれるものに分けているが、両者を合わせれば五種となり、「表現類型のモダリティ」と大枠は変わらないといえる。

＊13　益岡はこの表現類型のモダリティの下位区分は仁田の類型化を基礎としていると述べている。分類上の差異として「感嘆型」が追加されている点があげられる。

＊14　近藤泰弘注1前掲論文参照。

＊15　ただし、仁田義雄の後の議論では「モダリティの在りかは、文の意味構造にある」といい、また益岡隆志も「文の意味的構成においてモダリティを捉える」（二頁）とする。ただ、モダリティの階層性に言及する以上（そこでは意味的な階層性を示してはいないように思われることから）、文構造・統語論上の問題とすることを放棄しているとはいえないと思われる。仁田義雄「モダリティを求めて」『月刊言語』28—6一九九九（仁田義雄『日本語のモダリティとその周辺』（仁田義雄日本語文法著作選第2巻）ひつじ書房二〇〇九所収）、益岡隆志注11前掲書。とくに仁田の軌道修正への言及は田野村忠温注2前掲論文参照。

＊16　田野村忠温は「話者の発話時の心的態度」というようなモダリティの規定からして意味的な存在であることははっきりしているという。田野村忠温注2前掲論文参照。

＊17　丹羽哲也「書評　仁田義雄著『日本語のモダリティと人称』」『国語学』171一九九二。

＊18　尾上圭介は主観的モダリティ論をB説と呼び「用語法の当否を別にすれば、A説もB説もそれぞれ十分に成り立つ論で

ある」と述べる。なお、A説とは叙法論的観点に立つモダリティ論で、ここで考えるモダリティ規定はこの立場にあるといえるものであるが、尾上自身はA説を強く主張しているということは付け加えておくべきことであろう。尾上圭介注1前掲論文。

＊19　山田小枝、Heiko Narrog、ナロック・ハイコの指摘参照。注1前掲論文。

＊20　岡部嘉幸注1前掲論文。

＊21　Heiko Narrog 注1前掲論文。

＊22　野村剛史・岡部嘉幸注1前掲論文。

＊23　益岡隆志「命題とモダリティの境界を求めて」『日本語文法の諸相』くろしお出版二〇〇〇、益岡隆志注11前掲書。

＊24　野村剛史・岡部嘉幸注1前掲論文。

＊25　この点はHeiko Narrogも指摘する。Heiko Narrog 注1前掲論文。

＊26　この点は田野村忠温も指摘する。田野村忠温注2前掲論文参照。

＊27　仁田義雄注15前掲論文、田野村忠温注2前掲論文参照。

＊28　ここでいう文法意味的カテゴリは、構文的カテゴリとか、概念的カテゴリ・意味論的カテゴリなどとされることもある。意味論的なカテゴリであることは間違いないが、その内実が文法的意味であることを示す用語法がよいように思われる。なお、ナロック・ハイコは、「「モダリティ」は、「テンポラリティ」と同じように本来ならば概念的カテゴリーに対応し、「ムード」「テンス」などは文法カテゴリーに対応するはずである」とする。ナロックはこの点についてはこれ以上述べていないが、この線できちんと進めるべきであるというのがここでの議論である。また、ナロックは「定義は自然現象に自ずと内在するものではなく、人が目的に合わせて設定するものである」とも述べる。少なくとも文法論における概念はこのことに十分留意すべきであろう。ナロック・ハイコ注1前掲論文。

＊29　寺村秀夫「あとがき」森岡健二他編『講座日本語学11外国語との対照Ⅱ』明治書院一九八二、益岡隆志注3前掲書二九頁。

＊30　岩崎卓「日本語における文法カテゴリーとしてのテンスとは何か」『日本語学』19－5二〇〇〇。

＊31　ハイコ・ナロク「日本語動詞の活用体系」『日本語科学』4国書刊行会一九九八。古代日本語については、大木一夫「古代日本語動詞の活用体系―古代日本語動詞形態論・試論―」『東北大学文学研究科研究年報』59二〇一〇参照。

＊32　尾上圭介注1前掲論文。

＊33　動詞命令形yom-e, mi-roは〈4〉要求表出に用いられることから、文の機能・言語行為的意味がムード、あるいはモダリティではないかとみる向きもあろうが、命令形とは「雨、雨、降れ、降れ」のように対者要求ではなく、話し手の意向をあらわす場合もあることを考えると、〈4〉要求表出とは形の意味ではないといえる。意味的に重なり、また、近接するが別のカテゴリである。言語行為（発話行為）とモダリティが異なるレベルにあると考える方向にあることは、ナロック・ハイコ

注1前掲論文参照。

XI 喚体句

＊1 山田孝雄『日本文法論』宝文館一九〇八、山田孝雄『日本文法学概論』宝文館出版一九三六など。以下、前者は『文法論』、後者は『概論』と略称することがある。

＊2 松下大三郎『改撰標準日本文法』紀元社一九二八、時枝誠記『日本文法 口語篇』岩波書店一九五〇、三上章『続・現代語法序説 主語廃止論』くろしお出版一九七二、一〇九頁。

＊3 川端善明「喚体と述体―係助詞と助動詞とその層―」『女子大文学 国文篇』15一九六三、川端善明「喚体と述体の交渉―希望表現における述語の層について―」『国語学』63一九六五、尾上圭介「感嘆文と希求・命令文―喚体・述体概念の有効性―」松村明教授古稀記念会編『松村明教授古稀記念 国語研究論集』明治書院一九八六（尾上圭介『文法と意味Ｉ』くろしお出版二〇〇一所収）、石神照雄「一語文と喚体」『国語学研究』34一九九五、石神照雄「感動喚体の構造」『人文科学論集 文化コミュニケーション学科編』（信州大学人文学部）31一九九七、石神照雄「呼格と指示―感動喚体の構造補遺―」『人文科学論集 文化コミュニケーション学科編』32一九九八、仁科明「人と物と流れる時と―喚体的名詞一語文をめぐって―」森雄一他編『ことばのダイナミズム』くろしお出版二〇〇八など。

＊4 山田孝雄注1前掲書『日本文法学概論』九三五―九三六頁。

＊5 山田孝雄注1前掲書『日本文法学概論』九三六頁。

＊6 山田孝雄注1前掲書『日本文法学概論』九四八頁。

＊7 山田孝雄注1前掲書『日本文法論』一二二一頁。また、山田孝雄『日本文法学概論』九五二頁にもほぼ同様の表がある。

＊8 山田孝雄注1前掲書『日本文法学概論』九三六頁。

＊9 山田孝雄注1前掲書『日本文法学概論』九六三頁。

＊10 山田孝雄注1前掲書『日本文法学概論』九三六頁。

＊11 山田孝雄注1前掲書『日本文法論』一一九九頁。

＊12 石神照雄注3前掲論文。

＊13 尾上圭介注3前掲論文。

＊14 仁科明注3前掲論文。

＊15 一語文をどのように扱うべきかという考察は、尾上圭介注3前掲論文に言及がある。またここでも後に述べる。

＊16 このような（8ａ）は厳密には「感動」とはいいにくいかもしれない。ただ、心情に何かしらの激動があるということでは同じであるといってよいだろう。「感動」の扱いについては注26参照。

＊17 尾上圭介注3前掲論文。

＊18 このようなものを文としては扱わないという見方もあろうかとは思うが、ここでは序章にしたがい、文と認めることにする。南不二男『現代日本語文法の輪郭』大修館書店一九九三の「独立語文」の扱い参照。また松下大三郎の「指示態」概念

（＝「事物を客観的ありのまゝに指示する用法」）も参照。松下大三郎注2前掲書。

＊19　山田孝雄注1前掲書『日本文法論』一二八八頁。

＊20　山口佳紀「各活用形の機能」山口明穂編『国文法講座2　古典解釈と文法―活用語―』明治書院一九八七、秋本守英「各活用形の機能」山口明穂編『古典文法必携』（別冊国文学38）学燈社一九九〇など。また、大木一夫「動詞の連体形」『国語学研究』43二〇〇四において、古代語の連体形はその機能として名詞句形成機能があると考えたが、それにしたがえば、この場合も「匂の袖にとまれるコト」という名詞句を形成しているということになる。石神照雄も擬喚述法を「匂の袖にとまれるφ」＝［匂の袖にとまれる］［こと］のようにとらえており、これらは擬喚述法ととらえることができると思われる。石神照雄「喚体文と擬喚述法」『人文科学論集　文化コミュニケーション学科編』35二〇〇一。

＊21　尾上圭介注3前掲論文も山田の喚体の狭さを指摘する。

＊22　山田孝雄注1前掲書『日本文法論』一一九八頁

＊23　一語文であっても、用言一語文は述体の延長とみるべきであろう。また、名詞一語文といっても、名詞一語文のなかには、ここに括ることのできないものもある。「おおい！　太郎！」のような呼びかけは、別扱いをすべきである。（14）で示す「（Ⅰ）交話型」である。この点については、Ⅵおよびその注23参照。

＊24　述語文に対する非述語文という用語は、金珍娥も使うが、金の非述語文には現象として述語のない文がすべて含められる。しかしながら、「結論をそんなに」という形式が文であるとき（Ⅲ参照）、論理的には述語に相当するものがある、あるいは述語は潜在的にあると考えるべきである。序章のような名付けをするなら「述語非顕現型」の述語文であって、これは述語文と考えるべきであろう。ここでの非述語文とは、現象としても論理的にも述語の存在しないものである。金珍娥『談話論と文法論　日本語と韓国語を照らす』くろしお出版二〇一三。

＊25　一語文の分類は、尾上圭介「一語文の用法―〝イマ・ココ〟を離れない文の検討のために―」東京大学国語研究室創設百周年記念国語研究論集編集委員会編『東京大学国語研究室創設百周年記念　国語研究論集』汲古書院一九九八（尾上圭介注3前掲書所収）に詳しく、ここにおいてもその恩恵を受けている。ただし、尾上の分類は発話状況との関わりで分類されたものであって、本論のとらえ方とは必ずしも一致しない。

＊26　実際に山田の感動喚体があらわすものは、厳密にみれば日常言語の「感動」という語があらわす範囲に入らないとおぼしきものもある。そもそも「感動」とは新たな認識をおこなった際に付随する心情の激動、感情の昂揚のひとつをいうものであると考えられる。したがって、むしろ心情の激動、感情の昂揚の前提にある対象の認識・把握という点からとらえていくのがよいのではないかと考える。なお、仁科明のとりあげる懐旧感・喪失感をあらわす喚体的一語文は、過去に存在した対象についてあらためて認識し直したものといえ、この類に括ること

ができると考えられる。仁科明注3前掲論文。

＊27　この分類は、尾上圭介注25前掲論文の一語文の分類における「存在一語文」（「言語場依存的」一語文のうちの「現場依存」の下位分類「存在一語文」）について四種に分類されるのにほぼ重なる（本書Ⅷ参照）。尾上はさらにこれ以外の細かい類型を示すが、この類型がもっとも基本的・原理的なものであって、他の類型はこの四分類の下位に属するものとなるのではないかと考えられる。なお、他にいわゆる疑問文となり得る場合が考えられるが、この分類は四分類とは別レベルのものではないかと思われる（本書における疑問文の扱いについては、Ⅴ参照）。

＊28　言語を発する行為のなかには、その意図が意識的ではないものもある。とくに、発見や感嘆を口にするような場合、事前に何らかの意図があって発話をするというわけではない。しかし、そのようなものでも言語をもってある事態の認識を描き出し、それを表出したのであって、そのような「用途」で言語が発せられたともいえる。したがって、これらの場合も広い意味で意図（目的）があるとみてよいと考える。この点については、Ⅵ参照。

＊29　なお、山田のいう不完備句についても（15）の枠組みに組み込んで理解することも可能である。たとえば（11）の一語文は（15）の非述語文に位置づけられ、（11 a）でいえば、非述語文の認識文である。

Ⅻ　現代日本語「た」の意味

＊1　「た」の分析の展開については福田嘉一郎による概観参照。福田嘉一郎「「タ」の研究史と問題点」『月刊言語』30－13 二〇〇一。

＊2　「ムードのタ」「叙想的テンス」については、寺村秀夫「〝タ〟の意味と機能―アスペクト・テンス・ムードの構文的位置づけ―」岩倉具実教授退職記念論文集出版後援会編『岩倉具実教授退職記念論文集 言語学と日本語問題』くろしお出版 一九七一、寺村秀夫『日本語のシンタクスと意味Ⅱ』くろしお出版 一九八四、金水敏「いわゆる〝ムードの「タ」〟について―状態性との関連から―」東京大学国語研究室創設百周年記念国語研究論集編集委員会編『東京大学国語研究室創設百周年記念国語研究論集』汲古書院 一九九八、益岡隆志『日本語文法の諸相』くろしお出版 二〇〇〇など。また、福田嘉一郎「叙想的テンスの出現条件」『国語国文』84－5 二〇一五もある。

＊3　ただし、金田一春彦は両者を別語として扱うことについて示唆している。金田一春彦「不変化助動詞の本質（上・下）―主観的表現と客観的表現の別について―」『国語国文』22－2・3 一九五三。

＊4　金水敏注2前掲論文、金水敏「テンスと情報」音声文法研究会編『文法と音声Ⅲ』くろしお出版二〇〇一、井上優「現代日本語の「タ」―主文末の「…タ」の意味について―」つくば言語文化フォーラム編『「た」の言語学』ひつじ書房二〇〇一、

定延利之「情報のアクセスポイント」『月刊言語』30－13二〇〇一、定延利之「ムードの「た」の過去性」『国際文化学研究 神戸大学国際文化学部紀要』21二〇〇四、福田嘉一郎「現代日本語の静的述語のテンポラリティについて」『神戸外大論叢』53－7二〇〇二、福田嘉一郎「現代日本語の動的述語のテンポラリティについて」『神戸外大論叢』56－6二〇〇五、福田嘉一郎注1前掲論文。

＊5　情報の取得時の考え方では、（3a）は情報の取得時が〈過去〉といえそうであるが、これに類する「故郷の景色って、こんなだったっけ。」の場合、「故郷の景色はこんなである」という情報を〈過去〉に取得したといえるだろうか。これは〈過去〉の時点での故郷の風景の情報ではなく、発話時と同時かきわめて近接した時間に取得した情報だと思われる。

＊6　森田良行「確述意識を表す「た」」『月刊言語』30－13二〇〇一など。

＊7　三上章『現代語法序説 シンタクスの試み』刀江書院一九五三（くろしお出版復刊一九七二）、寺村秀夫注2前掲書、国広哲弥「日英両語テンスについての一考察」『構造的意味論―日英両語対照研究―』三省堂一九六七、尾上圭介「現代語のテンスとアスペクト」『日本語学』1－2一九八二（尾上圭介『文法と意味Ⅰ』くろしお出版二〇〇一所収）。また、金田一春彦の述べるような「以前」というとらえ方もある。金田一春彦「日本語動詞のテンスとアスペクト」『名古屋大学文学部研究論集』Ⅹ一九五五（金田一春彦編『日本語動詞のアスペクト』むぎ書房一九七六所収）。

＊8　尾上圭介注7前掲論文。「た」の諸用法については、鈴木重幸「現代日本語の動詞のテンス―終止的な述語につかわれた完成相の叙述法断定のばあい―」言語学研究会編『言語の研究』むぎ書房一九七九（鈴木重幸『形態論・序説』むぎ書房一九九六所収）、国広哲弥注7前掲論文なども参照。

＊9　「知識修正」「反実仮想」の用語は定延利之注4前掲「ムードの「た」の過去性」論文による。

＊10　「ムードのタ」の範囲に論者によって差異があることは、定延利之注4前掲「ムードの「た」の過去性」論文参照。定延自身は「ムードのタ」を広めに認めており、それによるべきであろう。また、注14も参照。

＊11　「た」が「変化」という意味をもつということを述べる論として、孫敦夫の議論がある。ただし、ほぼ非対格動詞の場合にかぎっているところ、「ムードのタ」への言及がないという点で、十分とはいえないと思われる。孫敦夫「日本語アスペクトの新しい形―助動詞「タ」における「変化」の意味について―」『日本語学』28－14二〇〇九。

＊12　八亀裕美「現代日本語の形容詞述語文」『阪大日本語研究』別冊1二〇〇一、福田嘉一郎注4前掲「現代日本語の静的述語のテンポラリティについて」論文。

＊13　もちろん、想定をおこなうような場合は異なってくることになる。それが、（8）の意向表出＝（Ⅱ）（b）〈3〉・要求表出＝（Ⅱ）（b）〈4〉のような場合である。この場合は〈未

来〉性をもつことになる。詳しくは後述する。

＊**14**　従来の「ムードのタ」の述語が静態述語にかぎられるという言及は、実はこのような客観的な事実としては変化がなく、話し手の把握の変化だけがあるという状況が静態述語の場合に起こるということに起因するものと考えられる。たとえば、赤ん坊が笑い出したのを見て「あっ、笑った」というのは認識文の「た」であるから、「発見」の「た」とすることもあり得るであろう（定延利之注4前掲「ムードの「た」の過去性」論文）。しかし、このようなものは客観的な事実の変化が（発話時にきわめて近いとはいえ）発話時以前に起こっているため、「ムードのタ」とはしない場合が多い。さらにいえば、「道路が濡れているから、きっと雨が降ったな。」のようなものは、認識文における「た」であっても、客観的な事態の変化が発話時よりもかなり離れた以前に起こっているので、「ムードのタ」とすることはなく、①完了、あるいは②過去の用法として扱われるのである。

＊**15**　「発見」の「た」に期待が必要だという見方があるが、それはここに述べたような事情のためだと考えられる。三上章注7前掲書、寺村秀夫注2前掲文献、井上優注4前掲論文など。

＊**16**　井上優注4前掲論文。

＊**17**　定延利之は、漫画『ドラえもん』のなかで「みんなでタイムマシンで六〇〇年前の世界に行って、ピサの斜塔に住もうよ」とドラえもんが提案したとしたときの返事として、「そりゃあいいや！　六〇〇年前ならピサの斜塔も新しいからね。／？新しかったからね。」と「た」を用いない返答のほうがしやすいとする。定延の考え方によれば、のび太を含むたいていの人間にとっては、六〇〇年前の「ピサの斜塔はこうこう」と思い当たるようななじみ深いものではないため、「六〇〇年前の時点」という過去のアクセスポイントからアクセスするよりも「現在の時点」というアクセスポイントからのほうがアクセスしやすく、そのために「新しいからね」のほうが自然になるのだとする（定延利之注4前掲論文）。一方、本論の考え方によれば、「新しかった」と「た」を用いる場合は、「新しい→新しくない」という事態の変化の把握がなければならない。タイムマシンで六〇〇年前の世界にいってピサの斜塔をみるということを想像するとき、そこには真新しいピサの斜塔が立ちあらわれるわけで、「新しい→新しくない」という変化はない。したがって、「新しいからね」のほうが自然になると考える。なお、定延は「新しかったからね」といいやすくなる場合をいくつかあげる。ここでは具体的な説明は割愛するが、そのような場合は、いずれも「新しい→新しくない」という変化が含意されやすくなるため、「た」が用いられやすくなると考える。

＊**18**　国広哲弥「アスペクト認知と語義—日本語の様態副詞と結果副詞を中心として—」武内道子編『副詞的表現をめぐって—対照研究—』ひつじ書房二〇〇五。

XIII 現代日本語動詞基本形の時間的意味

＊1 国広哲弥・鈴木重幸などの記述は、もちろん列挙が目的ではないが、動詞基本形の諸用法を精細にとらえている。この記述は動詞基本形を考えるための基礎になるといってよい。国広哲弥「日英両語テンスについての一考察」『構造的意味論―日英両語対照研究―』三省堂一九六七、鈴木重幸「現代日本語の動詞のテンス―終止的な述語につかわれた完成相の叙述法断定のばあい―」言語学研究会編『言語の研究』むぎ書房一九七九（鈴木重幸『形態論・序説』むぎ書房一九九六所収）。

＊2 大木一夫「現代日本語におけるテンスと主観性―テンス的意味と文のはたらきとしての表現意図―」遠藤好英編『語から文章へ』「語から文章へ」編集委員会二〇〇〇。XIIIはこの論文の全面改訂版と位置づけられる。

＊3 金田一春彦「日本語動詞のテンスとアスペクト」『名古屋大学文学部研究論集』X一九五五（金田一春彦編『日本語動詞のアスペクト』むぎ書房一九七六所収）。

＊4 鈴木重幸「日本語の動詞のすがた（アスペクト）について―〜スルの形と〜シテイルの形―」言語学研究会報告一九五七（金田一春彦編『日本語動詞のアスペクト』むぎ書房一九七六所収）、鈴木重幸「現代日本語の動詞のテンス―言いきりの述語に使われたばあい―」国立国語研究所編『ことばの研究』（国立国語研究所論集）2秀英出版一九六五（鈴木重幸『文法と文法指導』むぎ書房一九七二所収）。

＊5 工藤真由美『アスペクト・テンス体系とテクスト―現代日本語の時間の表現―』ひつじ書房一九九五、副島健作『日本語のアスペクト体系の研究』ひつじ書房二〇〇七。

＊6 布村政雄（奥田靖雄）「アスペクトの研究をめぐって―金田一的段階―」『宮城教育大学国語国文』8一九七七、奥田靖雄「アスペクトの研究をめぐって」『教育国語』53・54一九七八。いずれも奥田靖雄『ことばの研究・序説』むぎ書房一九八五所収。ここでの引用は前者（金田一的段階）を『ことばの研究・序説』によっておこなう。

＊7 奥田靖雄注6前掲書八九頁。

＊8 奥田靖雄注6前掲書、〇〇頁。

＊9 鈴木重幸注1前掲論文、国立国語研究所（高橋太郎）『現代日本語動詞のアスペクトとテンス』秀英出版一九八五。

＊10 工藤真由美注5前掲書八〇頁参照。

＊11 ただし、主体動作動詞のアスペクト的意味のヴァリアントを考える範囲では、工藤はル形の例文を示していない。おそらく「誰かこれから一緒に走らない？ ―じゃ、私走るわ。」のようなものが《開始限界達成性》をもつ例であろう。

＊12 須田義治『現代日本語のアスペクト論 形態論的なカテゴリーと構文論的なカテゴリーの理論』ひつじ書房二〇一〇、須田義治「現代語の形態論的なカテゴリーにおける無標形と動詞基本形」『日本語文法』14―2二〇一四。

＊13 井島正博「動詞基本形をめぐる問題」『日本語文法』14―2二〇一四。

*14　国広哲弥注1前掲論文。

*15　尾上圭介「現代語のテンスとアスペクト」『日本語学』1―2一九八二（尾上圭介『文法と意味I』くろしお出版二〇〇一所収）。

*16　尾上圭介『文法と意味I』くろしお出版二〇〇一、第三章第二節。

*17　鈴木重幸注1前掲論文。国広哲弥注1前掲論文。尾上圭介注15前掲論文。

*18　工藤真由美『現代日本語ムード・テンス・アスペクト論』ひつじ書房二〇一四。なお、「ムード」という用語ではないが、ある種の主観性との関わりについては大木一夫注2前掲論文も述べる。

*19　尾上圭介注15前掲論文。古代語も視野に入れれば、橋本四郎「動詞の終止形―辞書・注釈書を中心とする考察―」『国語国文』22―12一九五三（橋本四郎『橋本四郎論文集 国語学編』角川書店一九八六所収）などもある。

*20　仁科明「「無色性」と「無標性」―万葉集運動動詞の基本形終止、再考―」『日本語文法』14―2二〇一四。

*21　仁科明は、これを名札性・定述語性とも呼んだ。仁科明「「名札性」と「定述語性」―万葉集運動動詞の終止・連体形終止―」『国語と国文学』80―3二〇〇三。ただ、ここでの分析にあたっては、無色性・無標性と呼ぶほうがよい。仁科明注20前掲論文にしたがうことにする。

*22　古代語動詞基本形でいえば、大木一夫は次に掲げる前者論文において無色性を、後者論文において無標性を重視すると仁科明は指摘する（仁科明注20前掲論文）。これは全くそのとおりであるが、このような二種の分析があるということは、結局は無色性・無標性のその両面が必要で、その両面を検討したということである。もっとも、両論文の段階ではこの両面の差異については仁科ほど意識的ではなかったのであるが。大木一夫「古代日本語における動詞終止の文と表現意図―テンス・アスペクト的意味を考えるにあたって―」加藤正信編『日本語の歴史地理構造』明治書院一九九七、大木一夫「古代日本語動詞基本形の時間的意味」『国語と国文学』86―11二〇〇九。

*23　この点に関しては大木一夫注22前掲「古代日本語動詞基本形の時間的意味」論文の現代語についての言及も参照。そこでは、現代語では「生起」として、古代語「成立」との差異を示しているが、いずれの場合でも動詞基本形が事態の存在を示すという点では変わりない。

*24　山田孝雄『日本文法学概論』宝文館出版一九三六、二〇〇頁。

*25　この点については、大木一夫注2前掲論文において、その一端を述べた。

*26　国広哲弥注1前掲論文。鈴木重幸注1前掲論文。尾上圭介注15前掲論文。基本的には大木一夫注2前掲論文と同様の枠組みであり、例文も前稿同様おおむね先行研究の掲出するものによる。

*27　ここで認め方と求め方に二分するということは、尾上圭

介のいう存在確認と存在要求の二分に対応すると思われる。尾上の記述は非述語文の原理のようにも読めるが、おおむね文全体の問題と思われる。さらにいえば、ここでの（3）の事態描写系と情意表出系の二分も同じことであろう。なお、ある事態を何らかの形で求めるという場合は、常に積極的な様態をもつことになるように思われる。尾上圭介「山田文法が目指すもの—文法論において問うべきことは何か」斎藤倫明・大木一夫編『山田文法の現代的意義』ひつじ書房二〇一〇など。Ⅶの注1も参照。

＊28　ここでの語認定は基本的に服部四郎にしたがう。服部四郎「附属語と附属形式」『言語研究』15一九五〇（服部四郎『言語学の方法』岩波書店一九六〇所収）。現代日本語動詞については、おおむねハイコ・ナロクの把握に近似することになろう。ハイコ・ナロク「日本語動詞の活用体系」『日本語科学』4国書刊行会一九九八。また、語認定・動詞形態については、古代語についての議論が中心ではあるが、大木一夫「古代日本語動詞の活用体系—古代日本語動詞形態論・試論—」『東北大学文学研究科研究年報』59二〇一〇も参照されたい。

＊29　即時文・非即時文については、岩崎勝一・大野剛「「即時文」・「非即時文」—言語学の方法論と既成概念—」串田秀也・定延利之・伝康晴編『時間の中の文と発話』（シリーズ文と発話3）ひつじ書房二〇〇七。また、岩崎勝一・大野剛「「文」再考—会話における「文」の特徴と日本語教育への提案—」アラム佐々木幸子編『言語学と日本語教育　実用的言語理論の構築を目指して』くろしお出版一九九九、岩崎勝一「話し言葉の現場性と瞬時性」『日本語学』27−5二〇〇八参照。また、本書Ⅶ参照。

＊30　尾上圭介注15前掲論文。

＊31　この点の詳細は本書Ⅻ参照。なお、井島正博注13前掲論文ではこれを「モダリティ」の問題とするが、これをモダリティとは認めるべきではないというのが本書の立場である。本書Ⅴ・Ⅷ・Ⅹなども参照。

＊32　鈴木重幸『日本語文法・形態論』むぎ書房一九七二、三七三頁。鈴木重幸「動詞の形態論的な形の内部構造について」『横浜国大国語研究』1一九八三（鈴木重幸『形態論・序説』むぎ書房一九九六所収）。また、奥田靖雄が注6前掲論文においてsite-iruと記し、高橋太郎他『日本語の文法』ひつじ書房二〇〇五が「はしって　いる」のような分かち書きをすることもそのことの反映であろう。動詞形態論とは、動詞という語（語連続ではない）の形を問題にする論なのであるから、二語以上の形を扱うことはできない。それにもかかわらず、テイル形を動詞の形態論的メンバーに繰り込んでアスペクト形式としてきたのは、議論の整合性という点からは逸脱している。ある種の便宜を優先した結果である。

＊33　津田智史は、「〜ている」の基本的意味を「動詞の表す事態が生起し、その事態が基準時において何らかの形で存在する」ことをあらわすとする。「その事態が〜何らかの形で存在する」というのは、動詞のあらわす動作・作用の効果が続いて

いる状態であるということではないか。その効果とは、動作そのものの場合もあれば、その結果のこともある。また、経験・パーフェクトは動作のもたらす効果が残存しているということである。これらを「事態変化後の有効果状態」と概括することは許されるであろう。津田智史「ル形との対比からみたテイル形の基本的意味」『言語科学論集』15二〇一一。

＊34 (23)の例文は津田智史注33前掲論文にもとづく。

＊35 完成相とは動きをまるごと差し出す形であるという理解があり、それは教科書的な理解であるともいえる。が、ことは必ずしもそう単純ではなく、動きをまるごと差し出すようなル形もあれば、局面分割的なル形もあると考えるべきである。この点は動詞の語彙的アスペクトとの関わりとして工藤真由美が述べているが(工藤真由美注5前掲書)、それにかぎったことではないと思われる。この点は、津田智史の議論も参照されたい(津田智史注33前掲論文)。なお、完成相非過去の形に動きをまるごと差し出すようなものも局面分割的なものもあるということは、完成相過去として位置づけられるタ形にも並行的にみられることである。過去をあらわすタ形は動きまるごとを差し出している場合も多いが、完了をあらわすタ形は動きまるごとを差し出すとはいいにくい。この点は、あらためて検討すべきことであるといえよう。これに関して加藤重広の考え方はきわめて示唆に富む。加藤重広「外的アスペクトと内的アスペクト」北海道大学大学院文学研究科言語情報学講座編『言語研究の諸相—研究の最前線—』北海道大学出版会二〇一〇

XIV 述定の時間・装定の時間

＊1 鈴木重幸「日本語動詞の時について」『言語』5—12一九七六。

＊2 高橋太郎「連体形のもつ統語論的な機能と形態論的な性格の関係」『教育国語』39一九七四(高橋太郎『動詞の研究 動詞の動詞らしさの発展と消失』むぎ書房一九九四所収)、鈴木重幸注1前掲論文、三原健一「「視点の原理」と従属節時制」『日本語学』10—3一九九一、益岡隆志・田窪行則『基礎日本語文法—改訂版』くろしお出版一九九二など。

＊3 論者によっては異なる名称を用いているが、以下、とくに必要がないかぎり、同様の概念は「主節時基準」「発話時基準」の用語を主に用い、「相対テンス」「絶対テンス」も場合によって用いることにする。

＊4 三原健一注2前掲論文。また、三原健一『時制解釈と統語現象』くろしお出版一九九二。

＊5 主節時視点とはここでの主節時基準、発話時視点は発話時基準である。「視点」ということを考える必要がない場合、以下、主節時視点・発話時視点をそれぞれ主節時基準・発話時基準と呼ぶ。

＊6 三原健一注2前掲論文。

＊7 紙谷栄治「助動詞「た」の一解釈—形式名詞「とき」につづく場合を中心に—」『京都府立大学学術報告 人文』29一九七七。

＊8　紙谷栄治「連体用法におけるテンスに関する意味について」『京都府立大学学術報告 人文』30一九七八。
＊9　（8ａ）のような批判を解決することを試みたのが三原健一注2前掲論文、注4前掲書になるが、後に述べるように、そのとらえ方にも問題はある。丹羽哲也「連体節のテンスについて」『人文研究』49（第5分冊）一九九七参照。
＊10　中畠孝幸「現代日本語の連体修飾節における動詞の形について―ル形・タ形とテイル形・テイタ形―」『人文論叢 三重大学人文学部文化学科研究紀要』12一九九五。
＊11　「底基準」（被修飾名詞基準）という考え方については、「底基準」というテンスがあり得るのかという問題がある。また中畠は、前後関係を問題にするところもあり、その考え方をそのまま受け入れることはできないように思われる。三上章の「底基準」も含め、さらに検討する必要があると考える。なお、中畠は、三原健一注2前掲論文は主節の影響下に連体節のテンスが決まるという考え方に批判的な態度を示すものだとするが、そのとらえ方には問題がある。三原は相対基準時節を認めるわけであるから、主節の影響下にテンスが決まるということを認めていることになるものである。なお、引用文中の「三上（一九六三）」とは、三上章『日本語の構文』くろしお出版一九六三である。
＊12　丹羽哲也注9前掲論文。
＊13　ただし、丹羽哲也は「ル形は基準時以降、または基準時と同時を表し、タ形は基準時以前を表す」のように「基準時」を設定する考え方をとる。本稿の考えるところは立場を異にする。丹羽哲也注9前掲論文参照。
＊14　他にも、「視点の原理」に対する批判は、林高宣「時制解釈に関する「視点の原理」について」『言語研究』109一九九六、尾野治彦「ノデ節、カラ節のテンスについての覚え書き―岩崎の「主節時主語視点」をめぐって―」『北海道武蔵女子短期大学紀要』31一九九九のようなものがあるが、これらはここでの議論には直接関わらないのでとりあげることはしない。
＊15　紙谷栄治注8前掲論文、寺村秀夫『日本語のシンタクスと意味Ⅱ』くろしお出版一九八四、中畠孝幸注10前掲論文など。
＊16　動態性の述語については寺村秀夫のいうように、概略「既然」という意味であるとみてもよいということでもある。寺村秀夫注15前掲書。また、Ⅻの注7も参照。
＊17　井上優・生越直樹「過去形の使用に関わる語用論的要因―日本語と朝鮮語の場合―」『日本語科学』1 国書刊行会一九九七、北原博雄「移動動詞と共起するニ格句とマデ格句―数量表現との共起関係に基づいた語彙意味論的考察―」『国語学』195一九九八。加藤重広「外的アスペクトと内的アスペクト」北海道大学大学院文学研究科言語情報学講座編『言語研究の諸相―研究の最前線―』北海道大学出版会二〇一〇。また、国立国語研究所（高橋太郎）『現代日本語動詞のアスペクトとテンス』秀英出版一九八五も参照。
＊18　井上優・生越直樹注17前掲論文、加藤重広注17前掲論文。
＊19　井上優・生越直樹はこれを語用論的な問題だとするが、

このような現象を語用論的なものとみるという点については議論の余地はあろう。井上優・生越直樹注17前掲論文参照。

＊20　北原博雄注17前掲論文、加藤重広注17前掲論文。

＊21　ただし、いわゆるル形・タ形の対立があらわすものがテンスなのかアスペクトなのか、あるいは、タ形が過去なのか完了なのかという視点については、あまり意味がないとする向きもある（湯川恭敏『言語学』ひつじ書房一九九九）。たしかに、テンス・アスペクトという多くの言語が言語たるゆえにもっていると考えられる類似の機能について、一定の枠を決め、それにあてはまるかどうか、という議論をしているわけであるのであるから、当該言語の記述をするという目的にとっては、このような視点は必ずしも必要なものであるとはいえない。個別言語がそれぞれ個別言語なりの特徴をもつということを考えれば、個別言語それぞれにおいて、それに類するシステムがどのようなはたらきをしているかを明らかにすればよいともいえる（もちろん、その研究が言語類型論であれば、あるいは、対照言語学であれば、話は別である。この点は本書Xの文法カテゴリを設定する意味についての議論参照）。しかし、これまで、従属節のあらわす時間表現がテンスなのかアスペクトなのかという議論があったわけであるから、それに沿った議論をしておく必要はあるだろう。

ただ、テンス・アスペクトという文法カテゴリが必ず存在するというとらえ方については注意を払っておく必要はある。テンス・アスペクトという文法カテゴリに拘泥しすぎたため、もはやテンス・アスペクトという規定ではおさまらないものをテンス・アスペクトと呼ぶような考え方も見受けられるからである。たとえば、岩崎卓は「上述のテンスの定義を「現実世界の発話時にいる話し手が、述語が表す事態を、「こっち」のものとするか「あっち」のものとするかについて表し分ける文法形式」というより高度に抽象化したものにし、」とする。この規定は古代語「けり」の意味を「あなたなる場」であることの認識を示すものだとした竹岡正夫の議論を思い起こさせるが、これをテンスと呼ぶことは、もはやできまい。岩崎卓「日本語における文法カテゴリーとしてのテンスとは何か」『日本語学』19－5二〇〇〇、竹岡正夫「助動詞「けり」の本義と機能—源氏物語・紫式部日記・枕草子を資料として—」『国文学 言語と文芸』5－6一九六三。

＊22　実際には（a）のようなものにならない動詞もある。結果動詞は（a）がある可能性があるが、結果の残らないものは（a）にはなりにくい。事態の変化に結果が伴う場合は、タ形で「事態の変化がすでに起きて事態が変わっている」ことを示せば、変化が起こって事態が変わったための結果を含意することにもなる。そこでその結果の部分にだけ着目する表現ができることになる。結果動詞の場合、主体などが示されることなく、動詞の示す動作の過程に注目するような要素がない場合に形容詞的用法になるのだと考えられる。これは国広哲弥の指摘する「痕跡的表現」ということでもある。国広哲弥「アスペクト認知と語義—日本語の様態副詞と結果副詞を中心として—」武内

道子編『副詞的表現をめぐって―対照研究―』ひつじ書房二〇〇五。また、本書XIIも参照。

＊23　三原健一注2前掲論文。

＊24　丹羽哲也注9前掲論文。

＊25　砂川有里子『する・した・している』（日本語文法セルフ・マスターシリーズ2）くろしお出版一九八六、七八頁。なお、三原健一注4前掲書は（2）（2′）の内容が、寺村秀夫注15前掲書などによって示唆的な形で述べられ、この砂川の記述にいたって明示的な「規則」の形で述べられているとするが、それは妥当とはいえない。すでに高橋太郎注2前掲論文、鈴木重幸注1前掲論文などによって明示的に述べられている。また、砂川のものは「規則」とはいえないだろう。

＊26　庵功雄他『中上級を教える人のための日本語文法ハンドブック』スリーエーネットワーク二〇〇一、七八頁。

＊27　橋本修「相対基準時節の諸タイプ」『国語学』181一九九五。

＊28　寺村秀夫注15前掲書、丹羽哲也「連体修飾節のテンスとアスペクト」『月刊言語』30―13二〇〇一参照。

終章　さしあたっての締括り

＊1　C・E・シャノン&W・ウィーバー『通信の数学的理論』（植松友彦訳）筑摩書房（ちくま学芸文庫）二〇〇九（C. E. Shannon & W. Weaver *The mathematical theory of communication*, University of Illinois Press, 1949）、邦訳二一・六四頁。邦書訳名は他に『コミュニケーションの数学的理論』がある。

＊2　時枝誠記『国語学原論　言語過程説の成立とその展開』岩波書店一九四一、九一頁。

＊3　時枝誠記『国語学原論続篇　言語過程説の成立とその展開』岩波書店一九五五、二七頁。

＊4　だからこそ、時枝は国語教育に熱心に取り組んだのだといえる。なお、時枝誠記の言語観による伝達モデルは推論モデル的であって、通常推論モデルに先行するとみなされるシャノン&ウィーバー流のコード　モデルにすら先立つのではないか。時枝誠記『国語学原論』は一九四一年、C・E・シャノン&W・ウィーバー『通信の数学的理論』は一九四九年（シャノンの中核的論文は一九四八年発表）である。

＊5　尾上圭介「一語文の用法―〝イマ・ココ〟を離れない文の検討のために―」東京大学国語研究室創設百周年記念国語研究論集編集委員会編『東京大学国語研究室創設百周年記念　国語研究論集』汲古書院一九九八（尾上圭介『文法と意味I』くろしお出版二〇〇一所収）。

＊6　仁田義雄『日本語文法研究序説　日本語の記述文法を目指して』くろしお出版一九九七、一二四頁。

後記

「かぎりなく遠くも来にけるかな」　まさに本当に思ってもみなかったところまでやって来てしまった。これが今の気持ち、あづまくだりですみだ河までやってきた人たちの気分さながらである。

本書のような議論を進めようと思ったそもそもの機縁は、ともかく文が文としてもつ意味を認められないだろうかというところにあった。その起点は古代語文法研究にあり、古代語の「けり」の用法や古代語基本形の用法を考えていくと、どうしても文が文としてもつ意味を認める必要があるのではないかと思ったところにある。本論中でも述べたが、たとえば、古代語「けり」には過去と詠嘆というようなかなり離れた用法があって、これをどのように考えるのかということは、古典語文法助動詞論のなかでも伝統的な議論なのであるが、私には、過去と詠嘆は同じレベルの意味として考えることは難しいもののように思われた。これに類似する現象は現代語のいわゆる「ムードのタ」にも見られるが、「ムードのタ」のムード的意味が「た」という形式の意味であるかは、どうも疑わしい。ある種の表現意図的なものがかかわっているように思われ、文レベルの意味を想定するべきなのではないかと思うにいたった（その段階では、文の機能・言語行為的意味を「表現意図」と呼んでいた。また、分類の枠組も若干異なる）。

そして、その視点から古代語基本形について論じてみた。しかし、それに対する評言は「大木の言う「表現意図」は〔中略〕具体的な意味用法の分析に踏み込んでいないため、分析のための枠組みとして有効かどうかは検討の余地がある」（土岐留美江『意志表現を中心とした日本語モダリティの通時的研究』ひつじ書房二〇一〇、一八四頁。初出は二〇〇三）とか、「この説明において問題となるのは、語形態の意味を文の意味からきりはなし、文の意味は、語形態の意味によって成立するのではなく、アプリオリに存在する表現意図によって成立するものであるとするところである」（鈴木泰『古代日本語時間表現の形態論的研究』ひつじ書房二〇〇九、一二六頁）といったものであった。海のものとも山のものともつかぬ考えに対して、それを議論の俎上にあげてくださったという点では、ほんとうにありがたいことであった。また、その段階では、文が文としてもつ意味といった議論を積み重ねてはいたわけではなかったので、たしかにそういう批判はあって当然ともいえた。

そんなこともあって、なんとか文が文としてもつ意味を認めるための議論を構築していく必要があった。また、最初から古代日本語で考えるのは難しい面もあると思ったことなどもあって、現代日本語で考えざるを得ないことになった。最初は、ともかく文が文としてもつ意味を認められれば、それでよかったのであったが、少しずつ考えを進めてみると、ではその意味は結局何であるのかということを考えないわけにはいかなくなった。それが、本書のような議論になっていく筋道であった。そもそもは、古代語の文法現象、それも述部の現象にかぎって把握したかった、それだけのことだったのであるが、めぐりめぐってこんなところまでやってきてしまったのであった。まさに迂遠というべきであろう。

が、こんな道筋しか私にはなかったのかもしれない。この道でよかったのかということは、もはや読者諸賢に委ねるしかない（さきの評言に対しては、現代語にもとづくものではあるが、多少なりとも回答を示したことになるように思う）。が、自分としては、これまで進んできた茨の道を後戻りして、もう一度別の道を探していくことも、すでに難しくなっているように思われるので、この道をすすみながら、そもそもの課題であった古代語文法の問題を考えていくしかない——本書でのようなとらえ方にもとづきながら考えていくべき点はいくらもある——と思う。

と同時に、考えなければならない重要なことは少なくとも、もうひとつある。本書においては、文という単位体は、文を構成する形式とは関係なく成立するものであるということを説くことになってしまった。しかし、文という単位体は構造をもった単位体でもある。このことは全く否定できない。その点を考えると、ここで考えたような言語行為的意味・文の機能と文の構造がいかにかかわるかという問題が横たわっているということは間違いない。しかしながら、本書においては、この点はすっかり置き去りにされてきている。本書がそもそも「序説」であるということで、まずはこの点、免じていただくほかないが、文法論としてはあきらかに不十分である。言語行為的意味・文の機能をふまえた文構造（それは述語文を中心とすることになろうが）についての議論を進めていく必要もあるだろう。今後のもうひとつの課題ということで、この場は御寛恕願いたい。

本書は、これまでに発表してきたものを下敷きにしているが、それらはその時の問題意識や必要性を背負っているもので、それぞれの方向性は——全く違った方向を向いていはしないと思うが——異なるものであるともいえる。それらの論はここにおいて、本書における問題意識や議論の方向性に沿わせることになっている。もし、それらの個々がもっていた方向性が特色であったとすれば、それが失われているかもしれない。あたかも、一往は並んではいるようにみえるが少しずつ違う方向を向きながらも個性を発揮していた子供たちが、「前にならえ」で、無理矢理一つの方向を向かせられたということのようである。もちろん、整列してなければ本書は成り立たないわけであるから、それはそれで必要なことなのではあるが、もしかすると、これまでのものがもっていた雰囲気とか、勢い削がれてしまっているかもしれない。そういうところが、できれば、少ないとよいと思うのだが、このような形にする以上、そういうことも、やむを得ないものなのかとも思うし、その判断についても、これまた読者諸賢に委ねるしかないともいえるだろう。

また、既発表のものをもとにしているということから、随所に内容的に重なるところがある。これはもとになった各部分がある程度独立して読めるように繰り返しを厭わなかったということもできるし、重なるところは重要なところではあって、自然、要点は繰り返されていると聞こえのよい言い方もできはするが、一方でそれは煩わしさからのがれることはできないということでもある。この点、お詫びしておきたい。

なお、本書は東北大学から博士（文学）の学位を授与された学位論文に若干の補訂をほどこしたものであることを付記しておく。博士学位の審査の労をおとりくださった、斎藤倫明先生、小林隆先生、才田いずみ先生に御礼申し上げる。

本書のような「序説」にとどまるようなものに、これまでお世話になった方々のお名前をあげるのは気がひけるところではあるが、学生以来御指導くださった、加藤正信先生、村上雅孝先生、斎藤倫明先生、佐藤武義先生、遠藤好英先生のお名前だけはあげさせていただきたい。すでに学籍を離れてほぼ四半世紀になるにもかかわらず、現在にいたるまで、何かと励ましていただいている。いまだに励ましてくださるということは、私の未熟さ加減をあらわすものではあるが、そのおかげで本書もなりたった。あらためて感謝申し上げる。師とはほんとうにありがたいものである。

最後になるが、本書もひつじ書房にお世話になった。このような内容に御理解くださった松本功編集長、いつもながらに丁寧に編集にあたってくださった渡邉あゆみ・鈴木紫野両氏にも深謝申し上げる。

さて、そろそろ古代語文法研究にもどるとしようか。

二〇一七年二月

大木　一夫

著者本書関連著述目録

1 〝モダリティ〟とは何もの？―いわゆる表現類型に関わるモダリティをめぐって―
一九九九年九月　佐藤武義編『語彙・語法の新研究』明治書院

2 現代日本語におけるテンスと主観性―テンス的意味と文のはたらきとしての表現意図―
二〇〇〇年八月　遠藤好英編『語から文章へ』「語から文章へ」編集委員会

3 述定の時間・装定の時間
二〇〇二年一二月　佐藤喜代治編『国語論究　第10集　現代日本語の文法研究』明治書院

4 喚体的な文と文の述べ方
二〇〇六年三月　文化69―3・4

5 認識する文
二〇〇八年三月　東北大学文学研究科研究年報57

6 文の成立―その意味的側面―
二〇一〇年一二月　斎藤倫明・大木一夫編『山田文法の現代的意義』ひつじ書房

7 事態を描かない文・素描
二〇一二年三月　東北大学文学研究科研究年報61

8 不変化助動詞の本質、続貂
二〇一二年九月　国語国文81―9

9 文に切る―文成立の外形的側面―
二〇一三年三月　東北大学文学研究科研究年報62

10 現代日本語「た」の意味
二〇一三年三月　文化76―3・4

11 現代日本語動詞基本形の時間的意味
二〇一五年三月　東北大学文学研究科研究年報64

12 一回的文成立論と多段階的文成立論
二〇一五年五月　輔仁大学日本語日本文学43

事項索引

あ

挨拶文　170,180
アスペクト　384,385
アスペクト的意味　385
アスペクト的用法　386

い

意義素　341
意向表出　148,328,354
意向文　328
一語文　160
一回的文成立論　22,27,29,30,38,40
意図的　173
入子型構造図　32

う

運用における無色性　346

お

応答　167
応答文　169,177,180

か

開始限界　362
開始限界達成性　339
階層的構文論　34
係り受け　190,194,204
書きことば　78
書きことば口語体　78
確述意識　313
確認要求　130
関係表示　175,180
完成相非過去　335
間接発話行為　409
眼前描写　129
喚体句　17,228,287,288
喚体形式　299,302
感嘆文　130,149,168,177,180
感動　167
感動喚体　287,443
感動詞　164,167
完了　314

き

擬喚述法 133, 297
聞き手の言語学 408, 410, 411
既然 314
希望喚体 287
基本的意味 340
疑問文 149
客観的 254, 259
強境界 72, 434
切る 211, 212
切れ目 24
切れる 104, 192, 194, 212

く

屈折 283
屈折接辞 284

け

形態論的カテゴリ 278, 280, 284
形容詞的用法 386
形容詞文 356
けり 133, 233
顕現型 19
言語過程説 57, 60, 241, 407
言語行為完遂 196
言語行為的意味 98, 137, 150, 154, 185, 217, 272, 314, 336, 346, 399
言語行為論 45, 88
言語の機能 155
限定 200

こ

行為=発話同時 355
行為拘束型 55, 95, 120, 139, 142
広義完了 314
構成要素主義 37, 86
交話型 144, 148, 195, 218
交話感動型 19
言葉と世界の間の適合の方向 54, 90
言葉を世界へ 54, 90
語排列上の遠心性 260
根源的な無色性 346
痕跡的表現 332

さ

参照軸 282

し

詞 31
辞 31
思考の展開 125
事前条件 51, 89
事態受容表明 180
事態受容要求 180
事態伝達 148
事態認識 148, 322, 355
事態描写系 148
事態変化後の有効果状態 359
事態変化前 361
事態変化未了 383
事態を描かない文 144, 160, 161, 165, 172
事態を描き出す文 144, 145
実現 314
実行 94
実情説明 131

実情理解　131
視点の原理　370
写像　78
終止形　250
終止法　255
重文　203
終了限界　362
終了限界達成性　339
主観性　227,240,342
主観的表現　240
主観的モダリティ　262,268
主観的モダリティ論　274
主節時基準　368,370,377,378,391
述語文　19
述体句　288
述体形式　299
述定　367,389
述定的陳述　34
呪文文　180
受容表明系　177,178
受容要求系　178
瞬間性　207
情意表出系　148
情報のアクセスポイント　311
情報の取得時　311
省略　416
叙法　277,278,342
指令型　55,95,120,139
新記述派　36

す

遂行文　46
推量判断実践文　10,109,113
推論モデル　406
スペキュレーション　413

せ

成功　94,103,433
誠実性条件　51,89
正常入出力条件　50,88
静態述語　446
世界を言葉へ　54,90
節境界　70,72
積極的な認め方の様態　353
接続詞　165,166
接続文　180
絶対境界　72,433
絶対テンス　370
宣言型　56,96,139,146

そ

相対テンス　370
装定　367,389,390
想定的把握　329
即時文　209

た

第3類の助動詞　33
対者受容表明　180
対者受容要求　180
タ形　357,358,379
多段階的文成立論　22,34,37,38
だろう　130,232
単位体　1,40,415
断句　28
断言型　55,95,122,139
断定　28
単独型　19

談話　14,74

ち

知識表明文　10,110
中核的意味　340
超越的な言語学　408,410
直感断句　288
陳述　31,33,83
陳述論　5,31,241,285

つ

強さの度合い　428

て

提示　112,127
テイル形　357,359
テンス　281,384
テンス的意味　129,385,389
テンス的用法　386
伝達　122,146
伝達的陳述　34
伝達文　118,119,122,146
伝聞　125
伝聞の対話性　426

と

統覚作用　29,30,39,83,87,293
動作概念の素材的表示　341
動詞基本形　230,335
独立語格　287
独立語文　160
トップダウン　411

な

内容表現型　144,148,195

に

日本語教育　395
日本語話し言葉コーパス　70
認識　122,146
認識・発見文　110,114
認識文　118,119,122,129,146,322

の

のだ　112,127,231

は

把握　112,127
働きかけ　6
発語行為　47
発語内行為　47,88,119,138
発語内行為的意味　137
発語内の力　47,88,138
発語内目的　54,59,91,95,97,100,
137,138,172,216,273
発語媒介行為　47
発話　78
発話・伝達のモダリティ　7,62,86,
152,265
発話機能　64
発話時基準　370,393
話しことば　69,78
話し手の言語学　408,409,410,411
話し手の把握する事態　320
判断　105,113,437

判断のある文　105
判定・評価文　110, 114

ひ

非顕現型　19
非構成要素主義　40
非終止形　248
非述語文　19
非即時文　209
ひとまとまり性　339
独り言　124
表現意図　61, 144
表現型　56, 95, 139, 140, 141
表現類型　63
表現類型にかかわるモダリティ　267, 273
表現類型のモダリティ　153, 266

ふ

フィラー　431
複合顕現型　19
複合非顕現型　19
複文　104, 199, 200
不成功　433
不変化助動詞　240, 247, 254, 259
文機能　64
文節の結合　26, 190
文の機能　136, 151, 154, 156, 185, 218, 272, 304, 336, 346, 399
文の存在様式　305
文の発言機能　111
文の類型　152, 172, 217
文法意味的カテゴリ　279
文法概念　281
文法カテゴリ　281

へ

並列　200
べし　233
変化後　317, 332, 358, 381

ほ

ボトムアップ　411
本質条件　52, 89

み

未展開文　160

む

む　134
ムード　277, 278, 283, 284
ムード性　126
ムードのタ　10, 126, 229, 309, 322, 446
無色性　344, 352, 353, 354
無標性　344, 353, 357, 361

め

名詞　語文　162
命題内容条件　51, 89

も

モダリティ　98, 227, 275, 278, 283, 284
モダリティ形式　284
モダリティ論　62, 152, 242, 257, 263

ゆ

有標項　357

よ

要求表出　148,328,354
要求文　328
用途　281
呼掛け　167
呼びかけ文　169,177,180

る

ル形　382

れ

歴史的現在　397
連体形終止　133
連体修飾節　368

人名索引

あ

青木勝彦　430
安達太郎　130
アンスコム,G.E.M.　123,173

い

石神照雄　163,292
井上優　131,311,324
岩崎勝一　209

う

ヴァンダーヴェーケン,D.　49,91,92,95,102,420

お

オースティン,J.L.　46,88,147
大槻文彦　23
大野剛　209
岡部嘉幸　275,277
沖裕子　74
奥田靖雄　338
尾上圭介　8,163,223,275,277,293,295,298,314,341,342,418,432,438,444

か

片桐恭弘　434
加藤重広　428,450
金子亨　416
紙谷栄治　372
川端善明　422

き

金水敏　311,419
金田一春彦　106,239,337

く

工藤真由美　339,342
国広哲弥　314,332,341,342,348

こ

河野哲也　173
コセリウ,E.　41
小林隆　132
小針浩樹　419
近藤泰弘　267

さ

サール,J.R.　49,50,52,64,88,89,92,95,119,123,138
定延利之　311,446

し

神保格　25,189,191

す

鈴木重幸　337
鈴木智美　439
須田義治　340

た

田附敏尚　132
田中望　108
田野村忠温　10,105,109,113,222,258

つ

津田智史　449,450

て

寺村秀夫　314,438

と

時枝誠記　5,31,57,60,84,165,241,287,406,430

な

中畠孝幸　373
ナロック,ハイコ　275,277,283,441,449

に

仁科明　163,293,344
仁田義雄　1,7,36,62,86,99,152,160,161,165,222,263,265,426
丹羽哲也　373

の

野田春美　112,434
野田尚史　200
野村剛史　275,277,422

は

芳賀綏　33,37,85
橋本進吉　5,24,27,37,167,188,191,430
服部四郎　27,449
林四郎　422,429

ひ

ビューラー,K.　156

ふ

福田嘉一郎　311, 426

ま

益岡隆志　36, 86, 99, 153, 261, 264, 266
松下大三郎　28, 288
松丸真大　132
丸山岳彦　69

み

三尾砂　23, 26, 28, 188, 189, 423
三上章　288, 314
水谷静夫　248, 438
南不二男　19, 34, 38
三原健一　370
宮崎和人　261
宮地裕　61, 415

も

森田良行　313
森山卓郎　125, 258

や

ヤコブソン, R.　155, 225
山岡政紀　64, 75, 258
山田孝雄　5, 17, 23, 29, 31, 37, 38, 77, 82, 83, 87, 163, 188, 220, 260, 287, 288, 346

わ

渡辺実　33, 37, 85, 241

書名論文名索引

あ

アスペクト・テンス体系とテクスト　339
「アスペクトの研究をめぐって」　338

い

意識は実在しない　173
「一語文の用法」　163, 223
一般言語学入門　41
インテンション　173

か

改撰標準日本文法　28
「感嘆文と希求・命令文」　293
「感動詞」　178

き

「基本叙法と選択関係としてのモダリティ」　258

け

言語学概論　25
「言語学と詩学」　155, 225
言語行為　50, 88
言語と行為　46, 88, 147
「現代語のテンスとアスペクト」　314, 341
「現代語のモダリティ」　223
現代語法序説　314
現代日本語のアスペクト論　340
現代日本語の構造　35
現代日本語文法の輪郭　35
現代日本語ムード・テンス・アスペクト論　342

こ

広日本文典　23
「呼格と指示」　292
国語学原論　60, 407
国語構文論　33, 85
「国語史研究の一構想」　60
国語法文章論　23, 26, 188, 190, 191
国語法要説　24, 189
国文法体系論　167

し

「「視点の原理」と従属節時制」 370

そ

「「即時文」・「非即時文」」 209

た

「単文・複文とテキスト」 200, 202

ち

「陳述とは何もの?」 33

に

「日英両語テンスについての一考察」 314, 341
「日本語動詞の活用体系」 284
「日本語動詞のテンスとアスペクト」 337
日本語の述語と文機能 64, 258
日本語のシンタクスと意味II 314
日本語のモダリティと人称 36, 62, 86, 152, 263
日本語文法研究序説 2
日本文法 口語篇 31, 84, 165
日本文法学概論 24, 29, 30, 38, 39, 77, 83, 188, 289, 290, 291
日本文法学要論 84
日本文法論 291, 292

の

「の(だ)」の機能 112

は

発話機能論 64
発話行為理論の原理 102
話しことばの文型 61, 144

ひ

「人と物と流れる時と」 293
表現と意味 52, 89, 95, 119, 138
標準日本文法 28

ふ

不変化助動詞の本質 106, 239
文における判断をめぐって 105, 258

み

「未展開文をめぐって」 160

む

「ムード」 267
「「無色性」と「無標性」」 344

も

「モダリティの概念」 261
モダリティの文法 36, 86, 154, 261, 253, 280
「モダリティを求めて」 222

れ

「連体節のテンスについて」 373

大木一夫（おおき かずお）

略歴

1966年生まれ。長野県出身。東北大学大学院文学研究科博士後期課程退学。博士（文学）。東北大学助手、埼玉大学助教授などを経て、東北大学大学院文学研究科教授。

主な著書

『山田文法の現代的意義』（共編著、ひつじ書房、2010年）、『ガイドブック日本語史』（ひつじ書房、2013年）、『日本語史叙述の方法』（共編著、ひつじ書房、2016年）

ひつじ研究叢書〈言語編〉第144巻

文論序説

An Introduction to Sentence Theory

OOKI Kazuo

発行 2017年5月8日 初版1刷

定価 8400円＋税

発行者 松本功

ブックデザイン 白井敬尚形成事務所

印刷所 三美印刷株式会社

製本所 株式会社 星共社

発行所 株式会社 ひつじ書房

〒112-0011 東京都文京区千石2-1-2 大和ビル2階

Tel: 03-5319-4916 Fax: 03-5319-4917

郵便振替 00120-8-142852

toiawase@hituzi.co.jp http://www.hituzi.co.jp/

ISBN 978-4-89476-822-2